山东大学法学院（威海）
二十五周年纪念文丛

案例指导制度的实践经验与发展完善

孙光宁/著

法律出版社
LAW PRESS·CHINA
北京

本书是国家社科基金项目“案例指导制度的实践经验与发展完善研究”（批准号：18BFX056）和山东省高等学校青创科技支持计划“习近平法治思想研究创新团队”（批准号：2021RW001）的研究成果。

山东大学法学院（威海）
二十五周年纪念文丛

编委会名单

目　　录

第二编　指导性案例文本编辑的实践经验及其完善

第三编 指导性案例参照适用的实践经验及其完善

引　言
案例指导制度的激励机制

案例指导制度一直被寄予厚望，但是，其在司法实践中并没有产生直接的普遍影响。造成这一情况的原因之一就是激励方式上有所欠缺，这在指导性案例从推荐阶段到适用阶段的过程中都有所体现。作为推荐指导性案例的最主要主体——地方高级人民法院，推出了很多司法文件来强化指导性案例的推荐，具体包括定期强制报送、配备专门人员、纳入绩效考评和设置特定奖励等，但是，这些激励规定都有相当的不足。在适用阶段中，通过在疑难案件中形成实体结论，以及形成案例指导实施细则的程序要求，都是推动法官参照指导性案例的重要因素；由于审判中的路径依赖以及细则出台时间较短等原因，这些有利因素尚未显现其效果。要完善案例指导的激励方式，需要多方面的共同努力：最高人民法院应当提升指导性案例的正式效力，地方高级人民法院应当强调推荐指导性案例的质量而非数量，法官个人应当积极研习指导性案例并敢于在裁判文书中直接援引，正式制度中应当积极引入律师等力量共同推动指导性案例的适用。如果能够出现直接引用指导性案例的案件，那么，其示范效应和扩散效果对于真正发挥案例指导的实践价值，是十分有益的。

在全面推进依法治国的过程中，司法领域中的问题受到了越来越多的重视。在中国复杂的转型社会背景下，同案不同判被认为是影响司法公正和权威的重要表现，严格司法、统一法律适用就成为司法领域中亟须解决的问题，案例指导制度也在千呼万唤中开始正式运作。从对该制度的热切倡导，到正式运作之后的细致分析，都体现了理论界和实务界对案例指导制度的关切。但是，强烈的关注并不当然地转化为良好的实践效果。案例指导制度在司法实践中遭到了“冷遇”，实践调查表明，众多法官对指导性案例的重要性给予了充分肯定，但是，在其审判活动中却很少关注指导性案例，不仅对指导性案例的效力有着差异理解，而且很少能够将指导性案例作为裁判的指引和参考，几乎没有直接将指导性案例或者其裁判要点作为说理理由的案件。〔1〕质言之，案例指导制度所追求的“统一法律适用”的效果并没有很好地体现在司法实践之中。

对于造成此种情况的原因，可以从多个视角进行分析，如案例指导制度处于初创阶段，很多配套规定并不完善，最高人民法院和地方法院在如何发挥指导性案例的作用方面也缺少经验等。其中，案例指导制度中缺乏有效的激励机制是重要原因。在应然层面上，案例指导制度具有重要的实践价值，包括弥补制定法的不足；统一司法尺度，避免“同案不同判”；规范法官自由裁量权的行使，促进司法公正；总结司法经验，提高审判水平；提高审判效率，节约司法资源；消除当事人的不满情绪等方面。〔2〕要将应然价值转化为实然效果，必须依靠相应的激励机制，使地方各级法院的法官有动力去了解、研习和适用指导性案例，做到“要用”“敢用”“会用”。

也许目前案例指导制度更多地将注意力放在目标设定之中，在一定程度上忽视了如何有效激励法官的问题，这也将成为该制度继续完善时特别需要解决的基础问题。在《最高人民法院关于全面深化人民法院改革的意见》(《人民法院第四个五年改革纲要（2014—2018）》，以下简称《四五改

〔1〕 例如，来自天津市高级人民法院的调查表明，尽管法官表现出对指导性案例的极大期待，并且积极“建言献策”，但对于指导性案例本身，法官又表现得较为冷淡，有25%的法官对案例指导制度只停留在听说的层次，甚至有8.5%的法官不知道这项制度；对最高人民法院发布的指导性案例，也有26%的法官没有学习，甚至有14.5%的法官不知道。参见杨会、何莉苹:《指导性案例供需关系的实证研究》，载《法律适用》2014年第2期。

〔2〕 参见苏泽林主编:《中国案例指导制度的构建和应用》，法律出版社2012年版，第52页。

革纲要》）中，对于案例指导的直接规定表述为："改革和完善指导性案例的筛选、评估和发布机制。"这里并没有明确提及要完善指导性案例的"适用"机制，从这个意义上说，如何激励法官积极参照和适用指导性案例，在一定程度上被忽略了。这一情况对于发挥案例指导的实践效果来说，无疑是十分令人遗憾的。当然，《四五改革纲要》的此种表述也可能是对如何激励法官适用指导性案例，尚未发现有效途径，这也凸显了法学研究先行进行理论探索的必要性。

根据2010年年底《最高人民法院关于案例指导工作的规定》以及2015年6月2日的《〈最高人民法院关于案例指导工作的规定〉实施细则》，案例指导的整体运作过程包括指导性案例的推荐、遴选和适用三个阶段。其中，有资格推荐指导性案例的包括最高人民法院各业务庭、地方高级人民法院以及社会相关群体等。从已有的指导性案例来源来看，地方高级人民法院的推荐占据了绝大多数，即使是最高人民法院审结的案例，一般也都经过了地方高级人民法院的审理。可以说，地方高级人民法院是目前推荐指导性案例的主要主体，其推荐的效果在很大程度上决定了指导性案例的质量水平。指导性案例的遴选主要由最高人民法院进行，其最终效果则基本取决于法官个体在审判活动中对指导性案例的参照。《关于案例指导工作的规定》第7条明确，在审判类似案件时，法官应当参照指导性案例。可以说，法官个体的参照，既是适用指导性案例的表现形式，也是案例指导制度实践作用的最终落脚点。最高人民法院在推动案例指导制度的发展完善方面，不仅通过多种形式进行宣传，还不断遴选和发布多个指导性案例，其积极性已经比较充分。相应地，指导性案例的起点（推荐）和终点（适用），就需要更加细致和全面的分析，以此为标准，我们可以从地方高级人民法院和主审法官个体两个层面展开，探索相关激励机制的现状及其完善措施。

一、地方高级人民法院对推荐指导性案例的正式规定及其缺陷

案例指导制度并非凭空设立，在借鉴两大法系判例制度的基础上，很多地方法院已经开始了相关探索，其名称包括先例、判例、参考性案例、参阅性案例等。在最高人民法院正式确立案例指导制度之前，地方法院（尤其是高级人民法院）的有益探索，积累了相当重要的经验。在《最高人民法院关于案例指导工作的规定》发布后，还有很多地方高级人民法院陆续出台了配套的细化规定，尤其是在推荐指导性案例方面给予了重点关注。可以说，地方高级人民法院的这些司法文件，是《最高人民法院关于案例指导工作的规定》的前期准备、细化、扩展与延伸，其内容从正面激励着其下级法院努力推荐指导性案例。综合多地高级人民法院的规定，可以将其概括为以下几个方面。

（1）定期强制报送。根据《最高人民法院关于案例指导工作的规定》第4条的规定，中级人民法院和基层人民法院要推荐指导性案例，必须层报高级人民法院之后，才能有机会被最高人民法院遴选为指导性案例。为了向最高人民法院提供足够数量的备选指导性案例，很多地方高级人民法院在细化规定中都明确了中级人民法院和基层人民法院定期报送备选案例的义务。例如，《辽宁省高级人民法院关于加强参考性案例工作的意见（试行）》第9条规定："各中级法院、大连海事法院每月20日前要报送至少1篇备选参考性案例，案件数量较大的沈阳中院、大连中院每月20日前要报送至少2篇。省法院各审判、执行部门应于每季度第三个月的20日前报送至少1篇备选参考性案例。"再如，《陕西省高级人民法院参阅案例发布制度》第12条规定："各基层法院每季度报送案例不少于1篇，中级法院不少于3篇，省法院各业务庭报送案例每季度不少于2篇，报送时间为每季度末月20日以前。"虽然这里的名称是参考性案例或者参阅性案例，并非指导性案例，但是，这一规定实质上仍然是为推荐指导性案例准备"资料库"。虽

然最高人民法院已经加快了指导性案例的发布频率，但是，与日益丰富复杂的司法实践需求相比，仍然存在很大的缺口。最高人民法院挑选出部分以往的公报案例作为第九批和第十批指导性案例，也可以从侧面说明这一点。这些都说明，没有指导性案例在数量上的一定积累，案例指导制度就不能发挥对司法实践的积极作用。最高人民法院的判例可以转化为指导性案例，但是，二者毕竟在案件性质和特点等方面还存在很大不同，来自中级人民法院和基层人民法院的经验积累仍然具有十分重要的推广价值。从这个意义上说，地方高级人民法院在报送案例方面的强制规定，也是对推荐指导性案例方面的一种正向激励。

（2）配备专门人员。由于案例指导制度的运行时间不长等原因，地方法院对于如何挑选、编写和推荐指导性案例，都存在很多认识上的不足。推荐指导性案例也是一项比较复杂和专业的工作，不仅需要对案件有准确而细致的判断，而且应当具有进行高度总结和概括的能力。基于此种制度和能力上的要求，很多地方高级人民法院都确定了专门人员来负责推荐指导性案例的事项。《陕西省高级人民法院参阅案例发布制度》第4条规定："省法院各业务庭、各中级法院、基层法院设通讯编辑负责案例报送工作。"第21条规定："参阅案例初评委员会邀请具有丰富审判经验、深厚法学功底的省法院业务庭的审判人员从事参阅案例兼职编辑工作，各中级法院、基层法院应分别确定一名审判业务水平高文字工作能力强的同志担任省法院《参阅案例》的通讯编辑，具体负责组织、收集、编写和报送本庭、本院辖区范围内的案例。"《北京市高级人民法院关于北京法院参阅案例工作的规定（试行）》第5条规定："中级法院、基层法院推荐的参阅案例，需经本院审委会讨论决定后，由本院研究室报送高级法院研究室。"《江苏省高级人民法院关于加强案例指导工作的实施意见》第7条规定："省法院各审判业务部门应确定专人担任省法院公报特约编辑。特约编辑负责本业务条线案例的指导、选送、编辑、修改以及与省法院研究室的沟通协调等工作。”同时第8条规定：“全省各级法院均应在研究室（办公室）确定专人担任案例通讯编辑。通讯编辑负责本辖区案例的组稿、编报以及与省法院研究室的沟通协调等工作。”山东省高级人民法院特别要求，省法院各业务庭、各中级人民法院和基层人民法院的审委会办公室（研究室）、各业务庭均确定一名中层副职负责案例编选工作。需要注意的是，负责案例指导的人员并非专职人员，而只是专门人员。在员额制逐渐推广的背景下，现有的编制难以为指导性案例的编写和收集确定专职人员。从以上地方高级人民法院的规定来看，多数情况是将研究室或其具体人员确定为专门人员，在不增加编制的基础上完成编写和推荐指导性案例的相关工作。

（3）纳入绩效考评。相比于前两项激励措施，绩效考评是推荐案例指导更加有效的手段，因为这种考评直接关系到中级人民法院、基层人民法院甚至法官个人的直接评价。这一措施的科学与合理的程度，能够对指导性案例的推荐工作产生相当重要的影响，多个地方高级人民法院对此也给予了特别的关注。《陕西省高级人民法院参阅案例发布制度》第18条规定：“各级法院应将案例的报送和推荐纳入岗位目标考核。经确认和通报为参阅案例的，评优评先时，优先予以考虑。”《辽宁省高级人民法院关于加强参考性案例工作的意见（试行）》第16条明确：“省法院将参考性案例编报任务的完成情况及所编报案例的采用情况纳入年度工作绩效考评。”江苏省高级人民法院的规定强调以报送质量而非数量作为考评标准，在《江苏省高级人民法院关于加强案例指导工作的实施意见》第29条中强调：建立案例工作记分考核制度。改进对省法院各审判业务部门的案例考核制度，年度岗位目标管理考核设定统一的基本任务分，不以报送数量作为考核标准；报送的案例被最高人民法院作为指导性案例发布或者被《最高人民法院公报》《人民法院案例选》《中国审判案例要览》采用的，按照相关考核规定加分，该加分项目不设上限。各中级、基层人民法院考核案例工作也应体现出相同导向。与当地高级人民法院的规定相配套，一些地方中级人民法院也突出了指导性案例工作的考评，如《辽宁省沈阳市中级人民法院关于进一步加强案例指导工作的意见》规定，“实行指导性案例通报考评制度。市法院将定期通报经本院审判委员会确认的指导性案例以及各部门的报送情况，并将这项工作纳入审判质量和法官业绩考评范畴”。还有一些其他高级人民法院有类似做法，如要求各市中级人民法院认真组织学习，并结合本院实际制定相应的办法。山东省高级人民法院也制定下发了《关于完善案例指导制度的规定》，决定在全省法院建立三级双轨制案例选报网络，同时要求全省各级法院应将编选指导性案例纳入岗位目标考评范围，对编选、报送案例进行考核。〔1〕北京市高级人民法院对考核工作的规定比较特殊，在《北京市高级人民法院关于北京法院参阅案例工作的规定（试行）》第12条规定：“高级法院审判委员会讨论审定参阅案例设立提请人制度，推荐或审查参阅案例的高级法院审判业务部门负责人或审判委员会委员作为提请人，在审判委员会上陈述推荐或审查意见，该工作并纳入其工作业绩考核。”在《最高人民法院关于案例指导工作的规定》及其实施细则中并没有明确将推荐指导性案例纳入特定的考评，多个地方高级人民法院的以上规定很大程度上是一种补充和完善，对于推荐进而遴选出合适的指导性案例，有着直接的推动作用。

（4）设置特定奖励。与纳入绩效考评的方式相比，特定的奖励是更加直接的激励方式。在地方高级人民法院关于推荐指导性案例的规定中，特定的奖励也经常出现，其基本类型包括评选优秀案例或者先进个人以及物质奖励。一方面，就评优而言，《江苏省高级人民法院关于加强案例指导工作的实施意见》中确定开展“金法槌”杯全省法院优秀案例评比表彰活动，对积极撰写、报送案例的部门和个人予以表彰；同时，案例被选作指导

〔1〕 参见袁成本、张志华：《规范自由裁量权　防止同案不同判：山东法院实施案例指导制度》，载《法治日报》2007年11月7日，第5版。

性案例发布的，给予报送法院或省法院审判部门记集体三等功，给予编报人员记个人二等功；案例被《最高人民法院公报》采用的，给予编报人员记个人三等功。《辽宁省高级人民法院关于加强参考性案例工作的意见（试行）》第17条明确："省法院每年年底对案例工作情况进行总结通报，对全年案例工作先进单位和个人进行表彰，对入选为指导性案例和参考性案例的作者予以奖励。"《陕西省高级人民法院参阅案例发布制度》也在第22条有类似规定。《关于进一步加强上海法院案例工作的实施意见》中也明确，上海法院对案件被评选为最高人民法院指导性案例、被最高人民法院公报案例所刊用，或者被上海市高级人民法院认定为参考性案例的，也给予承办法院适当奖励。[1]另一方面，就直接的物质奖励而言，各地方法院的规定存在一定差异。多数地方高级人民法院的规定中并没有直接涉及具体的物质奖励方式和数额，只有少数高级人民法院的规定比较详细。例如，《江苏省高级人民法院关于加强案例指导工作的实施意见》第30条规定："对指导性案例、《最高人民法院公报》和省法院公报案例的编报人员，由省法院分别给予8000 、5000 、2000元的奖励，各中、基层法院可以参照该标准予以相应的奖励。"

除以上几个方面之外，各地高级人民法院还出台了一些其他各具特色的规定，如给予案例指导工作以特定的经费保证等。应当说，这些司法文件中的正式规定，对于细化案例指导工作，并推动指导性案例的推荐和报送，有着一定积极意义，但是，从现有的结果来看，仍然没有达到令人满意的程度。最高人民法院也承认，目前指导性案例来源的渠道仍然不通畅，推荐案例数量较少；案例筛选标准不好把握，案例推荐和编选水平有待提

---

〔1〕 参见《强化培育　完善机制　上海法院推动案例工作有序发展》，载胡云腾主编：《中国案例指导》（总第1辑），法律出版社2015年版，第327页以下。

高，编选程序不够规范。[1]这些情况说明，虽然最高人民法院和地方高级人民法院采取了以上诸多激励措施，但是，并没有取得预期效果，这些激励措施的合理性存在不少缺陷。

例如，通过定期强制报送的方式来积累指导性案例的数量，同时将其纳入法院和法官的绩效考评之中，这就带有明显的行政化管理色彩。这一点也与案例指导制度的独特定位有关：两大法系国家判例的遵守依赖于司法程序自然产生的规制力量和程序外的柔性约束机制，如司法人员违背判例，其承担“事”的柔性责任，如判决被撤销，个人声誉受到影响，但不存在组织上的“人”的硬性风险，如被减扣收入、免职、调离岗位等。指导性案例的生成和实施控制机制与两大法系国家判例机制有较大不同，在司法程序之外设立了独立的自下而上的行政性遴选程序，只有经过最高司法机关审批，司法效力已定的案例才能取得指导性案例资格。指导性案例由最高司法机关事先遴选公布，是贯彻最高司法机关意志的工具，承担着司法管理的重任。[2]在倡导扁平化、去行政化的法院改革进程中，地方高级人民法院的前述做法与改革的趋势并不相符。虽然案例指导制度运行初期并不成熟，需要指导性案例在数量上的积累，但是，这并不应当成为激励措施过于行政化的可靠理由。案例指导制度本身就是吸收了判例制度的精华，其本质是统一法律适用的软性规制方式。如果在制度初创之时仍然赋予其过重的刚性行政化色彩，那么，案例指导制度很难真正发挥作用。目前指导性案例在实践中所处的尴尬位置就已经充分说明了这一点。

至于其他的一些主要激励机制，地方高级人民法院的规定虽然有所涉及，但是，仍然比较模糊和笼统。如专门人员的设置，虽然能够在一定程度上有利于指导性案例的发现、编写和推荐，但是，在案例指导制度的初

---

〔1〕 参见最高人民法院司法改革领导小组办公室编写：《〈最高人民法院关于全面深化人民法院改革的意见〉读本》，人民法院出版社2015年版，第129页。

〔2〕 参见秦宗文：《案例指导制度的特色、难题与前景》，载《法制与社会发展》2012年第1期。

级阶段，这些专门收集、编辑和整理人员的眼光和素质能否适应推荐指导性案例的工作，是颇令人怀疑的。因为多数地方高级人民法院的规定，一般直接确定相应研究室的人员为指导性案例专门人员，这些研究室成员多数并非一线的主审法官，在亲历性上存在明显缺陷，对于案件中事实的认定和法律适用的疑难问题很可能缺少透彻的了解。而且，在没有经过系统培训的背景下，这些专门人员在把握指导性案例的遴选标准以及经验等方面也存在一些不足，能够将多少精力放在推荐指导性案例之中，处于并不明朗的状态。再如，直接的物质奖励，在地方高级人民法院的规定中整体偏低，甚至付诸阙如。相比于繁重的审判工作，以及最终被遴选为指导性案例的低概率，这种规定难以真正推动法官有意识地挖掘、分析案件，并在裁判文书中细致说理，其激励效果仍然堪忧。

二、法官个体适用指导性案例的实践需求

在高级人民法院推荐备选案例之后，最高人民法院经过分析，遴选并公布出相应的指导性案例，由地方法院的法官在其审判活动中参照适用。可以说，推荐和适用这两个阶段既有密切的联系，又有各自的特点；从对司法实践的影响来说，参照适用显然更为突出。即使指导性案例的数量并不丰富，只要能够适应审判实践的需要，同样会受到法官的接受和欢迎，并得以参照适用。从前文中已经表述的现状可见，指导性案例并没有对司法实践产生直接的明显影响，其预设的多种价值并没有得以显现，这就说明在推荐和适用这两个环节中至少有一个出现了问题。如果说地方高级人民法院出台正式司法文件侧重于推动指导性案例的推荐工作，那么，审判活动的实践需求则能够直接激励法官参照指导性案例，这一环节同样需要我们进行细致分析。

（一）审理疑难案件的内在需要

《最高人民法院关于案例指导工作的规定》第7条明确："最高人民法院发布的指导性案例，各级人民法院审判类似案例时应当参照。"《〈最高人民法院关于案例指导工作的规定〉实施细则》第9条对此进行了进一步阐释："各级人民法院正在审理的案件，在基本案情和法律适用方面，与最高人民法院发布的指导性案例相类似的，应当参照相关指导性案例的裁判要点作出裁判。"这里的"应当参照"被视为指导性案例效力的正式表述。然而，这一表述被很多学者认为并没有赋予指导性案例以强制的效力，甚至完全取决于法官个体的认知与裁量。[1]从文义解释的角度来说，"应当参照"的确有着一定含混之处，对其缺乏强制效力的批评也更多地源于理论界对案例指导制度的热切期望。但是，最高人民法院一再强调，案例指导制度并不等同于先例制度或者判例制度，指导性案例也不具有绝对强制的效力，并非法官必须参照的对象。我们从"指导"这一表述中也可以看到这一点。简言之，指导性案例是否在司法过程中得以参照适用，在很大程度上取决于法官个体的需要。如果适用指导性案例能够切实解决审判活动中的难题，适应了法官的需要，那么，这种优势同样会激励法官适用指导性案例。

最近几年，在案例指导制度出台前后，法官以及整个法院系统所面临的基本难题之一就是"案多人少"。这一问题不仅在法院系统尽人皆知，而且在社会上也引起广泛关注，在两会上一再引起热议，中央有关部门更是高度重视，采取增编、加强基层保障等方式予以缓解。[2]对此，学者也开出了各种各样的处方：对现有的制度资源进行重组优化，妥善地利用包括

〔1〕 参见谢晖：《"应当参照"否议》，载《现代法学》2014年第2期。
〔2〕 参见罗东川：《案多人少的"瓶颈"能否打破》，载《人民法院报》2011年3月9日，第5版。

“调解”在内的各种话语资源来弥补可供利用的现有制度资源之不足。〔1〕法院系统应会同相关决策部门以各种措施提高诉讼成本，并依据现行法律公正司法确保诉讼成本主要由过错纠纷人承担，同时降低纠纷人诉诸其他纠纷解决方式的成本，来有效降低整个社会的司法需求，使司法得以集中有效关注更具规则意义的纠纷解决。〔2〕还有观点建议将法官从层级式的行政管理体制中解脱出来，转向以司法审判为核心的工作状态，通过打破传统科室界限，将审判权还权合议庭，实现“层级化”到“扁平化”的结构转变。〔3〕在立案环节逐渐由审查制转为登记制的背景下，以上案多人少的矛盾在实践中可能更加突出。〔4〕但是，在以上诸多建议之中，基本没有专门提及或者重点提及案例指导制度。

虽然案例指导制度在纸面上具有提高司法效率的意义，在一定程度上能够回应“案多人少”的需要，但是，这种回应是十分薄弱的。从具体操作来看，法官办案过程中是否参照案例以及参照哪一个案例并非一个易为的判断。查询案例需要花费时间，而对查找到的案例进行研读，与手头案件进行比对以确定其参照性，从中汲取裁判规则、把握裁判要旨则需要大量的时间。而且在案例越来越多的情况下，针对同一个手头案件可能存在多个相关的指导性案例，那么在多个案例之间进行比较和取舍则要花费更大的精力，做这些工作并不比翻阅法学理论著作和司法解释更省时。〔5〕质言之，案例指导并不必然推动审判效率的提升，适用指导性案例在解决案多

---

〔1〕 参见尤陈俊：《“案多人少”的应对之道：清代、民国与当代的比较研究》，载《法商研究》2013年第3期。

〔2〕 参见苏力：《审判管理与社会管理——法院如何有效回应“案多人少”？》，载《中国法学》2010年第6期。

〔3〕 参见王海光：《“扁平化”管理模式应对基层法院“案多人少”》，载《人民法院报》2014年4月16日，第8版。

〔4〕 参见熊琳等：《立案登记制实施，“案多人少”难题更凸显》，载《新华每日电讯》2015年5月5日，第4版。

〔5〕 参见李仕春：《案例指导制度的另一条思路——司法能动主义在中国的有限适用》，载《法学》2009年第6期。

人少问题方面，并不具有多少优势可言。

相比于侧重数量的“案多人少”问题，指导性案例的优势更多地在于解决特定疑难案件（困难案件、难办案件）的质量问题。在涌向法院的大量案件中，普通案件占有主要比重，其事实与既有法律规定之间很少出现龃龉，法官的很多精力都放在事实认定环节。但是，在社会转型期的背景之下，在特定案件中，现行有效的法律规范并没有很好地对其进行规定，法官需要弥合案件事实与法律规范之间的冲突、空白或者其他不当之处。这里出现的疑难问题导致法官需要获得制定法之外的资源形成实体结论，指导性案例（尤其是其中的裁判要点）在此时就能够发挥重要作用。《最高人民法院关于案例指导工作的规定》第2条明确了指导性案例的类型，包括社会广泛关注的、法律规定比较原则的、具有典型性的、疑难复杂或者新类型的和其他具有指导作用的案例。以上类型大多不是普通案件，而是多少带有疑难色彩的案件，其意义就在于辅助法官在此类案件中形成准确的实体结论，或者为解决类似案件提供方法或者思路，其角色类似于非正式法律渊源。从这个意义上说，指导性案例对于现有法律规范及其适用都进行了创造性扩展，内含着法官造法的因素，这也是借鉴判例制度或者先例制度精神的表现。

例如，在指导案例42号中，裁判要点充分肯定了国家赔偿案件中存在“精神损害”的严重后果，并对确定赔偿主体以及相关考量因素进行明确。在相关制定法和司法解释都没有明确的制度条件下，该指导性案例明确了精神损害赔偿在国家赔偿案件中的存在，既是对相关法律规范的扩展（甚至是突破），更是有效回应了司法实务中的社会需求。再如，指导案例5号中，具体行政行为所依据的地方规章，突破了上位法，应属无效；由此，该案法官并未以该规章作为法律依据。其中涉及的是附带性审查，即在行政诉讼中，针对具体行政行为所依据的规范性文件效力进行审查。这种判决方式能够更好地维护行政相对人的权益，也有利于规范抽象行政行为。而该案例所进行的探索也已经被2017年修正的《行政诉讼法》所吸收。[1]以上情形在指导性案例中经常出现。这些对制定法规定进行扩展或者变通适用的案例，对于法官裁判类似的疑难案件，具有十分重要的启发意义，也能够激励法官主动适用指导性案例。

虽然审判实践的内在需求能够激励法官适用指导性案例，但是，在目前案多人少成为主要问题的背景下，疑难案件经常被湮没在数量巨大的普通案件之中，其审判往往也较为草率和粗糙，法官利用一些其他手段（如调解或者和解等）也能够解决疑难案件，并不专门需要指导性案例的辅助参照。同时，在成文法运作已经成为习惯环境的背景下，法官基于习惯思维或者路径依赖，仍然不愿或者不敢直接参照指导性案例。单纯依靠审判实践中自发的需求，在大规模有效激励案例指导制度运行方面，仍然存在一定疑问。

（二）回应两造诉求的外在推动

在实施细则出台之前，对于如何将指导性案例引入司法过程特定环节的问题，《最高人民法院关于案例指导工作的规定》语焉不详，不仅主审法官比较困惑，当事人也并不明晰，这种情况不利于案例指导发挥实效。在经过了学界的讨论和分析之后，最高人民法院逐渐形成了一些基本意见，例如，当事人要求参照适用指导性案例时，法官应当对此回应并说明理由；同时，出现上诉或者申诉时，上级法院认为应当参照某一指导性案例而原审未参照的，可以以此为由发回重审或者改判。因为违背指导性案例的裁判，本质上违背了指导性案例所适用的法律规定、司法解释所反映的法理精神、裁判要点。上级法院可以由此督导下级法院在审判工作中参照指导

〔1〕 2017年修正的《行政诉讼法》第64条规定："人民法院在审理行政案件中，经审查认为本法第五十三条规定的规范性文件不合法的，不作为认定行政行为合法的依据，并向制定机关提出处理建议。"

性案例。[1]《〈最高人民法院关于案例指导工作的规定〉实施细则》的出台则正式对以上问题进行了直接明确，其中第11条规定："公诉机关、案件当事人及其辩护人、诉讼代理人引述指导性案例作为控（诉）辩理由的，案件承办人员应当在裁判理由中回应是否参照了该指导性案例并说明理由。"法官在解决疑难案件时参照指导性案例，是一种内部需要；回应当事人参照指导性案例的诉求，就成为一种来自外部的直接推动力。

在司法过程的当事人主义逐渐占据优势时，"两造"为争取利己的判决，都尽力使用各种理由和依据，灵活变通的指导性案例又为各方提供了新的"武器"。能否准确适当地使用指导性案例，不仅对于法官裁判有影响，而且还是显示辩护人或者诉讼代理人能力高下的标尺。虽然目前指导性案例在绝对数量上并不多，但是，也已经涵盖了多个部门法，在那些与相应指导性案例比较相似的案件中，当事人及其辩护人、诉讼代理人都会出于胜诉的考虑而注重指导性案例的参照。特别是在实施细则明确了法官的回应义务之后，"两造"会更加积极地要求判决参照相应的指导性案例，非常有利于案例指导发挥实效。

从更宏大的视角来说，对是否参照指导性案例进行回应，是法官在裁判文书中进行说理的具体体现。《四五改革纲要》在推动裁判文书说理改革方面要求："重视律师辩护代理意见，对于律师依法提出的辩护代理意见未予采纳的，应当在裁判文书中说明理由。"辩护代理意见中可能会涉及到是否参照指导性案例，而法官对此予以回应并说明理由，正是对整体律师意见回应的一个重要组成部分。由此，作为辩护人或者诉讼代理人，律师会更加积极主动地研习指导性案例，并将其运用到自己的执业活动之中，并在类似案件中要求法官参照相应的指导性案例。随着指导性案例在

〔1〕 参见张军：《充分发挥案例指导作用　促进公正高效权威的社会主义司法制度建设——在全国案例工作会议上的讲话》，载胡云腾主编：《中国案例指导》（2015年第1辑·总第1辑），法律出版社2015年版，第294页。

数量上的不断增加,涉及的案件类型也将日趋多元,律师会更加充分地利用指导性案例作为辩护意见,从而会倒逼法官更加重视指导性案例。这种良性互动是对适用指导性案例的有力推动,其实质是借助于外部力量有效激励法官适用指导性案例。

当然,需要明确的是,由于《〈最高人民法院关于案例指导工作的规定〉实施细则》正式出台的时间还比较短暂,其影响力,尤其是对律师的影响力仍然没有充分展开。在司法改革中对律师的偏见逐渐减少,对其工作的重要性越来越重视的背景下,有理由预见,律师等外部力量将十分有利于推动指导性案例的参照适用。

(三)宏观制度变革的整体促进

案例指导制度是一项重要的司法制度创新,其运行的效果需要多种因素的共同推动。单一司法制度的创新或者完善都是在宏观司法制度变革的基础上发生和实现的,也需要和其他制度相互配合,共同作用于提升司法领域中的法治水平。任何单一的司法制度都不可能解决法官所面对的所有问题,案例指导制度当然也不例外。除了前述与该制度直接相关的两方面因素能够推动指导性案例的参照适用之外,宏观变革中的一些其他司法制度的创制和完善也能够以间接的方式推动案例指导的实效,上文中裁判文书说理的改革已经说明了这一点。

另外,防止干预司法活动的工作机制(主要是领导干部干预审判执行活动、插手具体案件处理的记录、通报和责任追究制度)和法官履行法定职责保护机制为法官依据其独立判断形成判决,排除了法外因素的不当干扰。法官员额制、法院人员分类管理制度和改革后的法官选任制度等人事制度改革减少了法官审判业务之外的事务性工作,使少数具有较强审判能力的法官集中精力处理案件。加上审判责任制度和错案追究制等制度都指向于“让审理者裁判,由裁判者负责”。这些制度产生的综合效果是在保证法官独立审判地位的基础上，对审判活动提出了更高的标准要求，也相应地加大了主审法官的个体责任。法官应当对各种法律的内容和形式有着充分的了解，对于律师意见进行全面有效的回应，对法律与社会的关系有着深入的把握。作为其中的重要内容，指导性案例也应当受到法官的关注，并在特定的类似案件中得以适用。虽然本书限于篇幅无法对各种司法制度改革与案例指导之间的间接联系进行全面分析，但是，可以肯定，在秉承司法改革整体理念进行的诸多制度变革推动下，法官有着超过以往的、参照适用指导性案例的需要和要求，这也是激励案例指导制度运行的重要力量。

三、案例指导激励方式的多种完善措施

围绕着案例指导制度，地方高级人民法院的司法文件、审判疑难案件的实际需要，以及来自律师和相关制度的外部力量，都能够在一定程度上推动法官参照适用指导性案例；案例指导的实施细则也从形式上进行了规定和保障。但是，从上文的分析中可以看到，以上这些措施也各有其缺陷，这些困难和阻力也许是案例指导制度在初创和开始运行阶段必然面对的。法治先进国家的经验和实践已经充分证明了判例制度的价值，借鉴于此的案例指导制度对中国法治建设来说也蕴含着重要的意义，问题的关键是如何通过细致合理的制度设计，将应然价值转化为对司法实践的实然促进。在尽量尊重现有正式制度的基础上，对其进行细化和完善，将十分有助于激励法官适用指导性案例，具体的完善措施可以从以下几个方面入手。

首先，积极动员法官之外的其他群体参与指导性案例的推荐和适用。一方面，在推荐阶段中，最高人民法院（及其案例指导办公室）应该拓宽指导性案例推荐渠道。《最高人民法院关于案例指导工作的规定》及其实施细则中都有关于社会推荐指导性案例的规定，但是，从目前已经发表的指

导性案例来说，这一模式并没有发挥作用，主要是受社会认知度、裁判文书公共度、指导性案例的效力和数量、推荐的层级性、决策程序的回应机制以及技术性保障机制等因素制约。[1]社会推荐模式中特别值得重视的是法学专家的作用：在法院和法学院校、法学研究机构人员双向交流机制日益健全，高校和法院人员互聘计划开始实施的背景下，法学专家有了更多正式制度渠道直面司法实践中的案件，能够更加深入地了解和分析其中的问题，也更有利于其推荐优秀案件作为备选指导性案例。扩大社会推荐模式的应用，可以减少单纯依靠地方高级人民法院推荐指导性案例的情况，不仅能够快速提升指导性案例的数量，还能够降低强制报送备选案例中的行政化色彩。另一方面，在适用阶段中，继续提高律师的作用，鼓励律师积极提出要求参照相应指导性案例的意见。如前所述，法官负有回应当事人及其律师提出的适用指导性案例的意见，并说明理由的义务。这种对律师的重视也是目前司法改革的重要取向，例如，《四五改革纲要》直接规定："完善律师执业权利保障机制，强化控辩对等诉讼理念，禁止对律师进行歧视性安检，为律师依法履职提供便利。依法保障律师履行辩护代理职责，落实律师在庭审中发问、质证、辩论等诉讼权利。"对律师的重视，实质上也是加强庭审中心地位的表现，能够有效推动司法民主和司法公开的实现，为最终司法公正提供坚实保障。在重视律师及其意见的整体背景下，庭审中的律师完全可以将指导性案例作为重要的法律依据，与法官的回应意见，共同推进指导性案例的实践运用。

其次，最高人民法院应当继续提升指导性案例的正式效力。虽然在审判类似案件时，主审法官应当参照指导性案例，但是，最高人民法院却始终将指导性案例视为非正式法律渊源，其地位充其量是说理论证理由，而

[1] 参见段陆平：《指导性案例社会推荐模式初论——以〈最高人民法院关于案例指导工作的规定〉为例》，载《社会科学研究》2012年第5期。

非法律依据。“将先前的判决作为有实际拘束力的法律规范来对待，缺乏立法基础，也无相应诉讼制度支撑，因此，指导性案例应不具有正式的法律效力，不属于正式的法律渊源，不能被裁判文书直接援引……指导性案例具有事实上的拘束力。”〔1〕“名不正则言不顺”，虽然中国司法改革的制度创新大都是从地方尝试开始，但是，在影响和效力遍及全国的司法制度改革中，相关规范性文件的正式确认对推动制度的树立和运行，都具有十分重要的意义。案例指导的实施细则仍然坚持原有观点，将指导性案例仅视为论证理由，这种较低的效力并不利于推动其发挥实践作用。从目前已经发表的指导性案例来看，其适用法律规范、论证说理等方面都是同类案件中的杰出代表。尤其是指导性案例中的裁判要点，更是整个文本中的点睛之笔，具有与时俱进的突出特点，较之于规制同类问题的制定法规范，其质量是有过之而无不及的。另外，严格的遴选程序也能够保证指导性案例及其裁判要点的质量。这些对审判业务具有强烈指导和规范意义的内容，完全能够担当裁判依据的角色。最高人民法院在界定指导性案例的效力时，仍然显得过于保守。如果最高人民法院在这个问题上仍然是半遮半掩或者犹豫不决，那么，法官在适用指导性案例时自然也是信心和动力不足。其实，案例指导的实施细则只要再往前走一步，就完全可以使指导性案例获得裁判依据的地位：“指导性案例不得单独作为裁判依据。”这种变通规定既能够明确指导性案例的法源地位，也避免了立法和司法制度中可能引起的质疑，应当成为案例指导进一步发展的重要方向。此外，案例指导制度的一些规定，需要与相关诉讼制度相衔接，以起到相互支撑和配合的效果，在大规模立法短时间内难以启动的背景下，最高人民法院仍然可以通过司法解释的方式予以明确和细化。

再次，地方高级人民法院对案例指导司法文件进行修订和完善，减少

〔1〕 胡云腾等：《〈关于案例指导工作的规定〉的理解与适用》，载《人民司法》2011年第3期。

行政化硬性规定，鼓励法官在个案中适用指导性案例。案例指导制度最初都是由地方法院，主要是高级人民法院的探索积累了经验。在《最高人民法院关于案例指导工作的规定》出台之前，很多地方高级人民法院（甚至是中级人民法院）都已经发布了类似文件。在案例指导制度正式确立之后，地方高级人民法院应当对该制度确立之前的相关司法文件进行相应的修订，通过细化和强化的方式来贯彻案例指导制度。在修订和完善时，特别要注意减少行政化色彩特别强烈的硬性规定，如本章所列举的强制定期报送案例。在司法改革日益强调去行政化的指向下，注重质量而非数量，应当成为案例指导的发展方向之一。针对目前案例指导制度激励不足的情况，地方高级人民法院可以给法官以更加明确的指示和推动。再如，不再将报送数量纳入考评，而是将审判活动中回应律师参照指导性案例的质量作为考评审判质量的重要依据。虽然最高人民法院强调取消各种违背司法规律的数据考核，但是，参照适用指导性案例属于审判业务中的核心部分，对该部分进行考评是审判质量的重要保障。此外，提前发现和培育指导性案例，也是地方法院总结的值得推广的做法。[1]当案件主审法官发现审理案件时发生困难，同时又找到一些灵活适用法律、具有普遍性推广意义的案件时，可以联系专门负责案例指导工作的人员进行沟通，进而在审理过程中有意识地对案件进行精细化打磨，最终成为高质量的备选指导性案例向上级法院推荐。地方高级人民法院在案例指导司法文件中，完全可以借鉴这一做法，其优势在于注重推荐案例的质量，并经过深加工充分展现其指导意义和价值；同时，如本章所介绍的，上级法院中专门负责案例指导的人员多是研究室工作人员而非主审法官的业务上级，其配合和交流工作仅限于发现和培育备选指导性案例，不会像请示或者上报等做法那样架空审级制度，也能够凸显指导性案例的“亲历性”特点，弥补单纯事后

---

〔1〕 参见徐伟：《指导案例调研应事前介入》，载《法治日报》2013年10月15日，第5版。

遴选的现有缺陷。作为推荐指导性案例的最主要主体，地方高级人民法院的地位十分关键，其司法文件能够适应当地审判业务特点，以细化规定的方式鼓励法官参照适用指导性案例。如果经由个案发轫产生示范效果，在多地形成参照指导性案例的习惯氛围，那么，案例指导就真正取得了良好的激励效果。

复次，法官个人应当积极研习指导性案例，并在制度范围内注意适用指导性案例，其基础是提升方法论意识，在裁判文书中细致说理。在员额制、法院人员分类管理、庭审核心地位的确立、分案审级制度完善、轻微刑事案件快速办理机制以及多元化纠纷解决机制等共同作用下，案多人少的情况将逐步缓解，法官也将逐渐从事务性工作和简单重复的审判工作，转向更具有规则治理意义的审判工作。这种精英化的制度变革倾向也对法官个人的素质提出了更高的标准要求。法官必须提升个人能力以适应此种趋势，其中一个非常重要的方面就是要提升方法论意识。法律方法论包括法律解释、法律论证、法律推理、利益衡量和漏洞补充等，在第二次世界大战后已经成为法理学发展的主要领域之一，在国内也已经成为法学研究中的热点问题。〔1〕法律方法论关注于司法过程及其结论的形成与证成，十分适合于法官应用于审判工作之中。所有的案件中都有法律方法的适用实践，在疑难案件中则显得尤其突出。指导性案例基本上都是带有一定疑难色彩的案件，其中包含着非常丰富而具体的法律方法运用；而审判疑难案件也正是法官参照指导性案例的内在需求。由此，指导性案例与法律方法论之间有着十分密切的联系：法官通过研习指导性案例中法律方法的运用，可以提升自身的方法论素质，进而将该素质体现在审判具有规则意义的案件之中；而这些案件又有可能被遴选为指导性案例。这样，指导性案

〔1〕参见焦宝乾：《对我国法律方法论研究的宏观反思——背景、问题及展望》，载《法制与社会发展》2010年第4期。

例、法律方法论和法官素质之间形成了良性互动和循环。这种“共赢”的互动和循环对于案例指导也是极大地激励与推动，其外在表现形式则是裁判文书中的论证和说理。与法官审判工作重点的转向相适应，《四五改革纲要》已经确定裁判文书要进行繁简分流，法官写作裁判文书的重点是那些比较重大疑难的案件。目前遴选指导性案例中一个突出问题是：裁判文书说理水平较低，在带有疑难色彩的备选案例中，没有准确详细地说明法律规范的适用方式方法，有的案件事实概括不得当，缺乏针对性、层次性和逻辑性；有的裁判理由过于简单，说理不充分、不透彻。[1]要遴选出合适的指导性案例，裁判文书是最主要的依据资料，如果具有指导意义的案件由于裁判文书写作的问题无法被遴选成功，那将是十分遗憾的。相反，具备了较强方法论意识和素质的法官，不仅能够发现和确定法律规范在疑难案件中的适用，而且能够用准确全面的论证来说明该判决的形成过程以及结论的正当性，并不是仅仅依据经验或者“法感”来形成直觉判断。而且，《四五改革纲要》也明确将裁判文书说理水平作为法官业绩评价和晋级、选升的重要因素，这一规定对推动法官在重大疑难案件中说理，进而遴选指导性案例，也是一种间接推动。

最后，拓宽各级具有指导意义的案例发布渠道，使社会公众和法律职业群体能够便利地获得案例信息。便利性是影响指导性案例适用的重要因素，如果社会公众和法律职业群体（尤其是律师）能够比较方便地了解指导性案例的情况，那么，他们就能更好地在庭审中提出参照要求。目前，地方高级人民法院与指导性案例相关的司法文件中，也有不少涉及案例情况公开途径的规定。例如，上海市和海南省等地的高级人民法院，已经开始建立了案例库，使本法院内确定的参考性案例、参阅性案例、精品案例、

〔1〕 参见吴光侠：《最高人民法院案例指导工作座谈会纪要》，载胡云腾主编：《中国案例指导》（2015年第1辑·总第1辑），法律出版社2015年版，第297页。

典型案例等具有指导意义的案例，不仅可以为本院法官使用，还可以部分地向社会公众开放。还有些地方高级人民法院定期印发以案例为主要内容的内部参考读物，便于辖区内法官研习，其公开程度稍弱。《〈最高人民法院关于案例指导工作的规定〉实施细则》第13条规定："最高人民法院建立指导性案例纸质档案与电子信息库，为指导性案例的参照适用、查询、检索和编纂提供保障。"这是在全国范围内具有完整正式效力的案例库，对于案例指导发挥实际作用有着重要推动。在大数据时代中，案例信息的收集、整理已经大大降低了难度，问题的关键在于是否运用这些案例。最高人民法院的指导性案例已经通过互联网、法院内部网络、报纸、杂志、公报和通知等多种形式公开，地方法院也应当及时让社会公众和法律职业群体了解到其内部具有指导意义的案例，并在司法过程中参照和运用。出于工作习惯，也许部分法院仍然不愿意公开以上案例信息，但是，庭审中真正运用这些优秀的案例成果，有助于形成准确、合法的高质量判决结论，对于责任越来越重的主审法官来说能够达到兼听则明的效果，其实际意义远远大于可能带来的麻烦。

结语：案例指导的个案发轫与示范

对于案例指导制度，地方法院在很早以前就开始探索，并积累了相当丰富的经验；而最高人民法院也早已通过多个改革纲要不断推进该制度的发展，最终通过《最高人民法院关于案例指导工作的规定》给予正式确认，之后又颁布了实施细则。可以说，指导性案例距离广泛进入审判活动被直接参照和适用，只有"一步之遥"。但是，这一步却仍然面临很多难题，现有的激励方式和措施还没有使法官拥有足够的勇气和智慧，普遍地在裁判文书中直接引用指导性案例。前文所述的天津市第二中级人民法院审理的案件，也只是在其院内报道中说明参照了指导性案例，仍然是一种"隐性适用”。如果本部分提及的多种改进方式能够被实务部门吸收，那么，我们有理由期待正式引用指导性案例的个案出现，实现“艰难的一跃”。换言之，专门关注案例的案例指导制度，也需要特定的案例来撬动第一步。这种个案的出现意味着案例指导真正变成了制度实践，由此能够产生示范效应而广泛传播和认知，开始大规模地对司法实践产生影响。我们已经从很多公报案例的影响中看到了这一点，对于蕴含着巨大实践意义和价值的案例指导制度来说，也许这一天已经并不遥远了。

第一编

指导性案例遴选方式的实践经验及其完善

第一章　指导性案例的数量提升策略

第一节　提升指导性案例数量的基本策略

案例指导制度的实践效果有待提升，重要的原因之一是指导性案例的数量过少。无论是进行专门法官培训的需要，还是借鉴判例制度的经验，都要求最高人民法院提升指导性案例的数量供给。实现这一目标主要依靠法院推荐方式和社会推荐方式。就前者而言，应当加大对法官个人推荐备选指导性案例的奖励力度，地方高级人民法院应当有意识地培育指导性案例，最高人民法院可以利用创设飞跃上诉和重新整理公报案例的方式，增加指导性案例的数量。在社会推荐模式中，法学专家应当发挥主导作用，其他相关社会人士也可以各展所长。只有充分发挥各方主体的积极性，才能够真正实现指导性案例数量上的有效供给，推动指导性案例质与量的良性互动。

一、提升指导性案例数量供给的多种原因

案例指导制度已经运行了近七年的时间，指导性案例对司法实践的直接影响也已经逐渐显现，不少判决书将指导性案例作为裁判理由加以援引。这意味着案例指导制度在统一法律适用方面的功能变成了现实。但是，根据实证调查的结果，只有约1500份裁判文书中提及了指导性案例，

还有相当部分是由当事人提出最终没有被法官采信。这一数量相比于每年超过千万份的裁判文书来说，比例仍然显得过低。虽然司法实践中存在着对指导性案例的大量需求，[1]但是，指导性案例总体上数量偏少，没有有效回应以上需求。“如果最高人民法院过于谨慎，所发布的指导性案例的数量和种类过少，对全国审判的指导意义就微乎其微。”[2]从维持案例指导制度的长久有效运行来说，提升指导性案例在数量上的供给，已经成为目前迫切需要完善的工作。具体理由包括以下几个方面。

首先，指导性案例发布的总量和频率仍然偏低。自从2011年年底发布第一批指导性案例以来，最高人民法院不断总结案例指导制度的运行经验，陆续发布了十几批指导性案例。2011年至今，最高人民法院历年发布的指导性案例数量分别为4个、8个、10个、22个、12个、21个和10个（2017年为不完全统计）。虽然最高人民法院在发布的频次和数量上有所增加，但是，这总计87个指导性案例相比于巨大的司法实践需求而言，还是杯水车薪。《最高人民法院关于案例指导工作的规定》并没有明确发布指导性案例的固定频次和数量，这使得指导性案例的发布带有明显的随机性，难以被司法实践部门所及时了解和预测。在指导性案例的体例结构中，裁判要点是其中的核心部分。根据《〈最高人民法院关于案例指导工作的规定〉实施细则》第11条第1款，法官在裁判文书中只能引述指导性案例的裁判要点作为论证和说理的理由。换言之，只有裁判要点才能够正式进入裁判文书，这也是法官可以直接援引的对象。而裁判要点是对基本案件中涉及法律问题的概况总结，是直接提供了抽象规则的部分。即使部分指导性案例有2～3个裁判要点，也无法应对司法实践中出现的诸多疑难问题。我国目前正处于转型社会时期，各种矛盾发展非常迅速，有的还十分尖锐。

〔1〕 参见杨会、何莉苹：《指导性案例供需关系的实证研究》，载《法律适用》2014年第2期。
〔2〕 宋晓：《判例生成与中国案例指导制度》，载《法学研究》2011年第4期。

其中有很多矛盾纠纷都以诉讼案件的形式涌向了法院，这使现有的法律规定显得捉襟见肘，需要解释、细化甚至补充的情况层出不穷。在立法必须维持稳定性、不能朝令夕改的前提下，指导性案例应当及时提供新规则来适应新情况和解决新问题，这也决定了指导性案例实际上有很大的作用空间。但是，过少的数量使得法官难以在指导性案例的裁判要点中发现所需要的规制指引，进而影响了法官了解并参照指导性案例的积极性，会对案例指导制度的实际效果产生消极影响。当然，指导性案例中还有些比较成功的例证。根据中国裁判文书网提供的数据统计，直接援引指导案例24号的裁判文书已经达到313份，是所有指导性案例中被援引次数最多的。该案件专门针对的是特殊体质对侵权责任范围的影响问题，该问题并没有被《侵权责任法》以及相关法规或者司法解释所规定，但是在司法实践中经常出现。以往类似案件的处理结果比较混乱，而指导案例24号的裁判要点对此进行了统一明确，在司法实践中备受欢迎。这种情况也是司法实践迫切需求指导性案例的一个例证。但是，近半数指导性案例从未在裁判文书中被援引，也从侧面说明，没有特定数量上的积累，指导性案例在满足司法实践需要方面仍然有待提高。

其次，部分指导性案例对司法实践并未形成有效的规制供给，也需要通过数量上的增加来改变这一情况。相比于其他司法制度，案例指导制度至今仍然处于初创时期，而且在长期承继大陆法系传统的历史背景下，法官在接受判例思维方面有些犹豫。因此，最高人民法院在前几批指导性案例中并没有在裁判要点部分提供有效的规制供给，没有发挥“指导作用”。刑事指导性案例在这个方面尤其典型，具体表现在：（1）重复已有的司法解释，没有发布的必要；（2）相应的裁判要点在实务上并非疑难，不存在解释的必要性；（3）几乎没有提出任何实质性的法律适用结论，无法真正产生指导意义；（4）提出了具有一定指导价值的裁判要点，但是这些观点仍然有待商榷。[1]这种情况使真正有效的指导性案例更是少之又少。因此，要加大有效的规制供给，最高人民法院应当在指导性案例的裁判要点部分给出更具有创造性的规制，尤其是在法律规定比较模糊甚至空白的案件中。这一目标的达成也需要以相当数量的指导性案例作为前提和基础。指导性案例的数量越多，其中包含有效规制供给的可能性也就越大，也就越是能够引起法官的关注，进而在其裁判文书中援引。从这个意义上说，特定数量的积累也是保证指导性案例质量的前提条件之一，这一点类似于“有法可依”是“有法必依”的前提。

再次，数量上的增加能够使指导性案例与法官之间形成良性互动。由于数量上无法形成规模，法官并没有习惯于在审判过程中查询指导性案例，进而数量偏少的指导性案例就更受到冷遇，这就是一种恶性循环。如果指导性案例在数量上达到了相当程度，那么，法官也就会逐渐习惯于查询指导性案例并将其作为论证理由，特别是在涉及某些疑难案件时，可以经常更新的指导性案例能够提供及时的“指导”，满足审判工作的需求。同时，法官越是习惯于适用指导性案例，就越是能够注意发现新的案例并进行推荐，最高人民法院也就越是能够不断发布新的指导性案例。换言之，数量偏少时容易形成恶性循环，而数量超过临界点时，则在指导性案例和法官之间就更容易形成良性循环。虽然这一临界点的数量究竟是多少仍然受到多种因素的影响和制约，但是从实际效果来看，目前指导性案例仅有87个，这一数量还远远没有达到临界点的要求。另外，推动法官熟悉和接受指导性案例的重要途径之一就是专门的培训。现行的法学教育过于偏重法学概念、法学原理的讲授，忽略了司法技艺的培养与训练。不少法官对案例适用技术仍然较为陌生，通过案例适用讲解、典型案例研讨和裁判规则使用学习，能够使广大法官养成自觉运用指导性案例处理待审

---

〔1〕 参见林维：《刑事案例指导制度：价值、困境与完善》，载《中外法学》2013年第3期。

案件的司法习惯。[1]目前这一工作仍然进展缓慢，多数法官并不十分清楚如何比较指导性案例与待决案件之间的相似点，如何有效识别和区分指导性案例。这种情况影响了指导性案例被了解、认知和运用的程度。而对法官进行专门培训，也需要特殊数量的指导性案例作为范本。在培训过程中，借助于某些指导性案例被援引的实际情况，法官可以举一反三地运用指导性案例。越是有数量丰富的指导性案例，培训的内容也就更加丰富和有效，也能够拉近指导性案例与法官之间的距离，推动二者形成良性循环。

最后，两大法系判例制度的实践，也是提升指导性案例数量供给的经验性理由。案例指导制度借鉴于判例制度，而两大法系的判例制度都已经运行了相当长的时间，有着非常雄厚的数量基础。特别是在英美法系中，距今几百年的若干先例仍然可以被今天的审判实践所援引；各级法院的判例都可能成为先例，虽然有内容和权威性上的差异，但是这种数量供给是十分可观的。大陆法系的判例制度虽然没有英美法系那么丰富，但是，德国、法国和意大利等国家的实践，也确立了相当数量的判例供法官援引。英美法实践中有定期的案例汇编，部分由官方组织，另一些则是由民间团体完成。无论编制主体为谁，处理待决案件的法官都会对其给予高度关注，并从中选取有权威性和代表性的裁判要点作为裁判依据。大陆法系的相关实践则更多地推崇最高司法机关的判例，并可以在判决中直接援引。正是由于长年的数量积累，才使两大法系的判例制度保持着生机和活力，对司法裁判的实践产生着持续影响力。就我国情况而言，在案例指导制度之前，从20世纪80年代开始，最高人民法院也定期在其公报上发布若干典型案例。这些公报案例实质上就是指导性案例的前身，虽然没有正式法律效力，但是，却在司法实践中有着深远影响，是各级人民法院进行业务学习的重要素材。在各个批次的指导性案例发布之前，有很多学者直接将公

〔1〕 参见陈树森：《最高人民法院在案例指导制度中的功能重构》，载《理论界》2016年第8期。

报案例也视为指导性案例。一些地方高级人民法院也利用其公报刊登了不少参考性案例，也取得了积极效果。从以上的历史经验可以看到，数量上的持续增加对于案例指导制度的运行是至关重要的，因为数量众多的指导性案例能够满足司法实践的多种需要，具有相当积极的意义。

二、法院推荐方式在提升指导性案例数量供给中的作用

在明确了提升指导性案例数量供给的诸多原因之后，我们更需要细致探讨采取何种具体的提升策略。根据《最高人民法院关于案例指导工作的规定》及其实施细则，指导性案例的生成需要遵循严格的遴选程序，从其程序的源头增加备选指导性案例的数量，才能够使最高人民法院在遴选时有“优中选优”的空间。根据上述两个文件，目前备选指导性案例的推荐方式主要分为法院推荐方式和社会推荐方式两种。前者是在法院系统内部按照自下而上的方式层报最高人民法院，后者则是由社会中相关人士直接向最高人民法院推荐。本部分主要分析前者的作用。

在法院推荐方式中，基层人民法院将备选指导性案例上报至高级人民法院，再由高级人民法院向最高人民法院推荐；高级人民法院和最高人民法院各个审判业务单位可以直接向最高人民法院案例指导工作办公室直接推荐指导性案例。这一推荐方式保证了最高人民法院是指导性案例的统一发布机关，而且层层上报的过程也带有很强的行政化色彩。“中国当下的指导性案例则借助于强大的司法外的行政权力，特别是最高人民法院居于一种地位上的优势而形成的纵向管理权。”[1]这一点与英美法系中各个法院的判例都可以成为先例的情况并不相同。目前来看，我国司法实践

---

〔1〕 郑智航：《中国指导性案例生成的行政化逻辑——以最高人民法院发布的指导性案例为分析对象》，载《当代法学》2015年第4期。

尚不具备各级法院的判例都成为指导性案例的条件，由最高人民法院统一进行遴选和发布也是比较合理的选择。问题的关键在于，现有的激励机制没有充分调动起各级法院推荐指导性案例的积极性。虽然已经公布的指导性案例几乎都是通过法院推荐方式遴选成功的，但是，各地法院在推荐备选指导性案例的数量方面仍然是偏少，甚至个别高级人民法院通过定期报送的强制手段，要求所属的下级法院推荐指导性案例。经过了六七年的运行时间，案例指导制度才公布了87个案例，相比于报送的总数来说，最终被遴选成功的比例仍然过低，这也影响了各级法院推荐指导性案例的积极性。各级法院应当采取一些新手段和措施来激励各级法院推荐备选指导性案例，具体可以从以下几个方面入手。

首先，提升推荐备选指导性案例在法官评价和考核中的比重。在员额制进一步削减法官数量的背景下，案多人少的矛盾在一定程度上加剧了。各地法官将绝大部分精力都用于处理蜂拥而至的案件，关注并挑选出备选指导性案例的时间和精力都非常有限，缺乏足够的动力。主审的案件被遴选为指导性案例而获得上级法院乃至最高人民法院的肯定，这就能够比较充分地说明主审法官的能力还是非常强的，应当给予丰厚的奖励。《〈最高人民法院关于案例指导工作的规定〉实施细则》对奖励的规定比较模糊，很多地方高级人民法院的规定在奖励的力度上也不足。最高人民法院应当具体明确推荐指导性案例有更有力的奖励措施，可以要求地方高级人民法院根据所辖地区的特点进行具体规定，特别是在法官的考核和评价方面给予专门规定，以充分显示推荐备选指导性案例的作用。员额制的目标就是要保留具有较高业务能力和素质的人员继续担任法官，要在同样高素质的法官中进行更加细致的评价和考核，引入推荐备选指导性案例就是一个重要的标准，这样有利于激发法官的积极性。当然，这种评价并不应当以最终被遴选为指导性案例为唯一标准，而是应当从总体推荐数量、遴选程序进展的层级等多方面进行衡量。相比而言，留在员额内的法官也更有能力发现审判实践中的疑难问题，并给出体现司法智慧的处理方式。通过指导性案例的方式将这种审判经验和智慧进行传播，对解决同类的疑难案件，具有十分积极的意义。《〈关于案例指导工作的规定〉实施细则》第3条专门规定了将审判人员的姓名作为指导性案例正式文本的组成部分，这种带有荣誉性的体例设计对法官推荐备选指导性案例也是一种间接激励。

其次，地方高级人民法院应当及时发现并有意识地培育指导性案例。在目前的司法实践中，法官遇到疑难案件时并非只是依靠自己选择裁判理由和结论，还会经常提交审判委员会进行分析和讨论，虽然我们应当抵制审而不判或者判而不审的情况，但是，审委会对疑难案件的处理还是有一定帮助的。为了提升推荐备选指导性案例的数量，地方高级人民法院可以规定，在本院或者辖区内法院的审委会发现特定案例比较疑难，同时又确定了较好的解决方式时，应当及时报送高级人民法院作为潜在的备选指导性案例。这对于目前只是将已经审判结束并生效的案件作为备选指导性案例，是一种更加前置的处理办法。这种办法能够有意识地培育备选指导性案例，尤其是可以推动主审法官在裁判文书的写作方面给予高度关注，明确充分、恰当、合法和合理的裁判理由，能够给将来向最高人民法院推荐提供更加扎实和充分的基础。最高人民法院案例指导工作办公室主要是根据最终生效的裁判文书进行加工并将其作为遴选指导性案例的重要依据，而很多备选的指导性案例在裁判文书写作方面过于简略，说理和论证并不充分。这些缺陷固然和当时主审法官没有预见该案件将成为备选指导性案例有关，但是产生的消极影响则是处理结果非常优秀的案件并没有最终被遴选成功，这是非常令人遗憾的。如果能够提前有意识地着力培育潜在指导性案例，那么，这类案件最终被最高人民法院遴选成功的可能性将大大增加，也十分有利于增加指导性案例的数量。推荐的备选指导性案例最终被遴选成功，不仅是对审判人员的肯定，也是对相关高级人民法院职能工作的肯定。以现有指导性案例来源地区为标准可以看到，最高人民法院和东部地区高级人民法院推荐成功的数量和比例最高。相比而言，西部地区的高级人民法院推荐成功的指导性案例较少。[1]如果能够引入培育机制，那么，这种推荐备选指导性案例方面的不平衡将会被打破，各地司法实践经验的汇总将使指导性案例的数量得到进一步地有效提升。

再次，借助于飞跃上诉制度探索提升指导性案例的审级。英美法系的司法实践经验证实，先例的权威性与审判机关的级别有着密切联系，作出生效裁判的审判机关级别越高，先例的权威性越高，对处理类似案件的约束力也就越强。对于层级较低的法院来说，即使遇到了典型疑难的案件，可能处理的方式和结果也未必恰当。如果能有更高层级的法院来处理，更有可能在论证说理、裁判理由和裁判结果方面做得更好，甚至将来成为指导性案例的可能性也越大。虽然我国目前已有上诉制度，但是，只是上诉到上一级法院。面对大量诉讼的基层人民法院无暇进行细致甄别，即使发现可能的指导性案例也难以准确把握。从已有的指导性案例最终生效判决的做出机关来说，大多数都是最高人民法院或者高级人民法院。为了提高备选指导性案例的数量及其遴选成功率，我们可以借鉴德国等国家的做法引入飞跃上诉，即当事人上诉的法院并不限于上一级，而是可以越级上诉。在最高人民法院已经设立巡回法庭的基础上，飞跃上诉能够将基层人民法院中难以妥当处理的疑难案件进行更加细致的处理。而且，各地的巡回法庭本身就是最高人民法院的派出机构，与最高人民法院的审级相同，作出裁判的案件被遴选为指导性案例的比例要高很多。“与遴选相比，由最高法院或巡回法庭作成指导性裁判的优点更为明显，其不仅可促进判例统一，而且还可纠正下级法院的错误。”[2]巡回法庭可以亲自参与“指导性

〔1〕 参见赵瑞罡、耿协阳：《指导性案例“适用难”的实证研究——以261份裁判文书为分析样本》，载《法学杂志》2016年第3期。

〔2〕 周翠：《民事指导性案例：质与量的考察》，载《清华法学》2016年第4期。

案例”的审判，这就大大化解了指导性案例生成的行政化。[1]具体来说，引入飞跃上诉的指导性案例遴选程序可以规定，在下级法院发现一审案件具备推荐为指导性案例的潜在可能性时，可以建议当事人进行越级上诉。当然，这一制度的最终成型还涉及众多相关诉讼制度，可以在案例指导制度中进行初步探索，使指导性案例成为探索中的受益者。

最后，最高人民法院应当加大将原公报案例重新整理并发布指导性案例的力度。根据《最高人民法院关于案例指导工作的规定》第9条，对于以往的公报案例，最高人民法院可以重新整理和编纂，重新将其发布为指导性案例。公报案例已经存在了较长时间，也取得了较好的实践效果，将其中仍然能够发挥积极作用的案例重新发布，也是提升指导性案例数量的重要措施。最高人民法院发布的第九批和第十批共15个指导性案例，就是对原有公报案例的整理。这些经过了实践检验的公报案例完全可以成为指导性案例的重要来源，而且多数公报案例已经编纂完成，从遴选的效率上也有保障。最高人民法院也应当充分利用这一“捷径”，加大甄别和筛选的力度。特别需要说明的是，重新发布原有的公报案例还可能会赋予其新的时代含义。例如，指导案例38号为“田永案”，其中强调了行政相对人的申诉和辩护的权利，其实质就是在贯彻正当程序原则。但是，在原审判决或者公报案例文本中，都没有直接出现“正当程序”的直接表述。该案作为指导性案例发布时，裁判理由部分明确：“从正当程序原则出发……”在受到多方呼吁的《行政程序法》仍然没有出台的背景下，通过将公报案例重新发布为指导性案例的方式，能够引起司法机关和行政机关对该原则的重视，从而更好地保护行政相对人的权益，充分发挥指导性案例的积极作用。为了充分发挥最高人民法院的作用，有学者还建议将最高人民法院主

〔1〕 参见李森：《新一轮司法改革背景下案例指导制度的新问题》，载《山东社会科学》2016年第8期。

持召集的“大法官会议”作为批量产生指导性案例的制度创新。[1]这一思路与重新发布原最高人民法院公报案例的做法也是比较一致的。

三、社会推荐方式在提升指导性案例数量中的作用

现有的十六批指导性案例中，并没有通过社会推荐方式遴选成功的案例。造成这一结果的原因很可能在于案例指导制度初创时期的谨慎考虑。而且，社会中的非法律专业人士缺少相应的动力去主动推荐指导性案例，即使有特定动力也缺乏足够专业的眼光。但是，社会推荐毕竟是提升指导性案例数量的一种重要方式，而且在《最高人民法院关于案例指导工作的规定》及其实施细则这两个基础性文件中，都给予了相当篇幅进行规定。更重要的是，社会推荐方式还有其独特的优势：效率。根据《〈最高人民法院关于案例指导工作的规定〉实施细则》第5条，社会人士的推荐可以向原审法院提出，也可以直接向最高人民法院的案例指导工作办公室提出。后一对象是该实施细则专门在《最高人民法院关于案例指导工作的规定》基础上新增的。换言之，法院推荐方式需要层报程序才能到达最高人民法院案例指导工作办公室，而社会推荐方式则可以直接向该办公室推荐，在效率上无疑提高了很多。其实，社会推荐方式包括了很多主体，能够在推荐备选指导性案例方面发挥重要作用，我们可以以职业为标准分为以下两类：

1.法学专家

从法律专业知识和理论掌握的程度来说，法学专家与法院系统最为接近，应当在推荐指导性案例方面发挥更大的作用。借助于专业的理论分析，法学专家能够发现司法实践中具有典型性的疑难案件，同时，很多专家还担任着实务部门的顾问或者从事咨询等工作，与司法实践有着密切联

〔1〕 参见周光权：《刑事案例指导制度：难题与前景》，载《中外法学》2013年第3期。

系，具有发现备选指导性案例的独特优势。各个部门法学者尤其应当在这个方面发挥更重要的作用。现在的问题是，很多法学研究者并没有将案例研究作为基本的研究领域，仍然习惯于满足比较抽象的理论概括和分析。形而下的微观研究还没有被提升到足够重视的程度。从推动法治进程的角度来看，从个案切入、提倡案例的研究应当成为法学研究发挥实践作用的基本方式，多数抽象理论并不能直接应用到司法实践之中，即使能够也需要研究者结合个案进行解读。这种接地气的研究方式对于习惯了纸上谈兵的一些法学研究者来说存在一定困难，但却是法治实践所迫切需要的。对于这一点，同为大陆法系的德国法学研究实践已经提供了良好样本，多数法学研究者都有从事实践工作的经历，同时将案例的分析和研讨作为研究的重要内容。相应地，法官等职业群体也特别关注学者们的研究成果和动态，甚至可以在判决书中援引学者著作作为论证理由，定期汇编的案例评析就是这一良性互动的集中呈现。“完成海量的案例评析储备，让作者参考、援引现成的评析，不失为一个务实的选择。在海量储备的意义上，案例评析也将成为中国法律人的一项集体事业。”〔1〕案例分析能够成为理论界与实务界的良好结合点，在相互交流的基础上有利于推动学者推荐优秀案例作为备选指导性案例。

在法学专家中还有一类特殊群体，就是案例指导工作专家委员会委员。根据《〈最高人民法院关于案例指导工作的推定〉实施细则》第5条和第7条，案例指导工作专家委员会委员可以直接向案例指导工作办公室直接推荐指导性案例，并且就进一步研究备选指导性案例时提供专门的咨询意见。目前绝大多数的专家委员会委员都是法学研究中的著名学者，委员的身份使其区别于一般的专家学者，应当对于案例指导制度有着特别的关注，也应当承担着特殊的责任和使命。因此，案例指导工作办公室可以要

〔1〕 贺剑：《认真对待案例评析：一个法教义学的立场》，载《比较法研究》2015年第2期。

求这些委员定期推荐特定数量的指导性案例。由于其身份特殊，委员们所推荐的备选指导性案例在质量上有保证，而且会受到最高人民法院更高的重视，被最终遴选成功的可能性也比较大。

2.其他社会各界人士

从《〈最高人民法院关于案例指导工作的推定〉实施细则》的直接规定来看，几乎所有社会各界人士都可以推荐指导性案例，而且《最高人民法院关于案例指导工作的规定》第2条规定的指导性案例类型之一就是"社会广泛关注的"。但是，这种广泛的范围并没有真正起到推荐指导性案例的作用，我们应当将视野集中于特定的主体，做到有的放矢。(1)人大代表和政协委员。从自身定位来看，人大代表和政协委员应当重视收集人民群众的意见，也应当包括社会广泛关注的案件。将其中有代表性的推荐为备选指导性案例，自然也是其中工作的一部分。由于身份特殊，最高人民法院也会特别重视来自人大代表和政协委员的推荐案例。(2)人民陪审员。根据相关司法改革措施，人民陪审员将逐渐改变陪而不审的情况，积极参与案件事实的认定环节。而且根据人民陪审员倍增计划，人民陪审员的数量和参与案件的频率也将大大增加。这使人民陪审员有机会参与更多数量的案件，也为人民陪审员发现特定的备选指导性案例提供了条件。如果人民陪审员在参与案件审理的过程中明确特定案件属于典型疑难案件，那么，向最高人民法院进行推荐也就更有针对性，而且也符合司法过程"亲历性"的特点。而且，相比于普通社会公众，人民陪审员有着更加丰富的法律知识，也会对其参与案件中的法律适用部分有所了解和认知，能够在事实认定和法律适用两个方面有效发现备选指导性案例。(3)律师。随着三大诉讼法陆续修改，律师也以更加积极的姿态参与到案件审理过程的各个环节。而且根据《〈最高人民法院关于案例指导工作的规定〉实施细则》第11条第2款，如果律师在案件审理过程中提出适用某一指导性案例的请求，法官应当给出回应并说明理由。基于自身的职业定位，律师对待指导性案例的积极态度仅次于法官,甚至在某些案件中比法官更加积极。换言之,律师与指导性案例也有着十分密切的联系,不仅在案件辩护时积极适用指导性案例,通过自身的观察和分析还有足够的能力和精力去推荐备选指导性案例。最高人民法院可以就律师推荐备选指导性案例的问题作出专门规定,以有效地增加备选指导性案例的数量。

结语:指导性案例的“质”与“量”

虽然本章强调增加指导性案例的数量,但是,这种强调也是以保证质量为基础的。指导性案例的数量和质量的确会存在一定紧张关系,过度的数量扩张可能带来的是质量的下降。但是,目前案例指导制度运行的主要问题是数量严重不足,最高人民法院在遴选指导性案例方面过于谨慎,严格控制指导性案例发表的数量。在案例指导制度已经逐渐被广泛接受的背景下,要深入推进该制度并发挥积极作用,就需要在数量供给方面有明显的提升。同时,通过足够数量的指导性案例的实践,也能够为进一步提升其质量积累相应经验。指导性案例的质量需要经过实践检验,未必都能够得到充分保障,而数量则是相比而言更可控的因素。在有效提升指导性案例数量供给的基础上,指导性案例的质量也能随之提升,二者的有效良性互动是案例指导制度取得预期效果的关键与核心。

第二节　提升指导性案例数量的专门策略:“两高”联合发布

在案例指导制度的运行过程中,最高人民法院和最高人民检察院(以下简称“两高”）不约而同地将“马乐案”确定为指导性案例。在该案例的正式文本中，“两高”针对核心争议问题的回应和表述也是高度相似的，突出地表现在法律解释方法的运用中。由此可以看到，“两高”联合发布指导性案例有着广阔的发展前景。具体来说，“两高”联合发布指导性案例有助于缓解频繁修正刑法带来的紧张关系，有效提升指导性案例的数量和质量，扩大指导性案例的实际影响力。“两高”联合发布指导性案例可以分为专题模式和分散模式，前者针对特定时期刑事审判活动的特点集中发布若干指导性案例，后者则是广泛收集整理刑事审判中的疑难问题，并遴选相应的指导性案例。“两高”联合发布指导性案例需要与其他相关制度形成配合，如类案检索机制、以案释法制度等。联合发布的指导性案例凝聚着“两高”的高度共识，对于刑事审判活动全过程都有着重要意义。

一、“马乐案”：“两高”指导性案例的首次共识

从2010年年底开始，《最高人民法院关于案例指导工作的规定》和《最高人民检察院关于案例指导工作的规定》发布，被长期热切呼唤的案例指导终于变成了制度实践。虽然指导性案例的关注度较高，在司法实践中也获得了一些直接适用，但是，总体而言，“两高”的指导性案例大多是曲高和寡，对司法实践产生的影响较小，突出表现在裁判文书中很少有直接援引指导性案例的情况。每年全国各地审理的案件已经超过2000万件，前述直接运用指导性案例的数量和比例是非常低的。在司法改革的背景下，“两高”一直关注案例指导制度，《〈最高人民法院关于案例指导工作的规定〉实施细则》在2015年出台，最高人民检察院也在同年对《关于案例指导工作的规定》进行了修订和完善。从现有的实际效果来看，“两高”发布的指导性案例并没有完全实现预期的目的。在案例指导制度已经实施了多年、制度的直接建构已经比较固定的背景下，如何实现实践运行中的突

破，已经成为迫在眉睫的任务。

案例指导制度主要是借鉴了英美法系的先例制度，从后者的历史经验来看，先例的权威性和影响力很大程度上受到作出判决的司法机关的影响。尤其是最高司法机关作出的判决，经常被认为是对各级法院都有着强制的约束力。〔1〕“先例之所以有拘束力是由于其渊源——它们是上级法院的判决，而与其内容无关。”〔2〕“上级法院的判决被收录于官方或者非官方的法律报告中……对先例的重视程度等同于对成文法或者法典的重视程度。”〔3〕就我国的司法权力结构而言，检察机关与审判机关都享有司法权，“两高”分别发布指导性案例，都属于其业务范围。就案件实际运行的角度而言，最高人民法院所发布的刑事指导性案例中必然包含检察机关的参与。但是，形式上的“法出多门”可能会造成不够统一的效果，其中出现重叠甚至抵牾几乎是不可避免的。〔4〕例如，指导性案例的效力是整个案例指导制度的关键问题之一，《最高人民法院关于案例指导工作的规定》第7条确定为“应当参照”，而《最高人民检察院关于案例指导工作的规定》（2010年）第15条规定为“可参照执行”。对以上指导性效力的定位问题上一直存在不少争议，而“两高”规定的差异又加剧了争议的激烈程度。如果“两高”能够联合发布指导性案例，那么，就能够在很大程度上避免上述消极影响的产生。虽然目前“两高”尚未实现这种合作，但是，二者不约而同地将“马乐案”遴选为指导性案例，为联合发布指导性案例提供了有益的试验素材。

〔1〕 参见王名扬：《美国行政法》（第2版）（上册），中国法制出版社2005年版，第19页。

〔2〕 ［美］P.S.阿蒂亚、R.S.萨默斯：《英美法中的形式与实质：法律推理、法律理论和法律制度的比较研究》，金敏等译，中国政法大学出版社2005年版，第349页。

〔3〕 ［英］尼尔·麦考密克：《修辞与法治：一种法律推理理论》，程朝阳、孙光宁译，北京大学出版社2014年版，第193页。

〔4〕 参见刘宝霞：《检察案例指导制度构建》，载《法学杂志》2012年第10期。

“马乐案”是近几年证券领域中颇具社会影响力的案件，原因不仅在于其老鼠仓式的作案手法，更在于该案审判的曲折发展过程。而且该案是第一个由最高人民法院开庭审理，最高人民检察院派员出庭履行职务的刑事抗诉案件。该案基本案件事实比较清晰，马乐利用其股票证券投资经理的身份，获取了特定股票的非公开信息，进而使用自己控制的股票账户进行操作，非法获利1900余万元。该案的基本案情非常清楚明确，但是检察机关和审判机关对于该案的主要法律依据——《刑法》第180条第4款，在理解上发生了较大差异。

《刑法》第180条第1款规定了内幕交易、泄露内幕信息罪中“情节严重”和“情节特别严重”这两个量刑档次；针对马乐的主体身份，应适用该条第4款（利用未公开信息交易罪），但是，该款只规定特定主体“从事与该信息相关的证券、期货交易活动，或者明示、暗示他人从事相关交易活动，情节严重的，依照第一款的规定处罚”。并无对于“情节特别严重”的直接规定。一审法院（深圳市中级人民法院）和二审法院（广东省高级人民法院）都认为，《刑法》第180条第4款中未规定“情节特别严重”，应当仅依据该条第1款中“情节严重”进行量刑；广东省高级人民检察院对此持有异议，并提请最高人民检察院向最高人民法院提出抗诉，最终最高人民法院按照检察机关的理解作出了再审判决。

在“马乐案”的法律适用问题上，“两高”最终达成了共识；同时也正是基于这种共识以及该案的影响，“两高”不约而同地将“马乐案”遴选为指导性案例（最高人民法院的指导案例61号和最高人民检察院的检例24号）。值得注意的是，“两高”在将“马乐案”遴选为指导性案例的时间也是非常接近，都是在2016年年中，距离该案结案大约经过了1年时间。相比于其他被成功遴选的指导性案例，从结案到遴选成功的时间间隔是比较接近的。例如，在指导案例61号所属的第十三批指导性案例中，指导案例62号的结案时间是2013年；在检例24号所属的第七批检察机关指导性案例中，检例25号的结案时间也是2013年。在最高人民法院发布的指导性案例中，从审结到遴选成功并正式发布，间隔时间在10年以上的案件就有四件。从结案到遴选的间隔越短，就越能够说明特定案例具有较高的指导意义，能够有效针对司法实践中的突出问题。在遴选“马乐案”的问题上，“两高”“及时地”达成了整体性共识。

除此之外，在微观层面上，“两高”在指导性案例的正式文本中也全面而细致地表述了其共识的具体内容，为将来联合发布指导性案例提供了极具参照价值的经验。为了形成“利用未公开信息交易罪也具有‘情节特别严重’这一量刑档次”的结论，指导案例61号和检例24号都利用了几乎相同的法律解释方法进行了解读和说明，我们可以将其中的共性表述通过以表1-1进行集中比较。

表1-1　指导案例61号与检例24号在解释方法方面的表述对比

解释方法	指导案例61号中的相关表述	检例24号中的相关表述
文义解释方法	《刑法》第180条第4款中的“情节严重”是入罪条款……利用未公开信息交易罪属情节犯，立法要明确其情节犯属性，就必须借助“情节严重”的表述，以避免“情节不严重”的行为入罪……该款中“情节严重”并不兼具量刑条款的性质	《刑法》第180条第4款中的“情节严重”是入罪条款，为犯罪构成要件，表明该罪情节犯的属性，具有限定处罚范围的作用，以避免“情节不严重”的行为也入罪，而非量刑档次的限缩。本条款中“情节严重”之后并未列明具体的法定刑，不兼具量刑条款的性质
体系解释方法	《刑法》第180条第4款援引法定刑的目的是避免法条文字表述重复，并不属于法律规定不明确的情形	《刑法》中存在与第180条第4款表述类似的条款，印证了援引法定刑为全部援引……从刑法其他条文的反面例证看，法定刑设置存在细微差别时即无法援引……为避免发生歧义，立法不会采用援引法定刑的方式，而是对相关法定刑作出明确表述

续表

解释方法	指导案例61号中的相关表述	检例24号中的相关表述
目的解释方法	利用未公开信息交易行为比较多发，行为人利用公众投入的巨额资金作后盾，以提前买入或者提前卖出的手段获得巨额非法利益，将风险与损失转嫁到其他投资者，不仅对其任职单位的财产利益造成损害，而且严重破坏了公开、公正、公平的证券市场原则，严重损害客户投资者或处于信息弱势的散户利益，严重损害金融行业信誉，影响投资者对金融机构的信任，进而对资产管理和基金、证券、期货市场的健康发展产生严重影响	《刑法》将本罪与内幕交易、泄露内幕信息罪一并放在第180条中分款予以规定，就是由于两罪虽然信息范围不同，但是其通过信息的未公开性和价格影响性获利的本质相同，对公众投资者利益和金融管理秩序的实质危害性相当……只截取情节严重部分的法定刑进行援引，势必违反罪刑法定原则和罪刑相适应原则，无法实现惩罚和预防犯罪的目的

从表1-1中可以看到，针对本案中的核心争议问题，“两高”分别综合利用了文义解释方法、体系解释方法和目的解释方法进行回应，使最终的裁判结论经得起推敲和检验。有评论认为“马乐案”的出现反映了立法上的不完善，是现行法律表述不明确导致了在检察机关和审判机关之间出现了理解上的差异，并最终导致了“马乐案”的一波三折。〔1〕这一观点有一定道理，但是，整个法律条文都具有滞后性和不周延的特点，刑法自然也不例外；而且立法者也难以对每个条文都精雕细琢，排除任何可能的歧义。在基本案情非常清晰的背景下，“马乐案”的法律适用问题成为关键。利用未公开信息交易罪虽然在文字表述上略有歧义，但是，经过司法机关之间的沟通和协商，最终形成的“合意”，利用多种解释方法确定了法律条文的含义。从“马乐案”中可以看到，“罪刑法定并不意味着仅能对刑法条文进行囿于文本和字面的机械理解，并不意味着仅仅根据文字表面含义就可以发现刑法的全部真实内涵。正确理解适用刑法条文应当以文义解释为

〔1〕 参见熊锦秋：《马乐案凸显刑法条文亟需完善》，载《证券时报》2014年12月12日，第A08版。

起点，在不超出文义射程的情况下，综合运用体系解释、目的解释等多种解释方法，在整个法律体系中把握立法目的、平衡法益保护”。〔1〕质言之，在法律规范的含义出现歧义或者模糊时，法律职业群体之间的沟通和交流在很大程度上能够减少或者降低歧义，厘清模糊之处。这种沟通和交流并不能够直接在正式法律规范（包括司法解释等文件）中出现，却能够在指导性案例中得到充分展示。从这个意义上说，指导性案例是法律职业群体在法律解释问题上进行交流（甚至是交锋）的直接展示，通过正当诉讼程序的运行确定具有客观性的解释结论。“要求法律解释具有客观性仅仅反映了人们的立场，它的核心含义是尽量排除个人的意志，寻求解释结果与职业共同体之间的共识，要求法律人要用一种客观的、中立的姿态去解释法律，尽量遵守文本规范的原本含义。”〔2〕以“马乐案”为代表，如果越来越多的指导性案例都能够解决（至少是展示如何去解决）司法实践中疑难问题，那么，案例指导制度的价值也将随之大大增加。

就逻辑发展的角度而言，在明确了利用未公开信息罪存在“情节特别严重”这一量刑档次之后，接下来的问题是如何确定马乐的具体量刑结果。从案件的实际发展来看，量刑环节恰恰是预先进行的。因为被援引的《刑法》第180条第1款（内幕交易、泄露内幕信息罪）对于“情节特别严重”的数额标准是成交额250万元以上、获利75万元以上，显然“马乐案”涉案金额已经大大超过了这一标准。就检察机关提出其意见的角度而言，基于“马乐案”的涉案金额认定其量刑档次，从而引发了是否在《刑法》第180条第4款中存在“情节特别严重”这一量刑档次的争议。最终该案的量刑结果也是参照了内幕交易、泄露内幕信息罪的数额标准。

值得注意的是，内幕交易、泄露内幕信息罪在数额上的认定标准是在

〔1〕 孙谦：《援引法定刑的刑法解释——以马乐利用未公开信息交易案为例》，载《法学研究》2016年第1期。

〔2〕 陈金钊：《法律解释规则及其运用研究》（中），载《政法论丛》2013年第4期。

《最高人民法院、最高人民检察院关于办理内幕交易、泄露内幕信息刑事案件具体应用法律若干问题的解释》中直接规定的。换言之,"两高"不仅在指导性案例的选择上实现了不约而同,而且最终案件结果的依据也是"两高"共同的司法解释。这里再次显示了"两高"已经在多次合作中形成的高度共识,足以成为二者联合发布指导性案例的坚实基础。

二、"两高"联合发布指导性案例的价值与优势

现有的很多分析都是针对"马乐案"自身所涉及的法律问题展开的,尤其是其中的实体法律解释和适用问题。"从一审到最高人民法院再审改判将近两年,三级检察机关坚持在法律适用问题上严格按立法精神解释法律,坚守不让个案的错误判决误导司法实践底线,保证了法律统一正确适用,通过履行法定职责推进具体法治,很值得嘉许。最高人民法院对此高度认同,就本案进行改判,通过对这个具体案件的审理,明确相关法律适用问题,统一法律适用标准,对今后各级法院审理此类案件具有指导意义。"[1]更重要的是,"两高"同时将该案遴选为指导性案例,就使"马乐案"的意义超越了普通案件,更能够折射出"两高"在刑事指导性案例的遴选方面有着广泛的共识。目前"两高"发布的指导性案例总体偏少,难以满足司法实践活动的强烈需求。从作为指导性案例的"马乐案"中可以看到,不约而同的选择预示了"两高"联合发布指导性案例的可能性与操作性。更重要的是,在2015年修订前后的《最高人民检察院关于案例指导工作的规定》中都直接明确了可以与有关机关共同发布指导性案例。从司法解释制度的运行来看,这里的有关机关主要指的是最高人民法院。这些规

〔1〕 周光权:《马乐案中的法律适用与判决评述》,载《中国法律评论》2016年第2期,为蒋慧岭《马乐利用未公开信息交易再审案评析》一文中的独立文章。

定为“两高”联合发布指导性案例提供了合法性依据。[1]从完善案例指导制度的角度来说，“两高”联合发布指导性案例具有重要的实践意义和优势，应当成为案例指导制度运行的一种常态化机制。

首先，“两高”联合发布指导性案例有助于缓解频繁刑法修正带来的紧张关系。中国正处于转型社会，各种矛盾层出不穷且经常以司法案件的形式涌向法院，特定的激烈矛盾则表现为刑事案件。因此，刑事立法的修正是相当必要的。但是，具有谦抑性的刑法又不应过度频繁修改。如何把握刑法修正的“度”是十分困难的。已经有学者指出，单一的法典化不仅导致了刑法与行政法等法律出现难以衔接的问题，还导致了刑法内部的条文衔接和刑罚均衡性出现冲突矛盾。[2]即使是附属刑法或者单行刑法能够部分地缓解以上矛盾，但是，自身过于抽象的特点也容易发生同样的问题。质言之，刑法法典化必然带有高度抽象概括的特点，对其进行频繁修正并不能从根本上解决问题。而案例或者判例则能够发挥独特的作用，同属大陆法系的很多欧洲国家在刑事司法实践中已经积累了相当丰富的经验。例如，德国司法判例对刑法条文中并没有细致规定具体情形的犯罪，给予了充分的细化解读，并且具有重要的影响力和约束力，比较典型的是诈骗罪。[3]“即便在所谓成文法的国家，在法律的解释上，也承认向最高法院的上诉，最高法院即便要变更判例，多数场合下，还是要经过慎重的程序。因此，和判例法的国家相比，判例对法官所具有的心理影响，到底有

〔1〕 在《最高人民检察院关于案例指导工作的规定》(2010年)第18条明确：“最高人民检察院在开展案例指导工作中，应当加强与有关机关的沟通。必要时，可以征求有关机关的意见或者与有关机关共同发布指导性案例。”在《最高人民检察院关于案例指导工作的规定》2015年修订第16条对此略作删减：“最高人民检察院在开展案例指导工作中，应当加强与有关机关的沟通。必要时，可以商有关机关共同发布指导性案例。”

〔2〕 参见童德华：《当代中国刑法法典化批判》，载《法学评论》2017年第4期。

〔3〕 参见王钢：《德国刑法诈骗罪的客观构成要件——以德国司法判例为中心》，载《政治与法律》2014年第10期。

多大的不同，存在疑问。”〔1〕正是在借鉴大陆法系判例制度的基础上，案例指导制度才得以出现和运作。如前所述，“两高”分别发布（刑事）指导性案例，的确留下了不够统一的印象。比较突出的一点是，在审判机关最终决定裁判结果的过程中，检察机关的指导性案例是否具有足够的影响力。或者说，“两高”发布的指导性案例是否仅仅约束本司法机关内部。《最高人民法院关于案例指导工作的规定》和《最高人民检察院关于案例指导工作的规定》对以上问题并未涉及。但是，刑事司法实践中却需要同时面对“两高”的指导性案例。如果“两高”能够联合发布指导性案例，那么，这种统一的指导性案例能够给刑事司法活动以直接的引导或者指导，其中对于疑难刑事案件的充分解读就能够在很大程度上与时俱进，缓解单纯法典化所带来的消极影响，增强司法实务部门对案例指导的重视程度。以“马乐案”为例，该案中涉及刑法中没有明文规定的“情节特别严重”这一量刑档次，而“两高”也没有出台相应的司法解释。法官在处理类似问题时都不愿意“第一个吃螃蟹”，在“马乐案”出台之前所有的类似案件均没有认定情节特别严重。〔2〕有了“马乐案”作为指导性案例，即使在没有刑法修正或者司法解释的背景下，“两高”联合发布的指导性案例也能够贯穿从起诉到判决的全过程，有助于保证法律的统一正确实施。

其次，“两高”联合发布指导性案例能够大幅度增加指导性案例的数量。从刑法修正案频繁出现可以看到，刑事司法对于适应社会需要的创新性规则还是十分需要的，而这一点也正是指导性案例应当具备的价值。“对于案例指导制度来说，创制规则是其根本职责之所在。没有规则的创制，也就没有指导性案例存在的必要性。案例指导制度通过创制司法规

〔1〕［日］平野龙一：《刑法解释中的判例与学说》，黎宏译，载《国家检察官学院学报》2015年第1期。

〔2〕参见李耀杰：《利用未公开信息交易罪的“情节特别严重”之辩——兼评马乐基金老鼠仓案》，载《法律适用》2015年第3期。

则，发挥其对司法活动的指导作用，以弥补立法与司法解释的不足。”[1]但是，数量相当有限的指导性案例难以有效回应刑事司法活动的需求，影响了指导性案例功能的发挥，也影响了刑事司法工作者对案例指导制度的信心。其实，为了保证指导性案例的数量供给，《最高人民法院关于案例指导工作的规定》和《最高人民检察院关于案例指导工作的规定》中都明确了相关推荐措施。例如，最高人民法院确定的方式包括社会推荐模式和法院内部推荐模式，现有的指导性案例都是通过后一种模式遴选成功的；而最高人民检察院发布的指导性案例基本上也是通过检察机关内部推荐成功的。在创制和运行初期，出于谨慎的考虑，“两高”发布的指导性案例在数量上偏少是可以理解的。但是，当案例指导制度已经运行了约7年之后，推荐、遴选和发布指导性案例也积累了不少经验，“两高”应当大幅度提高发布指导性案例的频率和数量。任何刑事案件的发生并非专属于审判机关或者检察机关，而是二者共同参与的司法过程；如果能够建立联合发布指导性案例的机制，“两高”就可以将各级法院和检察院都纳入推荐主体之中，这就大规模地扩展了推荐指导性案例的渠道范围。在承办同一具体案件的过程中，法院和检察院如果发现处理的案件具有指导意义，也可以联合向“两高”推荐。这种案例凝聚了审判机关和检察机关的高度共识，也提高其被成功遴选为指导性案例的可能性。

再次，“两高”的联合发布能够提升指导性案例的质量。案例指导制度并未在司法实践中产生广泛的直接效果，除了数量不足之外，质量上也存在着一定问题，尤其是刑事指导性案例。例如，裁判要旨是整个指导性案例的核心环节，也是实务工作者最为重视的部分。刑事指导性案例在裁判要旨方面存在的问题就包括：（1）重复已有的司法解释；（2）案件并非实务中的疑难案件；（3）没有提出实质性的法律适用结论；（4）裁判结论及其

---

〔1〕 陈兴良：《案例指导制度的规范考察》，载《法学评论》2012年第3期。

论证有待商榷；等等。〔1〕没有相当的数量积累，指导性案例的质量也甚为堪忧，其中重要原因在于“两高”都缺乏遴选和发布指导性案例的丰富经验。如果仍然保持各自摸索的运行状态，“两高”推进案例指导制度的进程也会减慢，指导性案例的质量也难以及时提升。相反，“两高”的合作则有利于加速案例指导制度发挥实效的进程，因为二者在共同发布司法解释方面有着比较丰富的实践经验。司法解释的存在受到了学界的一些诟病，如僭越立法权限、活动过于频繁、形式不够规范和缺乏有效监督等，〔2〕甚至有学者认为应当将司法解释制度完全改造为法官在个案中进行刑法解释。〔3〕但是，目前法律解释的正式体制还是不能完全取消司法解释的。有学者曾经预测，从发展趋势看，立法性质的司法解释逐渐应当减少，个案性的司法解释将逐渐过渡到判例。〔4〕这一点已经在今天的案例指导制度中得以实现。司法解释和案例指导还是能够部分融合协作的，如“批复”形式的司法解释就可以被指导性案例所替代，〔5〕指导性案例也能够填补司法解释与个案适用之间的漏洞和空缺。〔6〕对于“两高”的业务合作而言，在联合制定司法解释中形成的丰富经验，完全可以被联合发布指导性案例的机制所吸收。以“马乐案”为代表的金融犯罪，是“两高”都给予高度关注的，这代表了“两高”对于特定社会环境下刑事法律适用问题存在相当一致的理解。从历史经验来看，“两高”协商制定司法解释，经常能够起到统一刑法适用的效果，同时也是“两高”引领刑事政策的直接表现。借鉴于联合制定司法解释的经验，“两高”协商能够遴选出更具代表性、有效回应特定时

〔1〕 参见林维：《刑事案例指导制度：价值、困境与完善》，载《中外法学》2013年第3期。

〔2〕 参见李涛：《略论我国司法解释的问题及对策》，载《云南师范大学学报（哲学社会科学版）》2004年第1期。

〔3〕 参见夏朝晖：《刑法解释的困境与出路》，载《中国刑事法杂志》2009年第5期。

〔4〕 参见陈兴良：《司法解释功过之议》，载《法学》2003年第8期。

〔5〕 参见刘风景：《司法解释权限的界定与行使》，载《中国法学》2016年第3期。

〔6〕 参见张勇：《规范性司法解释在法律体系实施中的责任和使命》，载《法学》2011年第8期。

期社会需求的指导性案例，对刑事审判活动给予充分的指导，使司法解释和案例指导达到相得益彰的效果。

最后，“两高”的联合发布能够提升指导性案例的实际影响力。指导性案例影响司法实践的直接表现，是法官在裁判文书中直接援引指导性案例。根据《〈最高人民法院关于案例指导工作的规定〉实施细则》第9～11条，最高人民法院指导性案例的裁判要点，能够直接在裁判文书中作为论证说理的理由出现。与之对比，最高人民检察院对于案例指导的规定并没有明确提及与直接援引相关的事项，这种规定不明确的情况也影响了检察机关指导性案例受重视的程度。基于中国裁判文书网的数据，笔者以指导性案例作为关键词进行了相关搜索，获得的结果在一定程度上反映了指导性案例在司法实践中的直接效果。从第一批指导性案例公布开始，截至2020年年底，共约7000件案件的裁判文书直接援引了最高人民法院的指导性案例。[1]虽然这一比例已经相当低了，但是，裁判文书直接援引检察机关指导性案例的几乎没有。即使是在最高人民检察院设立的“人民检察院案件信息公开网”中对检察机关的法律文书进行类似搜索，也没有发现援引检察机关指导性案例的实际案件。值得注意的是，在司法实践中存在“隐性适用”指导性案例的情况，即案件事实和相关法律适用问题与特定指导性案例相似，最终裁判结果也与相应指导性案例一致，但是，法官并没有在裁判文书中直接提及援引了指导性案例。这种情况在最高人民法院发布的指导性案例中经常能够发现，因为它可以从最终的裁判文书中发现。对于检察机关的指导性案例来说，在检察机关写作的法律文书中发现隐性参照的困难要更大，一方面是由于最高人民检察院并未规定如何援引其发布的指导性案例，另一方面也在于检察机关并非最终裁判结果的决定者，

〔1〕 参见郭叶、孙妹：《最高人民法院指导性案例2020年度司法应用报告》，载《中国应用法学研究》2021年第5期。

难以单纯从结果上分析是否存在隐性适用的情况。如果“两高”联合发布指导性案例，那么，检察机关的指导性案例也会获得法官更多的重视和关注，因为“两高”的指导性案例在此时就具有等同的效力，如果违背相关指导性案例也可能会增加裁判结果被上级法院否定的风险。

三、“两高”联合发布指导性案例的实践运作

从上文的分析中可以看到，“两高”联合发布指导性案例已经有了比较充分的理由。要具体落实这一指导性案例的发布方式，还需要精致的制度设计，才能保证最终的积极效果。总体而言，“两高”在联合发布指导性案例时，基本的定位仍然是要保持各自在案例指导制度中的独立性，因为“两高”的指导性案例还存在一些本质上的区别。例如，在指导性案例的类型选择上，《最高人民法院关于案例指导工作的规定》和实施细则将指导性案例定位为解决审判活动中的疑难问题，尤其是法律规定过于原则的案件和新类型案件；而《最高人民检察院关于案例指导工作的规定》及其修订版更多地将指导性案例确定为在事实认定、证据采信、法律适用和政策掌握方面有指导意义的案件。后者侧重于指导性案例的案件事实以及刑事政策的灵活运用，这一点与前者有着明显不同。再如在指导性案例正式文本的体例结构方面，检察机关的指导性案例专门设置了“指导意义”这个部分，并且经常有着非常丰富的论述，这一点是审判机关指导性案例所没有的〔1〕；而审判机关指导性案例中设置了裁判理由部分，是对裁判要

〔1〕 需要说明的是，最高人民法院对指导性案例的指导意义的明确，并非直接写入指导性案例的正式文本，而是主要体现在最高人民法院随特定批次指导性案例一起公开的《发布第×批指导性案例的指导意义》的通知中。例如，对于“马乐案”，最高人民法院明确该案“旨在解决对刑法第一百八十条第四款规定的利用未公开信息交易罪，如何援引第一款法定刑处理的问题……纠正了司法实践中的错误理解，统一了法律适用标准，也为进一步规范我国证券市场管理秩序提供了司法保障”。参见《最高人民法院发布第13批指导性案例的指导意义》，载颜茂昆主编：《中国案例指导》（总第4辑），法律出版社2017年版，第149页。

旨的扩展和延伸，这个部分又是检察机关指导性案例所没有的设置。这些独特的体例结构设置源于“两高”对待指导性案例的不同态度，更体现了审判机关和检察机关在自身整体定位上的区别。也正是因为这种区别的存在，即使在“两高”联合发布指导性案例时，也必须以保持自身的独立性特点为前提，这一定位也符合《宪法》确定的司法机关之间的关系。〔1〕换言之，联合发布指导性案例固然非常重要，但是并不能成为指导性案例遴选的主要来源，这是“两高”联合发布指导性案例的基本定位。

从制定司法解释的实践经验可以看到，“两高”的联合发布机制经常针对特定时期刑事司法活动中的特殊问题。例如，针对2013年之前的网络诽谤行为，“两高”联合发布了《关于办理利用信息网络实施诽谤等刑事案件适用法律若干问题的解释》，有效地解决了刑事审判活动中对网络诽谤犯罪行为的认定和处罚问题。再如，针对2014年以来网络诈骗行为频发的态势，“两高”又联合公安部在2016年年底共同发布了《关于办理电信网络诈骗等刑事案件适用法律若干问题的意见》，目标就是有效遏制网络诈骗犯罪行为。其实，“两高”对于网络中的犯罪行为保持着持续的关注，发布相关指导性案例就是其中重要的方式。例如，最高人民法院在2014年第七批指导性案例中，通过指导案例27号细致区分了网络中的盗窃行为和诈骗行为。当然由于“两高”的定位和职责并不相同，发布指导性案例的特点也必然有所差异，也会针对刑事司法活动中各自关注的问题发布指导性案例专题。这一点在检察机关指导性案例中表现得尤其明显。例如，第二批指导性案例主要针对职务类犯罪，尤其是渎职、失职、滥用职权等犯罪行为；第三批指导性案例主要针对暴恐类犯罪行为，尤其涉及民航安全方面；第四批指导性案例则主要涉及食品安全方面的犯罪行为；第八批指导性案例都是以检察机关提起公益诉讼为主题的，有助于总结检察机关提起公益

〔1〕 参见朱桐辉、李红霞：《论指导性案例发布与指导权》，载《中国检察官》2015年第13期。

诉讼的特点和规律，加大检察机关提起公益诉讼的工作力度，也为地方各级检察院的相关探索提供了良好样本。[1]由此可见，针对特定时期刑事司法活动中的不同特点和态势，最高人民检察院经常以发布指导性案例的方式予以应对，这也成为检察机关指导性案例的一个比较突出的特征。以上方式能够指导地方各级检察机关准确适用刑事政策，也为审判机关确定统一裁判结论提供了有益参考。

简言之，检察机关指导性案例经常以专题的形式集中发布；基于这一特点，“两高”联合发布指导性案例也可以具体分为两种基本类型：专题模式和分散模式。就前一种模式而言，由于在刑事司法活动中，审判机关和检察机关有着充分的深度合作与交流，对于特定时期刑事司法活动的形势和特点有着许多共识。基于此，可以由其中一方面提出合作意愿，另一方面则提供通力配合，这一点也是源于制定司法解释的规定和经验。[2]“两高”利用其内部专用通讯网络，向各自的地方司法机关发出推荐特定主题备选指导性案例的通知，或者将其各自已经比较成熟的案件提供给对方。在收集了数量充分的备选指导性案例之后，“两高”之间（主要是研究室之间）再进行专门讨论，以优中选优的标准遴选出双方都能够接受的、具有普遍指导意义的案例，并最终以“两高”的名义同时发布。这种专题模式的联合发布，具有较强的针对性，在很大程度上有助于全国范围内特定类型刑事案件的处理。因为从检察机关提起诉讼到最终审判机关确定裁判

〔1〕 参见万春等：《〈最高人民检察院第八批指导性案例〉解读》，载最高人民检察院法律政策研究室：《最高人民检察院司法解释指导性案例理解与适用》，中国检察出版社2017年版，第316页。

〔2〕《最高人民检察院司法解释工作规定》（2015年修订）第26条第1款明确：“对于同时涉及检察工作和审判工作中具体应用法律的问题，最高人民检察院应当商请最高人民法院联合制定司法解释；对最高人民法院商请最高人民检察院联合制定司法解释的，最高人民检察院应当共同研究、联合制定。”《最高人民法院关于司法解释工作的规定》（2021年修改）第7条明确：“最高人民法院与最高人民检察院共同制定司法解释的工作，应当按照法律规定和双方协商一致的意见办理。”这些规定和以往的实践已经表明，虽然“两高”中任何一方都可以提出联合制定司法解释的商请，但是二者也一直强调并保持相互之间平等协商的地位。

结果，一个或者几个针对同一案件类型的指导性案例可以贯穿始终，能够有效提升检察机关起诉的准确性，使无罪、抗诉案件所体现的法检裁判观点争锋在案例评定过程中得到澄清和统一，从而增强案例指导制度的代表性和典型性〔1〕；同时也有助于审判机关参照指导性案例形成统一判决结果，进而从整体上提升刑事司法活动的效率。从这个意义上说，以专题形式发布多个针对相同案件类型的指导性案例，应当成为“两高”联合发布指导性案例的主要方式。

除了聚焦主题联合发布指导性案例之外，刑事司法活动中还存在一些其他需要细化规则或者澄清疑问的情况，“两高”联合发布指导性案例还需要收集这些比较零散的问题。由于“两高”及其指导性案例在定位和适用等方面存在不小的差异，因此，这种联合发布指导性案例的分散模式并非常态，需要“两高”在各自注意积累具有指导意义的案件基础上，提高相互交流沟通的频率。如果说“两高”联合发布指导性案例的专题模式中，遴选标准是优中选优的话，那么，分散模式则是“宜粗不宜细”，应当尽可能多地遴选指导性案例，以有效增加指导性案例的数量供给为目标。如前所述，现有指导性案例过少，难以回应刑事司法领域中数量众多的疑难问题。作为增加指导性案例数量供给的改进措施之一，“两高”联合发布指导性案例就应当尽可能地扩宽遴选渠道，纳入更多案例作为指导性案例。在案例指导制度逐渐走向深入并提升其实际影响力的现阶段中，“两高”也在遴选指导性案例方面积累了不少经验，不应继续采取过于保守的策略，而应大幅度提高发布指导性案例的数量和频次。在分散模式中，“两高”应当积极采纳从各级司法机关中推荐来的备选案例。处理同一刑事案件的地方人民法院和地方人民检察院，如果认为该案件具有指导意义，甚

〔1〕 参见赵丽、蔡颖：《分立抑或统一：“两高”刑事指导性案例的比较研究——兼论“两高”指导性案例同类联合发布模式》，载贺荣主编：《尊重司法规律与刑事法律适用研究（上）——全国法院第27届学术讨论会获奖论文集》，人民法院出版社2016年版，第358页。

至可以共同向上层报“两高”。对于这种联合推荐的备选案例，“两高”应予以更多的关注，因为其中包含着检察机关和审判机关的高度共识，具有更强的指示和扩散意义。针对案例指导的完善，已经有来自检察实务部门的观点建议，检察机关应当与侦查机关、审判机关建立畅通有效的工作会商协调制度，通过定期召开联席会议等方式，研究解决类案办理中存在的法律适用不统一、证据标准不一致、政策掌握不均衡的问题，统一执法思想和执法尺度。〔1〕这一建议与地方人民法院和地方人民检察院联合推荐指导性案例是内在一致的。“检察机关、法院的技术部门可以利用网络筛选出真正具有典型性、代表性和指导性的案例并予以网上登记，研究室等职能部门将上述案例汇总，随着案件的诉讼流程进行全程跟踪并及时反映新情况，挖掘提炼新亮点。在此基础上出版、发行案例汇编，建立全国司法机关案例共享信息库，以便司法人员迅速、准确地查找和适用指导性案例。”〔2〕如果“两高”联合发布了相当数量的指导性案例，那么，地方人民法院和地方人民检察院也有更强的动力去收集和推荐指导性案例，因为过低的发布数量使地方司法机关认为推荐成功的概率不高，影响了其推荐指导性案例的积极性。相反，足够的发布数量增加了地方人民法院和地方人民检察院对成功遴选指导性案例的信心，反过来更有动力收集和推荐指导性案例。形成了这种良性循环之后，地方人民法院和地方人民检察院也会相应地更加重视指导性案例的参照适用，非常有利于推广和扩展案例指导制度的实际效果。

以上专题模式和分散模式是“两高”联合发布指导性案例的基本途径。除此之外，“两高”联合发布指导性案例的运作还需要注意与其他相关制度的配合与联动，比较典型的就是类案检索机制。自2017年8月起实

〔1〕 参见王玄玮:《检察改革前沿问题研究》，中国检察出版社2017年版。
〔2〕 刘宝霞:《检察案例指导制度探讨——基于审判案例指导制度视角的考量》，载《人民检察》2012年第13期。

施的《最高人民法院司法责任制实施意见(试行)》第39～40条规定,法官应当依托相关案件信息平台进行类案检索并制作检索报告;如果拟做出的裁判结果与类案存在重大差异,那么,还需要层报庭长、相关审判业务庭室以及审判委员会进行讨论。作为类案中效力最高的指导性案例,在尽可能的范围内,法官将在裁判结果上与其保持一致。这一类案检索机制不仅能够促进法官以更便捷的方式注重最高人民法院指导性案例的适用,也能够在“两高”联合发布机制中更加重视来自于检察机关的指导性案例。“办案人员在承办案件的过程中,遇到复杂、疑难或者规则不明的案件时,有查阅指导性案例的义务,没有发现指导性案例,则应承担相应的责任。”〔1〕质言之,借助于类案检索机制,联合发布机制对于来自检察机关的指导性案例来说更有利于扩大其实际影响力。“一旦法院拒绝适用与罪名构成要件解释有关的检察院指导性案例,那么这些指导性案例就会被完全架空,而这些指导性案例在所有检察院指导性案例中占据着相当的比重,如此一来,检察院案例指导制度便有崩溃瓦解之虞。”〔2〕在最高人民法院的推动下,目前多数案件数据平台更多地关注了审判机关的指导性案例,在一定程度上忽视了检察机关指导性案例。最高人民检察院尚未出台正式规定要求检察院办案时进行相关检索,但是,已经有部分地方检察院开始了试点工作,借助于大数据和人工智能技术,类案推送比对等技术开始逐渐进入检察机关的实务工作。在“两高”联合发布指导性案例之后,数量充足的指导性案例都将进入这些案件数据平台,使法官在检索类案时能够直接发现并参照这些指导性案例。同时,由于“两高”联合发布的指导性案例对地方各级检察机关也具有约束力和指导意义,检察机关在起诉时也需要进行类案检索,也应当将“两高”联合发布的指导性案例作为首要参

〔1〕 孙国祥:《论检察机关案例指导制度》,载《人民检察》2011年第13期。
〔2〕 邹兵建:《“两高”指导性案例效力新论》,载《时代法学》2014年第3期。

照对象。当然，由于当事人及其律师也能够利用信息化手段检索指导性案例，他们也会将“两高”联合发布的指导性案例作为重要的论证依据。特别是对于检察机关指导性案例来说，“如果赋予当事人以检察官处理决定未参照指导性案例为由申请复议、向上级检察机关申请复核的权利，这将对指导性案例的适用提供最强有力的监督机制”。〔1〕

再如以案释法制度，目前只有最高人民检察院出台了《关于实行检察官以案释法制度的规定》，其中规定了检察官应当对当事人和社会公众以相应案件为基础进行解释和说明。针对当事人的办案释法中，检察官可以将相应指导性案例作为说理依据，尤其是“两高”联合发布的指导性案例具有更强的权威性和说服力；对社会公众的以案释法，“两高”联合发布的指导性案例一般也具有典型性，能够成为检察官进行普法教育宣传的良好素材，对于在影响力较大的特定案件中缓解民情激愤也有一定作用。〔2〕这一点在《最高人民检察院关于案例指导工作的规定》(2015年修订)第3条中也有所体现。〔3〕基于以案释法制度，在《最高人民检察院关于加强检察法律文书说理工作的意见》中也明确了检察机关在相关法律文书中进行说理的一些整体原则和具体要求，“两高”联合发布指导性案例对其所发挥的作用与以案释法制度也是比较相似的。

结语：“两高”在案例指导中的“视域融合”

在司法改革的诸多制度创新中，员额制涉及法院和检察院的每一位

〔1〕 秦宗文、朱昊：《检察机关案例指导制度若干问题研究》，载《中国刑事法杂志》2011年第7期。

〔2〕 参见黄星：《论检察机关指导性案例的适用》，载《南京大学学报(哲学·人文科学·社会科学)》2012年第3期。

〔3〕 《最高人民检察院关于案例指导工作的规定》(2015年修订)第3条明确：“人民检察院参照指导性案例办理案件，可以引述相关指导性案例作为释法说理根据，但不得代替法律或者司法解释作为案件处理决定的直接法律依据。”

实务工作人员，案例指导制度并不具备此种全面的影响力。但是，当进入员额之后，法官和检察官都必须承担更多的职业职责，必须展现出与其入额身份相匹配的业务素质和能力，对诸多指导性案例有着细致的了解就属于其中的重要内容。指导性案例不仅通过裁判要点提供了一些抽象规则，更在裁判理由部分展示了疑难案件中的司法智慧。在作为指导性案例的“马乐案”中，“两高”也展现了其对特定刑事审判活动能够达成高度共识：“最高人民法院今天的判决，采纳了最高人民检察院的抗诉意见，共同明确了刑法第一百八十条第四款法律适用问题，正是检法两家在诉讼职能上互相制约、互相配合的体现。”〔1〕从司法解释制定的经验和实践中也可以看到，“两高”联合发布指导性案例有着深厚的共识基础，从哲学解释学的角度来说就是一种以达成共识为目标的“视域融合”。“指导性案例的有效性来自司法过程之中互动而达成的共识，即检察院、法院和当事人在同一司法平台上以证据论证为基础所得出的交互性结论。这种共识的最终达成，并非一蹴而就的，而是一个不断‘怀疑’又不断消除‘怀疑’的过程。”〔2〕对特定刑事政策运用的把握、对统一法律适用的追求以及员额制背景下对业务能力的要求，都成为“两高”联合发布指导性案例的共性理由。在保持独立性的基础上，“两高”完全有能力、也有必要将联合发布指导性案例确定为一种常态化的运行机制，进而推动案例指导制度发挥更深远和全面的实际影响力。

---

〔1〕 王地：《“两高”共同维护了法律的统一正确实施——最高法、最高检有关部门负责人就马乐案答记者问》，载《检察日报》2015年12月12日，第2版。

〔2〕 李亚凝：《检察指导案例与共识性裁判的生成》，载《国家检察官学院学报》2015年第4期。

第二章　指导性案例的质量改进方向：以指导案例24号为分析对象

指导性案例获得司法实践的肯定，主要表现在裁判文书中获得直接援引，指导案例24号被直接援引的次数最多。虽然该案例裁判要点提供的实体规则有着内在缺陷，但是能够满足当下司法实践的需要。指导案例24号获得高频援引的具体原因是多方面的，包括针对实务中普遍存在的特定法律漏洞，裁判要点非常明确具体，法官对裁判要点进行了不少扩展，以及其他诉讼参与人积极提出参照要求等。这些原因既为最高人民法院将来遴选指导性案例提供了参考标准，更是司法实践需要的、指导性案例类型的特征。但是，这种高频援引的背后还有不少隐患需要引起注意：遴选指导性案例应当尽量避免裁判要点中包含过大争议的实体规则；裁判要点的内容应逐步转向概括基本案情；防止法官对指导性案例进行过度扩展；提升法官主动适用指导性案例的积极性。指导性案例不应以引用频次作为评价实践效果唯一标准，也不应仅仅满足当下司法实践的需要。最高人民法院应当注重通过指导性案例提供创新性规则，从而引领司法实践的发展方向。

第一节　指导案例 24 号的高频引用与内在缺陷之间的反差

自2010年年底《关于案例指导工作的规定》发布开始，案例指导制度已经运行了七年左右的时间。在制度运行的初级阶段，由于各种原因，被寄予厚望的指导性案例在司法实践中遭到冷遇，几乎没有裁判文书直接援引指导性案例。近三年以来，司法实践中直接引述指导性案例的案件越来越多，案例指导制度在探索中逐步完善。尤其是2016年《〈最高人民法院关于案例指导工作的规定〉实施细则》出台，更推进了指导性案例对审判工作发挥直接作用，案例指导制度也到了总结阶段性经验的时候。

对指导性案例进行评价，最明显的衡量标准就是指导性案例（包括其裁判要点）被裁判文书直接引述的情况。本章以中国裁判文书网官方数据库为分析对象，对该情况进行了数据整理和分析。[1]直接引述指导性案例的裁判文书约1500份，相比于目前全国法院每年几十万份法律文书而言，这种引用率还是过低；更重要的是，在已有的指导性案例中，仅有约半数指导性案例曾经被直接援引，这就意味着近半数指导性案例处于“沉睡”状态，没有直接发挥对司法实践的积极作用。这种情况与案例指导制度设置的初衷并不符合，与对该制度的预期也差距甚远，指导性案例的应然价

〔1〕 本次数据分析工作以指导性案例、指导案例和案例指导为关键词，在中国裁判文书网对各种法律文书进行检索，时间设定为2011年12月20日至2017年5月1日（起始时间为第一批指导性案例的公布时间）。在对所有获得的裁判文书进行人工比对后，去除表述不准确的裁判文书（如将原公报案例或者地方高级人民法院的参考性案例视为指导性案例）等情况之后，获得了作为分析基础的多项数据。只要是在裁判文书中出现前述关键词即为直接援引或者引述，无论是否最终在裁判结果中将指导性案例作为裁判理由。如果同一案件的不同裁判文书都出现了上述关键词，则仅合并统计一次。

值并没有得到较好的实然体现。要提升指导性案例的实际应用，不仅有赖于相关配套制度的完善，更需要最高人民法院对遴选指导性案例进行经验总结，尤其是应当关注那些被高频引用的指导性案例，从中分析出其受到司法者欢迎、满足司法实践需要的原因，作为将来继续遴选指导性案例的标杆。指导案例24号就是比较典型的代表。

指导案例24号为最高人民法院发布的第六批指导性案例之一，发布时间为2014年1月。根据本章收集整理的数据显示，该指导性案例被直接引述达到313次，是所有指导性案例中被直接援引次数最多的，甚至超过了第二位到第四位（指导案例15号142次，指导案例60号82次，指导案例23号77次）的总和。这与类似研究的数据统计结果是比较一致的。〔1〕可以说，在所有指导性案例中，指导案例24号具有十分特殊的地位，无论是从援引的总次数、援引频率和援引的主体来看，该案例都处于明显的领先地位。

但是，与高频援引的现实情况形成反差的是，指导案例24号在实体内容上却充满着巨大争议，甚至存在明显的内在缺陷。在该案中，被告王某驾车导致原告荣某受伤，经过交警部门认定被告王某负全部责任，司法鉴定对伤残等级的结论为“损伤参与度评定为75%，其个人体质因素占25%”，这里的个人体质因素指的是年纪较大的原告患有骨质疏松的情况。本案另一被告是王某购买交强险的永诚保险公司，认为残疾赔偿金应依照实际损失乘以75%进行计算，原被告对其他赔偿金额没有异议。一审法院支持了永诚保险公司的结论。原告上诉后，二审法院否定了一审法院的判

〔1〕 例如，孙海波博士统计了2012～2014年指导性案例被适用的情况，其中指导性案例24号被援引39次，同样超过了第二位到第四位援引次数的总和。［参见孙海波：《论指导性案例的使用与滥用——一种经验主义视角的考察》，载舒国滢主编：《法学方法论论丛》（第三卷），中国法制出版社2016年版，第230～231页。］北大法宝对其案例数据库在2015年和2016年进行的统计分析，也能够得出类似结论。另参见赵瑞罡、耿协阳：《指导性案例“适用难”的实证研究——以261份裁判文书为分析样本》，载《法学杂志》2016年第3期；向力：《从鲜见参照到常规参照——基于指导性案例参照情况的实证分析》，载《法商研究》2016年第5期。

决，支持原告按照全额获得残疾赔偿金。指导案例24号的裁判要点非常简明："交通事故的受害人没有过错，其体质状况对损害后果的影响不属于可以减轻侵权人责任的法定情形。"其核心问题是被侵权人的特殊体质对侵权责任范围的影响，也即侵权人是否对因特殊体质导致的扩大责任范围负责。这一问题在司法实践中一直存在不少争议，赞成的观点被称为"蛋壳脑袋"规则。在英国、美国和德国，早期的司法实践都有不少判例支持该观点，但是，一些其他地区的判例，如法国和日本，却持有相反观点。[1]我国法院的相关判例则大多遵循中庸之道，也就是在侵权人和受害人之间分担责任，具体包括牵强附会型、笼统适用型和完全回避型等具体适用方式。[2]在利益衡量的基础之上确定责任分担的因素，包括侵权人的主观过错类型、侵权人能够预见的程度、受害人遭遇风险的性质和受损形态，以及特定时期法律政策等。[3]

限于篇幅和研究主题，这里不能对特殊体质如何影响侵权责任范围进行全面分析，但是，从以上理论和实务的基本情况来看，该问题并没有取得完全一致的意见，甚至是充满着争议。虽然"蛋壳脑袋"规则有着充分的支持理由，但是，后续的诸多判例和理论反思也逐渐动摇了这一规则。无论是赞成的观点还是反对的观点，都有比较充分的理由，同时也无法完全说服对方。借助于因果关系、原因力、公平责任等理论，也无法很好地解决该问题。可见，指导案例24号所涉及的核心问题，在实体意义上还远远没有达成基本共识。而最高人民法院却直接在该案中支持了"蛋壳脑袋"规则，在裁判理由中直接确认特殊体质对侵权责任的范围没有影响，侵权人不能以受害人的特殊体质为由减少承担责任的范围，而且裁判理由的表述也并未排除某些例外情况，这一决策结果显得有些过于草率。

---

〔1〕 参见孙鹏：《受害人特殊体质对侵权责任之影响》，载《法学》2012年第12期。

〔2〕 参见龚海南：《特殊体质受害人之侵权赔偿刍议》，载《法律适用》2012年第8期。

〔3〕 参见周小锋：《特殊体质受害人损害赔偿问题研究》，载《人民司法》2012年第13期。

毕竟，指导性案例具有正式效力，根据《最高人民法院关于案例指导工作的规定》及其实施细则，各级法院在审理类似案件时都应当参照指导性案例。从这个意义上说，指导性案例的遴选应当尽量减少实体规则上的争议，而指导案例24号并未做到这一点。

除了直接提供有争议的实体规则存在缺陷之外，指导案例24号在裁判要点（裁判要旨）的概括上也存在有待商榷之处。裁判要点是整个指导性案例的点睛之笔，是对具体案件进行充分分析之后形成的抽象规则。根据《〈最高人民法院关于案例指导工作的规定〉实施细则》第11条，裁判要点才是法官在援引指导性案例时能够直接写入裁判文书的具体对象，在司法实践中甚至出现了只关注裁判要点而不顾其他部分的偏颇倾向。这种关注程度无疑对裁判要旨的概括提出了非常高的要求。来自最高人民法院自身的观点也认为，裁判要旨应当具有创新性，既不是法律的明文规定或者其变相重复，又不是法学理论和审判实践中已经达成共识并成为普通常识性的东西；裁判要旨的概括既不能过于抽象，漫无边际，也不能过于具体，就案论案，难以让类似案件参照。〔1〕就指导案例24号而言，该案具体案情中原告患有骨质疏松症，最高人民法院案例指导工作办公室将这一病症直接上升抽象为“特殊体质”，认为特殊体质并不属于过错。因为“本案中，受害人的体质特殊是其身体的一种客观情况，与其主观心理状态无关。显然，不能将受害人体质虚弱认定为一种应受谴责的主观心理状态”。〔2〕该观点的内在核心缺陷在于忽视了特殊体质的成因：在指导案例24号的具体案情中，因骨质疏松症导致的体质虚弱并非过错，但是经过提炼之后在裁判要点中表述的“特殊体质”，其成因是非常多样的，未必全部都不是过

〔1〕 参见胡云腾、吴光侠：《〈关于编写报送指导性案例体例的意见〉的理解与适用》，载《人民司法》2012年第9期。

〔2〕 最高人民法院案例指导工作办公室：《指导案例24号〈荣宝英诉王阳、永诚财产保险股份有限公司江阴支公司机动车交通事故责任纠纷案〉的理解与参照——个人体质特殊不属于减轻侵权人责任的情形》，载《人民司法》2015年第12期。

错。"蛋壳脑袋"规则之所以能够获得普遍认可，基础的原因一是该类特殊体质的形成并非为受害人的意志所左右，二是由客观原因（如遗传或者年龄增长等）造成的。但是，特殊体质的形成原因是多样的，并非仅仅局限于客观原因。如酗酒、吸毒等由当事者自身原因引发的特殊体质，同样会扩大被害人受损的范围。此类特殊体质就不适宜完全由侵权人承担所有损害赔偿。对特殊体质成因的考察也是"蛋壳脑袋"规则逐渐被推翻或者否定的原因之一。

再者，如果受害人非常清楚自身具有特殊体质，仍然出现在比较危险的场合或者从事比较危险的行为，那么，这种决定就带有自甘风险的性质，出现侵权行为时受害人的此种主观状态也带有一定的过错因素，同样应当成为减轻侵权人承担责任范围的理由。自甘风险即"对自愿者不构成伤害"，如果侵权人的过失或者鲁莽行为损害了自愿承担危险者，就不能对该损害提出赔偿。虽然自甘风险并没有直接被相关法律确认为减轻侵权责任的法定理由，但是，我国司法实践对此已经有所适用。〔1〕此外，侵权人对侵权行为及其责任范围有所预见的能力也在不同案件中有所差异，进而会在特殊体质案件中影响侵权责任范围。而且，以上诸多因素在个案中还可能出现交叉情况，更加剧了处理此类案件的复杂程度。

简言之，特殊体质对侵权责任范围的影响是非常复杂的，司法者需要考虑诸多相关因素才能在个案中准确确定侵权责任范围。这也许就是各国侵权责任法律普遍回避该问题的深层原因。通过个案实践的积累反而能够增加司法应对的成熟经验。但是，这一点并没有在指导案例24号提供的实体规则中得到体现。虽然指导性案例也都是源于司法实践中的现实案件，但是，无论是裁判要点的具体内容，还是从具体案情中概括出抽象规则，最高人民法院直接而明确选择一种观点的做法，在实体意义上有些

〔1〕 参见杨立新：《简明侵权责任法》，中国法制出版社2015年版，第184～185页。

仓促和草率。当然，这一选择也并非绝对错误，只是不够全面和细致，没有完全考虑到相反观点的诸多重要理由。从这个意义上说，在皆有支持理由的众说纷纭中做出选择，最高人民法院在指导案例24号中所寄托的意图，与其说是“正确”，毋宁说是“统一”。

基于以上论述可以看到，对指导案例24号的评价可以从两个层面上展开：一方面，无论是在裁判要点的提炼上，还是在直接提供抽象规则上，该指导性案例都有着较大的争议，也并未给解决类似案件提供创新性思路。另一方面，指导案例24号却受到了司法者的高度欢迎，在援引的数量和频率上都远远超过其他指导性案例，从这个意义上甚至可以说是最成功的指导性案例；而且其作出的明确选择能够真正实现案例指导制度被寄予的、统一法律适用的效果。以上负面和正面的双重评价形成了强烈的反差，对于尚未充分展现预期良好效果的案例指导制度而言，一直对其欲却还迎的法官们却积极援引指导案例24号。这种两相对比形成的反差尤其值得深入分析，进而为最高人民法院改进指导性案例提供重要的启示和借鉴。

第二节　指导案例 24 号获得高频援引的多种原因

从目前被援引次数较高的指导性案例类型来看，民事指导性案例占据着明显的优势，而刑事指导性案例被直接引述的次数普遍偏低。这一现状与民事审判和刑事审判各自的特点直接相关：法官在民事审判活动中拥有更多的自由裁量权，同时民事案例的类型多样化也需要参考多种裁判理由，而刑事审判强调的罪刑法定原则，推崇制定法的权威且反对类推适用，特别是对于目前尚未完全接受和适应案例指导制度的法官来说，不会、不愿、不想甚至是不敢，都是降低刑事指导性案例援引次数的重要原因。从实际情况来说，根据本章统计数据，民事指导性案例的平均引用次数为14.66次，刑事指导性案例的平均引用次数仅为1.47次，相差约为10倍。以上理由只是民事指导性案例在援引次数上占优势的一般原因，具体到指导案例24号中，我们还需要细致探讨其获得高频援引的其他多种原因，这些原因至少包括以下几个方面。

首先，指导案例24号所针对的问题在司法实践中具有普遍性，而且在立法上没有进行明确规定。所有的指导性案例都需要经过层层遴选才被确定和公布，如果是普通案件就失去了其存在的意义，因此，多数指导性案例都带有一定的疑难色彩，都是为了解决法律规范与案件事实之间不完全对称或者涵摄的问题。有学者将指导性案例的类型分为造法型、释法型和宣法型，实质上就按照从远到近的顺序描述了法律规范与案件事实之间的距离。[1]虽然《最高人民法院关于案例指导工作的规定》及其实施细则都描述了指导性案例的类型，但是，真正受到司法者欢迎，或者说满足司法实践需要的类型，却是要靠法官们“用脚投票”的。在长期依赖于制定法作为裁判依据的路径依赖下，即使是面对指导性案例，法官们也是希望能够获得直接明确的裁判规则，尤其是在出现法律规定不明或者空白的情况时。从前述分析可以看到，对于特殊体质如何影响侵权范围的问题，各国的司法实践和相关理论并没有给出完全一致的意见。即使是部分地在某些判例中肯定了“蛋壳脑袋”规则，多数侵权法律也没有直接将该规则以法条的形式规定。而侵权案件的发生又非常频繁，牵涉其中的被害者也是相当多样的，具有特殊体质者也不在少数。这一现实情况意味着法官需要经常面对这一棘手问题。质言之，在特殊体质影响侵权责任范围问题上

---

〔1〕 参见资琳：《指导性案例同质化处理的困境及突破》，载《法学》2017年第1期。

出现了法律漏洞。根据比较共识的观点，法律漏洞的基本分类之一就是自始的漏洞和嗣后的漏洞，分类标准则在于立法者在制定法律规范时是否已经明知漏洞的存在。[1]由于特殊体质对侵权范围的影响问题一直存在，因此，《侵权责任法》制定时未对其进行规制，属于自始的漏洞。随着我国私家车保有数量的激增，城市内部出现的交通事故在数量上也是大大增加，推动了相应的纠纷以案件的形式涌向法院，也增大了此类案件的规则需求。法官面对其中出现的法律漏洞时，亟须专门的规则供给，由此指导案例24号便受到了极大欢迎。

其次，指导案例24号的裁判要点表述清晰准确，没有歧义，有利于实现统一法律适用的效果。虽然在实体意义上，指导案例24号的裁判要点存在一定缺陷，但是，就其文字表述而言，却是非常清晰明确的，并没有排除特定的例外情况，涉及的概念也几乎没有扩张的含义。这种清晰的表述对于法官来说是一种直接而明确的指示。就法律解释方法的角度而言，指导案例24号的裁判要点只需要运用文义解释方法就能够判断法律规范与相应案件事实之间的关系，无须运用其他解释方法来考察规范之外的因素。“文义解释优先正是人们必须服从法律的原则的一种延伸。要想使法律规定发挥作用，必须坚持文义解释方法优先原则，否则法律就难以有规范作用。”[2]同时，当此类案件的判断都依据清晰明确的裁判要点进行审判时，统一法律适用的效果就能够得以显现，这也恰恰是案例指导制度的主要目标。由于裁判要点规定的内容都是抽象规则，实质上非常接近于立法活动，立法对语词适用的要求也可以借鉴到裁判要点的概括上。“法典的文章用语在涉及到法典的价值上有重大关系……若法典的文字含义模糊不清，就会诈伪盛行，争讼不停……法典的价值的确取决于其文章用语，

---

〔1〕 参见［德］卡尔·拉伦茨：《法学方法论》，陈爱娥译，商务印书馆2003年版，第254～255页。
〔2〕 陈金钊：《文义解释：法律方法的优位选择》，载《文史哲》2005年第6期。

此说并不为过。”[1]已有其他指导性案例的一些裁判要点，经常出现概括性较强的用语表述，容易出现语义上的模糊，并不利于被援引和参照。例如，指导案例4号和12号都是需要在众多从重和从轻情节之间进行艰难选择的故意杀人案件，二者的裁判要点中做出量刑上选择的依据都是“社会矛盾化解”这样非常宽泛的表述，以至于如何进行类比成为一个难得要领的事情。[2]虽然从裁判理由中可以看到对社会矛盾化解的一些具体阐释，但是，在裁判要点中出现这种过于概括的表述却不利于法官在处理类似案件中进行参照，当然也就影响了以上两个指导性案例被援引和参照的概率。从以上正反两个方面的例证可以说明，裁判要点的具体用语表达还是十分重要的，是否清晰明确直接，对于法官在审理类似案件中是否援引，有着很大影响。

再次，援引指导案例24号的法官，对该案的裁判要点进行了扩展性的适用。虽然《〈最高人民法院关于案例指导工作的规定〉实施细则》第9条确定，只有在案件事实和法律规范都相似的情况下，法官才能够援引指导性案例的裁判要点，但是，目前对于如何确定案件之间的相似性仍然缺乏比较有可操作性的具体指南。学者们对此也展开了非常详细的探讨，[3]然而共识内容并不丰富。从法律推理的角度来说，先例或者指导性案例与待决案件之间的相似性，是一种类比推理的适用，其核心点正是相似性的判断。任何案件之间总有共性和个性，关键在于法官如何进行判断，这种判断基本上并非技术判断的结果，而很大程度上依赖于法官的自由裁量，并

〔1〕［日］穗积陈重：《法典论》，李求轶译，商务印书馆2014年版，第95页。

〔2〕参见孙万怀：《刑事指导案例与刑法知识体系的更新》，载《政治与法律》2015年第4期。

〔3〕相关文献参见王彬：《案例指导制度下的法律论证——以同案判断的证成为中心》，载《法制与社会发展》2017年第3期；郭琳佳：《参照指导性案例的技术和方法》，载《人民司法》2014年第17期；周光权：《刑事案例指导制度：难题与前景》，载《中外法学》2012年第3期。

受到其他诸多相关因素的影响。[1]“比较点的确定主要不是依据一个理性的认识，而是很大程度地根据决断，因而取决于权力的运用……”[2]“在法学中关于类推的合理结构的文献非常多……这一切都可能使读者产生这样的印象：类推能够确保法律适用得到科学地特别保障的、可以预见的、准确的结果。然而，这种印象具有欺骗性，类推不是按照形式（‘数学’）思维过程所进行的逻辑过程。它是建立在规范目的基础上的价值评价。”[3]质言之，如何适用指导性案例，不仅取决于指导性案例及其裁判要点的质量，在更大程度上还依赖于法官审判案件的需要。具体到指导案例24号来说，虽然其裁判要点是针对特殊体质对侵权责任范围的影响，但是，通过对其实践应用考察可以看到，援引该指导案例的法官已经突破了该案裁判要点的范围，将适用该案例的案件类型进行了大大扩展，这种扩展可以从以下案件事实和法律适用这两个方面得以说明。

（1）受害人范围扩展到交通事故中的驾驶人员和乘客。指导案例24号的具体案件中，受害人仅仅是交通事故中的行人，如果从严格确定相似性的角度来说，参照该案例的案件在案件事实上也应只针对行人，但是，本章采集整理的数据显示，援引指导案例24号及其裁判要点的法官，还将在交通事故中受害的其他人员，也纳入“受害人”的范围之中。具体来说，在所有援引指导案例24号的案件裁判文书中，受害人为普通行人、摩托车驾驶人、电动自行车（含三轮）驾驶人、自行车驾驶人、轿车驾驶人、其他交通工具驾驶人和各类机动车乘客的案件数量分别为86件、35件、79件、21

---

〔1〕 这些因素的内容是非常丰富的，例如，法官及法律共同体的法律经验、法律知识素养和法律专业技能，先例发生次数的多寡，先例与本案相同特征的多少，结论与前提之间关联的强弱，相异点的多少，先例数量的多少，以及价值判断和道德判断等。参见张骐：《再论类似案件的判断与指导性案例的使用——以当代中国法官对指导性案例的使用经验为契口》，载《法制与社会发展》2015年第5期。

〔2〕［德］考夫曼：《法律哲学》，刘幸义等译，法律出版社2004年版，第116页。

〔3〕［德］魏德士：《法理学》，丁晓春、吴越译，法律出版社2005年版，第383页。

件、6件、29件和38件。[1]换言之，受害人为普通行人的援引案件数量仅占所有援引案件数量的29%。以上数据说明，参照指导案例24号的法官进行案件事实的比照时，直接将原告方的范围从行人扩展到交通事故的一般受害者，这种情况大大突破了原初的案件事实，却也符合裁判要点中“交通事故受害人”的界定。更重要的是，还有31份援引指导案例24号的案件裁判文书并非属于交通事故案件，这些文书包括医疗损害责任纠纷、违反安全保障义务责任纠纷、健康权纠纷、教育机构责任纠纷、海上人身损害责任纠纷等。这些案件数量仅占总援引案件数量的10%，却更是突破了指导案例24号所涉及的交通事故侵权责任的范围，更加充分地显示了法官在审判实际中对待指导案例24号的灵活态度。

（2）侵权责任的认定范围从单方责任扩展到分担责任。指导案例24号的裁判理由主要是围绕着受害人为无过错的情况展开的，裁判要点中并没有涉及到责任分配问题，仅仅强调特殊体质并非减少侵权责任范围的法定理由。从严格对比法律适用的角度来说，后案参照时也应当主要适用于受害方无过错的情况。但是，实际情况并非如此。根据本章数据统计，在援引指导案例24号的313个案件中，受害方为无过错和有过错的案件数量分别为201个和107个，还有5个案件并未明确受害人的过错形态。换言之，援引指导案例24号的案件中，约64%在责任认定方面与指导案例24号相同，其他的案件则基本上都属于由侵权人和受害人分担责任的情况。造成这一现象的原因可能在于法官的“惯性”，因为以往此类案件的处理在绝大多数情况下都是由双方分担责任，即使有指导案例24号可供参照，已经

---

〔1〕 需要说明的是，少数案件中的受害人既包括驾驶人员，也包括乘客，具体来说，受害人为摩托车驾驶人的案件中有3件，受害人为电动自行车驾驶人的案件中有3件，受害人为小轿车驾驶人的案件中有1件，受害人为其他交通工具（拖拉机、货车等）驾驶人的案件中有5件。换言之，受害人为各类乘客的案件中有12件同时也有驾驶人员成为受害人。另有杨某某与南京河西新能源客运服务有限公司、中国人民财产保险股份有限公司南京市分公司机动车交通事故责任纠纷二审民事裁定书中援引了指导性案例24号，但是，其中受害人为交警队协警，既非驾驶人员也非乘客，本章将该案归于受害人为普通行人的类别中。

习惯于中庸之道的法官仍然不能完全摆脱以往的审判惯例。案件事实和法律适用是对比指导性案例和待决案件相似点的基本方面，正是在两个方面的大幅扩展，才使指导案例24号有着非常广泛的应用，也是该指导案例获得高频引用的最主要原因之一。

最后，法官之外的其他诉讼参与人也积极主动地提出参照指导案例24号。根据《〈最高人民法院关于案例指导工作的规定〉实施细则》第11条第2款，当法官之外的其他诉讼参与人提出参照特定指导性案例的要求时，法官应当对此进行回应并说明理由。如果是法官自己发现并参照指导性案例是一种主动援引，那么，由其他诉讼参与人提出参照请求的情况就属于被动援引。指导性案例虽然并非如法律和司法解释那样有正式法源的地位，〔1〕但是，毕竟具有最高人民法院认可的官方效力，能够作为裁判理由被运用。更重要的是，这种运用的主体并非仅仅局限于法官。可以说，指导性案例是所有诉讼参与人的共享资源，能够成为各方观点的论证理由。由于案例指导制度缺乏配套的激励机制等原因，法官主动援引指导性案例的积极性并不高，而其他诉讼参与人出于赢得案件的目标需要动用一切可能的资源来论证本方观点，具有正式效力的指导性案例也包含其中。而且，提出参照指导性案例的请求只会得到法官的回应，却无须承担其他风险，这种成本收益的对比也有利于推动法官之外的其他诉讼参与人提出参照请求。从这个意义上说，被动援引比主动援引更能够成为提升指导性案例参照率的契机或者途径，这一点也已经得到了实证研究的证明〔2〕。具体到指导案例24号来说，在所有援引该案例的案件中，由法官之外的诉讼参与人提出参照请求的数量为181件，比例为57.83%；法官自身主动参照该案例的数量为132件，比例为42.17%。而在援引次数排名第2～4位的指导

〔1〕 参见雷磊：《指导性案例法源地位再反思》，载《中国法学》2015年第1期。
〔2〕 参见秦宗文、严正华：《刑事案例指导运行实证研究》，载《法制与社会发展》2015年第4期。

性案例中，主动参照的数量分别为46件（指导案例15号）、2件（指导案例60号）和3件（指导案例23号），比例仅为32.39%、2.44%和3.8%。从以上数据对比关系可以看到，被动援引的情况在指导性案例的高频次援引中占据着非常明显的优势，也正是其他诉讼参与人的积极努力，才推动了法官对其请求予以回应，同时也提升了该案例被援引的次数。

从以上几个方面的分析可以看到，指导案例24号获得高频次援引有着多种原因，归根结底，是满足了司法实践的需要。指导案例24号的"成功"也为最高人民法院今后遴选指导性案例提供了重要的参考标准，归结起来，获得高频援引、以显性方式影响司法实践的指导性案例应当具备以下特征：针对司法实践中经常遇到却缺乏准确法律依据的问题；裁判要点应当简洁明确，同时又能够进行适当的扩展和变通；案件参与人积极提出参照请求来引起法官的回应。

第三节　指导案例24号在满足司法实践需要中的隐患及其对策

即使在大数据时代，任何的数据分析也只能反应事物全貌的某个片段。指导性案例援引率过低固然并非所欲，但是，高频次援引背后埋藏的隐患也要引起重视。指导案例24号满足了司法实践的需要，这一点是十分值得肯定的，但是，其背后阴影中存在的消极因素也需要深入分析并及时排除，才能防止饮鸩止渴的结果。具体来说，指导案例24号的高频次援引可能存在如下隐患，需要采取有针对性的措施。

首先，实体规则供给上的巨大争议，可能会从长远的角度影响指导性案例的援引。如前所述，关于特殊体质对侵权责任的影响问题，理论界和实务界在长期以来并未形成通说，该问题也成为立法者主动留下的法律漏洞。贸然选择其中一种观点作为裁判标准，显得过于草率。虽然最高人民法院在指导案例24号中作出的选择，“统一法律适用”的意义大于“正确法律适用”的意义，但是，回避实体争议的结果可能在长远意义上影响该案例的合法裁判。在指导案例24号发布的随后几年中，出于弥补法律漏洞的直接效果，法官多会据此案例进行裁判。但是，这种实体规则主要是单方强调受害者获得充足赔偿，忽视了受害者自身过错和自甘风险等情况，并不利于保持利益的平衡。作为指导性案例的“立法者”，最高人民法院保护受害者的立场可以理解，但是，善意并非必然导致积极效果，即使是专门的立法者基于善意制定的规则，也可能产生消极效果。例如，《劳动合同法》出台之后，充分保护劳动者的效果并非显著出现，甚至加剧了劳资矛盾。〔1〕与之类似，最高人民法院意图通过指导案例18号来维护劳动者的权益，也很有可能产生同样的消极后果。〔2〕当特定问题一直存有巨大争议时，甚至立法者都对此有所顾忌和犹豫，缺乏相应决策资源和能力的最高人民法院就更难以承担此种角色，特定的规则在实体层面上的争议，将很容易扩散到相应的司法实践之中。短时的统一如果缺乏正确的基础，也难以长久维系。就指导性案例而言，如果在发布时就存在实体规则上的缺陷，很可能的情况是连援引的次数都很低。例如，指导案例8号为公司法案件，不

〔1〕 相关文献请参阅廖冠民、陈燕：《劳动保护、劳动密集度与经营弹性：基于2008年〈劳动合同法〉的实证检验》，载《经济科学》2014年第2期；韩兆洲等：《〈劳动合同法〉对企业成本影响的测算方法与实证研究——金融危机下的应急措施》，载《暨南学报（哲学社会科学版）》2011年第1期；王长城：《劳动合同法实施以来我国劳动关系面临的问题与对策——针对湖北省三市的调查思考》，载《中国人力资源开发》2011年第8期；徐道稳：《地方法院司法能动的社会效果研究——以劳动合同法的实施为例》，载《河北法学》2013年第4期；苗连营、郑磊：《立法的偏颇及其矫正——以〈劳动合同法〉为分析考察对象》，载《学习与探索》2010年第3期等。

〔2〕 参见孙光宁：《“末位淘汰”的司法应对——以指导性案例18号为分析对象》，载《法学家》2014年第4期。

仅没有超出相关司法解释的规定，而且背离了论证公司僵局的逻辑思维。更重要的是，该案最终的判决结果并未实际执行，相关公司僵局的状态仍然存在。〔1〕该案被援引的次数仅仅为21次，相比于数量巨大的公司纠纷而言，比例还是相当低的。对于此类存在争点规则的指导性案例，对争议的解决要效果好，符合市场经济发展要求和法治发展趋向。〔2〕而指导案例8号的实际效果却并不符合这种要求，即使是被高频援引的指导案例24号，也难说真正全面地获得了积极的社会效果。简言之，为了避免可能产生的长期消极影响，最高人民法院应当尽量避免将实体规则争议过大的案件遴选为指导性案例，而是通过全面观察和分析选择争议较小、同时能够体现高超司法智慧的案件。

其次，提供精细抽象规则的裁判要点，有可能妨碍案例指导制度的长久运行。如前所述，指导案例24号的裁判要点非常简洁、清晰和明确，无需借助于自由裁判即可做出裁判，这种“一刀切”式的特点是其获得高频次引用的明显优势。但是，这一特点从长远来看并不利于案例指导制度的持续运行。关于裁判要点是否以及如何存在，都一直是大陆法系国家中判例制度的争议问题之一。已经长期沉浸于制定法环境中的法官，并不熟悉判例法的运行过程，转而会对既有判例中的裁判要点或者裁判要旨给予高度重视，甚至将其视为判例中唯一需要考察的对象。相应地，判例中案情介绍和裁判理由部分也很容易被忽视，而这些内容却正是判例制度的精髓所在。即使在已经实施判例制度的一些大陆法系国家，如德国和意大利等，在判例中保留裁判要旨的做法，也经常受到学者的质疑，以至于提倡细致地分析具体案情成为一种专门需要提醒和提倡的内容。〔3〕就已经初步运行的案例指导制度来说，一如大陆法系国家的通常做法，裁判要点的主

〔1〕 参见吴建斌：《公司纠纷指导性案例的效力定位》，载《法学》2015年第6期。

〔2〕 参见胡云腾、吴光侠：《指导性案例的编选标准》，载《人民司法》2015年第15期。

〔3〕 参见薛军：《意大利的判例制度》，载《华东政法大学学报》2009年第1期。

要内容也是从案件中提炼出来的抽象规则。虽然在短期内，这种直接提供抽象规则的做法能够便于法官了解和援引，但是，长此以往将使案例指导制度沦为司法解释的翻版，无法真正发挥案例指导制度的独特价值。“指导性案例不应满足于裁判要点的归纳，更应在结构与说理范式上为法院日常裁判提供参照，唯此才能凸显其特殊价值。”〔1〕由于指导性案例的发布时间和内容比较灵活，最高人民法院应当逐步调整其中裁判要点的具体内容和行为方式，从提供现成的抽象规则为主，逐步过渡到以重述基本案情为主。有观点甚至认为裁判理由应当和裁判要点一样，应当成为直接参照的对象。〔2〕这种转变可以从德国判例制度的发展经验中获得支持，〔3〕能够更好地引导法官更多地重视在具体案情上进行比较分析，从而避免以上可能影响案例指导制度长期效果的消极因素。

再次，法官在援引指导性案例时擅自进行扩展，可能会违背指导性案例的本意。从严格适用的角度来说，只有在基本案情高度相似的情况下才能够直接参照指导性案例。但是，指导案例24号所获得高频次援引的实际情况，已经大大突破了既有的基本案情，而且在法律适用上也存在不小的扩张。意在统一法律适用的案例指导制度，如果任由法官过于灵活地扩展指导性案例，那么，最终的结果可能适得其反，为加剧法律适用的不统一提供了冠冕堂皇的外在理由。案例指导制度借鉴于英美法系的先例制度，而后者的法官在比较案情相似性方面已经比较熟练，结合案件中各方诉讼参与者及其代理人的意见，能够获得对先例和待决案件之间相似性的准确定位。虽然理论上并不能为案件相似性的比较提供终极答案，但是，在具体案件审理过程中却能够大致获得对此问题的准确答案，从而为遵循

〔1〕 参见周翠：《民事指导性案例：质与量的考察》，载《清华法学》2016年第4期。

〔2〕 参见曹志勋：《论指导性案例的“参照”效力及其裁判技术——基于对已公布的42个民事指导性案例的实质分析》，载《比较法研究》2016年第6期。

〔3〕 参见高尚：《德国判例结构特征对中国指导性案例的启示》，载《社会科学研究》2015年第5期。

先例提供前提基础。而我国法官仍然对比较案件相似性问题比较陌生，在援引指导性案例方面表现出两种极端倾向：要么对大多数指导性案例置若罔闻、置之不理、消极对待，只有当其他诉讼参与人专门提出参照时才略作回应甚至毫无回应；要么过于灵活对待指导性案例，将其作为掩盖自由裁量的外在装饰。前者具体表现为半数指导性案例从未得到援引，后者则是指导案例24号中的擅自扩张。以上两种极端倾向都无益于贯彻特定指导性案例的本意，尤其是阳奉阴违的后者，可能产生更为消极的影响。从这个意义上说，我国的法官在还没有领会如何遵循先例的时候，就已经学会了在暗中“推翻”先例，至少是“变通”先例。当然，从英美法系的司法实践来看，先例与待决案件之间的比较点或者相关类似事项是可以延展的。〔1〕但是，这种扩展或者延展对于当前法官掌握案件比较技术的现实情况来说，有些过于超前，并不值得大力提倡。要防止法官随意扩展指导性案例，专门培训工作是非常必要的，这一工作还可以提升法官对指导性案例的识别和比较技术。〔2〕要切实推进法官的了解和认知，更为关键的是建立援引指导性案例的惩罚机制：不仅要惩罚“该引不引”的情况，还要惩罚“乱引”的情况，甚至可以出台针对援引指导性案例问题的指导性案例，专门说明错误援引指导性案例的类型和方式，以引起各级法院的重视。

最后，主动援引的次数明显低于被动援引的次数，法官在参照指导性案例的积极性上仍然有待提高。对于指导案例24号，法官主动援引的比例与被动援引的比例约为4:6，而在整个援引次数排名前四位的指导性案例中，主动援引的平均比例仅为29.7%，远远低于被动援引的比例。也就是说，法官并不愿意主动参照指导性案例；相反，其他诉讼参与人却在提出参照指导性案例方面显得非常积极，两类主体在积极性方面的差异表现

〔1〕 参见张骐：《论类似案件的判断》，载《中外法学》2014年第2期。

〔2〕 参见刘作翔：《案例指导制度：“人民群众”都关心些什么？——关于指导性案例的问与答》，载《法学评论》2017年第2期。

得非常明显。从这个意义上说，被援引次数排名靠前的主要指导性案例存在“虚高”现象，高频次的援引主要是由法官之外的其他诉讼参与人贡献的，法官的态度比较消极。“法官引用指导性案例，常常是在策略性互动中的被动选择，是回应当事人诉求的结果。”〔1〕从制度的宏观指向和具体设计来说，意在统一法律适用的指导性案例并非法官的“专利”，而是各类诉讼参与人都可以使用的“公共资源”。但是，在目前法官主导的诉讼模式下，法官对待指导性案例的消极态度并不有利于发挥指导性案例的实际效果。特别是在具体的案件比较和区分技术并不成熟和完善的背景下，即使其他诉讼参与人提出参照指导性案例的要求，法官完全可以非常轻易地以“不相似”为由进行否定。〔2〕从相关数据统计来看，法官主动援引指导性案例的结果一般也就能够成为审判的最终结果，而被动援引的情况却未必如此，最终被采纳为裁判结果的比例还是比较低的。〔3〕这一情况还可以解读为，一旦获得法官的主动确认，指导性案例被援引的比例还是非常高的，法官在参照指导性案例方面也发挥着相当主导的作用，其态度对指导性案例的作用发挥产生着直接的明显影响。即使是主动参照指导性案例的情况，法官更多的是“借用”指导性案例来促成息诉服判并降低裁判风险，并非真正认可或者尊重指导性案例。〔4〕对此，要改变法官的消极态度、提升其参照指导性案例的积极性，绝非一日之功，需要多种制度形成良性互动。前述的培训机制、发布关于适用指导性案例的指导性案例等，也可以起到

〔1〕 熊静波：《由内在态度决定的权威——对指导性案例规范性的再评估》，载《法学评论》2016年第6期。

〔2〕 例如，(2014)宜中民三终字第133号案件的二审民事判决书裁判文书认为，指导案例24号仅仅涉及交强险，且受害人最终没有影响正常生活；而待审案件还涉及商业保险，且受害人最终致残，因此事实不同，不应参照指导案例24号。从以上理由来看，案件对比的关键事实比较类似，应当参照指导案例24号。详细分析参见石磊、刘松涛：《指导性案例参照情况的实证分析》，载《人民司法》2015年第23期。

〔3〕 参见赵晓海、郭叶：《最高人民法院民商事指导性案例的司法应用研究》，载《法律适用》2017年第1期。

〔4〕 参见杨会、何莉苹：《指导性案例供需关系的实证研究》，载《法律适用》2014年第2期。

一定作用。此外，员额制和司法责任制等外部制度，能够推动法官关注各类法律渊源及其应用问题，也有利于间接地提升其对待指导性案例的积极性。当然，如果在审判过程中，通过各类诉讼参与人形成了经常参照指导性案例的氛围，也可以推动法官更加关注并积极援引指导性案例。

结语：指导性案例引领司法实践

以指导案例24号为代表，指导性案例只有满足司法实践的需要，才能够获得高频次援引，以显性的方式展示案例指导制度的存在和运作。但是，需要看到的是，指导性案例对司法实践的满足可能仅仅是顺应了现有的司法实践，在高频次援引的背后还存在不少隐患。例如，裁判要点提供抽象规则，从当下短期视角来看能够借助于法官的关注而直接适用，使得相应的指导性案例获得高频援引，但是，从长远来看并不利于案例指导制度发挥独有价值。质言之，指导性案例的定位并不应当仅仅局限于顺应司法实践，还应当引领司法实践。

顺应司法实践仅仅是满足现状的守成，司法实践中不少弊端也可能被裹挟其中，指导性案例如果单纯持有这种姿态，只能是随波逐流，消极对待各界的预期价值。可喜的是，已经有部分指导性案例并不满足固守法律规范的基本文义，而是在其意义的边缘地带进行深入挖掘，从而实现了制定法尚未明确的更高价值。也有学者将此种现象概括为指导性案例从最高人民法院的“权力输出型”模式到“权威生成型”模式的转变，其实质在于向提升指导性案例自身的权威性方面改进[1]。例如，指导案例6号中的附带性审查，是借助于涉案的具体行政行为对相应的规范性文件进行审查。

〔1〕 参见刘树德：《最高人民法院司法规则的供给模式——兼论案例指导制度的完善》，载《清华法学》2015年第4期。

该案充分体现了司法者的智慧，其所提示的附带性审查的思路最终被新修订的《行政诉讼法》所采纳，[1]其提供的实体规则也得到了部分行政实务的积极回应。[2]在这种造法类的指导案例中，往往能够瞥见于无声处听惊雷的效果，其所提示的创新规则或者思路经常能够超越现有法律规范的有限性。最高人民法院要真正发挥案例指导制度的作用，就不能将其视为法律解释机制，[3]而应当以适度“造法”为标准来遴选出优秀的指导性案例，进而引领各级法院的司法实践。相比于虚高的援引次数，此类指导性案例才更能够具备长久的生命力，也能够持续提升司法实践的质量。这才是真正满足司法实践需要的指导性案例。

〔1〕 参见孙光宁：《指导性案例：扩大行政诉讼受案范围的司法探索》，载《行政论坛》2015年第4期。

〔2〕 参见王天华：《案例指导制度的行政法意义》，载《清华法学》2016年第4期。

〔3〕 参见刘克毅：《法律解释抑或司法造法？——论案例指导制度的法律定位》，载《法律科学》2016年第5期。

第三章　指导性案例的类型完善：以社会热点案件为分析对象

以“于欢案”为开端，最高人民法院遴选了一批近期发生的热点案件作为指导性案例。这种做法不仅是丰富指导性案例类型的需要，还有其他深层原因，包括积累热点案件中形成的制度效果，有效对民众开展普法教育，打破司法者的思维定式，以及提升和扩展案例指导制度自身的影响力等。并非所有的热点案件都适合被遴选为指导性案例，符合诸多特征的热点案件才具备了被遴选的基础，这些特征包括社会公众的观点得到充分而全面的表达，审判的过程和结果确保了核心法律问题的合法性底线，生效裁判文书的写作妥当吸收了社会舆论中的道德评价，以及在法律适用方面表现出一定的创造性。在被确定遴选之后，热点案件的正式文本也关系着其后的参阅和适用，应当细致编辑：裁判要点注意将道德评价转化为法律评价，裁判理由部分应当全面分析社会舆论的影响，整体行文在保持细致法律分析的主体地位基础上，应当尽可能地通俗易懂。将热点案件遴选为指导性案例，体现了对民众诉求的尊重，是指导性案例深入人心、提升权威和获得持续发展的重要方式。

自2011年年底发布第一批指导性案例以来，最高人民法院遴选的指导性案例虽然在绝对数量上还存在一定不足，但是，在类型上却不断丰富和完善。这些指导性案例不仅涉及众多具体部门法，而且在实体意义上经常对现有法律规范进行着补充和续造的工作。《最高人民法院关于案例指导工作的规定》第2条确定了指导性案例的五种基本类型，前述大多属于其中第（2）类到第（5）类。而在2018年6月发布的第十八批指导性案例中，指导案例93号（“于欢案”）则填补了第（1）类——“社会广泛关注的”指导性案例的空白。在众多媒体各自评选的2017年影响性诉讼中，“于欢案”都位列其中，该案所引起的社会关注程度之高，为近几年所罕见。虽然最高人民法院以往发布的指导性案例也有当年的社会热点案件［如指导案例38号（“田永案”）］，但是，从判决生效到遴选为指导性案例，“于欢案”在受到最高人民法院重视和肯定的速度上却是非常明显的，也开创了将社会热点案件遴选为指导性案例的先河。更重要的是，在其后的第十九批指导性案例中，社会广泛关注的热点案件在数量上更是有着明显提升：指导案例97号、指导案例98号、指导案例99号分别为“王力军收购玉米案”“朱振彪见义勇为案”“狼牙山五壮士案”。这些案件都是发生在近三年之内的热点案件，而且这些热点案件中还都明显渗透着社会公众的道德伦理评价因素。可以说，最高人民法院已经开始注重将近期的此类社会热点案件遴选为指导性案例，这种丰富和完善指导性案例类型的方式有着自身独特的意义，并蕴含着最高人民法院所追求的意图，值得展开细致分析和探讨。

第一节 热点案件遴选为指导性案例的重要意义

任何一个案件都要经过细致的遴选程序才能成为指导性案例，这就意味着指导性案例并非普通的典型案件，而是带有一定疑难色彩的案件，进而才能满足司法实践的需要。[1]质言之，指导性案例大多都是对现有的法

［1］ 参见孙光宁：《法律解释方法在指导性案例中的运用及其完善》，载《中国法学》2018年第1期。

律规范进行了扩展，甚至是填充。根据创造性程度的不同，有学者将指导性案例分为宣法型、释法型和造法型，并特别强调造法型指导性案例的突出意义。[1]其中比较典型的就是指导案例24号，这个被援引次数最多的指导案例填补了侵权法的空白之处，很好地满足了审判实践的需要。[2]与之相对，在最高人民法院确定的指导性案例基本类型中，一般而言，“社会广泛关注的”类型通常与满足审判实践的需要存在不小的距离，甚至有观点对该类型指导性案例的存在意义提出了质疑。而“于欢案”被遴选为指导性案例则有效回应了这种质疑。通过对热点案件在法治进程中的地位和意义进行分析之后，我们可以看到，将热点案件遴选为指导性案例还是具有多种重要意义的。

首先，将热点案件遴选为指导性案例能够体现前者积累所形成的制度效果。在各国法治进程中，各种社会热点案件都会经常出现，我国也不例外。每隔一段时间，就会出现被众多媒体所报道的特定案件。其中，刑事案件在数量上占据着绝对优势，因为此类案件经常能够直接触动大众的道德感，引起媒体的聚焦而成为社会广泛关注的案件。在“于欢案”中，辱母的情节就属于此类情形。但是，社会热点案件被关注的情况却经常呈现“来去匆匆”的特点：在众多媒体竞相报道时，特定社会热点案件的每一个细节都会被深入挖掘，甚至出现带有明显倾向的多版本叙事；而在嘈杂和喧嚣之后，彼时的热点案件却又迅速冷却，无人问津。此时又会出现新的热点案件占据民众视野。当下各种新媒体和自媒体的大量出现又加剧了以上情况。简言之，前仆后继的热点案件之间表现出此起彼伏的关系，而在具体个案的关注之后却很少留下多少积极改进的成果，尤其是制度上的改进。虽然不排除如“孙志刚事件”这种热点案件能够间接地推动

---

〔1〕 参见资琳:《指导性案例同质化处理的困境及突破》，载《法学》2017年第1期。

〔2〕 参见孙光宁:《司法实践需要何种指导性案例——以指导性案例24号为分析对象》，载《法律科学》2018年第4期。

制度改进，但是，如何能够真正将社会热点案件所获得的关注进行总结和沉淀，形成推动相关制度改进的重要力量，是法律职业共同体更应当重视的问题。就比较的视野而言，英美法系的判例法制度能够直接将热点案件视为有约束力的先例而加以实践，很多大陆法系国家也已经有比较成熟的判例制度吸收热点案件中形成的结论。但是，在我国目前的司法制度中，多数正式制度并不能直接吸收社会热点案件形成的推动力，毕竟制定法不应朝令夕改。而案例指导制度则在这个方面有着独特优势：最高人民法院可以随时在社会热点案件中收获积极因素，并通过将该案件遴选为指导性案例的方式进行直接确认。这种方式是积累社会热点案件中积极因素的直接方式，并借助于法官在类似案件中的参照适用而扩大以上积极影响。从这个意义上说，案例指导制度具有与时俱进的明显优势，能够有效确认和巩固在热点案件关注中形成的推动力量。就指导案例93号而言，正当防卫制度是该案的核心法律问题，该指导性案例的正式文本已经就正当防卫条款的适用问题进行了非常详尽的阐释，并对此前出现的一些质疑观点进行了有效回应。这对于完善正当防卫制度及其司法实践运用都有着积极的推动意义。加之后来出现的昆山反杀等案件，最高人民法院在2018年9月发布的《关于在司法解释中全面贯彻社会主义核心价值观的工作规划（2018–2023）》也专门强调将适时出台正当防卫以及防卫过当的具体标准，以鼓励公民正确进行正当防卫。可以说，“于欢案”既有作为指导性案例的参照意义，又体现了以上工作规划的具体内容，有助于推动正当防卫制度的完善与发展。从这个意义上可以说，在将热点案件进行规范化、充分吸收其中有益结论方面，案例指导制度有着得天独厚的优势。

其次，热点案件被遴选为指导性案例，是对民众进行普法教育的良好契机。民众是推动法治进程的最终社会力量，法律职业群体需要进行普法才能有效调动这一力量。在立法体系不断丰富完善的背景下，法律规范的全面细化无疑增加了在规则层面上进行普法的难度；与之相应，对民众进行价值层面的引领就应当成为普法工作更加关注的方面，而案例则能够在其中扮演非常重要的角色。最高人民法院周强院长也认为："案例指导制度有利于弘扬社会主义法治精神和社会主义核心价值观。案例是法制宣传教育的'活教材'。通过定期公布典型案例，可以增强全民的法治意识，使公众从案例中直观领悟法律的原则和精神……"〔1〕可以说，案例是生动的法治公开课，在社会热点案件中，通过关注和参与讨论所形成的普法效果，比抽象的规则灌输要更加广泛和持续。这一点在美国司法实践中也有类似情况：在对辛普森案件的持续关注中，民众更加具体地了解并接受了诸如无罪推定、排除合理怀疑等司法理念，甚至陪审团和律师角色也都更加被民众所熟悉。虽然这种被过度解读的大案在过程和结果上往往充满着争议，〔2〕但是，媒体的发达和司法公开的全面深入，"把进入司法流程的问题予以法律化、具体化、客观化、技术化，同时做到程序的公开、透明，是消除各种公众关注的敏感案件所可能造成的社会不安与猜疑的基本途径"。〔3〕在基本实现以上要求的前提下，热点案件中所包含的司法理念和价值导向就能够在民众中获得认可和肯定。例如，指导案例99号在裁判理由部分直接明确："在和平年代，'狼牙山五壮士'的精神，仍然是我国公众树立不畏艰辛、不怕困难、为国为民奋斗终身的精神指引。这些英雄烈士及其精神，已经获得全民族的广泛认同，是中华民族共同记忆的一部分，是中华民族精神的内核之一，也是社会主义核心价值观的重要内容。"在2019年2月底发布的《最高人民法院关于深化人民法院司法体制综合配套改革的意见——人民法院第五个五年改革纲要（2019—2023）》也提出要"完善推动社会主义核心价值观深度融入审判执行工作的配套机制，确

〔1〕 周强：《充分发挥案例指导作用　促进法律统一正确实施》，载胡云腾主编：《中国案例指导》（2015年第1辑·总第1辑），法律出版社2015年版，第3页。

〔2〕 参见［美］艾伦·德肖维茨：《合理的怀疑：辛普森案如何影响美国》，金成波、杨丽译，中国法制出版社2016年版，第213~217页。

〔3〕 缪因知：《美国法律如何处理社会热点刑事案件》，载《博览群书》2008年第6期。

保人民法院的司法解释、司法政策、裁判规则发挥价值引领功能”。“狼牙山五壮士案”不仅引起了社会的广泛关注，而且是原《民法总则》第185条英烈条款和《英雄烈士保护法》的重要背景。〔1〕该案不仅在2016年年底就入选了《人民法院依法保护“狼牙山五壮士”等英雄人物人格权益典型案例》，现在更是被遴选为指导性案例，更加突出了最高人民法院一以贯之的价值导向。

再次，热点案件的发生带有强烈的本土化色彩，被遴选为指导性案例有助于打破司法者的思维定式。虽然正式的司法制度可以在短时期内通过立法的方式得以移植，但是，具体司法案件的发生却并不完全受到制度的影响，只是这些案件的处理会受制于既定的司法制度。而热点案件的发生及其受到重点关注，往往并非受司法制度所左右，不同国家、不同时期，甚至是不同时段内，社会公众聚焦的热点案件经常带有强烈的本土化和随机性的特点。这种来自民众的意见同样不会受制于司法者的思维定式，甚至突破这种思维定式本身也是促成热点案件发生的重要原因之一。如指导案例93号（“于欢案”），该案涉及的核心问题是正当防卫的司法界定问题，在案件发展过程中以“辱母”情节而受到民众的广泛关注。而正当防卫作为辩护理由在以往的司法实践中成功率极低，甚至被称为“僵尸条款”。“从于欢故意伤害案中，可以发现我国司法人员对正当防卫的各种错误观念。如果不对这些错误观念进行反思和检讨，我国正当防卫制度将仍然会束之高阁，正当防卫的规定也就会沦为‘僵尸条款’”。这些误区包括：只能对暴力行为防卫，对非暴力侵害不能防卫；只有暴力侵害发生的一刹那，才能实行防卫；只要双方打斗就是互殴，就不是防卫；只要发生死伤结果，就是防卫过当。〔2〕实务这样的做法，客观上产生纵容潜在的不法侵

〔1〕 参见刘颖：《〈民法总则〉中英雄烈士条款的解释论研究》，载《法律科学》2018年第2期。

〔2〕 参见陈兴良：《正当防卫如何才能避免沦为僵尸条款——以于欢故意伤害案一审判决为例的刑法教义学分析》，载《法学家》2017年第5期。

害人肆意妄为的效果，并侵蚀善良公民的规则意识，瓦解后者为权利而斗争的意愿。[1]与之类似，指导案例98号所涉及的见义勇为问题，指导案例99号所涉及的英烈保护问题，也与我国社会中既有的社会道德价值观念有着直接联系，带有明显的本土化特征。这些案件被最高人民法院遴选成为指导性案例，都是对司法者既有思维定式的突破，不仅对审理类似案件有着直接的指引作用，更是对这些热点案件中的民众意见的尊重。

最后，遴选社会热点案件也有助于提升和扩展案例指导制度的影响力。虽然从20世纪80年代开始就有相关的理论呼唤，但是，案例指导制度的诞生却经过了漫长的等待。自《最高人民法院关于案例指导工作的规定》于2010年年底发布以来，案例指导制度的实践效果并不理想，无论是在司法者群体中还是在社会公众层面上，指导性案例的认知和认可的程度都比较低，突出地表现在裁判文书中较少直接引用指导性案例作为论证理由。根据相关统计结果，截至2017年年底，还有近1/3的指导性案例从未被引用，被援引的指导性案例相比于裁判文书的绝对数量来说也只是九牛一毛；仅有4个指导性案例被援引的次数较多；法官更倾向于隐性援引指导性案例。[2]简言之，指导性案例的现有影响力十分有限。值得注意的是，最高人民法院在2016年9月发布了指导案例66号，该案涉及的核心问题是离婚时隐匿财产的司法处理。就传播学的角度而言，虽然公众关注指导案例66号的核心问题与最高人民法院遴选该案件的初衷存在较大差异，[3]但是，指导性案例却借助于偶然的娱乐事件而被广泛知晓。在信息时代，公

〔1〕 参见劳东燕：《正当防卫的异化与刑法系统的功能》，载《法学家》2018年第5期。

〔2〕 参见北大法律信息网组织编写：《最高人民法院指导性案例司法应用研究报告》(2017)，北京大学出版社2018年版，第10～15页。

〔3〕 对于指导案例66号，广大网友关注的焦点是转移夫妻共同财产应被判净身出户，而最高人民法院遴选该案的目的则是准确界定“离婚时”的范围。参见最高人民法院案例指导工作办公室：《〈雷某某诉宋某某离婚纠纷案〉的理解与参照——婚姻法第四十七条规定的“离婚时”含离婚诉讼期间与离婚诉讼前》，载《人民司法·案例》2018年第2期。

众的广泛关注本身就是一种强大的力量，热点案件中就包含着这种力量。积极吸收热点案件中的正能量，不仅是案例指导制度的独特优势，更是其提升自身影响力的良好契机。加之以数量上的增加和质量上的改进，指导性案例也将对司法实践发挥更加积极的作用。已经有数据表明，在诉讼过程中，当事人一方主动请求适用指导性案例，将大大提升法官援引指导性案例的比例。[1]社会公众广泛认识到指导性案例的存在，借助于律师等专业群体的力量，就能够更加积极地发挥指导性案例的实际影响。而且，这种影响也并不仅仅局限于司法领域之中。

综合以上的分析可以看到，将热点案件遴选为指导性案例，实质上就是以正式制度的方式巩固案件曾经发生过的积极社会影响，是充分尊重民意的合理诉求与合法表达。虽然立法活动也可以吸收热点案件中的推动因素，但是，多数立法活动只是常态的，而热点案件则是具体的、个别的、集中的，甚至是猛烈的，民众的参与度更高。最高人民法院的以上遴选过程，不仅可以尊重公众意见，还可以引导社会的价值观念，是在丰富指导性案例的数量与类型的基础上，有效推动案例指导制度的重要方式。

第二节 遴选为指导性案例的热点案件应具备的基本特征

虽然将部分热点案件遴选为指导性案例有着重要的实际意义，但是，并非所有热点案件都适合于被遴选。热点案件的发生带有不确定性和随

〔1〕 参见彭中礼：《司法判决中的指导性案例》，载《中国法学》2017年第6期。

机性，背后的主要原因之一就是触及了民众广泛的道德观念。而这类案件往往在法律适用问题上并不存在过多模糊之处，甚至一些影响广泛的案件并不符合法治所倡导的价值倾向。以往的一些影响性诉讼“虽然红极一时，而且其中大部分案件的结果都比较乐观，但这主要是个案的胜利，是在传媒影响下的司法的妥协，而不是由此影响司法制度的整体调整与完善”。[1]随着媒体的类型与速度上的剧增，热点案件的出现频率也逐渐高于以往，如何在其中选择合适的案件被案例指导制度所吸收，是最高人民法院所需要作出的谨慎决策。从已有的一些样本来看，能够被遴选为指导性案例的热点案件，应当具备以下一些主要特征。

首先，在被遴选的热点案件中，社会公众的观点应当得到充分和全面的表达。虽然舆论的广泛关注和参与本身就是热点案件的特征，但是，其中诸多观点的充分表达却未必也同步跟进。社会公众了解案情主要是通过各种媒体，而媒体的报道却不可避免，甚至有意无意地与法律观点存在着一定紧张关系。在媒体的引导之下，社会舆论中经常出现的“沉默螺旋”效应也同样会发生在热点案件的讨论之中，已经占据优势地位的观点倾向愈加巩固其优势，非主流观点却容易式微。这种有关热点案件的讨论缺乏全面观点的介绍和分析，尤其是缺少来自于法学专家的意见。媒体的狂欢纵容着民粹的恣意，热点案件中所可能包含的积极价值引导作用也无从发挥，此类热点案件就不应被遴选为指导性案例。相反，指导案例93号（“于欢案”）则一直贯穿着法学专家的细致点评和意见表达，这使得对这一案件的观点长期被有效控制在较为理性的探讨范围内，而并非仅仅是基于判决结果就肆意妄评。有学者的实证分析表明，案件报道最开始激起的是网民直接的情绪性的反应，呈现压倒性的对于欢的同情和对法院判决的不

---

〔1〕 栗峥:《传媒与司法的偏差——以2009十大影响性诉讼案例为例》，载《政法论坛》2010年第5期。

认同。二审宣判后网民不仅对于案情有了更为多样的探讨，并且扩展了讨论和关注的范围，对舆论和法律的关系也进行了思考。议题多元化背后折射的是网民价值诉求的多元化，此阶段网民的价值诉求不仅关注实质正义的实现，同时也注重程序正义是否得到保障。〔1〕合理的诉求与正当的表达，会使司法更容易接受来自于社会舆论中的理性因素，从而为二者的积极结合提供坚实的基础。在此基础上形成的热点案件，才具备了被遴选为指导性案例的必备条件。

其次，对热点案件的审判过程和结果，司法机关在涉及的核心法律问题上应确保合法性底线。合法性是任何司法裁判的基础，即使在热点案件中，法官也不能屈从于社会舆论的倾向而作出越法裁判。合法性涉及审判结果的正误之分，而热点案件只应在保证合法性的基础上围绕更加合理妥当的裁判结果展开讨论。在网络时代中，当一些重大刑事案件开始传播之后，不懂法律的网络舆论经常仅凭好恶而产生对审判结果的导向性影响，进而造成网络舆论监督与司法之间的矛盾。当这种网络舆论力量过于强大时，无论其是否满足合法性要求，司法机关迫于这种压力也不得不考虑所谓的“民愤”或者“民怨”。〔2〕脱离合法性底线要求的热点案件，只是具有破坏法治、进行错误引导的消极影响，这种案件绝对不能被遴选为指导性案例。虽然具体个别热点案件的出现带有很强的随机性，但是，在传媒日益发达的时代，司法者需要经常面对层出不穷的热点案件。“转型社会中出现的各种纠纷在矛盾的属性方面易于被扩大化的社会性情倾向系统所捕捉，体现在场域变化上也就是各类资本在较短的时间内得以聚拢，形成对司法场域的聚光灯式的监督与评判。热点案件的该种社会情势变迁已经成为常态化趋势，唯有在此不断变化的场域中去寻求司法法治生成的

〔1〕 参见张思怡:《大众传媒、事件公众与多元公共领域——基于于欢案的分析》，载《东南传播》2018年第8期。

〔2〕 参见高一飞:《网络时代的媒体与司法关系》，中国民主法制出版社2016年版，第53页。

发现路径。"[1]唯有保持住合法性底线，热点案件的司法裁判才会存在讨论的空间。而要实现这一目标，需要从权力范围和适用方法两个方面予以保障，前者主要表现为（即使受到争议的）裁判结果属于法官自由裁量的范围之内，后者则表现为法官对案件事实的法律解释并没有超越规范文义的最大范围。在指导案例93号（"于欢案"）中，虽然对裁判结果同样产生了不少质疑的声音，但是，无论是初审判决结果还是终审判决结果，都属于关于正当防卫条款适用的自由裁量范围之内，并没有越法裁判的情况。"判定防卫过当虽然意味着罪名成立，但是作为一种法定减免处罚情节，却可以产生减轻乃至免除处罚的结果，如此宽广的量刑幅度，不但可以为防卫人利用来实现其利益最大化，也为裁判者在个案中实现特定政策目标提供了最大便利。而这意味着，只要运用得当，防卫过当的有罪判决可以在缓解国家与社会、公权与私权之间的冲突，调和法意与民意、法理与情理等方面发挥最大作用。"[2]加之审理过程及其结论论证的有效公开，社会舆论并没有形成对裁判结果的强烈质疑，甚至诸多媒体表达了不少赞同的观点。

再次，热点案件应当在裁判文书写作方面表现突出，尤其是要审慎吸收社会舆论的道德评价倾向。在某些热点案件中，道德评价与法律评价产生了巨大的，甚至是不可调和的冲突，这种案件就不宜遴选为指导性案例。而在另外一些二者能够共存并相互借鉴和吸收的案件中，则存在一些能够被遴选为指导性案例的闪光之处，尤其是那些裁判结论选择性吸收道德评价的案件。具体到指导性案例的遴选过程而言，备选指导性案例的原初生效裁判文书是上报最高人民法院案例指导工作办公室的主要材料之一，同时也是将来形成指导性案例正式文本的基础材料。这就意味着生效裁判

〔1〕 莫良元、夏锦文：《司法场域中热点案件的事实真相认定：彭宇案的法社会学解读》，载《法律科学》2012年第5期。

〔2〕 梁治平：《"辱母"难题：中国社会转型时期的情—法关系》，载《中国法律评论》2017年第4期。

文书的质量很大程度上影响，甚至决定着遴选成功与否。如果热点案件的生效裁判文书能够积极吸收社会舆论中的积极因素，并将之适当纳入说理论证之中，那么，形成的最终裁判结论将有更大可能实现法律效果与社会效果的统一，从而被遴选为指导性案例。“于欢案”就是比较成功的例证：“于欢案二审判决在坚持严格依法裁判的同时，高度关注社情民意，在评判说理中将案件置于天理、国法、人情之中综合考量，强调裁判既不能背离法律，也不能违背文化传统、常情常理以及人民群众的公平正义观念。”〔1〕此外，“于欢案”二审检察意见书也值得称道，排除舆论压力，表现出良好的职业操守，还通过“本案所引发的思考”展现了对公民权利的尊重等更多内容。〔2〕这些高质量的诉讼文书不仅体现了司法对社会广泛关切的有效回应，更为将来编辑指导性案例正式文本奠定了良好基础。由此可见，“于欢案”作为第一个被遴选为指导性案例的热点案件，所具备的标本意义。值得注意的是，在2018年6月出台的《最高人民法院关于加强和规范裁判文书释法说理的指导意见》第8条专门明确，在“社会关注度较高、影响较大的案件”中应当强化释法说理。这就意味着在热点案件的裁判文书中进行详细说理，已经成为法官应当履行的职责之一，这种做法也有利于推动热点案件被遴选为指导性案例。

最后，被遴选为指导性案例的热点案件，应当在法律适用方面表现出一定的创造性。在已有的很多热点案件中，引起社会公众兴趣的往往是法理与民意的冲突；而要从中选择指导性案例，不仅应当在案件事实的确定方面消除异议，更应当在法律适用方面有所建树。指导性案例应当是具备一定疑难色彩的案件，才能突出其“指导”意义，这一点对于热点案件来说

---

〔1〕于同志：《论热点刑事案件裁判文书的制作——以于欢故意伤害案二审判决书为例》，载《人民司法·应用》2018年第4期。

〔2〕参见姜保忠：《刑事司法裁判的方法与限制——以“于欢案”为样本的分析》，载《政法论丛》2017年第4期。

也同样适用。如前所述，一些热点案件中体现了对既有法律思维定式的突破，其中就包含着创造性的因素。“于欢案”就已经引发了关于正当防卫条款适用问题的讨论，而指导案例97号（“王力军收购玉米案”）则使理论界和实务界反思了社会危害性、机械司法、刑法谦抑性等重要问题，对于破除刑事司法审判中的一些潜规则提供了良好契机。[1]指导案例98号则提示了对见义勇为行为的司法肯定，并将其作为维护劳动者权益乃至于公共利益的典型案件，破除了以往类似案件中出现的和稀泥等不良倾向[2]；指导案例99号更是导致了社会公众对英烈保护问题的高度重视，成为推动英烈保护相关立法的成功司法探索。[3]仅仅是法律与道德之间的观念冲突，而没有涉及创新的法律适用，热点案件就不具备成为指导性案例的潜质，毕竟，指导性案例要在很长一段时间内影响着类似后案的审判，必须保持其在法律依据和合法基础上的稳定性，而创造性则更是其受到欢迎的关键特征。

第三节　热点案件被遴选为指导性案例后的文本编辑

案例指导制度的整体运行过程，都是围绕着指导性案例展开的，包括遴选、编辑和参照适用这三个主要阶段。由于以“于欢案”为代表的热点案件被遴选成为指导性案例的时间还不长，目前还暂时难以准确研判其参

〔1〕 参见宁利昂、邱兴隆：《“无证收购玉米”案被改判无罪的系统解读》，载《现代法学》2017年第4期。

〔2〕 参见朱忠保：《用法律为见义勇为者撑腰》，载《工人日报》2018年7月6日，第3版。

〔3〕 参见赵志：《我国英烈名誉荣誉保护焦点探析——以系列英烈毁誉案为逻辑起点》，载《法律适用》2018年第18期。

照适用的情况，本部分将主要聚焦于如何编辑热点案件遴选成为指导性案例后的官方正式文本。虽然参照适用是指导性案例实践价值的集中体现，但是，正式文本的编辑质量也与此直接相关。简明扼要、详略得当、重点突出的正式文本，有助于后案法官了解指导性案例的全貌和精髓，也有助于推动法官更加积极主动地参照适用指导性案例。因此，文本编辑也具有十分重要的意义。在指导性案例体例结构的各个组成部分中，裁判要点和裁判理由是最为关键的。本部分的分析也将以这两个部分为主，并结合其他相关因素来探讨热点案件被遴选为指导性案例后，具体进行文本编辑时应当注意的事项。

首先，裁判要点应当提纲挈领地展示热点案件中涉及的核心法律问题，并对涉及的道德评价问题转化为法律评价。根据《〈最高人民法院关于案例指导工作的规定〉实施细则》第9条，裁判文书中能够直接援引的对象，就是裁判要点。因此，裁判要点可谓整个指导性案例文本中的点睛之笔，一直受到了高度关注。裁判要点的内容是直接的抽象法律规则，与原有的法律和司法解释比较类似。同时，由于高度凝练概括，裁判要点的篇幅较小，也无法展开对案件事实的论述。以上地位和特点决定了裁判要点主要涉及的是法律适用问题而非案件事实问题。但是，对于被遴选为指导性案例的热点案件来说，社会公众所关注以及表达意见的，并不仅仅限于法律适用问题，更与案件事实问题直接相关。例如，在最初被报道的时候，“于欢案”主要是以“聊城辱母案”为名得以广泛传播。“辱母”作为该案最显著的标志，不仅在生效裁判文书中得以体现，更是在成为指导性案例之后在正式文本（尤其是裁判要点）中必须面对的问题。同时，这一标志并不应当简单地以社会舆论的形式出现，否则将直接引发“舆论审判”的消极印象。如何从法律适用的角度对其进行评价，也是概括该案裁判要点时需要面对的问题。由此，我们在指导案例93号的裁判要点中看到了“严重贬损他人人格尊严或者亵渎人伦”这种评价性表述，“符合社会公平正义观念”的表述也是以间接的方式吸纳了舆论意见。[1]与之类似，指导案例98号的裁判要点也最终落脚于“见义勇为”。[2]虽然这并非一个严格意义上的法律术语，但是，在很多地方性规定日益增多的背景下，见义勇为已经越来越多地被公众在相关案件中认可和接受，也越来越多地成为阻却侵权成立的理由之一。在侵权责任法中存在着很多虽非法定、却被理论和实务广泛认可和接受的阻却违法理由，在具体案件中也经常被以“法理”的形式所运用，如自助、意外事故、自甘风险等。[3]指导案例24号也是如此，该案件主要回答了被侵权者的特殊体质能否减轻侵权人责任范围的法律空白。[4]社会公众对见义勇为的日益重视已经成为推动该概念成为法律概念的重要原因，指导案例94号就已经在劳动法上将见义勇为视同为工伤，指导案例98号则从侵权法上再次对其进行肯定，符合社会公众意见的价值倾向，也如“于欢案”的裁判要点一样“符合社会公平正义观念”。

其次，裁判理由部分应当细致全面地分析社会舆论的影响及其法律评价。由于裁判要点是裁判文书能够直接援引的对象，而且内容上简明扼要，这使法官往往过于重视裁判要点而在一定程度上忽视了裁判理由部分。就二者的关系而言，裁判理由部分是对裁判要点的全面展开，为裁判要点提供细致的分析和理由支撑。同时，由于裁判理由部分的篇幅较长，可以更加详细地对案件中的诸多细节问题进行有效回应，其丰富程度也大大高于裁判要点。更重要的是，裁判理由部分还能够补充很多无法在裁判要点中体现和表述的细节。对于被遴选为指导性案例的热点案件来说，具

〔1〕 指导案例93号裁判要点4的完整表述为：“防卫过当案件，如系因被害人实施严重贬损他人人格尊严或者亵渎人伦的不法侵害引发的，量刑时对此应予充分考虑，以确保司法裁判既经得起法律检验，也符合社会公平正义观念。”

〔2〕 指导案例98号的裁判要点是：“行为人非因法定职责、法定义务或约定义务，为保护国家、社会公共利益或者他人的人身、财产安全，实施阻止不法侵害者逃逸的行为，人民法院可以认定为见义勇为。”

〔3〕 参见王利明等：《侵权责任法疑难问题研究》，中国民主法制出版社2012年版，第199页。

〔4〕 参见程啸：《受害人特殊体质与损害赔偿责任的减轻——最高人民法院第24号指导案例评析》，载《法学研究》2018年第1期。

备以上特点的裁判理由部分能够更好地回应民众的道德诉求和价值倾向，是更值得关注的部分。例如，在“于欢案”的裁判理由部分，该指导性案例的正式文本在“量刑”部分以较大篇幅说明对“辱母”行为的法律评价：一方面，辱母行为的存在是导致了于欢的报复情绪，属于因受害者自身过错而对加害者有利的评价因素；另一方面，于欢在民警在场的情况下仍然伤害多人，而实际实施辱母行为的仅有一人，因此也不能过度扩大辱母行为对于欢有利的程度。[1]基于对辱母情节的高度关注，社会公众的意见更倾向于将于欢出罪，但是，裁判理由部分却从正反两个方面对辱母情节进行了更加全面的分析，使之更符合“防卫”和“过当”的最终结论。虽然从刑法学专业的角度，还有一些观点对“于欢案”的终审裁判结论和理由存在质疑，[2]但是，在作为指导性案例的正式文本中，对于辱母情节的法律评价总体上是比较中肯和全面的，围绕着量刑的充分说理和论证也向公众展示了正当防卫及其限度的具体标准，不仅有利于司法者更加积极地在个案中认定正当防卫，更有利于民众以更加理性的方式采取防卫行为，而后者可能对于关注此案的社会公众来说，是更为长效的警示和经验。

再次，指导性案例的正式文本应当保持法律分析的主体地位，并在内容上尽可能细致和翔实。虽然热点案件中渗透着社会舆论的因素，但是，作为被全国各级法院普遍参照的案件，指导性案例将长期被正式制度所吸收和肯定，甚至被反复援引适用。这种特殊地位意味着其应当坚持法律分析在正式文本中的主体地位，不能过多直接回应社会舆论的观点，尤其是

〔1〕 指导案例93号裁判理由部分专门论及：“尤其是杜某2裸露下体侮辱苏某对引发本案有重大过错……杜某2裸露下体侮辱苏某的行为是引发本案的重要因素，在刑罚裁量上应当作为对于欢有利的情节重点考虑……杜某2的辱母行为严重违法、亵渎人伦，应当受到惩罚和谴责，但于欢在民警尚在现场调查，警车仍在现场闪烁警灯的情形下，为离开接待室摆脱围堵而持刀连续捅刺四人，致一人死亡、二人重伤、一人轻伤，且其中一重伤者系于欢从背部捅刺，损害后果严重，且除杜某2以外，其他三人并未实施侮辱于欢母亲的行为，其防卫行为造成损害远远大于其保护的合法权益，防卫明显过当。”

〔2〕 参见姜涛：《行为不法与责任阻却：“于欢案”的刑法教义学解答》，载《法律科学》2019年第1期。

带有明显倾向性的观点。在“于欢案”的正式文本中，裁判要点和裁判理由部分将3/4的篇幅用于分析法律问题，就是比较成功的例证。这一正式文本聚焦于于欢刺捅行为的定性以及定罪量刑这两个焦点问题：对于前者，分别从刺捅行为具有防卫性，刺捅行为不属于特殊防卫，以及刺捅行为属于防卫过当这三个方面进行分析，并分别给出了细致的支持理由；对于后者，则突出了各种情节（包括辱母情节）对最终量刑结果的影响。可以说，这一正式文本就比较成功地坚持了法律分析的主体地位。与之相比，指导案例97号的裁判理由部分就显得过于单薄，说理论证不够充分。该指导性案例的裁判要点近二百字，而裁判理由不到三百字，后者并没有起到对前者细致展开、全面说明的作用，与其他指导性案例文本中几千字的裁判理由篇幅形成了强烈对比。更重要的是，裁判理由部分的实质性说明非常简短，对于裁判要点中提及的“社会危害性、刑事违法性和刑事处罚必要性”以及“严重扰乱市场秩序”基本没有任何阐释说明。[1]虽然从最终审判结果意义上来说，指导案例97号与社会公众的道德判断是一致的。但是，作为指导性案例，该案在正式文本中应当详细说明涉案的核心概念及其论证理由，应当将公众仅凭经验直觉所作出的判断有效转化为细致的法律评价及其理由说明，这才能够起到对社会公众进行普法，并进而帮助类似后案法官作出准确判断的积极效果。既然已经将该热点案件遴选为指导性案例，就应当尽可能地采取各种方式发挥其最大最优效果。从这个意义上说，指导案例97号在文本表述方面还存在一定不足。所有的指导性案例在发布时都要精心编辑其正式文本，在这个方面以往已经有比较成功的经验。例如，指导案例6号的正式文本中不仅详细论证了“没收涉案财产”与《行政处罚法》（1996年）第42条中明确列举项之间存在类

〔1〕 在指导案例97号不到三百字的裁判理由中，能够具有实体说明意义的仅有“尚未达到严重扰乱市场秩序的危害程度，不具备与刑法第二百二十五条规定的非法经营罪相当的社会危害性、刑事违法性和刑事处罚必要性，不构成非法经营罪”。

似关系，还对“较大数额”所参照的标准进行了说明，最终使“没收较大数额的财产”这一行政处罚事项得以纳入《行政处罚法》（1996年）第42条的“等”字含义中，进而形成了最终裁判结果。[1]指导性案例正式文本对诸多细节问题的把握和论证，使阅读者能够真正领悟其中所包含的法律适用及其法理指向，应当成为编辑各类指导性案例正式文本都应当达到的标准，对于被遴选的热点案件来说也同样适用。

最后，当热点案件被遴选为指导性案例时，正式文本应当注意在语言表达方面进行必要的调整与修正。目前多数指导性案例都是比较专业的司法案件，尤其是涉及海商法和知识产权法等案件，社会公众并不熟悉这些领域，关注程度也比较低。与之相比，当热点案件被遴选为指导性案例时，社会公众仍然会对其表示一定的关注。例如，在第十八批指导性案例发布时，众多媒体都以“于欢案等入选指导性案例”或者类似标题进行广泛报道。由此可见，如果热点案件被遴选为指导性案例，其正式文本所面对的受众，就不仅仅是类似后案的法律职业群体，还应当包括社会公众。就修辞学的角度而言，任何文本都应当基于其听众（或者受众）来确定修辞策略和表达方式，“修辞术的整个任务在于影响听众的判断”[2]。虽然需要保持法律分析的主体地位，但是，当受众扩展到社会公众时，指导性案例的正式文本也需要注意调整相应的语言风格和行文方式。总体来说，此类指导性案例的正式文本应当更加通俗易懂、简明确定，多使用日常语言和文字表达，对社会公众的道德情感和伦理诉求给予直接回应。由于指导性案例的正式文本多是基于生效裁判文书作出的，因此，在最初形成生效裁判文书时，主审法官就应当有意识地雕琢行文和语言。这一点比较成功的例证是指导案例99号，其正式文本中使用了“中国共产党领导的全民抗

〔1〕 参见最高人民法院案例指导工作办公室：《〈黄泽富、何伯琼、何熠诉四川省成都市金堂工商行政管理局行政处罚案〉的理解与参照》，载《人民司法·案例》2014年第6期。

〔2〕［古希腊］亚里斯多德：《修辞学》，罗念生译，上海人民出版社2006年版，第162页。

战并取得最终胜利的重要事件载体”“民族的共同记忆、民族精神乃至社会主义核心价值观，无论是从我国的历史看，还是从现行法上看，都已经是社会公共利益的一部分”等容易被社会公众接受的通俗化表述，而这些字句多数直接源于生效裁判文书。〔1〕很多热点案件在审判程序运行时就已经受到了广泛关注，主审法官应当有效预见这些案件被遴选为指导性案例的可能性，并在裁判文书中字斟句酌，为将来正式文本的编辑奠定良好基础。除了“于欢案”之外，指导案例78号（“3Q大战”案）、61号（“马乐案”）等也存在类似情况。

结语：回应民众诉求的指导性案例

在法治进程不断深入推进的背景下，民众的诉求通过关注热点案件的方式得以表达，这一情况已经成为常态。“从以往社会公众对醉驾案件的关注来看，社会的关注与司法的运行轨迹之间有着较大关联性，这使得司法在法律适用过程中所表现出来的选择性判断与社会大众的普遍性期待之间具有鲜明的回应性特质。”〔2〕在已有的正式法律制度框架内，案例指导制度在回应民众诉求方面有着明显的优势，如直接、便捷、及时、全面和细致。反之，当特定热点案件被遴选为指导性案例时，特定诉求得以表达、固定和深化，民众会更加肯定和认可案例指导制度。从历史上看，借助于普通法中的先例，“法官常是与人民站在一起反对统治者滥用权力的进步力量。而且，他们在集中政府权力，摧毁封建制度方面起过重要的作用。英国、美国不存在对于法官造法和司法干预行政的恐惧。不仅如此，法官

〔1〕 指导案例99号的正式文本还有多处文字表达与生效判决文书几乎完全相同。参见“洪振快上诉葛长生名誉权纠纷案”，北京市第二中级人民法院民事判决书（2016）京02民终6272号，载中国裁判文书网2019年6月13日，http://wenshu.court.gov.cn/content/content?DocID=9357d21c-b6ea-41a6-b670-310678b778c3。

〔2〕 莫良元：《热点案件法律适用的趋向——从7个典型的醉驾案切入》，载《法学》2012年第8期。

有权创制普通法，这已成为一种家喻户晓、颇受欢迎的制度”。[1]从这个意义上说，当年对民众深恶痛绝的王权进行有效限制，提升了先例的权威，使普通法深入人心。进言之，有效回应民众诉求是英美法系中的先例，法官，甚至是整个司法权力获得社会推崇的重要原因。这一点足以为案例指导制度所借鉴。要使指导性案例得到更加广泛的认可，指导性案例也应当有效回应民众诉求。积极的正能量价值观念就是民众诉求的重要指向，前文分析的几个有代表性的热点案件就属于这一情况。将满足特定条件的热点案件遴选为指导性案例，不仅是丰富指导性案例类型、完善案例指导制度的需要，更是指导性案例不断前进的最深厚的力量源泉。

〔1〕［美］梅利曼：《大陆法系》（第2版），顾培东等译，法律出版社2004年版，第16页。

第四章　案例指导制度遴选程序的完善：内部公示

案例指导制度的运行中，指导性案例数量需要提升、质量需要提高。除了这种实体意义上的改进之外，指导性案例的遴选过程也需要继续完善。如果能够在正式公布指导性案例之前新增内部公示程序，那么，对于保证指导性案例的质量是十分有益的。具体来说，内部公示程序的对象包括案件原始法官、案例指导工作专家委员会、最高人民法院内部的审判业务部门以及地方高级人民法院审委会等。内部公示的核心内容包括裁判要点的概括和裁判理由的编辑。内部公示程序的运行成本较低，但是收益颇丰，值得最高人民法院在完善案例指导制度时吸收借鉴。

第一节　内部公示的原因：通过程序完善保证指导性案例的质量

自2010年《最高人民法院关于案例指导工作的规定》发布开始，案例指导制度的正式运行了十年时间。从最初饱受期待，到后来受到冷遇，再到《〈最高人民法院关于案例指导工作的规定〉实施细则》进行细化规定，案例指导制度一直是在困难中前行，目前也到了进行阶段性总结的时候。

对于已有的指导性案例，我们可以从数量和质量这两个基本方面进行评价。(1)数量方面。截至2020年年底，最高人民法院已经发布百余个指导性案例，涵盖了主要的部门法。现在每年全国法院受理的案件就已经超过2000万件。这个数字相比于全国法院受理案件的数量来说，几乎可以忽略不计。一定的数量规模是保证案例指导制度能够有效发挥作用的前提条件之一，即使法官意图寻找相关指导性案例来作为审判案件的裁判理由，但是，过少的指导性案例数量将严重挫伤法官的积极性。因此，及时增加指导性案例的数量是目前案例指导制度继续扩展影响的重要举措。(2)质量方面。虽然指导性案例的质量并不能像数量标准那样直接获得客观评价结果，但是可以从其核心内容——裁判要点的评价上也可以间接获知。根据《〈最高人民法院关于案例指导工作的规定〉实施细则》第11条第1款，裁判要点是法官在裁判文书中参照指导性案例可以直接援引的对象。但是，诸多指导性案例的裁判要点也存在不少质量上的缺陷，没有真正发挥"指导"作用。以刑事指导性案例为例，其中的质量缺陷表现在：重复已有的司法解释，没有发布的必要；相应的裁判要点在实务上并非疑难，不存在解释的必要性；几乎没有提出任何实质性的法律适用结论，无法真正产生指导意义；提出了具有一定指导价值的裁判要点，但是这些观点仍然有待商榷。〔1〕由此可见，指导性案例的质量也需要进一步提升。

相比于数量上的增加，指导性案例的质量提升显得更加困难，因为这对于最高人民法院的资源和能力都提出了更高的要求。从实体角度来说，最高人民法院应当明确更加细致的指导性案例遴选标准，特别是对其中的裁判要点专门进行精雕细琢。但是这一方式的效果未必立竿见影。本章更多地侧重于从程序方面来探索及提升指导性案例质量的具体方式。

指导性案例现有的遴选程序可以分为法院推荐模式和社会推荐模式：

〔1〕 参见林维：《刑事案例指导制度：价值、困境与完善》，载《中外法学》2013年第3期。

前者需要在法院内部经过层报最终由最高人民法院确定，后者则可以直接报送推荐案例到最高人民法院案例指导工作办公室来确定。无论通过何种方式，最高人民法院都垄断了指导性案例的遴选和发表的权力，这一点与英美法系的先例制度并不相同。后者只是按照权威性的不同将先例分为有约束力的和有说服性的两种，[1]虽然先例的权威性与其判决的司法机关有着正比关系，但是这一关系也并非绝对；先例的权威更多地源于自身说理的透彻和完善，已经确定的实体规则获得持续广泛的认可。与之相比，我国指导性案例的遴选程序还是带有浓厚的行政化色彩，最高人民法院依靠自身所处的权力地位来推动案例指导制度的运行。但是，从实际效果来看，遴选程序中权力的过度集中也造成了不少消极的影响，前述裁判要点的缺陷就是其中比较典型的表现。此外，还有部分指导性案例并没有取得积极的实际效果，也从侧面说明了目前遴选程序中存在不足之处。如指导案例8号，本意为解决公司僵局的案件，裁判理由部分也为此展开了大量论证工作。但是，根据实证调查的结果，该案在被遴选为指导性案例之后的很长时间内，判决结果并未得到实际执行。涉案公司的僵局状态仍然存续。[2]这对于已经遴选成功的指导案例8号来说，的确带有一些讽刺的意味。再如指导案例18号，主要是对人事制度中广泛存在的末位淘汰制进行否定评价，认为职工在考核中处于末位并不必然意味着职工“不能胜任工作”。该案例的主旨是对劳动者的权益进行更加全面的倾向性保护。这一保护倾向自身并没有可以指摘之处，但是，根据《劳动合同法》出台之后的经验可以预见，该案例对劳动者的倾向性保护很有可能增加用工成本，使用人单位更加谨慎用工，甚至减少用工。最终受损的则是在劳动力市场中寻找工作的劳动者。这一结果显示出最高人民法院在进行公共政策决策

---

〔1〕 参见［英］尼尔·麦考密克：《修辞与法治：一种法律推理理论》，程朝阳、孙光宁译，北京大学出版社2014年版，第211页。

〔2〕 参见吴建斌：《公司纠纷指导性案例的效力定位》，载《法学》2015年第6期。

时有着不少能力上的缺陷，没有准确预见以上消极结果的发生。优秀的个案未必就成为具有扩散效应、带有公共政策功能的指导性案例。〔1〕此外，还有将近一半指导性案例在公布几年以来从未被直接援引。〔2〕以上诸多例证都可以说明，最高人民法院在遴选指导性案例的过程中，只是依靠自身的判断是容易出现问题的。

当然，对于这种独断程序所产生的消极影响，最高人民法院也有所了解。《〈最高人民法院关于案例指导工作的规定〉实施细则》第7条专门规定，如果最高人民法院认为特定的指导性案例还需要进一步讨论和分析，那么，可以咨询相关人员，包括案例指导工作专家委员会委员、政府部门等。这种附带性的咨询程序对于原有完全依赖最高人民法院自身进行判断的程序来说，的确是一种进步。因为这一新增程序融合了更多的观点和意见，更能够产生兼听则明的效果，对于保证指导性案例的质量来说有一定的积极作用。

但是，在笔者看来，这一新增程序的积极作用还是非常有限的，实施起来也面临不少操作上的困难。例如，由何种主体以何种理由或者方式启动咨询程序，被咨询的相关人员需要重新审视备选指导性案例，认识、熟悉和分析该案例也需要一个过程等。要引入更多的主体参与指导性案例的遴选程序，还应当有更加全面的制度设计。笔者认为，在指导性案例公布之前可以增加内部公示程序，能够比较有效地实现上述目的。这一程序由两个基本要素构成——“事前”和“内部”。所谓“事前”指的是在指导性案例正式公布之前。在最高人民法院的主导之下，只要是没有向社会正式公布的指导性案例，在遴选程序的任何一个环节都可以经过反复讨论。

〔1〕 参见孙光宁：《“末位淘汰”的司法应对——从指导性案例18号为分析对象》，载《法学家》2014年第4期。

〔2〕 参见赵晓海、郭叶：《最高人民法院民商事指导性案例的司法应用研究》，载《法律适用》2017年第1期。

虽然可能耗时较长、影响效率，但是，却有助于保证指导性案例的质量。而“内部”指的是在法院系统内部对备选指导性案例进行分析和解读，向案例指导工作办公室提出意见，是公示程序中更为主要的因素。当然，要通过该程序保证指导性案例的质量，还需要更多细致的制度设计，主要是包括公示的对象以及公示的内容。

第二节　内部公示的对象：案件的亲历者与观察者

内部公示程序之所以强调公示的对象或者范围仅限于法院系统内部，主要是基于集中专业意见和防止扩散产生的不当影响考虑的。如果设置备选指导性案例向社会公开的程序，那么，由于缺乏法律专业知识，社会公众一般并不会对这些专业案例有所关注，特别是以专利法、海商法等为代表的专业领域案例。甚至在特定案例中，社会公众还有可能产生误解，造成对案例指导制度的消极影响。例如，指导案例66号的发布恰逢某娱乐明星离婚案正受到社会关注，一些大众媒体片面地将该婚姻法指导性案例理解为“离婚转移财产即导致净身出户”。虽然与娱乐事件的结合使得社会公众了解到指导性案例的存在，但是缺乏专门知识和细致分析的能力却容易导致适得其反的效果。将公示的范围限制在法院系统内部则能够尽量避免以上误解的存在。案例指导制度将已经生效作为指导性案例的遴选指标之一，这种硬指标意味着一个普通案件需要在生效之后才具备被遴选为指导性案例的条件。而遴选成功的指导性案例也需要经过多次讨论、分析和裁剪才能被公布。因此，在整个遴选程序中，所有的案件都有原初的亲历者和后来的观察者，这些主体的意见都应当被尊重和吸纳。具体来说，内部公示程序的对象包括以下几类主体。

（1）案件原审法官。司法的基本属性之一就是“亲历性”。“审判的亲历性是指庭审法官必须亲自参加法庭整个过程的审理，亲自从事法庭调查，主持法庭辩论，听取控辩双方的举证、质证并最终做出判决。”〔1〕以审判为中心及其相关的制度改革，也在强调这种亲历性，如言词证据原则。“司法的亲历性决定了直接言词原则的重要性，此原则要求法官对个案的处理必须亲临其境，直接审查证据，诉讼各方应亲自到庭出席审判，法官裁决应建立在实质性法庭调查和控辩双方充分言词辩论的基础上。”〔2〕每个案件都有自己独特的因素，特别是对于具备成为指导性案例潜力的案件来说，经常充满着疑难色彩。法官在面对法律规范与案件事实之间的复杂关系时，有着超乎常人的理解和领悟，才能够运用实践智慧和经验恰当地解决案件。正是这种原审法官对案件的深入理解，应当成为指导性案例遴选程序中需要专门听取的意见。但是，《最高人民法院关于案例指导工作的规定》及其实施细则在遴选程序方面，并没有针对原审法官的专门规定。从司法亲历性的角度来说，无论是整个案件被遴选的过程，还是具体文本的裁剪和编辑，都应当听取原审法官的意见。同时需要指出的是，由于自身带有强烈的疑难色彩，很多指导性案例需要经过多次审理才获得了最终生效判决，其中不乏一审和二审出现相反结论的情况。现有的指导性案例正式文本中并没有对于一审结论进行评价，基本上都是针对最终生效的裁判文书进行编辑。这使不同审级、不同结论之间缺乏明确直接的对比，特别是无法说明那些一审被推翻结论的错误理由。如果能够将这个方面的内容进行说明，则会大大增强指导性案例的说理性。而以上所有工作

〔1〕 高一飞：《程序超越体制》，中国法制出版社2007年版，第320页。

〔2〕 樊崇义：《底线：刑事错案防范标准》，中国政法大学出版社2015年版，第26页。

都需要结合各个审级中主审法官的意见，因此，将原审法官作为公示程序的对象，是相当必要的。

（2）案例指导工作专家委员会。《〈最高人民法院关于案例指导工作的规定〉实施细则》对案例指导工作专家委员会有两项专门规定，一是该委员会委员可以直接向最高人民法院案例指导工作办公室推荐指导性案例；二是在进一步研究备选指导性案例时提供咨询意见。目前该委员会已经开始运行，最高人民法院也已经聘请了60余位委员。这些都说明专家委员会的委员对于案例指导工作有着专门的责任，不仅应当注意发现备选指导性案例，并且应当对遴选指导性案例发表意见。这些委员也可以被视为法院系统内部的专业人员，备选指导性案例也应当向其公示并听取意见。可以说，这些委员代表着法学理论界对指导性案例的专业分析和态度，无论是宏观把握还是微观分析，都能够提出可能与实务部门不同的意见，特别是对指导性案例实际效果的预测。换言之，最高人民法院在遴选指导性案例时，也需要听取来自理论界的声音。目前对指导性案例的研究已经成为法学研究中一个新的学术增长点，不少学者展开了比较丰富的研究。利用内部公示程序，可以更加充分地表达法学界的观点。

（3）最高人民法院内部的审判业务部门。最高人民法院内部的审判业务部门能够直接推荐指导性案例。从已有的指导性案例来看，直接来自最高人民法院审判的案例占据了相当重要的比重。对此无须直接引入内部公示程序。内部公示程序主要是针对由地方高级人民法院推荐而来的备选指导性案例。虽然指导性案例的最终确定需要经过最高人民法院的审判委员会，但是，在这一最终环节之前，最高人民法院内部审判业务部门的意见是最重要的。对于地方高级人民法院推荐的案例，最高人民法院相应的审判业务部门能够进行最为准确的理解和把握，对于是否应当将特定备选指导性案例遴选为正式指导性案例，有着最大的发言权。因此，公示程序也应当向最高人民法院内部的审判业务部门开放。

（4）法院系统的其他内部人员。在可能的范围内，对指导性案例的遴选应当听取更广泛的意见。在法院系统有着内部专用网络的背景下，内部公示程序的运行也非常便利。同时，出于效率和集中意见的考虑，内部公示的对象又不能过于广泛。因此，笔者建议将地方高级人民法院的审判委员会作为内部公示程序的重点对象。从已经遴选出的指导性案例来看，地方高级人民法院推荐的备选指导性案例也占有非常大的比重，但是不同地区的高级人民法院之间在推荐备选指导性案例的积极性上，还是有着很大差异的。总体而言，东部地区高级人民法院推荐的备选指导性案例在数量上远远高于西部地区。而地方高级人民法院正是处于指导性案例遴选程序中“上传下达”的中心环节，地位十分关键。由于地方高级人民法院在专业性和法官业务素质上比较突出，同时考虑到不宜向其中每一位法官进行公示，因此，将内部公示的范围限定在高级人民法院的审判委员会比较合适。具体来说，最高人民法院通过法院系统内部专用网络，将初步遴选出的备选指导性案例向各地高级人民法院的审判委员会进行公示，听取其意见和建议。这种设计能够兼顾质量和效率。同时，这也是促进不同地区的高级人民法院之间进行业务交流的一种良好方式，甚至在推荐备选指导性案例方面能够形成一定的竞争氛围，从而进一步提升地方高级人民法院推荐指导性案例的积极性。

第三节　内部公示的内容：裁判要点的概括和裁判理由的编辑

指导性案例都有最高人民法院统一发布的官方正式文本，其体例结构中最具有实质意义的是裁判要点和裁判理由部分。以往这些内容主要是由案例指导工作办公室根据原始裁判文书裁剪而成，具体行文的主体较为单一，容易出现偏差。前述指导性案例的质量缺陷也是集中在这两个部分。因此，裁判要点的概括和裁判理由的编辑也应当成为内部公示程序的主要内容。

一、裁判要点的概括

从体例结构安排来看，裁判要点位于指导性案例文本的首要部分，而且是以简洁的语言对后文案例中涉及的法律适用问题进行集中说明和阐释，直接提供了抽象的法律规则。对于裁判要点是否应当保留，学者有着一定争论，质疑者担心参照指导性案例的法官过于重视裁判要点而忽视其他部分。但是，大陆法系的判例制度多数都保留着裁判要点部分，我国的指导性案例也遵循着这一传统。无论从何种角度来说，裁判要点都是整个指导性案例正式文本中最受关注的部分，对其概括以及如何行文表达，需要慎之又慎。在案例指导制度运行初期，最高人民法院采取了非常保守的态度，前几批指导性案例的裁判要点多是对已有的法律规定或者司法解释进行了重复。这一概括方式的缺陷非常明显，那就是无法真正使指导性案例提供创新性规则。在目前的制度环境下，裁判要点的概括方式必须进行改革，应当着力提供创新性规则，尤其是在现有法律规定出现漏洞的案件中。这一点也应当成为内部公示程序对象的基本共识。

对于如何概括裁判要点，最高人民法院案例指导工作办公室也确立了基本标准或者要求。“一是提炼裁判要点的总体要求是合法有据，概要、准确、精练，结构严谨，表达简明，语义确切，能够挖掘出案例的闪光点，对类似案例的裁判具有指导意义……三是裁判要点既可以提炼指导性案例体现的具有指导意义的重要裁判规则，又可以简要归纳具有指导意义的裁判理念或裁判方法。裁判要点既可以是阐释法律的适用规则，又可以是事实认定和采信证据的规则和方法……六是裁判要点的提炼要科学合理，有高度、深度和好的角度，能从个案中归纳出类案的处理规则。”[1]但是，把以上标准具体应用到特定指导性案例裁判要点的概括上，还是个“知易行难”的任务。将这一任务全都交由案例指导工作办公室来完成，存在不少困难。如果能够结合内部公示程序，将裁判要点的初稿置于诸多主体之间进行细致讨论，能够在很大程度上避免由单一主体进行概括所产生的偏差。经过了公示对象的分析，案例指导工作办公室可以汇总各方意见，更能够保证裁判要点概括的质量。而且，地方高级人民法院也参与其中，将来相应的指导性案例正式公布以后，高级人民法院也更容易在其所辖下级法院中倡导指导性案例的参照适用，这也有利于发挥指导性案例的实际作用。

二、裁判理由的编辑

相比于裁判要点，裁判理由部分受到的重视程度要低一些，这一点从《〈最高人民法院关于案例指导工作的规定〉实施细则》专门强调裁判文书只能引用裁判要点，就可见一斑。但是，裁判理由才是体现指导性案例独特价值的部分。因为裁判要点能够提供的抽象规则，现有的司法解释也能够发挥同样的作用，二者在很大程度上是可以相互替代的。由于路径依赖效应，法官们还是习惯于直接使用抽象规则，更多关注裁判要点。但是也恰恰是这种对抽象规则的过度重视，削弱了指导性案例的意义。从英美法系的经验来看，在案件事实以及由其决定的法律适用之间进行比较，是遵循先例运行的基本过程。大陆法系判例制度的很多实践也强调裁判要

[1] 胡云腾、吴光侠：《指导性案例的体例与编写》，载《人民法院报》2012年4月11日，第8版。

点更多地应当转向概括案情。案例指导制度的持续发展也需要借鉴这些经验，将裁判要点的概括方式由提供抽象规则转变为概括基本案情。相应地，裁判理由部分的地位也将随之提高。

从具体行文表述来看，裁判理由篇幅较长，更加全面丰富，很多内容并不能被裁判要点简单概括，而是能够提供一些超越裁判要点的信息内容，同样应当成为法官关注的重点部分。裁判理由的编辑方式源于原初裁判文书，具体表达也需要经过诸多主体的分析和讨论，而且分析和讨论的范围更加广泛和全面。对于内部公示程序的对象来说，裁判理由部分可以容纳更多创新性的意见和观点，也能够体现裁判文书如何围绕着裁判要点或者结论进行论证说理。这些公示对象参与分析和讨论，不仅有助于提升指导性案例的质量，而且还能够从中获得新知，无论是在程序意义上还是在实体意义上。

总之，笔者建议新增的内部公示程序，实质在于通过程序上吸收更多对象的意见来保证或者提升指导性案例的质量。类似于通过形式正义更好地实现实体正义。而且在现有的制度和技术条件下，在法院系统内部进行公示的成本较低，只需要案例指导工作办公室将备选指导性案例的文本初稿发送给相关公示对象。这一程序的收益却非常丰富：案例指导工作办公室听取多方意见之后，能够公布更加优质的指导性案例正式文本；地方高级人民法院更加熟悉指导性案例的要求及其遴选流程，其相互间的交流和竞争也能够推荐更多的优质备选指导性案例；内部公示也相当于给公布特定批次的指导性案例进行预热，使指导性案例的公布减少突兀因素；案例指导工作中过于强调等级的行政化色彩也在一定程度上可以降低。因此，内部公示程序对于现有的案例指导制度来说是一种非常有益的完善措施，最高人民法院可以吸收其中合理的部分，作为继续推行案例指导的参考建议。

第二编

指导性案例文本编辑的实践经验及其完善

第五章　指导性案例体例结构的完善

第一节　裁判要点的概括方式及其转型

备受关注的案例指导制度并没有发挥预期的重要积极效果，主要原因之一就是指导性案例的核心内容——裁判要旨，在其概括问题上存在一定缺陷。由于裁判要旨的概括需要从具体案情中归纳出抽象规则，对其间程度把握得不准确，是裁判要旨概括存在缺陷的基本表现，又可以细分为完全重复法律规定、过于具体和过于抽象等类型。造成裁判要旨概括出现缺陷的原因，在于最高人民法院赋予了案例指导制度过多的目标指向，同时又对其产生的社会效果缺乏准确的预测。要完善裁判要旨的概括问题，在根本上有赖于最高人民法院的整体转型。具体的措施主要包括，在保持最高人民法院的概括主体地位基础上，将案例指导性制度的总体进展、具体指导性案例的特点以及法院系统内部的沟通交流等因素引入具体归纳的考量之中，通过这种动态机制来有效概括裁判要旨。

一、裁判要旨概括的主要缺陷及其表现

案例指导无疑是近几年最受关注的司法制度。在2010年年底出台了《最高人民法院关于案例指导工作的规定》之后，最高人民法院又陆续发布了多个批次、涉及多个部门法的指导性案例，力图通过地方法院对这些

指导性案例的参照,来实现法律的统一适用。但是,目前案例指导却在司法实践中受到了“冷遇”,地方法院不愿、不会,甚至不敢直接使用指导性案例,几乎没有法官在判决书中直接援引指导性案例作为说理理由或者判决理由。这一点是十分遗憾的,案例指导并没有发挥预期中的积极效果。造成这一情况的原因是多方面的,如指导性案例的效力、援引方式和奖惩措施等都不明确。作为指导性案例的核心部分,裁判要旨也应当成为我们反思的对象:现有指导性案例的裁判要旨概括的质量如何,是否以及在多大程度上符合参照指导性案例的需要,还需要进行哪些方面的改进,甚至裁判要旨是否有必要存在,都需要进行细致和深入的分析。

指导性案例的正式文本包括多个部分,其中,裁判要旨(裁判要点)占据着十分重要的地位。总体来说,裁判要旨是指导性案例的浓缩,以直接清晰的方式表述了特定案例包含的抽象规则,方便读者认知案件的精髓,也方便了指导性案例的检索与传播。在目前地方法院的法官仍然没有完全掌握在指导性案例与待决案件之间比较技巧的背景下,言简意赅的裁判要旨是其阅读、学习甚至是参照指导性案例的主要对象。从每个指导性案例的编写体例安排也可以看到,裁判要旨被放在首要的明显位置,是指导性案例的正式文本中特别突出的内容。从这个意义上说,裁判要旨就是整个指导性案例的核心。

也正是基于这种重要地位,如何从具体案情中总结、归纳、提炼和概括裁判要旨,是案例指导制度能否以及在多大程度上发挥其实践价值的最为关键的环节之一,当然也是留给最高人民法院的艰巨挑战。就连案例指导办公室负责人自己也看到了其中的困难:“编写者要像仙人炼丹一样把裁判的杂质与水分挤掉,尔后形成一个精致的结论。裁判要点应当坚持越简单、越明确、越精练越好。当法律关系复杂的案例可以生发出很多裁判要点时,必须有所取舍……另外,提炼裁判要点还需要讲究角度。同样的裁判要点，换一种角度表述，指导价值可能大增。”[1]以上这些内容都是对裁判要旨概括问题所提出的高标准，是一种比较理想的目标。但是，现实的情况是，很多裁判要旨并没有达到以上标准的要求，无法使法官就如何适用法律问题获得真正的了解和认知，进而严重影响了指导性案例在司法实践中的接受程度。

全面分析以及解决这一问题仍然要回归裁判要旨的整体定位。概括裁判要旨的前提和基础是具体案情，但是，简明的裁判要旨又不能沦为全面案情介绍的翻版，只能是择其要点表达出特定的法律适用规则。同时，这种规则的概括又不能达到与立法规定（主要是制定法）同样抽象的程度，否则将是对立法权限的僭越。换言之，裁判要旨的概括需要在具体案情与法律规定之间选择特定的抽象程度。以此为标准，我们可以将现有指导性案例中，裁判要旨概括方面的缺陷分为以下种类。

（一）几乎完全重复现有的法律规定

虽然最高人民法院已经公布了百余个指导性案例，但是，这一数量还远远没有达到能够有效为司法实践全面提供审判规则或者思路的程度。在已有的裁判要旨中，很多是重复了（甚至照搬）已有的法律规定。当然，这种“法律规定”是相对于指导性案例的抽象性规定，包括了现行各级立法，也包括了最高人民法院的司法解释、批复和相关规范性文件。这种情况在刑事类和行政类指导性案例中经常出现。例如，作为首批指导性案例，指导案例3号中对国家机关工作人员受贿的新类型进行了概括，其裁判要旨的几个部分与《关于办理受贿刑事案件适用法律若干问题的意见》（2007年7月8日，“两高”联合发布）、《全国法院审理经济犯罪案件工作座谈会纪要》（2003年11月13日，最高人民法院发布）等司法解释或者文件，

〔1〕 胡云腾：《谈指导性案例的编选与参照》，载《人民法院报》2011年7月20日，第5版。

在实质内容和语言表述上，都存在高度一致之处。除此之外，还有一些刑事类指导性案例的裁判要旨，已经经过了多次讨论，基本上达成了共识。例如，在指导案例13号中，裁判要旨确认“毒害性物质”的认定标准并非以直接的相关化学用品目录为限，只要是能够对不特定多数民众造成威胁，就可以判处相关罪名。早在2008年，海南刑终字第20号判决就已经分析过毒害性物质的判断标准：不仅要看该物质是不是具有公共危险性，还要看该物质是否在生产、流通等诸环节受到法律禁止或限制。〔1〕甚至该案涉及的具体毒害性物质——氰化钠，都与指导案例13号完全相同。更为极端的例证是指导案例14号，该案的裁判要旨仅仅是重复了对未成年人颁布“禁止令”的立法宗旨，其作用主要表现在强调禁止令这一刑事处罚的新类型。

在重复相关规定这一类型中，如果说刑事类指导性案例的裁判要旨侧重于以司法解释为对象，那么，行政类指导性案例则更多地重复了最高人民法院的“批复”或者“答复”。例如，在首批行政类指导性案例中，指导案例5号的裁判要旨确认，针对没收较大数额财产的行政处罚，行政机关也应当告知听证权利，否则应被视为程序违法。这一点已经在《最高人民法院关于没收财产是否应当进行听证及没收经营药品行为等有关法律问题的答复》(〔2004〕行他字第1号)中有了明确答案。而指导案例6号的裁判要旨在重复程度上更进一步：该案裁判要旨明确，在上位法没有为工业用盐设定准运证的基础上，下位法不得设立相关准运证，行政机关也不得以此为理由进行行政处罚。这些表述大致重复了在《最高人民法院关于经营工业用盐是否需要办理工业用盐准运证等请示的答复》(〔2010〕行他字第82号)已经明确的内容。

相对而言，民事类指导性案例的裁判要旨，很少是对相关法律规定、

〔1〕 参见彭志新:《“毒害性物质”之确定——海南中院判决陈春霞等非法买卖危险物质案》，载《人民法院报》2008年6月13日，第5版。

司法解释或者批复的重复，而是注入了很多新的内容。个中原因也比较容易理解：罪刑法定原则的存在使刑事案件中，找到确切的法律依据成为法官的必要任务；而民事案件更为多样和复杂，也相应地赋予了法官以更多的自由裁量空间，不必特别遵守或者照搬法律规定；居中的行政案件也是侧重于严格“守”法的成分更多一些。不同类型案件的处理方式，也决定了相应类型的指导性案例对待法律规定的不同态度。对相关法律规定的重复，有一定的必要性：在制度初创时期，指导性案例的数量不够多，最高人民法院也缺乏相应的丰富经验，而且几乎没有其他制度可以直接借鉴。在这种背景下，重复现有的法律法规也是一种比较稳妥的处理方式。〔1〕但是，这种重复毕竟无法为司法过程中的法律适用提供规则或者思路，也就无法具有“指导性”，长此以往将会影响案例指导的实践效果，也有人戏称这种情况为“哑炮”。〔2〕在制度设计中，指导性案例并非为重复现有规定，而是为了在一定程度上突破既有的法律规范，体现司法者在实践中的创新与探索的能力与精神。从目前已有的裁判要旨来看，这种重复已有规定的裁判要旨仍然占据了相当大的比例，是以后遴选和发布指导性案例时特别需要解决的问题。

（二）概括过于具体，缺少必要的扩展和提升

在从具体案情到法律规定的抽象程度中，如果裁判要旨的概括过于接近案件本身，那么，相应的抽象程度就会略显不足，意图参照指导性案例的法官就会仅仅将视野局限于裁判要旨所确定的狭小范围之内，难以针对“类案”形成普遍有效的裁判方式或者方法。有观点认为，当难以从案例中概况出抽象规则时，裁判要旨就可以用描述整体案情的方式予以概况，

〔1〕 参见陈兴良：《新型受贿罪的司法认定：以刑事指导案例（潘玉梅、陈宁受贿案）为视角》，载《南京师大学报（社会科学版）》2013年第1期。

〔2〕 参见胡云腾：《关于案例指导制度的几个问题》，载《光明日报》2014年1月29日，第16版。

同时给出法律上的认定结论。[1]质言之，这一观点倾向于在某些裁判要旨中，可以尽量描述案件本身，抽象概括的程度较小。

结合该观点出现的时间背景，笔者认为，这种描述论的观点更加适合于指导性案例出现之前的公报案例，因为公报案例并没有获得官方肯定的正式制度效力，更多的是法官进行业务学习的素材。即使此类裁判要旨的概括比较具体，研习的法官仍然可以“见微知著”，在类似案件中参照该公报案例。但是，在案例指导制度正式出台之后，指导性案例具有正式效力，能够对法官的审判工作产生直接的影响。在这种背景下，过于具体的裁判要旨将严重局限其适用范围，也就是其对司法实践的影响范围，同样不利于发挥案例指导的实际效果，这一情况与前述的第一种类型——重复法律规定，有着一定的相似性。例如，前述指导案例5号中，其裁判要旨仅仅聚焦于工业盐准运证的设置问题，工业盐准运证问题仅仅是盐业垄断体制的冰山一角，指导案例5号其实是在博弈旋涡之中发挥助推而非主导垄断改革的作用。[2]面对着市场经济背景下的地方保护主义，这种过于具体和狭窄的概括，实质上是失去了一次破除地方盐业行政垄断的机会。我们固然可以用案例指导初创时期的稳妥性，作为以上概括方式的理由，但是，这种做法也会影响地方法院参照指导性案例的积极性。再如，指导案例21号的裁判要旨明确，没有履行修建防空洞义务的建筑单位，不能享受经济适用房等有关优惠政策。这一裁判要旨仅仅将内容局限于人民防空法与保障性住房优惠政策之间的法律适用问题，范围是比较狭窄的。该案完全可以有更加深刻的提炼，最高人民法院案例指导办公室在对该案的全面解读中也论及：“关于保障性住房建设项目免除收费的优惠规定，其指向的对象是合法建设行为人，违法建设单位不应当从违法行为中获利，故不能享受

〔1〕 参见郎贵梅：《论裁判要旨的性质、分类和编写》，载《人民法院报》2008年7月23日，第5版。

〔2〕 参见沈岿：《指导案例助推垄断制度改革——以指导案例5号为分析对象》，载《行政法学研究》2014年第2期。

免缴易地建设费的优惠待遇。”[1]这里实质上体现了“不应从违法行为中获利”的原理。此外，最高人民法院对该案的解读还认为：“如果建设单位违反法律规定，逃避人防地下室建设义务，还能享受免收易地建设费的优惠规定，必然会助长不法企业钻法律空子，逃避法定义务，损害国家利益、公共利益。”[2]质言之，该案还体现了公共利益优先的行政法原则。如果能够在裁判要旨中明确以上两个方面的内容，那么，地方法院的法官将会更加深刻地理解相关法律适用方法的实践操作，由此受益匪浅。这才是案例指导发挥长效机制和示范效果的体现。

除了类似于重复法律规定之外，过于具体的裁判要旨概括还有其他的表现形式。例如，指导案例4号和12号，二者都是故意杀人案件，在案件事实、审理过程和裁判结果方面都有高度相似性。[3]这两个案件也都在裁判要旨中大量列举了案件的诸多量刑环节，其中从重情节包括手段特别残忍，论罪应当处以死刑，从轻情节包括由民间婚恋引发矛盾，犯罪人事后积极赔偿等。更重要的是，这两个案件的裁判要旨都将“化解社会矛盾”作为改判死缓这一裁判结论的目标指向。[4]目前司法实践中对死刑案件都是慎之又慎，如何具体量刑是对主审法官的巨大挑战。在死刑立即执行与死缓之间并没有绝对差异的背景下，主审法官需要对多种量刑情节进行综

---

〔1〕 最高人民法院案例指导工作办公室：《〈内蒙古秋实房地产开发有限责任公司诉呼和浩特市人民防空办公室人防行政征收案〉的理解与参照》，载《人民司法》2014年第6期。

〔2〕 最高人民法院案例指导工作办公室：《指导案例21号〈内蒙古秋实房地产开发有限责任公司诉呼和浩特市人民防空办公室人防行政征收案〉——违法不建防空地下室应缴纳防空地下室异地建设费》，载吕山主编：《中国法律评论》（第1卷），法律出版社2014年版，第186页。

〔3〕 参见孙光宁：《“两高”指导性案例的差异倾向及其原因——基于裁判结果变动的分析》，载《东方法学》2015年第2期。

〔4〕 指导案例4号的裁判要旨为：“因恋爱、婚姻矛盾激化引发的故意杀人案件，被告人犯罪手段残忍，论罪应当判处死刑，但被告人具有坦白悔罪、积极赔偿等从轻处罚情节，同时被害人亲属要求严惩的，人民法院根据案件性质、犯罪情节、危害后果和被告人的主观恶性及人身危险性，可以依法判处被告人死刑，缓期二年执行，同时决定限制减刑，以有效化解社会矛盾，促进社会和谐。”指导案例12号的裁判要旨为：“对于因民间矛盾引发的故意杀人案件，被告人犯罪手段残忍，且系累犯，论罪应当判处死刑，但被告人亲属主动协助公安机关将其抓捕归案，并积极赔偿的，人民法院根据案件具体情节，从尽量化解社会矛盾角度考虑，可以依法判处被告人死刑，缓期二年执行，同时决定限制减刑。”

合考量，也正是在这些案件中，他们迫切需要指导性案例的“指导”。但是，指导案例4号和12号的裁判要旨只是列举了大量的量刑情节，并没有赋予相应考量的优先性或者权重，除了使用“但是”一词表示倾向于改判死缓之外，后案的法官难以从这些裁判要旨中获得对何种量刑情节做多少考量的启示。尤其是以上两案的裁判要旨都最终落脚于比较模糊和宏大的“社会矛盾化解”，更加剧了后案法官认知量刑问题的难度。质言之，指导案例4号和12号的裁判要旨，虽然表面上的概括严格遵循着基本案情，但是，过于繁复的细节描述则无法使参照者得到提纲挈领的启示，最终影响了案例指导的实践效果。

（三）概括过于抽象，对多种细致类型未做区分

从具体案情中进行总结和提升，是裁判要旨概括的主要路径和要求，而在某些指导性案例的文本中，裁判要旨的内容却比较抽象，没有对其可能包括的多种细分类型进行全面分析。如果后案法官在参照指导性案例时，将相应的抽象裁判要旨适用到并不合适的领域或者个案中，也会造成一定的偏差。这种情况比较典型的代表是指导案例24号。

该案的裁判要旨的字数不多却言简意赅：“交通事故的受害人没有过错，其体质状况对损害后果的影响不属于可以减轻侵权人责任的法定情形。”这种用否定句式进行的表达，符合本案的情况，因为该案中原告（受害人）存在特殊体质（骨质疏松）符合侵权责任法理中的“蛋壳脑袋”规则：“被害人的特殊体质对因果关系的成立不生影响，加害人不得主张被害人患有严重心脏病、血友病、药物过敏、如蛋壳般的头盖骨，而不负侵权责任。此项‘蛋壳头盖骨’（Eggskull）理论，是比较法上的共通见解……盖此旨在保护被害人，属合理之法的判断。”[1]但是，将该案中的骨质疏松

[1] 王泽鉴：《侵权行为法：基本理论·一般侵权行为》，中国政法大学出版社2001年版，第209页。

直接提炼为“体质状况”，未必一定合适。原因在于，骨质疏松、严重心脏病、血友病等情况，这些特殊体质超越了受害人自身的控制范围，或者说与其主观意志无关，自然不能够作为加害人减轻或者不承担侵权责任的理由。但是，如果特殊体质的形成与受害人主观意志有关，如长期酗酒、吸食毒品等严重危及自身健康的恶习，那么，加害人的责任承担范围是否仍然不受影响，就成为一个值得质疑的问题。这一点也得到了其他一些国家司法实践的支持。法国法院将受害人之异常体质作为“不可抗力”，以减轻加害人之赔偿责任，苏格兰法院则以可能性理论限制因受害人异常体质导致的损害赔偿请求权。在排斥“蛋壳脑袋”规则方面，日本判例呈现相当的一贯性。我国对“蛋壳脑袋”规则也比较抗拒。在审判实践中，除极个别判决坚持“蛋壳脑袋”规则外，法院大多奉行“中庸之道”，在被告和有特殊体质的原告之间按一定比例分摊损失，几乎未见加害人对扩大损害完全不承担责任之判决。〔1〕限于篇幅，我们无法对该问题展开全面分析，但是可以肯定的是，在没有具体分析特殊体质成因的情况下，将适用于指导案例24号中的骨质疏松提炼概括为所有“体质状况”，是一种比较简单的做法，缺乏对体质状况的全面分析与解读。如果后案法官遇到此类案件时，一概不减少加害者所承担的责任，那么，这种判决可能比较武断，未必能够真正体现侵权责任法的精神以及其他司法实践的经验。

当然，这种过于抽象的裁判要旨在目前已有的指导性案例中还不多，多数裁判要旨的概括仍然是尽量贴近实际案情。由于具体案情总是带有个别性和特殊性，一旦将其中所蕴含的规则或者法律适用方法进行提炼，进而概括出具有普遍性和正式效力的裁判要旨，总会面临归纳推理中外延不周全所带来的风险。即使此类情况较少发生，也需要最高人民法院在具体编写裁判要旨时特别注意。

---

〔1〕 参见孙鹏：《受害人特殊体质对侵权责任之影响》，载《法学》2012年第12期。

从以上三类出现的缺陷问题可以看到，要真正准确地从具体案情及其适用的法律规范中概括出裁判要旨，绝非易事。“提炼裁判要点的总体要求是合法有据，概要、准确、精练，结构严谨，表达简明，语义确切，对类似案例的裁判具有指导意义。裁判要点既可以提炼指导性案例体现的具有指导意义的重要裁判规则，又可以简要归纳具有指导意义的裁判理念或裁判方法。裁判要点既可以是阐释法律的适用规则，又可以是事实认定和采信证据的规则和方法。裁判要点的提炼要科学合理，能从个案中归纳出类案的处理规则。”〔1〕这一表述强调了概括裁判要旨的要求和标准，但是，多数裁判要旨的表述也总是或多或少地存在一些问题。要有针对性地解决这些问题，需要确定的前提是这些问题缘何而来。

二、导致裁判要旨概括存在缺陷的多重原因

上文中对裁判要旨缺陷的分类是基于其抽象程度不同而作出的，从这个意义上说，裁判要旨概括不当的原因在于没有准确把握具体案情与现有法律规定之间的提炼程度。这种“游移”不定造成了某些裁判要旨过于具体，而另一些裁判要旨却过于抽象。但是，这种原因只是一种表象，由于所有的裁判要旨都是由最高人民法院（通过案例指导工作办公室）来概括的，因此，每个裁判要旨实质上都包含着最高人民法院的某种目的或者意图。因而，分析裁判要旨概括出现的问题，也必须考虑到最高人民法院对待案例指导的态度，或者说给案例指导的定位。

对于长期受到关注的案例指导制度，最高人民法院经历了长时间的探索和准备工作。但是，这并不意味着案例指导工作就比较成熟和完善了。相反，案例指导由于备受关注而被赋予了众多期待，却由此对该制度的实

---

〔1〕 参见胡云腾、吴光侠：《指导性案例的体例与编写》，载《人民法院报》2012年4月11日，第8版。

际运行产生了不少消极影响。

案例指导最初被普遍认为是解决“同案不同判”现象、实现法律统一适用的重要途径。除了这一主要功能之外，案例指导还被赋予了很多其他方面的价值，例如，弥补制定法的内生性缺陷，实现法的安定价值，增强法律规则与社会关系的相互回应，完善上下级法院之间的审级监督机制，规范制约自由裁量权的行使等。[1]除了直接的审判业务之外，案例指导制度还被赋予了更多的社会责任。《最高人民法院案例指导工作座谈会纪要》2012年已经明确：“案例具有及时性、灵活性、针对性强、易于把握的特点，广大人民群众也喜闻乐见。公众和社会可以通过案例理解法律，规范自身的行为。因此，发布指导性案例也是向公众和社会广泛宣传法律、普及法律知识、提升自觉守法意识的一种有效形式。”[2]最高人民法院周强院长也认为：“案例指导制度有利于弘扬社会主义法治精神和社会主义核心价值观。案例是法制宣传教育的‘活教材’。通过定期公布典型案例，可以增强全民的法治意识，使公众从案例中直观领悟法律的原则和精神……从而推动社会主义核心价值观建设，促进形成良好道德风尚和正确价值导向。”[3]以上从微观到宏观的目标设计都表达着对案例指导的多种期待。它们一方面推动着案例指导在制度层面上的建立和完善，另一方面也形成了对该制度的直接压力。最高人民法院（尤其是案例指导工作办公室）需要同时面临以上多种期待和压力，而案例指导作为具有中国特色的司法制度植根于中国特殊的司法环境和社会环境之中，要通过具体的运行和实践来完全满足以上目标，显然是一种巨大的挑战。

---

〔1〕 参见胡云腾主编：《最高人民法院指导性案例参照与适用》，人民法院出版社2012年版，第88～98页。

〔2〕《最高人民法院案例指导工作座谈会纪要》，载胡云腾主编：《中国案例指导》（总第1辑），法律出版社2015年版，第297页。

〔3〕 周强：《充分发挥案例指导作用　促进法律统一正确实施》，载胡云腾主编：《中国案例指导》（2015年第1辑·总第1辑），法律出版社2015年版，第3页。

在应对这一挑战的过程中，最高人民法院似乎有些应对不足。目前案例指导缺乏有效的细节规定以及司法实践中遭受的冷遇，都说明了存在这种捉襟见肘的窘境，在裁判要旨上出现的诸多缺陷仅仅是其中的一个缩影。结合具体指导性案例，我们可以细致分析多种目标指向与裁判要旨缺陷之间大致的内在关联。

（1）重复法律规定的概括与统一法律适用。在多数对于案例指导功能、价值或者意义的分析中，统一法律适用都是首要的共识。消除同案不同判所造成的恶劣影响，是推动案例指导变为正式制度的直接动因。因此，最高人民法院也必然以统一法律适用作为案例指导制度的首要目标。但是，案例指导又处于初创阶段，既不能完全照搬英美法系的判例制度，也要尽量避免混同于司法解释。在此种背景之下，选取最大共识的案例，同时将裁判要旨的表示尽量接近已有的法律规定，便成为一种稳妥的，当然也是风险最小的概括方式。虽然最高人民法院也可以预见这种重复既有法律规定的概括方式也会显示出案例指导在创造性方面的不足，但是，对于这个“从无到有”的制度运行过程，还是比较保守的开端更为妥当。于是，在诸多指导性案例的裁判要旨中，我们看到了正式立法规定、司法解释、回答和批复等多种现行法律规定以新的方式再次出现并受到强调。对于此类裁判要旨，虽然可以理解其出现的必然性，但是，仍然应当在以后的指导性案例中尽量减少甚至消除，否则裁判要旨难以发挥核心的指导作用。

（2）过于具体地概括与贯彻司法政策。在中国处于转型社会的剧变时期，司法决策也经常受到多种“法外”因素的影响。特别是针对特定时期专门适用的司法政策，更是成为审判活动的重要指南，这一点与零敲碎打的案例指导不谋而合。虽然相比于法律规范更加微观，但是，如何将特定时期的司法政策具体地落实和贯彻到审判活动之中，对于意在减少个人决策风险的法官来说，仍然是不够细致和具体的。例如，近年来，刑事司法领域中基本的司法政策是"宽严相济的刑事政策",最高人民法院和最高人民检察院也分别制定了《关于贯彻宽严相济刑事政策的若干意见》和《关于在检察工作中贯彻宽严相济刑事司法政策的若干意见》,对该刑事政策进行了细化规定。即便如此,如何面对复杂多样的刑事案件并妥当地贯彻该司法政策,主审法官仍然希望更加细致而明确的规定。指导性案例的出现能够在一定程度上对法官们有所启发。在指导案例4号和12号的裁判要旨中,我们看到与《最高人民法院关于贯彻宽严相济刑事政策的若干意见》几乎相同或者十分相近的表述。[1]最高人民法院也直接肯定了这些案例在贯彻司法政策方面的实践意义:"该指导性案例的发布具有重要意义,有利于正确理解和适用修正后的刑法第五十条的规定,贯彻落实宽严相济刑事政策和死刑政策,既依法严惩严重刑事犯罪,又进一步严格限制死刑,最大限度地增加和谐因素,最大限度地减少不和谐因素,促进和谐社会建设。"[2]无论这种过于具体的裁判要旨最终产生何种影响,最高人民法院实际上意在通过具体案件(尤其是具体情节)的展示,为贯彻司法政策提供具体生动的说明。

(3)过于抽象地概括与创新法律规则。虽然最高人民法院一直强调案例指导绝非司法造法或者法官造法,指导性案例也绝非如英美法系的判例那样具有强制约束力,但是,在法律规定模糊甚至空白之处提供某种规则,或者至少是提供某些发现和运用规则的思路,也能够体现案例指导制度的重要价值和整体定位。"对于案例指导制度来说,创制规则是其根本职责

---

〔1〕《最高人民法院关于贯彻宽严相济刑事政策的若干意见》2010年第 22 条强调:"对于因恋爱、婚姻、家庭、邻里纠纷等民间矛盾激化引发的犯罪……应酌情从宽处罚。"早在1999年,《全国法院维护农村稳定刑事审判工作座谈会纪要》也已经提及:"对于因婚姻家庭、邻里纠纷等民间矛盾激化引发的故意杀人犯罪,适用死刑一定十分慎重,应当与发生在社会上的严重危害社会治安其他故意杀人犯罪案件有所区别。"

〔2〕 最高人民法院案例指导工作办公室:《指导案例4号〈王志才故意杀人案〉的理解与参照》,载《人民司法》2012年第7期。

之所在。没有规则的创制，也就没有指导性案例存在的必要性。案例指导制度通过创制司法规则，发挥其对司法活动的指导作用，以弥补立法与司法解释的不足。”[1]具体到裁判要旨的编写来说，要使案例指导制度发挥作用，主要是将案件限定在那些疑难案件类型中，以此揭示法律如何具体适用的问题。[2]《最高人民法院关于案例指导工作的规定》已经确定了指导性案例的几种基本类型，包括社会广泛关注的、法律规定比较原则的、具有典型性的、疑难复杂或者新类型的、其他具有指导作用的案例。对多数审判活动而言，法律规定比较原则的、疑难复杂或者新类型的是最具有指导效果的几种类型，尤其是后者，更是创制新规则的良好契机。而指导性案例所创制的新规则，集中体现在裁判要旨之中，这就对裁判要旨的概括提出了较高的要求。虽然最高人民法院在起草和发布司法解释方面有着比较成熟的经验，但是，在案例指导的制度环境中，如何从具体案情中准确概括裁判要旨，最高人民法院还没有完全掌握好其中的抽象程度。特别是在尊重立法、减少“司法造法”印象的要求下，如何避免达到立法规定那样的抽象程度，是对概括裁判要旨的巨大挑战。如前所述，虽然此种类型的裁判要旨并不占多数，但是，相当数量的裁判要旨已经发挥了创新法律规则的功能，很多甚至已经达到了与立法规定或者司法解释相当的程度。

特别需要说明的是，以上三种裁判要旨缺陷类型，与其所指向的目标意图之间，并非绝对意义上的严格对应关系。具体裁判要旨的概括，需要综合考虑多种意图，只是从目前发布的裁判要旨中，我们可以发现其大致对应的及最高人民法院所追求的目标。而产生问题的关键也在于此：虽然裁判要旨是由最高人民法院统一概括的，但是，多种目标追求容易导致具体概括过程和结果的混乱，不仅体现在表述方式和叙事风格之中，更体现

〔1〕 陈兴良：《案例指导制度的规范考察》，载《法学评论》2012年第3期。

〔2〕 参见林维：《刑事案例指导制度：价值、困境与完善》，载《中外法学》2013年第3期。

在从具体案情到法律规定之间的抽象程度之中。案例指导制度受到关注的原因在于其被寄予厚望，更深层的推动力是为该制度所预设的多种目标。当该制度正式运作之时，最高人民法院需要尽量追求或者是迎合以上目标，这对于有限的指导性案例及其裁判要旨来说，是一种"不能承受之重"。

除了在意图上的多元之外，最高人民法院在概括裁判要旨时，对于其可能产生的结果，也缺乏准确的预测和判断。如果说多元意图是一种在概括裁判要旨之前的预判，那么，裁判要旨正式公布之后产生的实际影响，则是一种"事后"的结果，可以反过来验证裁判要旨概括的质量和水平，由其总结的经验和教训则能够为后续裁判要旨的概括提供有益指导。可惜的是，目前裁判要旨的概括在对其可能产生的影响方面，仍然存在不少缺陷。

在制度层面上，案例指导缺乏直接与其配套的细致规定就是典型表现，这些配套规定的缺失使试图参照指导性案例的法官在审理案件时无从下手。更重要的是，从技术层面上来说，简单重复、过于具体或者过于抽象等裁判要旨的概括类型，都会导致类似的结果，影响案例指导的实际效果。相比于"事前"的多元目标追求，准确判断指导性案例可能产生的社会影响，对于最高人民法院来说，是更加艰巨的挑战。例如，指导案例18号的裁判要旨确认，末位淘汰并不等同于"不能胜任工作"，后者正是用人单位单方解除劳动合同的主要条件之一。该案件从维护劳动者权益的角度来说，无可厚非，但是，如果简单地将该案的结论及其倾向贯彻于所有类似案件之中，那么，对用人单位的"反向歧视"有可能造成其采取更加谨慎的用工策略，降低用工需求，反而减少了劳动力市场中劳动者的就业机会。[1]显然，这种结果并不符合最高人民法院将案件遴选为指导性案例的初衷。通过简单的裁判要旨对案件的概括，未必能够使该案件获得积极的

〔1〕 参见孙光宁：《"末位淘汰"的司法应对——以指导性案例18号为分析对象》，载《法学家》2014年第4期。

社会效果。

从以上的论述中可以看到，过于多元的目标追求使裁判要旨陷入求全责备的窘境，同时，最高人民法院在具体概括裁判要旨时又缺少对其影响的准确分析，这些都造成了裁判要旨概括方面出现了种种问题。其实，对于这些可能产生的问题，最高人民法院（案例指导工作办公室）已经有所预计，对于裁判要旨的归纳也早已提出了相应要求：裁判要旨应当具有创新性，既不是法律的明文规定或者其变相重复，又不是法学理论和审判实践中已经达成共识并成为普通常识性的东西；裁判要旨的概括既不能过于抽象，漫无边际，也不能过于具体，就案论案，难以让类似案件参照。〔1〕从实际的具体操作来看，很多裁判要旨并没有遵照以上的要求。从这个意义上说，概括高质量的裁判要旨是一项“知易行难”的工作。要使案例指导在司法过程中发挥真正作用，我们需要在裁判要旨的概括方面做出更多的努力和探索。

三、裁判要旨概括的变革方向

（一）现有变革建议述评

最高人民法院总结了各界对案例指导的关切，赋予其过多的目标追求，并且对可能产生的社会影响缺乏有效预期。这是造成裁判要旨概括出现偏差的主要原因之一。要解决这一问题，学者已经给出了一些建设性意见，在尊重并分析这些意见的基础上，我们可以更加全面而深入地确定裁判要旨概括的变革方向。这些建议大致包括变更概括主体和改变概括方式这两个方面，前一种建议直接包含并决定了后一种建议，更具有决定性。

〔1〕 胡云腾、吴光侠：《〈关于编写报送指导性案例体例的意见〉的理解与适用》，载《人民司法》2012年第9期。

由于目前裁判要旨的归纳和概括工作都是由最高人民法院完成的，而且已经出现了一些问题。本节第二部分也在强调，最高人民法院对案例指导制度赋予了过多的目标追求，同时对相应社会影响缺乏准确预计，是造成裁判要旨概括问题上出现缺陷的主要原因之一。鉴于此，有学者建议裁判要旨概括的工作不应当由最高人民法院继续承担，而应转由案件的主审法官来进行，甚至有观点认为可以借鉴美国联邦财政分权理论，以“网络分权”模式将制定和发布指导性案例的权力分散到各级法院。[1]这一建议有一定合理性，因为司法过程的重要特征之一就是亲历性，最高人民法院并非指导性案例的实际审判者，对案件事实的直接分析和价值认知，案件争议点和法律适用方式的把握等问题，不如主审法官那样清楚明了。

但是，这一建议在可行性和可操作性上难以成立，个中原因大致包括以下几个方面：(1)《最高人民法院关于案例指导工作的规定》已经确定了指导性案例的遴选方式，都是统一由最高人民法院来完成概括裁判要旨并公布具体案例，这种正式制度的规定不应仅仅由于某些可以修正和弥补的暂时性缺陷就贸然变动，否则会使得仍处于初创时期的案例指导制度备受打击和质疑。(2)现有的裁判文书在说理方面并不充分，尤其是在基层人民法院中，八股文式的写作很难从中辨别出富有启发性的精确理由，而且，“案多人少”的审判工作使主审法官无暇专注于裁判要旨的概括。(3)虽然已经有部分省市(如江苏、辽宁和上海)的高级人民法院出台了推动案例指导工作的文件，但是，总体而言，主审法官仍然不能确定，其审判的案件最终能够被最高人民法院遴选为指导性案例，这也降低了其注重裁判要旨概括的积极性。(4)很多法院(尤其是基层人民法院)的主审法官，尚不具备比较成熟的方法论意识，没有准确使用法律解释、法律论证、法律推

〔1〕 参见骆旭旭：《建构“网络分权”模式的案例指导制度——以制度经济学为视角》，载《华侨大学学报(哲学社会科学版)》2009年第4期。

理等法律适用方法，或者即使有运用也仅仅处于自发状态，概括裁判要旨的工作有些强人所难。(5)利用上下级法院的指导关系以及自身定位，最高人民法院最有能力和实力进行裁判要旨的概括，并借此推动案例指导发挥实际作用，这一点也是地方法院的主审法官难以企及的。〔1〕从比较法的角度来说，德国、日本都是由最高司法机关通过其专门机构来概括裁判要旨。〔2〕这也为保持最高人民法院在概括裁判要旨方面的主体地位，提供了实践例证。

除了主体上的变动之外，有学者还建议，直接取消裁判要旨。持有这一立场的学者倾向于更加彻底地学习英美法系，因为判例制度中并不存在单列抽象规则的"裁判要旨"，先例的核心——判决理由(Ratio)是由后案法官自行发现、概括并适用的。当然，在英美法系中，还有特定的法律类民间机构专门从事判决理由的概括工作，也具有十分重要的实际影响力，但是，这些概括并没有官方的正式效力。同样，在大陆法系内部，对裁判要旨是否应当存在，也有不少争议。"在裁判之前添加类似法条的要旨，这种做法是多么危险。这些要旨不过是判决理由中蒸馏出来的结晶，与案件事实密切相关，在很大程度上本身也需要解释。"〔3〕从现有的域外相关实践来看，裁判要旨的概括结果，主要是一种源于特定案件事实，却直接规定抽象规则的结论，无论是在形式上还是在实质上，都与制定法规定有着高度的相似性。就我国的司法实践而言，针对裁判要旨所概括的抽象规则，有学者担心，对其过分重视可能会使人们忽视指导性案例的裁判理由，更不要说研读判决书文本。这样，会使指导性案例的正当性证明变成空中楼阁，并使指导性案例客观上变成另一种形式的条文化的司法解释，甚至是

〔1〕 参见刘树德:《最高人民法院刑事"裁判摘要"分析(上)——以〈最高人民法院公报〉2004—2010年为中心》，载《中国法律》2012年第1期。

〔2〕 参见刘风景:《裁判摘要的原理与制作——以〈最高人民法院公报〉公布案例为素材》，载陈金钊、谢晖主编:《法律方法》(第8卷)，山东人民出版社2009年版，第176页。

〔3〕［德］卡尔·拉伦茨:《法学方法论》，陈爱娥译，商务印书馆2003年版，第233页。

成文法。有三方面的内容在裁判要旨中很难被包括进来：案件事实、支持判决结论的法律论证、判决的逻辑与法律结论，而这三方面的内容是司法先例的独特价值和生命力所在。[1]

应当说，以上担心以及相关理由并非完全没有道理。但是，在我国当前的司法语境下，裁判要旨的保留有更强的理由，坚持从具体案情中概括裁判要旨是一种利大于弊的现实选择。(1)裁判要旨的存在使后案法官更加明确指导性案例的核心要义，并且能够作为形成最终裁判结果的论证理由。(2)裁判要旨的概括结论能够使意图参照指导性案例的法官迅速找到案件的基本理由，有利于减少后案法官独自分析案情及裁判理由的无谓消耗，提高参照指导性案例的效率。(3)国外司法机关在概括裁判要旨上的实践，也已经肯定了其价值和意义。例如，澳大利亚新南威尔士州司法委员会于1998年建立的审判信息系统，其中裁判要旨不仅包含合议庭的主要意见，更重要的是，还包括从判决中提炼出来的法律规则或原则的摘要。[2]而大陆法系的相关实践也并非仅关注于裁判要旨自身。例如，在意大利，后案法官不只是阅读判决要旨，而是精细阅读分析判决书的所有内容；只有通过阅读判决的所有内容，才可以精确认知法律其中的运用。[3]由于我国司法实践中的制度和运行方式大多承继着大陆法系的传统，以上全面阅读基本案情和判决理由的做法，更具有借鉴意义。

可以说，强调继续概括裁判要旨，已经成为更具优势和说服力的观点，接下来的问题是如何转变其具体的概括方式和风格。有观点批评了直接提供抽象规则的概括方式，认为裁判要旨“不应具有拘束力，其性质和内容只应是整个判决的内容提要。既为内容提要，就应反映整个判决的内容，包括案件所经历的诉讼程序、案件事实、判决理由、法律要点及其推理

〔1〕 参见张骐：《再论指导性案例效力的性质与保证》，载《法制与社会发展》2013年第1期。
〔2〕 参见黄斌：《澳大利亚提高司法效率的启示》，载《人民法院报》2010年12月29日，第8版。
〔3〕 参见薛军：《意大利的判例制度》，载《华东政法大学学报》2009年第1期。

过程。只有构成内容提要的裁判摘要，才能使法官最快地初步判断判决中的判例规则是否适用于在审案件，并进而认真考察整个判决，同步完成判例规则的抽取和两案的辨别比对”。[1]如前所述，裁判要旨的概括需要在具体案情与创新规则之间选择特定的抽象程度，以上的观点强调的是前者，也就是认为裁判要旨应当尽量接近并还原案件事实，减少直接表述抽象规则的内容。在德国的司法判例编写结构中存在“引导语”，是对主要案件事实的精要概括，同时并没有直接提供细致的抽象规则，“引导语往往能够指向明确的法律领域和法律问题，引导读者有针对性地阅读，具有探寻判决中的法律意义等作用，在使读者据以了解案件大意的同时，对法律的具体应用和后案的具体审判作参考”。[2]这种引导语与以上对裁判要旨的定位十分接近。日本的司法实践中也有制作裁判要旨卡片的做法，这种索引能够帮助法官寻找确定特定的判例。[3]就案例指导制度中已有的裁判要旨而言，忽视表述案件必要事实是一个比较突出的普遍问题，有学者建议在编写和概括时，加入对案件有决定性影响的重要事实，而基本案情则应当围绕裁判要旨简明扼要地叙述。[4]这些观点也为我们变革裁判要旨的概括方式提供了重要提示：对案件事实的总结相当重要，应当在指导性案例的概括中有所体现。

（二）迈向动态过程控制的裁判要旨概括方式

通过对以上裁判要旨变革主流意见的分析可以肯定，裁判要旨仍然应当在指导性案例的正式文本中存在，并应当继续由最高人民法院统一概

---

〔1〕 宋晓：《裁判摘要的性质追问》，载《法学》2010年第2期。

〔2〕 高尚：《德国判例的结构特征与制作技术研究——以〈新法学周刊〉为研究对象》，载陈金钊、谢晖主编：《法律方法》（第17卷），山东人民出版社2015年版，第174页。

〔3〕 参见马太广编译：《判例所表现的商法法理：日本最高裁判所商法判例要旨》，法律出版社2004年版，第15页。

〔4〕 参见郭琳佳：《参照指导性案例的技术和方法》，载《人民司法》2014年第17期。

括；在概括方式上应当特别强调对案件事实的总结，防止仅仅提供抽象规则的倾向。现有的这些观点有其积极的一面，针对了很多裁判要旨概括中的突出问题。但是，它们也有自身重要的缺陷：过于静态和简单，只是看到了现有裁判要旨中出现的偏差，并以西方司法制度中经过长期积累的实践为导向和标准，没有看到（至少是没有特别关注）案例指导制度的发展进程，也忽视了针对具体指导性案例进行不同类型裁判要旨概括的必要性。鉴于已有观点的利弊，将动态过程控制作为裁判要旨概括的变革方向，是一种更能以循序渐进的方式发挥案例指导制度功能的现实选择，这一方向可以从宏观和微观两个层面上具体展开。

一方面，在宏观层次上，裁判要旨的概括方式应当随着案例指导制度的发展进程而进行相应调整。案例指导制度主要是借鉴了两大法系中的判例制度，以及中国司法的实际情况而创制的。而我们今天看到的判例制度也是经历了比较长的历史积淀才逐步走向成熟的。直接将二者进行对比，并简单地照搬判例制度来改造案例指导制度，未必能够发挥后者的作用和优势，毕竟，在法治进程、司法传统、配套制度以及司法人员素质等方面，判例制度与案例指导制度有着相当大的差异。作为案例指导的精华与核心，裁判要旨的概括方式也应当随着案例指导制度的发展而有所变化。

英美法系中的遵循先例原则虽然在精神内核上非常重要，但是，诸多先例的比较过于烦琐，其并不明确裁判要旨的做法对于我国司法实践来说，会严重影响参照指导性案例的效率。“英美法上类型化的案例比较旨在明确，将两个案例置于同一法律原则之下需要其具备哪些共同要素。通过比较，考察当前待解决案件与先前判例是否有相似之处，并且是在所有有意义的方面存在相似之处。”〔1〕因此，指导性案例不仅可以通过详细的裁判理由，更可以借助浓缩的裁判要旨，实现对现有法律规则的扩展和延伸。

〔1〕［德］齐佩利乌斯：《法学方法论》，金振豹译，法律出版社2009年版，第106页。

对于现有法律规范的某些缺陷，指导性案例还可以通过裁判要旨给后案法官以特定启发和提示，通过回避等方式以更加灵活的态度，减少滞后的法律规范所造成的消极社会影响。[1]这实质上与英美法系中的推翻先例有着内在一致性，只是限于司法权能的制度限制，不能以直接的方式在裁判要旨中给予明确。现在英美法系的判例文本结构中，专设了“裁判以及本案的规则”部分，比较接近于“裁判要旨”[2]，虽然其内容仍然可以在后案的审理过程中被质疑，但是已经在形式上开始接近大陆法系的传统做法——直接明确判例中所体现的抽象规则。这是裁判要旨概括的另一种方式和风格，类似于我国的司法传统与案例指导制度的做法，更值得借鉴。“在欧洲大陆，这些完全同生活事实相脱离的判决要旨，常常被作为独立的精炼的规则对待，并且在法律实务中像制定法规则那样加以使用……这些判决要旨中所包含的原则只能作为可供操作的假设对待，人们必须根据后来的案件和变化着的生活需要加以检验，因为可能不得不对它们加以限制、扩大或改进；欧洲大陆的法院无疑经常下意识地这样做，但它们很少让外界人士知道并能验证它们正在这样做。”[3]大陆法系判例制度中的裁判要旨，表面上仍然尊重既有的法律规定，并在形式上表现为抽象规则。但是，它们在实质上以潜移默化的方式发展着法律规则，并且可以由后案法官自行决定是否参照或者修正原有判例及其裁判要旨。从这个意义上说，两大法系都在强调原有判例及其裁判理由的基础上，赋予后案法官以比较大的自由裁量空间，其在裁判要旨概括上的差异仅仅是形式上各有侧重而已。

借鉴两大法系对于裁判要旨概括问题上的异同，指导性案例裁判要旨的概括空间也是从具体的案件事实到抽象的法律规则，而且并没有对后案

---

〔1〕 参见孙光宁：《指导性案例对法律规则的扩展与变通》，载《学海》2014年第4期。

〔2〕 参见［美］小理查德·K.诺依曼：《法律推理与法律文书写作：结构·策略·风格》（第4版），中信出版社2003年版，第44页。

〔3〕 ［德］K.茨威格特、H.克茨：《比较法总论》，潘汉典等译，贵州人民出版社1992年版，第467～468页。

法官形成绝对的约束力。基于制度的稳妥发展，裁判要旨在案例指导制度的初创时期，更应当倾向于大陆法系的传统做法，将创新规则或者为法律适用提供思路和启发作为概括的重点。这种方式能够为地方各级人民法院参照指导性案例提供明确而直接的依据，更有利于指导性案例的传播和推广，进而使案例指导制度获得更大范围内的接受与认可。

随着案例指导制度日趋成熟，并在司法实践中产生广泛影响，地方法院的法官逐渐不再“机械地”在审判活动中直接适用裁判要旨，而是以更加灵活与开放的方式对待指导性案例。在这种背景下，裁判要旨的概括则可以更加倾向于对案件事实的重述，而将是否以及如何适用特定的指导性案例留给法官（也包括律师）来决定。这一阶段裁判要旨的概括方式，更接近于英美法系的传统做法。“判例法的判例摘要（digest）是对司法判决案件的一个索引……判例摘要并不试图评价一个案件的价值问题或从判决中找出一些法律原则。判例摘要中包括判例评注和日后引用某特定案例相关案件一览表以供参考。”〔1〕质言之，案例指导制度从初创到成熟的发展历程，决定着裁判要旨概括方式的转变。

裁判要旨的概括从侧重于抽象规则到侧重于案件事实，是一个从提供“成品”到提供“半成品”的过程。与这一过程相互伴生和促进的，是法官“加工”水平的提升，实质上是业务能力和素质的提升。“将优秀的指导性案例公布出来，让广大法官学习、分享指导性案例裁判的司法智慧、说理的缜密思考和程序的正当把握，在法官之间和法院之间形成相互学习借鉴的氛围，更有助于培养和提高广大法官依照法律、参照案例进行公正司法的能力，推动各级人民法院和法官队伍整体司法能力建设。”〔2〕裁判要旨在其中发挥着极其重要的作用，以案例指导制度的运作与发展进程为参考，

〔1〕 杨桢：《英美法入门》，北京大学出版社2008年版，第35页。

〔2〕 张军：《充分发挥案例指导作用　促进公正高效权威的社会主义司法制度建设——在全国法院案例工作会议上的讲话》，载胡云腾主编：《中国案例指导》（总第1辑），法律出版社2015年版，第288页。

可以在不同阶段为裁判要旨设定不同的侧重点，进而能够循序渐进地推动法官能力的提高，这一点不仅是案例指导制度运作的关键，也是其最为深远的积极效果。

另一方面，在微观层次上，概括裁判要旨还需要兼顾具体指导性案例的个案特点。针对通过各种途径推荐而来的案例，最高人民法院在将其确定为指导性案例时，需要细致分析该案件的特点，进而进行恰当的裁判要旨概括。被推荐的案例有着千差万别的形态，可能在某方面具有比较突出的特征和价值，裁判要旨的概括也应当随之有所偏重。可能影响裁判要旨概括的因素包括案件事实的复杂程度、相关法律规定的详略程度、该案反映社会问题的严重程度等。在案例指导制度宏观发展进程的背景下，最高人民法院将以上个案的情况进行细致分析，才能够更加准确地概括裁判要旨，进而通过裁判要旨发挥案例指导制度的积极效果。例如，指导案例19号针对的套牌车问题，已经在社会中产生了较大危害，但是，相关法律规定并非十分清晰，特别是在确定相关主体的责任范围问题上，实务中存在着不少争议。该案件的裁判要旨对以上问题进行了分析和判断，“将机动车所有人和管理人都纳入承担连带责任的主体，合理地规定了责任主体的范围，有利于加强被侵权人请求权的保护，提高被侵权人获得赔偿的可能性”。〔1〕这种裁判要旨的概括就比较准确和全面，能够给地方法院的法官在处理套牌车的相关问题上以启示。这说明，针对社会中比较突出的现实问题，在法律规定不明确的时候，通过指导性案例为法官提供处理这些问题的思路，是司法有效回应社会需求的重要方式。

更重要的是，如果现有法律规范并没有完全符合社会需求，简单依据滞后法律规范进行裁判，很可能会产生消极的社会效果，此时如何适用法

〔1〕 最高人民法院案例指导工作办公室：《指导案例19号〈赵春明等诉烟台市福山区汽车运输公司、卫德平等机动车交通事故责任纠纷案〉的理解与参照——套牌车出借人与使用人对交通事故负连带责任》，载吕山主编：《中国法律评论》（第1期），法律出版社2014年版，第179页。

律是对司法者的严峻挑战。虽然这种情况并不会大规模地广泛存在，但是，在解决个案时，可能会凸显法律规定与社会需求之间的尖锐矛盾。当司法者能够灵活处理此类问题时，其裁判的技能和艺术得以充分体现，通过裁判要旨进行凝练和概括之后，具有重要的推广价值。这一点比较突出地体现在若干扩大行政诉讼受案范围的指导性案例及其裁判要旨之中。例如，指导案例22号的裁判要旨明确，如果内部行政行为（批复）产生了外部化的效果，对行政相对人的权益产生了重要影响，那么，针对此种行政行为提起的行政诉讼，人民法院应当受理。〔1〕这一裁判要旨打破了传统意义上“内部行政行为不可诉”的陈旧观念，可以为权益受损的行政相对人提供更加充分的司法保护。再如指导案例39号的裁判要旨确认，由高校是否授予学位所引发的纠纷，也应当纳入行政诉讼的立案范围之中。〔2〕这一裁判要旨也厘清了行政诉讼是否应当受理学位纠纷的问题，同时也为未被授予学位的高校学生提供了司法救济途径。

扩大行政诉讼的受案范围一直是《行政诉讼法》修改的核心内容之一，具有十分重要的理论与实践意义。〔3〕最近《行政诉讼法》正式的修改也肯定了这一点，虽然其对受案范围的扩张力度还没有达到学者的预期。而通过在指导性案例中概括裁判要旨，是司法有效回应社会中扩大行政诉讼受案范围这一需求的重要方式，因为裁判要旨可以针对个案类型确认特定的事项“应当受理”。这一方式在形式上并没有直接与立法规定相冲突，又能够实质上规范行政行为，维护相对人权益，是裁判要旨积极功能的集

---

〔1〕 指导案例22号的裁判要旨全文为：“地方人民政府对其所属行政管理部门的请示作出的批复，一般属于内部行政行为，不可对此提起诉讼。但行政管理部门直接将该批复付诸实施并对行政相对人的权利义务产生了实际影响，行政相对人对该批复不服提起诉讼的，人民法院应当依法受理。”

〔2〕 指导案例39号的裁判要旨为：“具有学位授予权的高等学校，有权对学位申请人提出的学位授予申请进行审查并决定是否授予其学位。申请人对高等学校不授予其学位的决定不服提起行政诉讼的，人民法院应当依法受理。”

〔3〕 参见姜明安：《扩大受案范围是行政诉讼法修改的重头戏》，载《广东社会科学》2013年第1期。

中体现。当然，如何在此类案件中准确地概括裁判要旨，在形式上守法与实质上造法之间达到平衡，同样是对最高人民法院的挑战。

除了注意兼顾具体指导性案例的实体特点之外，在微观层面上概括裁判要旨的时候，还可以进行程序上的完善。根据《最高人民法院关于案例指导工作的规定》，在最高人民法院遴选确定某一指导性案例之后，裁判要旨的概括都是统一交由案例指导办公室来进行的。与两大法系国家判例机制比较，我国的案例指导制度在司法程序之外设立了独立的自下而上的行政性遴选程序，只有经过最高司法机关审批，司法效力已定的案例才能取得指导性案例资格。〔1〕裁判要旨的概括也完全遵循着以上程序。这种方式固然有高效的一面，但是，却忽视了案例形成过程中的主审法官以及后来逐级推荐的高级人民法院的意见。由于司法强调亲历性，直接主审特定案件的各个审级的法官，都会对案件有着超于他人的理解。同时，在向最高人民法院推荐的过程中，相应的高级人民法院也会对推荐案件的原因有着比较充分的了解。如果案例指导办公室在拟定裁判要旨的时候，能够充分吸收以上两类主体的意见，那么，这种做法将使最终公布的裁判要旨更加全面。在具体运作程序上，案例指导工作办公室完全可以将初步概括的裁判要旨交由以上两类主体进行补充和完善，充分调动各方的积极性，形成高质量的裁判要旨。根据《〈最高人民法院关于案例指导工作的规定〉实施细则》第7条的规定，案例指导办公室可以征求相关国家机关、社会组织和专家的意见。对于完善裁判要旨的概括来说，这一规定显得过于笼统。最高人民法院完全可以在充分调研的基础上，吸收地方法院法官和法学专家的意见，对裁判要旨的概括进行完善。在特定指导性案例中，甚至可以通过法院系统内部协商和征求意见的方式完成裁判要旨概括。当然，在这一程序运作过程中，最高人民法院确定特定指导性案例的裁判要

〔1〕 参见秦宗文:《案例指导制度的特色、难题与前景》，载《法制与社会发展》2012年第1期。

旨，可能与主审法官或者其他主体并不完全相同，因为前者可能仅仅看中案件中的某一方面，也可能另有他意。但是，兼听则明偏信则暗，裁判要旨既然是指导性案例的核心与精华，那么，对其概括和拟定在听取多方意见的基础上审慎决策，应当是比较现实的决策方式。

总结以上宏观和微观两个方面，最终的决定主体仍然是最高人民法院。从见微知著的角度来说，裁判要旨概括的问题是整个最高人民法院在法治进程中地位、角色、作用和影响力的一个缩影：在行政化色彩仍然比较浓厚的背景下，指导性案例的裁判要旨主要是以抽象规则的形式得以呈现，其本质仍然是最高人民法院进行业务管理和控制的方式之一，这一点与司法解释相类似，只是更加灵活机动。这一定位能够迅速推动案例指导制度在形式上被普遍接受和认可，但是，其行政化的色彩又与司法权运行的本质特征相背离，影响着裁判要旨在审判活动中真正被贯彻和落实。质言之，要从根本上完善裁判要旨的概括，不仅需要案例指导办公室更加精细的决断，更有赖于最高人民法院的整体转型。

作为最高司法机关，最高人民法院承担着诸多任务，扮演着多重角色，对地方法院进行业务指导是其核心工作之一，这一工作经常被冠以"统一法律适用"的名称，更被通俗地称为"同案同判"。但是，每个案件都有其独特之处，绝对意义上的同案并不存在，更无须同判。而对地方法院进行业务指导，尽量实现法律以大致类似的标准在全国实施和适用，对于最高人民法院来说是比较适合的目标。"国家应该特别致力于减少不确定性，促进合理化进程，尽量通过专业技术来预测、计算、驾驭以及控制那些非常复杂的、流动的事项。这正是独立的法官和法律职业共同体应该也能够大显身手的地方。"[1]法官和法律职业共同体要承担这一责任，需要具备相应的能力与水平，否则只会适得其反。而通过研习指导性案例，尤其是其

〔1〕 季卫东：《法治中国》，中信出版社2015年版，第71页。

中的裁判要旨，能够在很大程度上提升地方法院的法官在审判活动中的专业素质。“最高法院是希望能够通过这些指导性案例，在法律适用方面对全国的法院和法官起到指导作用。因此，即使是对法律争点的阐述，也应当由最高法院进行甄别与筛选，并在裁判摘要中予以体现。而未被裁判摘要确认的，则只是该案件中审理法院的立场，并不代表最高法院的立场，因而不应具有约束力或指导意义。”〔1〕这是裁判要旨发挥间接作用的表现，应当成为最高人民法院需要特别注意的地方。

但是，目前最高人民法院还承担着过重的直接从事审判的工作，特别是涉案数额较大的民商事案件。与美国联邦最高法院相比，我国最高人民法院每年受理案件的数量太多，使它的主要精力不是放在“规则治理”，而是“纠纷解决”。如果这一情况不改变，最高人民法院就不可能成为具有真正意义的、制定公共政策的法院。〔2〕在精力和资源十分有限的背景下，最高人民法院也无暇将较多精力放在其他工作上，如精致的裁判要旨概括。“最高法院判决的裁判摘要比司法解释在程序和内容上更为细致，对社会经济生活的影响更可预期，这能让法院能力变得更强……假使裁判摘要可以在功能上逐渐替代司法解释，通过判决来对具体的法律条文进行解释，那么也就预示着未来最高法院功能定位的可能变化。最高法院对于社会经济生活的调整越来越会有所选择、自我约束。”〔3〕司法解释的诸多弊端已经日益明显并且饱受批评，而能够发挥替代功能并且更具优势的案例指导，应当成为最高人民法院整体转型的契机和方向。而且，巡回法院等创新司法制度，能够帮助最高人民法院从繁重的日常审判工作中解脱，从而将更多精力转移到对全国法院整体审判活动的方向与趋势的把握和调控

---

〔1〕 李友根:《论指导性案例的约束力范围》，载《苏州大学学报》2011年第4期。

〔2〕 参见侯猛:《中国最高人民法院研究——以司法的影响力切入》，法律出版社2007年版，第89页。

〔3〕 侯猛:《最高人民法院判决的比较优势》，载《北京大学学报（哲学社会科学版）》2008年第6期。

之中，完成这一工作的主要方式之一就是发布指导性案例，尤其是恰当地进行裁判要旨概括。

当然，上述的整体转型只是一种预期，目前的最高人民法院仍然没有完全脱离政法体制的羁绊，在自身功能定位和能力等方面与现实的法治需求还有不小的差距。“而最高法院作为最高上诉法院……更重要的要有一套在当代中国其实更缺乏的与这样一个法院的功能相适应的同时也与这种社会转型相适应的司法知识，一种在更开阔的视野下对社会利益的平衡和把握，一种对公共政策的敏感和精细，一种对上诉法院之功能的重新定位，对可能后果的预见力，以及一批真正超越了纠纷解决而理解了规则之治的道理的法官。”〔1〕如果能够结合案例指导制度的整体发展，同时兼顾具体指导性案例的特殊之处，那么，最高人民法院就能够更好地进行裁判要旨的概括，进而通过该制度推动自身的整体转型，这对于其自身以及整体法治进程来说，都是大有裨益的。

结语：制度建构的应然价值与实然效果

作为全面推进依法治国的重要司法制度之一，案例指导被赋予了相当重要的历史使命，无论是从一般法理还是从部门法的角度，对其长期的细致探讨已经充分说明了这一点；最高人民法院也多次组织专家进行论证，甚至派出专门人员出国考察。但是，这些抽象意义上的应然价值并不必然会因为广受关注而直接转化为法治进程中的实然结果。有调查表明，多数法官尚未细致研读指导性案例及其裁判要旨，并不了解是否应当以及如何使用指导性案例，有些法官还认为司法解释更具优势，最终的结果表现为，

〔1〕 苏力:《司法解释、公共政策和最高法院——从最高法院有关“奸淫幼女”的司法解释切入》，载《法学》2003年第8期。

司法实践中几乎没有直接援引指导性案例的现实。[1]作为指导性案例的核心与精华，裁判要旨概括存在一定缺陷是难辞其咎的。无论是简单重复原有规定，还是过于具体或者过于抽象的概括，都难以发挥裁判要旨的指导功能，更难以获得地方法院法官的认可和接受。应然价值与实然结果之间的剧烈碰撞，无论是对于制度的创立者还是具体的实践者来说，都是十分遗憾的。

面对着以上反差，消极等待并非明智之举，以点滴努力逐步缩减应然与实然之间的距离，是最高人民法院和地方法院都需要努力的方向。虽然裁判要旨概括的缺陷，最终依赖于最高人民法院的整体转型，但是，在这种整体转型实现之前，最高人民法院完全可以在掌控案例指导制度发展的基础上，注意兼顾具体指导性案例的特点，并充分吸收多方意见，以此完善裁判要旨的概括。也就是说，要更好地完成裁判要旨的概括，无需大规模地变革甚至推翻现有制度框架，只需要最高人民法院有意识地做出一些针对性较强的局部调整。

此外，明确指导性案例的正式效力、援引流程和奖惩措施等，都是提升裁判要旨概括及其作用发挥的配套制度。对于地方法院来说，可以细化裁判要旨的援引方式，为其法官在审判活动中将裁判要旨作为论证提供便利，由此可以期待裁判要旨在个案中获得适用，进而扩大其示范效果，通过更加广泛的适用活动来检验、推动和提升裁判要旨的概括。简言之，在最高人民法院和地方法院的不断努力中，裁判要旨的概括完全可以弥补现有的诸多缺陷，使严格司法真正在审判活动中落实。

中国的法治进程整体上呈现出自上而下的建构色彩，在吸收西方法治经验的基础上确定特定制度的应然价值，进而结合本土实际进行具体制度

〔1〕 参见李红海：《司法统一视野中的案例指导制度》，载陈兴良主编：《中国案例指导制度研究》，北京大学出版社2014年版，第732页。

设计，已经成为推进法治进程的普遍模式之一，案例指导制度也不例外。但是，蓝图中的设计在复杂多变的现实面前总是遭遇困难与挫折，我们从裁判要旨的概括问题上就能够见微知著地看到这一点。比较现实的姿态并非等待法治成为普遍生活方式之后再解决微观实然问题，恰恰相反，正是在不断努力、逐步解决实然问题的过程中，法治的设计蓝图才会真正实现。在这个过程中，以最高人民法院为代表的法律职业共同体应当做的，不仅是拭目以待，更是应责无旁贷，从诸如概括裁判要旨之类的小处着手，最终实现“积跬步以致千里”的效果。

第二节　裁判理由部分的现有地位及其提升

备受关注的案例指导制度并没有发挥预期中的作用，在体例方面缺陷的表现之一是指导性案例中的裁判理由部分受到了忽视，主要表现在司法实践过度重视裁判要点部分。从两大法系的司法实践经验可以看到，裁判理由部分具有十分重要的意义，因为过度重视裁判要点可能会产生适得其反的效果，裁判理由却是指导性案例具有独特价值的集中体现，而且充分重视裁判理由有助于更好地适用裁判要点。要提升裁判理由部分的地位和作用，应当在正式规定中提高裁判理由的效力，将裁判理由也作为裁判文书可以直接援引的对象，并且完善相关程序设计。

一、裁判理由的地位和作用被忽视的表现

从《最高人民法院关于案例指导工作的规定》到其实施细则，最高人

民法院一直推动着指导性案例在司法实践中发挥作用。但是，这一作用发挥的程度仍然有待提升：指导性案例的总体数量偏少，难以满足司法实践的需要；即使已经公布的指导性案例，在法官的裁判文书中很少被直接援引，甚至在审判实践中出现了“隐性适用”的情况，间接地说明了法官对指导性案例陌生甚至是不信任。[1]造成以上消极现象的原因很多，如案例指导制度的配套规定不够细致全面，法官没有普遍掌握参照指导性案例的技术等。指导性案例自身的正式文本也需要完善，其中就包括裁判理由部分。

根据《最高人民法院关于案例指导工作的规定》及其实施细则，指导性案例由最高人民法院统一发布正式文本，主要由标题（含编号）、关键词、裁判要点、相关法条、基本案情、裁判结果和裁判理由等部分构成。在这些部分中，裁判要点主要是对整个案件中涉及的法律问题进行高度抽象概括，直接提供了抽象的法律规则。而裁判理由部分则是结合基本案情对相关法律适用问题进行展开论证。这两个部分是整个指导性案例中最重要的部分，为审理类似案件的后案法官提供了借鉴和参照的对象。每个指导性案例的裁判要点都非常简洁，一般只有一句，而裁判理由的内容则较为丰富，能够围绕着案件的核心问题及其争议提供全面分析。案例指导制度的现有规定和相关审判实践，都在不同程度上忽视了裁判理由的地位和作用，这一点不利于案例指导制度发挥应有的作用，具体表现在以下几个方面。

首先，案例指导制度的正式规定过于重视裁判要点，没有对裁判理由给予同等重视。《〈最高人民法院关于案例指导工作的规定〉实施细则》第11条明确，如果审判类似案件的法官要援引指导性案例，那么，援引的对

〔1〕 参见张骐：《再论类似案件的判断与指导性案例的使用——以当代中国法官对指导性案例的使用经验为契口》，载《法制与社会发展》2015年第5期。

象仅仅是相应指导性案例的编号和裁判要点。这一点充分肯定了裁判要点的地位和作用。裁判要点的确居于十分显要的位置，是“点睛之笔”，这一点从指导性案例文本各个部分的先后顺序中就可见一斑。可以说，裁判要点是指导性案例对司法实践发挥直接作用的集中体现，每个指导性案例的裁判要点都受到了理论界和学术界的高度关注。也正是因为存在此种关注程度，裁判理由被重视的程度就要低很多，甚至有学者认为裁判理由也不应作为裁判文书的援引对象〔1〕。法官在了解指导性案例时，在多数情况下只是附带地浏览裁判理由部分。特别是对于某些侧重详细论证、篇幅较长的裁判理由，法官们就更不愿意花费时间和精力去专门研习。在整个案例指导制度尚未对司法实践产生普遍影响的背景下，裁判理由部分所受到的关注程度自然也是较少的。可以说，对裁判要点的高度重视是裁判理由部分被忽视的最主要原因。

其次，在遴选阶段中，报送的备选指导性案例也在裁判理由部分存在不少缺陷。遴选程序决定着指导性案例的质量，是案例指导制度中非常关键的环节。根据《最高人民法院关于案例指导工作的规定》及其实施细则，除了最高人民法院自身可以直接报送备选指导性案例之外，地方各级人民法院都需要层报最高人民法院案例指导工作办公室。从后一遴选途径来看，地方各级人民法院报送的备选指导性案例出现了一些问题，尤其是在裁判理由的写作环节上：有的把裁判理由写成普通的案例分析理由，有的把裁判文书中的理由简单地拿过来使用，有的过于简单贫乏，还有把案件事实放到裁判理由中等情形。〔2〕与前述裁判要点和裁判理由重视程度上的差异相类似，在遴选阶段中报送的备选指导性案例，在文本的编撰中

---

〔1〕 参见黄泽敏、张继成：《指导性案例援引方式之规范研究——以将裁判要点作为排他性判决理由为核心》，载《法商研究》2014年第4期。

〔2〕 参见胡云腾：《谈指导性案例的编选与参照》，载胡云腾主编：《中国案例指导》（总第1辑），法律出版社2015年版，第351页。

也对裁判理由部分有所忽视。在已有的指导性案例中，绝大多数最终的正式文本都是由主审法官（尤其是终审法官）所撰写的。裁判理由部分是以最终裁判文书为基础重新编写的，虽然原初裁判文书的质量也会对裁判理由部分的写作水平有所影响，但是，只要进行细致分析和认真编写，报送的备选指导性案例中裁判理由部分还是能够保证质量的。现有的实践并没有达到以上要求，就从侧面说明了裁判理由部分没有受到指导性案例的推荐者或者报送者的重视。

最后，在适用指导性案例时，法官也并没有将裁判理由作为援引的主要对象。虽然《〈最高人民法院关于案例指导工作的规定〉实施细则》明确将裁判要点作为直接援引的对象，但是，在相关配套规定（尤其是惩戒性规定）并不完善的背景下，司法实践中裁判文书援引指导性案例的方式也是多样的。有些裁判文书采取了比较模糊的表述，如“根据指导性案例的规定”；有些裁判文书则是只援引了指导性案例的编号；还有另外一些裁判文书援引了裁判理由。根据相关数据统计，在适用指导性案例时，引用的内容以裁判要点所占比重最高，达到66%；基本案情，所占比重约为31%，基本案情相似的占了29%，基本案情不同的仅占了2%。另外，目前已经开始出现参照指导性案例的裁判理由进行案件审理的情况，其所占比例已有3%。〔1〕以上数据说明，在直接援引指导性案例的裁判文书中，裁判要点所受到的重视程度仍然是最高的，而裁判理由也因此受到了一定程度的忽视。

以上几个方面仅仅是裁判理由的地位和作用被忽视的外在表现，造成这些现象的深层原因与案例指导制度的整体定位和发展历程有关。案例指导制度的基本目标是“统一法律适用”，在目前绝大多数法官并不熟悉

〔1〕 参见赵晓海、郭叶：《最高人民法院民商事指导性案例的司法应用研究》，载《法律适用》2017年第1期。

援引指导性案例的具体技术和操作方法的背景下，通过裁判要点提供直接的抽象规则，是在疑难案件中统一法律适用的现实选择，而繁复全面的裁判理由则并不容易被法官所掌握和吸收。再者，在案例指导制度的主要借鉴对象——判例制度中，判例的权威程度和影响力是由自身的裁判理由及其结论的质量所决定的；而案例指导制度仍然处于初创阶段，指导性案例的影响力更多地依赖于最高人民法院的权威，带有明显的行政化色彩。质言之，最高人民法院在案例指导制度的运行中也没有积累起足够的经验，尚未对如何发挥指导性案例的整体作用有着充分把握，而借助于裁判要点的抽象规则更接近于司法解释制度，对于最高人民法院来说更加容易掌握。以上原因都造成了裁判要点部分被赋予了高度的重视，也间接地导致了裁判理由部分受到忽视。

二、裁判理由的地位和作用应当得到提升的原因

所有的指导性案例都是经过了层层遴选、由最高人民法院慎重确定的，包含着来自司法实践的经验和智慧。而且指导性案例的正式文本也是经过了多方斟酌和考量，应当在整体上发挥对审判活动的积极影响，而不应是其中某个部分。案例指导制度的定位并非只是提供一些现成的抽象规则，还应当在更广泛的领域中发挥积极作用。在裁判要点已经受到高度关注的情况下，裁判理由部分也应当获得更多的重视，其中的具体原因至少包括以下几个方面。

首先，裁判理由可以缓解由于过度重视裁判要点所带来的消极影响。在英美法系的先例制度中，并不存在裁判要点部分，有部分民间或者官方机构会编纂案例汇编，并在相应案例之前归纳出特定的裁判要点。但是，这些裁判要点并没有经过原初审判法院或者最高司法机关的正式认可，是指一种对整体案情或者法律规则的大致指引。即使是在已经承认判例效

力的大陆法系中，对于裁判要点是否存在也一直存在质疑的声音。例如，拉伦茨（Larenz）针对德国判例中的裁判要旨部分进行了批评，认为："在裁判之前添加类似法条的要旨，这种做法是多么危险。这些要旨不过是判决理由中蒸馏出来的结晶，与案件事实密切相关，在很大程度上本身也需要解释。"〔1〕指导性案例的体例安排更接近于大陆法系判例制度，将裁判要点或者裁判要旨置于明显的关键位置，很容易引起司法者的关注。但是，如果将裁判要点视为判例或者指导性案例的主要焦点，甚至是唯一焦点，那么，很容易产生一叶障目的消极后果。忽视基本案件和裁判理由部分，裁判要点提供了抽象规则就失去了出现和发生的"渊源"，与抽象的制定法别无二致，其运用仍然需要法官在个案中具体解释和论证。就我国的司法制度设计来说，只是重视裁判要点，将使案例指导制度与司法解释制度高度混同，导致二者的区别仅仅在于是否完整和系统，这种高度可替代的性质会严重压制案例指导制度的生存和作用空间。解决该问题的途径之一就是重视裁判理由部分，这一点也有域外经验可供借鉴。在意大利的司法实践中，法官"不只阅读判决要旨，而是精细阅读、分析判决书的所有内容。只有通过阅读判决的所有内容，才可以精确认知法律其中的运用"。〔2〕裁判理由部分是判决书和指导性案例正式文本的重要部分之一，可以明确裁判要点运用的准确性和适当性，缓解由于过度重视裁判要点所带来的消极影响。

其次，裁判理由部分是判例或者指导性案例具有独特价值的集中体现。如前所述，单纯提供抽象规则的判例或者指导性案例，基本上等同于制定法或者司法解释，没有自身的独特价值和属性。而裁判理由部分则可以连通基本案情和裁判理由，能够挖掘和发现基本案情中所蕴含的法律适

〔1〕［德］卡尔·拉伦茨：《法学方法论》，陈爱娥译，商务印书馆2003年版，第233页。

〔2〕薛军：《意大利的判例制度》，载《华东政法大学学报》2009年第1期。

用问题，并用比较充分的篇幅进行详细论述，这一点是裁判要点所无法比拟的。从先例制度的经验来看，在没有直接明确的裁判要点背景下，很多裁判理由的论述直接被重述或者概括成为适用于后案的规则，这种类似于裁判要点或者裁判要旨的规则被称为“判决理据”：“判决理据是指鉴于案件的决定性事实，或者以案件的决定性事实为背景，决定案件判决结果的关于法律规则的认定。”〔1〕质言之，在先例制度的运行过程中，很多能够适用于以后类似案件的抽象规则，都是从裁判理由中概括出来的。当然，这里需要强调的是，这种概括是由后案法官在处理待决案件时从先例的裁判理由中概括出来的，并非事先确定。在大陆法系的判例制度中，虽然有裁判要点的存在，但是，为了避免过度关注裁判要点带来的弊端，还是有些可供借鉴的做法的。例如，将裁判要点的内容进行适当调整，从提供抽象规则逐步转向重述基本案情，只是发挥指引作用。随着案例指导制度逐步完善，裁判要点写作方式的这一转变是非常必要的。〔2〕随着裁判要点关注度的下降，意图参照指导性案例的法官会更多地重视裁判理由部分所论述和分析的内容，能够更加充分地了解裁判要点是如何从基本案件中总结和概括出来的，这也就更容易凸显裁判理由的独特价值。长此以往，认真研习指导性案例的法官就能够提升自身的审判能力和素质，更加准确地认定法律规范和案件事实之间的关系，即使是面对疑难案件也能够从指导性案例中获得解决方法。这对于提升司法公正的程度和质量都是十分有益的。

最后，重视裁判理由能够更准确地适用裁判要点，进而推动整个指导性案例发挥积极作用。“从指导性案例的表述方式看，如果以制定法来比喻的话，‘裁判要点’大致相当于法条，是最高人民法院希望表达的规范性

〔1〕［英］迈克尔·赞德：《英国法：议会立法、法条解释、先例原则及法律改革》，江辉译，中国法制出版社2014年版，第445页。

〔2〕参见孙光宁：《反思指导性案例的援引方式——以〈《关于案例指导工作的规定》实施细则〉为分析对象》，载《法制与社会发展》2016年第4期。

内容的外在表现，而这种外在表现为什么成立，则必须理解‘裁判理由’中表述出的论证内容。”[1]裁判要点所提供的抽象规则，是基于主要案情并从裁判理由中概况出来的。换言之，内容和篇幅更加全面和丰富的裁判理由是对裁判要点的详细论证和展开，通过了解和分析裁判理由部分，能够更好地理解并适用裁判要点，同时能够在很大程度上避免过度重视裁判要点所产生的误解。这一点特别适用于法条规定比较模糊的案件之中。例如，司法实践中对如何准确认定虚假诉讼存在疑问之处，指导案例68号的裁判要点强调应当进行“综合判断”。这种综合判断具体体现在该案裁判理由部分之中，包括当事人是否为关联公司、资金往来是否真实合理等。裁判理由部分的这些具体分析能够具体展示虚假诉讼的一些直接表现，便于后案法官在处理类似案件时予以借鉴。再如，指导案例61号的裁判要点是肯定了利用刑法中未公开信息交易罪应有“情节严重”“情节特别严重”两种情形和两个量刑档次。这一裁判要点并没有直接体现在相应法条之中，也就是说，未公开信息交易罪是否存在两种情形及其相应的量刑档次并没有直接的法条依据。该指导性案例的裁判理由部分用了近2/3的篇幅专门论述了得出这一结论的依据，包括刑法的立法目的、法条的基本文义、援引法定刑的立法技术等方面。对于指导案例61号来说，如果只是关注裁判要点，那么，法官所接收的信息虽然清晰但却非常狭隘，因为裁判要点本身并没有给出相应的理由。只有细致研习裁判理由部分，才能够确定得出裁判要点的正当原因。质言之，裁判要点是只见树木不见森林，是授人以“鱼”而非授人以“渔”。而通过细致分析裁判理由部分，则能够明确其与裁判要点之间的源流关系和纽带。长此以往，法官通过研习裁判理由，能够获得审判能力和业务素质的提升。

---

〔1〕 朱芒：《论指导性案例的内容构成》，载《中国社会科学》2017年第4期。

三、裁判理由发挥作用的改进方式

从上文的论述中可以看到，裁判理由部分在整个指导性案例中的地位和作用尚未被充分重视，但是，裁判理由实际上蕴含着非常重要的意义和价值，其地位和作用应当得到进一步提升和加强。指导性案例的正式文本是一个有机整体，只有充分发挥每个部分的作用，指导性案例的整体作用才会得到最好的体现，即使是连案例序号这样“似乎”不太引人关注的地方，都存在相应的实践意义，[1]遑论在内容和篇幅上更加丰富的裁判理由部分。“判决理由厘定了该案裁判可成为指导性案例的价值，因其通过说理连接了某种案件事实和某种法律问题的具体含义，借助具体个案消解了司法裁判中规范与事实的紧张和疏离关系，是支撑该案判决具有指导裁判活动之价值的缘由。”[2]质言之，裁判理由部分连接着基本案情和裁判要点，是指导性案例与制定法、司法解释之间主要区别所在，体现了案例指导制度对审判工作的独特价值，其发挥作用的方式应当得到进一步改进。笔者认为这一改进可以从以下几个方面入手。

首先，直接提升裁判理由部分的正式效力。《最高人民法院关于案例指导工作的规定》及其实施细则只是将裁判理由部分作为指导性案例的体例格式对待，并没有像裁判要点那样直接将裁判理由列为法官可以援引的对象。鉴于前文中所分析的原因，案例指导制度有必要将裁判理由也规定为法官在裁判文书中可以直接援引的对象。这种效力上的提升可以推动法官更加重视指导性案例，无论是在推荐备选指导性案例阶段，还是在直接适用指导性案例阶段，都可以起到这样的效果。虽然裁判理由部分的论述是围绕裁判要点展开的，但是，裁判理由中还有很多细节内容并不能在

〔1〕 参见刘风景：《指导性案例序号的功能定位与设置技术》，载《交大法学》2013年第2期。

〔2〕 杨知文：《指导性案例编撰中的文本剪辑与要旨著述》，载《河南财经政法大学学报》2015年第2期。

裁判要点中直接体现，其中很多细节也能够在处理类似案件中带给法官以重要启示。这种将裁判理由部分纳入援引范围中的做法，也是借鉴了先例制度的运作实践。当然，出于集中在裁判文书中进行说理的需要，案例指导制度可以规定：裁判理由部分不能单独作为论证理由被援引，必须和相应的裁判要点同时在裁判文书中出现。这种规定既可以突出裁判理由的地位和作用，又能够给予裁判要点相应的重视，是案例指导制度未来发展的完善措施之一。

其次，将裁判理由相似作为参照指导性案例的标准。根据《〈最高人民法院关于案例指导工作的规定〉实施细则》第9条，参照指导性案例的前提是待决案件和相应指导性案例在案件事实和法律适用上都具有相似性。从先例制度的实践经验来看，一般而言，只要是关键的案件事实相似，就可以遵循相应的先例。换言之，事实上的相似性是参照先例的主要决定性因素。或许是出于谨慎全面的考虑，最高人民法院将法律适用上的相似性也列入了参照指导性案例的前提条件。但是，如何具体界定“法律适用”上的相似性，案例指导制度并没有给出明确规定，案例指导工作办公室相关人员的解读也没有给出明确答案。[1]裁判要点作为裁判文书直接援引的对象，自然属于法律适用上的相似性。鉴于自身的重要性，裁判理由也应当属于所谓法律适用上的相似性。“裁判理由将展示对制定法之所以如此解释的理据，待决案件法官通过对裁判理由的分析而识别隐藏于规则文义背后的法律目的，根据法律目的来确定案件事实是否具有‘决定相似性’。”[2]由于内容上十分具体和丰富，主审法官可以细致地比较裁判理由的相关认定和论述与待决案件之间是否存在相似的因素或者环节，能

---

〔1〕 参见郭锋、吴光侠、李兵：《〈《关于案例指导工作的规定》实施细则〉的理解与适用》，载《人民司法》2015年第17期。

〔2〕 王彬：《案例指导制度下的法律论证——以同案判断的证成为中心》，载《法制与社会发展》2017年第3期。

够更加精确地决定是否参照相应的指导性案例，并给出有说服力的解读和说明。

再次，基于裁判理由加强裁判文书的说理论证。目前我国裁判文书的写作普遍存在说理和论证不足的缺陷。[1]对此，最高人民法院十分重视，并发布了相应的改革措施，其中非常关键的一点就是繁简分流，基于案件类型的不同区分裁判文书的写作方式：对于简单案件采取填充式、要素式的裁判文书，对于疑难复杂的案件则需要进一步加强细致全面的说理和论证。对于案例指导制度来说，经过层层遴选的指导性案例都不是简单案件，总是带有疑难和复杂的色彩，其最终被遴选成功在很大程度上也归因于原始裁判文书有着细致深入的论证说理。这就意味着，如果在审判实践中出现了与指导性案例相类似的疑难复杂案件，那么，法官就应当参照相应的指导性案例，尤其是在裁判理由部分中可以发现对裁判待决案件具有借鉴意义的说理论证。由于指导性案例的裁判理由在说理论证方面有着相当的优势，而且最高人民法院案例指导工作办公室还专门对其进行了编辑和整理，待决案件的法官在参考裁判理由部分的时候就更容易援引其中的内容，充实待决案件裁判文书的说理。有学者提出将裁判理由部分的写作结构进行分层，也能够实现类似的效果。[2]这样，即使面对疑难复杂案件，参照指导性案例的裁判文书说理也能够获得比较强的说服力。当然，这种借鉴和参照都需要法官平时在业务提升过程中重视指导性案例中的裁判理由部分，只有不断研习和积累，裁判文书说理论证的提升才能水到渠成。

最后，细化参照裁判理由的程序设计。除了在实体规定中提升和强化裁判理由的地位和作用之外，细致的程序设计也很重要。依据《〈最高人

〔1〕 参见牟绿叶：《论指导性案例的效力》，载《当代法学》2014年第1期。
〔2〕 参见周翠：《民事指导性案例：质与量的考察》，载《清华法学》2016年第4期。

民法院关于案例指导工作的规定〉实施细则》第11条第2款，对于诉讼参与人提出参照相应指导性案例的请求，主审法官应当给予回应，是否参照指导性案例并说明理由。这一规定有助于提升指导性案例在司法实践中的影响，因为当事一方总是希望能够运用更多的法律理由来强化本方的结论。但是，该规定并没有相应的配套措施，这意味着法官即使没有对参照指导性案例的请求进行回应，也不会承担具体责任，这就会影响指导性案例实际发挥作用的程度。质言之，存在缺陷的程序设计并不能有效推动指导性案例被参照适用。对于裁判理由部分来说，这一点同样适用。如果案例指导制度的改进对裁判理由部分赋予了更高的地位和效力，在程序设计上却没有同步跟进，预期的效果也是令人担心的。具体来说，案例指导制度应当细致规定，对参照指导性案例（包括裁判理由部分）的请求不予回应的，根据程度不同分别应当承担何种责任，作为对主审法官进行考核和评价的主要依据。对于应当参照而未参照的情况，在上诉审理过程中可以对初审给予否定评价，直接改判或者发回重审。

结语：指导性案例的“顶端”与“基础”

案例指导制度借鉴于先例制度，虽然后者在效率上似乎有所欠缺，但是，英美法系的法官们却利用先例保持着对法治的强大推动力。无论是遵循先例、修正先例还是推翻先例，都是在裁判理由中展开和完成的。大陆法系的判例制度增加了裁判要旨，也并不忽视裁判理由部分的重要性。〔1〕对于意在发挥更大实际作用的指导性案例来说，居于顶端的裁判要点固然引人关注，但是，如果忽视了作为基础的裁判理由部分，那么，裁判要点也就变成了无源之水，过度关注裁判要点就变成了饮鸩止渴。质言之，裁

〔1〕 参见高尚：《德国判例结构特征对中国指导性案例的启示》，载《社会科学研究》2015年第5期。

判理由部分才是先例制度或者判例制度的精髓和独特价值所在，是案例指导制度最应当充分借鉴的对象。对裁判理由部分的关注不仅着眼于当下复杂疑难案件的解决，更能够通过不断研习来提升法官的能力与素质，也是着眼于从长远提升法治建设的人力资源，这是裁判理由中所蕴含的深远意义。

第六章　指导性案例文本说理的依据扩展：以“法理”为对象

在司法领域中，法理概念虽然在准确内涵上尚未达成普遍共识，但是其外延范围大致包括法律原则、政策和理论学说等内容，能够作为补充性法源和说理论证的重要理由。最高人民法院公布的指导性案例中包含着非常丰富的法理实践。法理在指导性案例中受到高度重视有着多种原因：定位于疑难案件的指导性案例需要法理作为辅助性法律渊源；法理能够成为指导性案例的权威性论证理由；源于本土司法实践的指导性案例也能够体现出“中国法理”的独特之处。要进一步提升指导性案例中法理的积极效果，最高人民法院应当大幅增加指导性案例的数量，并在裁判理由部分专门突显法理的作用；地方法院应当在审判程序中突出指导性案例及其法理；法官个人应当在掌握法理的基础上积极适用指导性案例。法理的实际效果借助于指导性案例而得以彰显，体现了司法改革在制度和理念上的进步。

2010年年底，《最高人民法院关于案例指导工作的规定》正式建立了案例指导制度。从2011年第一批指导性案例发布开始，对于案例指导制度的关注就持续升温。在司法实践中，有越来越多的裁判文书直接援引了指导性案例作为论证和裁判的理由，[1]虽然这些裁判文书在绝对数量上无法与将近每年上千万件的案件总数相比，但是，这种逐渐增多的趋势就已经

〔1〕 郭叶、孙妹：《指导性案例应用大数据分析——最高人民法院指导性案例司法应用年度报告（2016）》，载《中国应用法学》2017年第4期。

值得肯定了。在法学理论研究中，以案例指导或者指导性案例为主题的论文也在同期保持着高速增长的态势。总体而言，现有的研究成果可以分为两个层面：在个案层面上主要表现在各个部门法学者专注于分析、解读和批判某个具体的指导性案例；在制度层面上主要表现是对如何提高指导性案例的参照比率提出各种意见。虽然以上两个层面上的分析非常有价值，但是，就案论案的个案层面和忽视个案的制度层面，仍然不能满足案例指导制度的全面研究。在这种背景下，通过对多个指导性案例中的共性分析，进而提出有针对性的建议，能够弥合前述二者之间“两张皮”的现象。

对现有指导性案例进行梳理后可以发现，“法理”普遍存在于诸多指导性案例之中，属于“跨”个案研究的重点对象，在前述两个层面的现有研究仍然没有细致关注到法理在指导性案例中的运用。《最高人民法院关于加强和规范裁判文书释法说理的指导意见》也专门提及，裁判文书释法说理“要释明法理，说明裁判所依据的法律规范以及适用法律规范的理由；要讲明情理，体现法理情相协调，符合社会主流价值观”。指导性案例的正式文本对原初判决书进行了编辑和提炼，这样的指导地位更要求其在文本的释法说理中充分体现“法理”。本章力图挖掘法理在指导性案例中的实践运用，首先充分展示指导性案例中法理因素，进而分析指导性案例高度重视运用法理的多种原因，最后提出相应的完善建议。这一研究不仅有助于提高案例指导制度被司法实践认可的程度、进而提升该制度的效果，更有助于展示法理在法治实践中的普遍存在，并推进其实践作用的发挥。

第一节　指导性案例中的法理界定及其表现

虽然学界对于“法理”并没有形成统一的认识，但是，具体到司法领域之中，还是能够梳理出其基本含义和大致范围的。张文显教授在《法理：法理学的中心主题和法学的共同关注》一文中认为："自古以来，法理都被视为法律渊源或补充渊源或最后使用的法源……我认为，在社会情势急剧变化的当代世界，以法理作为断案的依据，已不是法官的'拾遗补阙'，而是常态化的司法模式。"〔1〕指导性案例就有明显的疑难色彩，就更需要法理作为证立裁判结论的理由或者依据。根据关于法律渊源的通说，我国当代的主要法律渊源包括立法（制定法）、国家机关的决策和决定、司法机关的司法判例和法律解释、国家和有关社会组织的政策、国际法、习惯、道德规范和正义观念、社会规章和民间合约、外国法以及理论学说特别是法律学说。〔2〕

基于目前已有指导性案例的特点，本章将司法领域中法理的范围界定为法律原则、政策和理论学说。支持该界定的理由包括以下几个方面：（1）符合"法理泛在"的整体表现特点。法理普遍地存在于法治的各个环节之中，有着丰富的表现形式，在司法领域中也是如此。通常并不将具体的制定法视为法理，但是对于司法审判中需要参考的其他补充性法律渊源，就可以纳入法理的范围之内。在英美法系的先例中，起到决定作用的就是"*ratio decidendi*"，经常被译为裁判理由或者裁判理据，由于其范围十分广泛，不仅包括制定法，还包括大量法外因素，与法理的范围有着相当一致的特点。借鉴于先例的指导性案例，也应当在作为补充性法律渊源的法理问题上持有开放姿态。（2）符合指导性案例自身的整体定位。每一个指导性案例都经过了法院内部的层层推荐和遴选，并非普通的典型案例，而是带有非常浓厚的疑难色彩。〔3〕这就意味着其裁判结论的形成特别需要法律规则之外的多种补充性法律渊源。这里需要对法律原则的法理地位进行说明。虽然部分法典也以条文的形式写入了法律原则，但是，法

---

〔1〕 参见张文显：《法理：法理学的中心主题和法学的共同关注》，载《清华法学》2017年第4期。

〔2〕 参见张文显主编：《法理学》（第3版），高等教育出版社2007年版，第92～94页。

〔3〕 参见孙光宁：《法律解释方法在指导性案例中的运用及其完善》，载《中国法学》2018年第1期。

律原则的适用需要具备多种条件，与法律规则的适用有着较大差异，更符合疑难的指导性案例所应具备的审判特点。更重要的是，在指导性案例所使用的法律原则中，并非完全被法典所直接规定，例如，后文将要在行政法指导性案例中分析的正当程序原则，更多的是一种理论界和实务界公认的通说（理论学说），应当属于法理的范围。（3）符合通过案例方式呈现法理的特点。“对判例的研习是判例法国家学习法律知识和法理思想的主要途径，在我国也同样是发现或凝练法理的重要途径，我们常常借助判例阐释‘法理’、讲解法理学知识。”〔1〕但是，案例的发生并不以当事人的意志为转移，具有明显的分散性、碎片化的特征，这也决定了通过案例呈现的法理也并非系统和全面，多是管中窥豹。指导性案例也是个案，而且现在数量并不十分充足，适用于其中的法理也有待扩张。目前需要先对指导性案例中的法理进行广泛梳理，才能够为后续的总结和概括提供丰富的素材。

简言之，法理在司法过程中主要以补充性法源的方式发挥作用，结合指导性案例的特点，基本范围包括法律原则、政策和理论学说等。基于此种界定，我们可以对已经发布的指导性案例进行综合考察，发现并总结其中运用法理的共性因素，作为进一步完善案例指导制度的重要参考。由于不能对每个指导性案例进行具体地分析和考察，这里对前21批指导性案例的正式文本进行梳理之后，通过列表的方式来说明表现于众多个案的共性法理因素。（见表6-1）

表6-1　主要部门法指导性案例体现的本部门法内部的共性法理因素

部门法领域	共性法理因素	对应的指导性案例编号
刑事领域	重视刑事政策	4号、12号（都体现宽严相济的刑事政策）
民事领域	推崇诚信原则	1号、2号、30号、45号、49号、64号、95号等（都在裁判要点或者裁判理由部分专门提及诚信原则，将该原则作为形成最终判决的论证理由）

〔1〕丰霏：《如何发现法理？》，载《法制与社会发展》2018年第2期。

续表

部门法领域	共性法理因素	对应的指导性案例编号
商事领域	保护弱势群体的政策	17号、23号（倾向于保护消费者）； 18号、40号、94号（倾向于保护劳动者）
行政领域	凸显正当程序原则	26号（强调程序及时）； 41号（强调程序形式完备）； 6号、38号、39号、69号、88号（强调保护相对人的被告知和申辩的程序权利）

从表6-1中可以看到，指导性案例中运用法理的情况还是非常普遍的，尤其是一些比较基础性的法理。例如，面对着死刑立即执行与死刑缓期执行之间的艰难选择，最高人民法院通过高度相似的指导案例4号和12号展示了如何运用宽严相济的刑事政策来解决上述难题。〔1〕法理在指导性案例中更为普遍的运用体现在民事指导性案例中的诚信原则上。虽然每个民事类指导性案例都是以特定的法律规则作为最终裁判依据，但是，将诚信原则加入裁判理由进行充分论证，能够使最终判决结论被接受的程度更高。在备受关注的案例指导开篇之作——指导案例1号中，法官正是基于诚信原则对购房中的饱受争议的“跳单”问题进行了细致分析。〔2〕指导案例2号虽然主要涉及民事诉讼程序，但是同样体现了诚信原则（具体表现为违反了“禁止反言”），〔3〕这一点也得到了最高人民法院的充分肯定。〔4〕

〔1〕 参见孙光宁：《“两高”指导性案例的差异倾向及其原因——基于裁判结果变动的分析》，载《东方法学》2015年第2期。

〔2〕 指导案例1号的裁判理由认为：“同一房源信息经多个中介公司发布，买方通过上述正当途径获取该房源信息的，有权在多个中介公司中选择报价低、服务好的中介公司促成交易，此行为不属于‘跳单’违约。从而既保护中介公司合法权益，促进中介服务市场健康发展，维护市场交易诚信，又促进房屋买卖中介公司之间公平竞争，提高服务质量，保护消费者的合法权益。”

〔3〕 指导案例2号的裁判理由明确：“未按和解协议履行还款义务，违背了双方约定和诚实信用原则”。

〔4〕 对于指导案例2号，最高人民法院案例指导办公室认为：“该指导案例的发布，有利于依法维护当事人合法权益，维护人民法院生效裁判的权威，同时，向当事人和社会宣传了合约应当自觉遵守和忠实履行的重要意义，有利于倡导自觉守法、诚实信用的良好社会风尚。”参见最高人民法院案例指导工作办公室：《指导案例2号〈吴梅诉四川省眉山西城纸业有限公司买卖合同纠纷案〉的理解与参照》，载《人民司法》2012年第7期。

其他相关指导性案例对待诚信原则的方式也比较类似。指导性案例中高频出现诚信原则作为论证理由，也是指导性案例的前身——公报案例的特点之一。1985～2007年，最高人民法院的公报中直接涉及诚信原则的案件有53起，其中有42起是诚信原则与其他法律规范共同作为裁判理由或者依据得以适用的。[1]虽然诚信原则并没有在某个指导性案例中单独作为裁判依据，但是，在总共31个民事类指导性案例（不含知识产权案件）中，就有6个案例引述了诚信原则，这一比例已经说明了该法理的重要地位和作用。

与前述刑事政策和诚信原则不同，行政指导性案例中出现正当程序原则有着特殊的制度背景。因为我国尚未有完整系统的《行政程序法》法典，而现实中又普遍存在行政行为在程序上违法的情况，二者的反差给审理行政诉讼案件的法官带来了不少困难，这些法官经常缺少明确直接、可供参考的细致规则。而很多行政法指导性案例则能够提供体现正当程序的裁判规范，为解决类似的疑难案件提供了重要帮助。例如，2017年11月底发布的指导案例88号强调，行政机关在做出行政许可时应当告知相对人相应的行政许可期限，否则行政机关就不能以届满为由终止行政许可权益，这属于行政程序违法。对于行政许可中应当告知而未告知期限，以及由此产生的细致后果如何判定，《行政许可法》及相关司法解释规定并不明确，尤其是涉及一些行政许可有可能影响公众利益的情况。指导案例88号对此进行了比较细致的规定，既强调了着重于保护行政相对人的程序权利，同时又兼顾了公众利益的诉求。如果说诚信原则在民事类指导性案例中的普遍存在是作为附带性论证理由的话，那么，对于专门程序法典缺位的行政类指导性案例来说，正当程序原则才是最终决定裁判结果走向的隐性因素。当然，正当程序原则在特定案件中也会直接表现，比较典型的是

---

〔1〕 参见骆意：《论诚实信用原则在我国民事司法裁判中的适用——基于对〈最高人民法院公报〉中53个案例的实证分析》，载《法律适用》2009年第11期。

指导案例38号。该案为曾经引起广泛社会关注的“田永诉北京科技大学案”，曾经在《中华人民共和国最高人民法院公报》1999年第4期发布。该案的判决书及其在公报上发布的案件介绍和理由，都强调了行政相对人应当被告知相应的情况，但是没有直接出现“正当程序”的表述。而将该案重新整理并发布为指导性案例时，正式文本中专门出现了“从正当程序原则出发”这一表述，由此可见对该原则的重视程度。

特别需要说明的是，以上对法律原则和政策的法理分析，都是能够直接从指导性案例的正式文本中发现的，而另一种重要的法理——理论学说，是以隐性的方式影响相关裁判结果。由于理论学说只是一种补充性法源，难以直接进入裁判文书得以体现，而指导性案例的正式文本也是以生效判决文书为基础进行编纂加工而成，同样也很难明文体现理论学说。最高人民法院案例指导工作办公室在其对各个指导性案例的解读中，比较直接地揭示了相关理论学说对审判结果的影响。例如，针对“利用职务上的便利”存在的多种学说观点，指导案例8号就选择了其中之一。〔1〕类似的情况发生在指导案例27号中，涉及的问题是区分盗窃与诈骗的刑法理论。〔2〕指导案例21号针对防控缴纳防空地下室易地建设费问题，实质上体现了“任何人不能从自己的错误或者违法行为中获益”的法理。〔3〕指导案例24号则针对了交通事故侵权责任的范围问题，认为无过错受害人的特殊体质不能成为减轻侵权人责任范围的法定理由，该案实质上体现了侵权责任法中

〔1〕 参见最高人民法院案例指导工作办公室：《指导案例11号〈杨延虎等贪污案〉的理解与参照——贪污罪中的“利用职务上的便利”和“公共财物的认定”》，载胡云腾主编：《中国案例指导》（总第1辑），法律出版社2015年版，第184页。

〔2〕 参见最高人民法院案例指导工作办公室：《指导案例27号〈臧进泉等盗窃、诈骗案〉的理解与参照——利用信息网络进行盗窃与诈骗的区分》，载颜茂昆：《中国案例指导》（总第2辑），法律出版社2015年版，第246～247页。

〔3〕 该案的裁判理由部分论及：“免缴防空地下室易地建设费有关规定适用的对象不应包括违法建设行为，否则就会造成违法成本小于守法成本的情形，违反立法目的，不利于维护国防安全和人民群众的根本利益。”最高人民法院案例指导工作办公室：《〈内蒙古秋实房地产开发有限责任公司诉呼和浩特市人民防空办公室人防行政征收案〉的理解与参照》，载《人民司法》2016年第4期。

的“蛋壳脑袋”规则。[1]指导案例56号则在裁判要点中集中体现了学理上的“管辖恒定原则”。[2]以上理论学说虽然并未成为形成裁判结果的直接依据，但是仍然在背后发挥着重要影响，这种影响在很大程度上也成为这些案件最终被最高人民法院遴选为指导性案例的原因。

除了以上由多个指导性案例共同指向的法理之外，还有一些个别指导性案例以比较“零散”的方式体现着法律原则等法理的应用，如指导案例89号针对姓名权的限制问题，体现了“公序良俗原则”。[3]《最高人民法院关于加强和规范裁判文书释法说理的指导意见》第13条专门规定：“除依据法律法规、司法解释的规定外，法官可以运用下列论据论证裁判理由，以提高裁判结论的正当性和可接受性……法理及通行学术观点……”这一要求已经在指导性案例的正式文本（主要是裁判理由部分）得到了充分展现。当然，由于目前指导性案例在数量上仍然不够充足，从中全部概括出所有法理的应用还存在一定困难。但是，从上述综合表现和零星表现两个方面可以看到，法理在指导性案例中还是能够得到普遍适用的。由此也可以预见，随着指导性案例在数量上的不断增加，我们会在其中看到越来越丰富的法理及其具体适用。

---

〔1〕 需要指出的是，由于指导案例24号现定于交通事故，且受害人须无过错，因此，其对“蛋壳脑袋”规则的体现并非完全充分。更重要的是，最高人民法院意欲将该案作为人身损害赔偿领域的一般规则，仍然显得比较草率和机械。参见孙鹏：《“蛋壳脑袋”规则之反思与解构》，载《中国法学》2017年第1期。

〔2〕 参见最高人民法院案例指导工作办公室：《指导案例56号〈韩凤彬诉内蒙古九郡药业有限责任公司等产品责任纠纷管辖权意义案〉的理解与参照——发回重审时提管辖意义的不予审查》，载颜茂昆：《中国案例指导》（总第4辑），法律出版社2016年版，第61页。

〔3〕 该案的裁判要点强调：“仅凭个人喜好和愿望在父姓、母姓之外选取其他姓氏或者创设新的姓氏，不属于《全国人民代表大会常务委员会关于〈中华人民共和国民法通则〉第九十九条第一款、〈中华人民共和国婚姻法〉第二十二条的解释》第二款第三项规定的‘有不违反公序良俗的其他正当理由’。”裁判理由部分也明确：“如果任由公民仅凭个人意愿喜好，随意选取姓氏甚至自创姓氏，则会造成对文化传统和伦理观念的冲击，违背社会善良风俗和一般道德要求。”

第二节　指导性案例强调法理的多重原因

作为补充性法源和裁判论证理由，包括政策、原则和学说在内的法理广泛存在于指导性案例之中。从词源的角度来说，“法理”一词本身就包含着判例的意思。《布莱克法律词典》对“法理”(jurisprudence)一词的释义包含了七个方面，其中第四个方面的含义是“进行整体考虑的司法先例”(Judicial precedents considered collectively)，第七个方面的含义是“判例法”(caselaw)。[1]将先例视为“法理”并作为判决理由进行援引和适用，本身就是遵循先例的实践结果。就比较的视角而言，指导性案例正是中国的“判例法”，自然也会包含着非常丰富的法理实践运用。当然，要全面分析法理在指导性案例中广泛运用的多重原因，还需要结合我国司法实践的特殊性以及指导性案例自身的定位和特点，才能进行具体深入的分析。

首先，每个指导性案例都带有一定的疑难色彩，需要结合法理的综合分析才能够形成有说服力的裁判结论。《最高人民法院关于案例指导工作的规定》第2条确定了几种指导性案例的类型，但是，从满足日常审判工作的实际需要而言，法官并不太关注社会热点案件或者典型案件，而是更关注法律规范过于原则或者新型疑难案件。如果将指导性案例定位于普通案件或者典型案件，那么，法官就难以从中获得具有指导意义的裁判要点或者启示，最终会影响案例指导制度的实际效果。因此，任何指导性案例都应当具有一定的疑难色彩，可以帮助法官面对疑难案件时获得比较一致

〔1〕 See Bryan A. Garner (eds.) , *Black's Law Dictionary* (8th edition) , Thomson West Press, 2004, p.2499.

的裁判依据，进而保证法律的统一适用。从法律适用的规律和顺序来看，法律规则具有明确直接和可操作性较强的优势，但是，覆盖面较小和滞后性也是其内在的基本缺陷。疑难案件的出现正是在法律规则难以准确适用的场合，如规则过于模糊、概括，或者相互之间出现冲突矛盾，抑或出现漏洞空白等。这些催生疑难案件的原因，同时也是法官需要适用法理作为补充性法源的原因。法官需要寻求直接法律规则之外的原则、政策、学说来形成判决结果，通过指导性案例中对相关法理的揭示就能够达到这一效果。而要完成这一任务，指导性案例也相应地需要援引多种法理，围绕着法律规则进行创造性的发挥，这种造法型应当成为指导性案例的主流类型，除此之外还有释法型指导性案例。〔1〕从法律方法论的角度来说，疑难案件的存在凸显了各种法律方法运用的必要性，其中漏洞补充方法正是对应于造法型指导性案例，而细化明确法律规则的模糊含义，则主要对应于释法型指导性案例，具体通过法律解释方法来实现。

例如，指导案例6号对于《行政处罚法》（1996年）第42条中“等”字所包含的内容进行了填充，将“没收较大数额的财产”也纳入应当告知行政相对人听证权利的处罚事项之中。这种创造性的论述解决了相关审判业务中经常遇见的难题，有效地保护了行政相对人通过听证进行申辩的权利，其背后体现的法理正是“正当程序原则”。再如，指导案例20号，核心问题并没有明确的法律规则进行规制，最高人民法院通过漏洞补充的方式解决了该案件，其中重要的论证理由就是专利法中“以公开换保护”的基本原则。〔2〕前述表格中列举的很多指导性案例，也大多体现着通过法理对法律规则进行细化、明确、补充甚至是创造的结论。〔3〕可以说，指导性案例

---

〔1〕 参见资琳：《指导性案例同质化处理的困境及突破》，载《法学》2017年第1期。

〔2〕 参见孙光宁：《漏洞补充的实践运作及其限度——以指导性案例20号为分析对象》，载《社会科学》2017年第1期。

〔3〕 更多指导性案例的相关分析，参见曹志勋：《论指导性案例的“参照”效力及其裁判技术——基于对已公布的42个民事指导性案例的实质分析》，载《比较法研究》2016年第6期。

就应当定位于疑难案件，而且这种定位能够特别凸显其中法理所发挥的重要作用。

其次，聚焦个案的法理能够为指导性案例提供细致的论证理由。由于没有直接的规范表述形式，法理一直就有灵活性较强的特点，其内涵和外延也带有相当的不确定色彩。如法律原则：一方面，法律原则指向高度不特定的行为与事实，因而具有极宽的涵摄面和极高的包容性，能够有效地填充隐藏于规则体系中的漏洞和缝隙，可以作为法律解释、变更法律、法律中特殊例外、制定新法以及特定个案中行动的基础。另一方面，法律原则在法律漏洞处的“规范指引力”，却是以规范构造上的不确定内容为条件的，法律原则自身的不确定性以及相互间的冲突和竞争还表明在个案裁判中准用法律原则本身也是需要被发现的对象。这就意味着，原则所能提供的个案指引是有限的，基于原则的裁判无法免除不确定性和可争议性，而裁判者亦须面临系数更高的裁判风险，承担难度更高的论证义务。〔1〕在审判活动中，法官对于笼统意义上的法理已经有所了解和认知，但是，对于如何具体利用这些法理来解决司法中的各类案件，尤其是疑难案件，仍然缺乏有效明确的指引。虽然指导性案例和司法解释都能够提供一些启发和思路，但是，后者直接提供高度概括的抽象规则，其准立法的性质仍然难以具体展示法理的实践应用。而通过对案件的事实及其法律适用进行细致分析，则是指导性案例所特有的功能和价值。法官借助于这种生动活泼直观的方式研习法理的具体应用。虽然在绝对意义上并不存在完全相同的案件，但是，在充分研习了指导性案例中具体展现的法理之后，法官可以在将来审理类似案件时更加准确地适用法理。每个指导性案例都是单独存在的案件，只能展示或者解释特定法理的一个方面，例如，诚信原则包含着极其丰富的内容，在庞大体系的民事实体法和程序法中都有所

〔1〕 参见陈林林：《基于法律原则的裁判》，载《法学研究》2006年第3期。

体现，由此有学者建议应当对其进行类型化处理，以便司法实践采用。〔1〕而指导性案例则能够聚焦于特定法理的具体内容，并在裁判理由部分对其进行全面阐释和论证。从这个意义上说，指导性案例中的法理并非求全责备，而是有的放矢，追求具体的深刻而放弃宏观上的泛泛而谈。而这一特点也恰恰是目前审判实务工作所需要的。就法律方法论的角度而言，指导性案例中的法理发挥着将法律规范进行精细化的功能。即使是面对着新类型的案件，指导性案例也能够利用法理进行充分说理论证。

例如，在市场经济日趋复杂的环境下，如何准确界定新类型不正当竞争行为，是对司法者的巨大挑战。在指导案例30号中，主审法官在裁判理由中强调，即使是跨行业的间接竞争关系，也应当遵守诚信原则，进而形成了判决结果。〔2〕与之类似，指导案例29号针对的是网络时代中的新类型不正当竞争，被告通过误导网民的数据流向而获利。虽然该案的裁判理由中并没有直接出现诚信原则，但是，最高人民法院对此案的解读认为：“该指导案例旨在明确具有商号作用的企业名称的简称，可以作为企业名称保护……有利于更好地保护企业的名称权，依法制止利用他人的知名度和商誉的不正当竞争行为，从而维护诚实守信、公平竞争的市场秩序。”〔3〕可以说，指导案例29号是以隐性的方式适用了诚信原则，也属于指导性案例中法理的具体体现。在2018年6月发布的第十八批指导性案例中，指导案例95号也是在原《物权法》及相关法律法规对焦点问题均没有明确规定的情况下，基于尊重当事人意思自治原则和诚信原则，对其裁判理由进行了阐

〔1〕 参见李䶮：《再论诚实信用原则的类型化——以传统抽象概念思维为参照》，载《西南政法大学学报》2013年第5期。

〔2〕 该案的裁判理由认为：“市场竞争中的经营者，应当遵循诚实信用原则，遵守公认的商业道德，尊重他人的市场劳动成果，登记企业名称时，理应负有对同行业在先字号予以避让的义务。”

〔3〕 最高人民法院案例指导工作办公室：《〈天津中国青年旅行社诉天津国青国际旅行社擅自使用他人企业名称纠纷案〉的理解与参照——有商号作用的企业名称简称应视为企业名称》，载《人民司法》2015年第12期。

释。[1]指导案例96号则是借助了公司自治原则。[2]在以指导性案例为代表的疑难案件中，具体法律规则往往出现了含义上的模糊或冲突，法官要准确证立其裁判结论，就需要相应的论证理由。无论具体表现为法律原则、政策还是理论学说，法理都具有相当的权威性和说服力，能够成为对疑难案件裁判结论进行证立的论证理由。从法律方法论的角度来说，裁判结果的可接受性是法官进行论证说理的终极指向，取决于各种论证理由的权威性及其相互融贯的关系。在指导性案例中，作为直接裁判依据的法律规则大都存在特定缺陷，以法理为代表的其他权威性论证理由则能够发挥重要的证立作用和功能，这也是最高人民法院在遴选指导性案例时所特别重视的内容。

再次，指导性案例从司法实践中遴选而来，能够体现具有中国特色的“法理”。虽然案例指导制度借鉴于两大法系的判例制度或者先例制度，而且相关的理论资源也吸收了不少国外研究成果，但是，具体指导性案例的发生并不会受到此种制度或者理论上的“移植”所左右。根据《最高人民法院关于案例指导工作的规定》及其实施细则，每一个指导性案例都是从已经生效的案件中遴选出来的，并非预先设计或者确定，并不像英美法系那样已经预设了特定案件就是先例。因此，指导性案例最初都是普通案件，属于“自发秩序”，能够体现中国司法实践的特色，其处理方式和结果自然也包含着“中国”的法理。换言之，虽然一些带有共性的法理能够得到普遍适用，但是，也必须结合中国本土发生的具体案件才能得到展示和

〔1〕 指导性案例95号的裁判理由部分明确：“是否需要对前述最高额抵押权办理相应的变更登记手续，《物权法》没有明确规定，应当结合最高额抵押权的特点及相关法律规定来判定……最高额抵押权设立时所担保的具体债权一般尚未确定，基于尊重当事人意思自治原则……现凯盛公司上诉认为该《补充协议》约定事项必须办理最高额抵押权变更登记才能设立抵押权，不仅缺乏法律依据，也有悖诚实信用原则。”

〔2〕 指导性案例96号的裁判理由部分明确：“作出‘人走股留’的规定，符合有限责任公司封闭性和人合性的特点，亦系公司自治原则的体现，不违反公司法的禁止性规定。”

研判。例如，任何时代都会有自己特殊的刑事政策，这些刑事政策必须依据当时的社会条件和形势才能够确定，这一点是无法直接从国外相关理论中获取现成答案的。“一项有价值的裁判往往在其背后隐含着经过政策权衡、道德考量等因素博弈后产生的裁判尺度把握，而对后案法官具有潜在的指导意义。基于司法理念与司法政策的重要性，最高人民法院公布的指导性案例中不但会有具体裁判规则，也可能透露出最高人民法院在各个审判领域对司法政策的把握。”〔1〕

在指导案例4号和12号中，都有“化解社会矛盾”“促进和谐”等表述，这些正是宽严相济的刑事政策在死刑案件中的具体运用。其中涉及的多种从重或者从轻的量刑情节，也都必须结合中国当下特定的社会形势进行综合评判，进而形成兼具法律效果和社会效果的裁判结论。再如，指导案例89号所体现的公序良俗原则，在任何国家中都有所体现，但是，每个社会也都有自身比较独特的风俗习惯。中华传统文化中比较重视姓氏的传承，正如该案裁判理由中论及“体现着血缘传承、伦理秩序和文化传统”，这些都属于我国当下社会中公序良俗的基础要义。当然，该案的背后体现了私法自治理念和社会秩序之间的价值冲突。“私法自治不应被曲解成超越国家法律影响的领域之外的私人自主决策，而应理解成受国家法律法规约束并由国家予以保障的私权自由……公序良俗原则并非简单地对私法自治的限制，而是基于正义的制衡。”〔2〕在“仅凭个人喜好”和“社会管理”“善良风俗和一般道德要求”“社会公德”“社会公共利益”之间，后者所代表的倾向属于“更强的论证理由”。这种对于姓名权纠纷的裁判结果，必须综合考虑冲突之间的利益关系，必须重视自治权利的不当行使可能带来的扩散效应及其对社会秩序的消极影响。各国对姓名的重视方

〔1〕 徐清霜、石磊：《向指导性案例学什么》，载颜茂昆主编：《中国案例指导》（第5辑），法律出版社2017年版，第309页。

〔2〕 李双元、杨德群：《论公序良俗原则的司法适用》，载《法商研究》2014年第3期。

式是不同的，有些国家在长辈和晚辈之间可以互用姓名，只存在很小的区别。而在中国，每个人的姓名字数较短，出于对祖先和长辈的尊重，姓氏一般随父姓或者母姓，且不应在“名字”中与长辈重复，很多家族中利用族谱中事先确定的辈分来进行以上区别。从中可以看到，在姓名中的公序良俗包含着中华文化自身的独特之处。英美法系中的普通法运行历史相当久远，很多判例甚至仍然“在坟墓中统治着我们”〔1〕。与之相比，指导性案例的出现时间不长，与普通案件同属于当下社会环境之中，更容易获得多数普通法官的共鸣。因此，指导性案例中所包含的法理并非理论上的抽象引介，而是源于本土司法实践的“中国法理”，应当引起实务工作者的充分重视。

最后，积极引入法理作为说理论证的有效资源和依据，也是两大法系判例制度共有的实践经验。无论是先例还是判例，都与指导性案例在基本定位上一致，都是带有不同程度疑难色彩的案件。有学者甚至认为指导性案例就相当于中国的普通法。〔2〕相应地，先例或者判例也需要寻求特定法理来确定裁判结果。在自由裁量权较大的英美法系中，政策、原则、学说等法理一直是形成先例的最重要因素之一，也是待决案件的法官最为重视的因素。霍姆斯大法官就认为，司法意见汇编（reported judicial opinion）的用语中所包含的相对具体的法律原则是法官如何判决案件、律师如何辩论的主要决定因素。〔3〕例如，帕尔默案件的最终裁判结果，正是遵循了“任何人都不能从他的不当行为中获利”的普通法原则。〔4〕在大陆法系中，虽

〔1〕［英］梅特兰：《普通法的诉讼形式》，王云霞等译，商务印书馆2009年版，第34页。

〔2〕 See Mark Jia, “Chinese Common Law? Guiding Cases And Judicial Reform”, *Harvard Law Review*, Vol.129, No.8 (June 2016), p.2233-2234.

〔3〕 参见［美］弗里德里克·肖尔：《像法律人那样思考：法律推理新论》，雷磊译，中国法制出版社2016年版，第138页。

〔4〕 参见［美］罗纳德·德沃金：《认真对待权利》，信春鹰、吴玉章译，中国大百科全书出版社1998年版，第41～42页。

然法官的自由裁量权较小，但是，被承认的判例中援引法理的情况也是非常普遍的。例如，德国的判例就积极吸收法学家的观点，很多法学家的著作都能够直接写入裁判文书之中作为佐证资料；反之，也正是借助于判例的影响力，诸如缔约过失和形成权理论等法学理论学说也获得了普遍的认知和肯定。〔1〕有学者比较了英、美、法、德等四国法院裁判的特点时指出，就每个裁判书在引注学术作品等“次级（法律）渊源”（secondary authority）上的数量而言，德国的判决书居于领先地位。〔2〕日本最高司法机关的法官也经常吸收法学家的理论成果确定裁判结论，无论是民事案件还是刑事案件都有着广泛的例证。〔3〕简言之，判例制度中有很多吸收“法理”的实践，也形成了丰富的经验。从以上两大法系判例制度的共同实践经验可以看到，在判例中诉诸法理是非常普遍，甚至是不可或缺的做法，这一点也应当为指导性案例所重点借鉴。充分吸收法理不仅能够保证指导性案例最终裁判结果的合法性与合理性，更重要的是能够全面展示各种裁判理由的论证过程，真正做到充分的说理论证，实现判决最大限度的可接受性。

第三节　指导性案例中法理实践效果的提升措施

从历史、现实和自身定位来看，指导性案例有着多种重视法理的理由，而且经过分析也能够发现其中法理的普遍存在。但是，指导性案例的正式文本中并没有专门强调法理的运用，大多数情况是一带而过或者语焉不

〔1〕 参见王泽鉴：《民法学说与判例研究》（重排合订本），北京大学出版社2015年版，第3～6页。

〔2〕 参见何家弘：《外国司法判例制度》，中国法制出版社2014年版，第184页。

〔3〕 民事类判例参考理论学说的例证，参见段匡：《日本的民法解释学》，复旦大学出版社2005年版，第339页以下；刑事类判例参考学说的例证，参见［日］西田典之：《日本刑法各论》，刘明祥、王昭武译，武汉大学出版社2005年版，第7页以下。

详。即使有法官关注指导性案例，也将目光更多地聚焦于裁判要点，隐含在裁判理由之中的法理并没有得到充分重视。从案例指导制度的长期效果来看，法官研习指导性案例中的法理，能够提升对法律规则及其实践运用的理解能力，提高自身的审判业务素质。虽然这种效果并非立竿见影，但是，却是案例指导制度区别于司法解释的重要方面。无论是为了维持案例指导制度的长期运行，还是为了提升法官的业务能力，我们都需要进一步提升指导性案例中法理的实践效果。基于涉及主体的不同，相应的提升措施可以从以下几个方面展开。

一、最高人民法院层面

与普通法的运行不同，案例指导制度是由最高人民法院垄断了指导性案例的遴选和发布的权力，虽然带有明显的行政化色彩，但却是目前最为合理的选择。最高人民法院也由此承担了案例指导制度的主要责任，当然也包括提升指导性案例中法理的实际效果。结合案例指导制度的运行实践，最高人民法院在这方面的努力可以从两个方面进行。

一方面，最高人民法院应当采取措施大幅度提升指导性案例的数量。在已经运行八年多的时间内，最高人民法院发布的指导性案例数量才刚刚过百。相比于转型时期司法所面对的复杂案件来说，指导性案例的数量仍然是偏少的。指导性案例的数量越多，能够容纳和展现的法理也就越多、越丰富。所有部门法也都包含着自身特定的法理，也都需要通过指导性案例来得到具体的阐释和说明。没有数量的大幅度提升，指导性案例中的法理及其论述无法积累有效经验，也无法提高指导性案例的质量。因此，最高人民法院应当致力于通过各种途径增加指导性案例的数量。例如，加大对推荐指导性案例的奖惩力度，强化高级人民法院在推荐指导性案例方面的中心作用。再如，根据《最高人民法院关于案例指导工作的规定》第9

条，对于以往已经发布的公报案例，最高人民法院可以进行重新整理和编辑之后作为指导性案例发布。第八批和第九批指导性案例正是遵循这一规定的结果。这是一条效率较高、同时能够保证质量的途径。此外，在刑事类指导性案例的遴选和发布方面，最高人民法院完全可以和最高人民检察院通力合作，通过联合发布的方式大大提高指导性案例的数量。〔1〕

另一方面，最高人民法院应当在裁判理由部分凸显法理的地位和作用。在指导性案例的正式文本体例中，简短明确的裁判要点无法充分展现法理的运用。最高人民法院应当在编纂裁判理由时特别注意，围绕着法理展开详细论述和阐释。从指导性案例不同批次的发展来看，最高人民法院在这个方面已经有所进步。从最初几批指导性案例中对相关法理的蜻蜓点水，到后续几批指导性案例中略有分析，在论述的篇幅和详细程度上已经明显开始改进。比较典型的是指导案例61号（“马乐案”）中裁判理由的论述，以明文分段的方式从“刑法的立法目的”、“法条的文意”以及“援引法定刑立法技术”等方面证成了相应结论。详细的裁判理由能够带来更强的说服力，也能够为后案法官带来重要启示。从比较的视野来看，美国联邦最高法院的很多判决也直接援引了各种法理。例如，“布兰代斯辩论法”（Brandeis brief）开启了社会学统计数字进入联邦法院案件的先河。〔2〕在布朗案的判决书中，更是直接引用了社会心理学的研究成果来佐证教育领域中的种族隔离对黑人儿童造成的不利影响。〔3〕这些以理论学说的形式表现的法理，都能够直接在判决书中作为论证理由。最高人民法院也应当积极借鉴这种风格和方式，凸显法理的地位和作用。

---

〔1〕 参见孙光宁：《两高联合发布指导性案例的意义及其运作——从马乐案切入》，载《东方法学》2018年第2期。

〔2〕 参见刘翀：《现实主义法学的批判与建构》，载《法律科学》2009年第5期。

〔3〕 参见北京大学法学院司法研究中心编：《宪法的精神——美国联邦最高法院200年经典判例选读》，中国方正出版社2003年版，第334页。

二、地方各级人民法院层面

在案例指导制度的整体设计中，地方各级人民法院仅具有通过层报的方式向最高人民法院推荐指导性案例的权力，虽然《关于案例指导工作的规定》及其实施细则都对推荐指导性案例规定了一些奖励措施，但是，这些规定总体上过于模糊和概括，影响了地方各级人民法院推荐指导性案例的积极性。而且，指导性案例在数量上偏少，遴选成功率过低，也影响着地方各级人民法院推荐指导性案例的积极性，甚至有些高级人民法院采取了定期摊派的方式，强制其辖区内的中级人民法院和基层人民法院报送备选指导性案例。同时，地方各级人民法院还面临着案多人少的激烈矛盾，无暇推荐。即使在审结的案件中存在着利用法理的情况，以上诸多不利因素都影响着此类案件的推荐，最终影响了法理在指导性案例中的体现。

要全面应对以上的各种不利因素，单独依靠案例指导制度自身是比较困难的，需要一些其他相关制度的改革和配合。在现有的制度框架内，高级人民法院应当承担更多的责任，采取相应措施。例如，高级人民法院可以在本辖区内针对推荐指导性案例设定更加明确的奖励措施，吸收更多包含着法理运用的案件向最高人民法院进行推荐。更重要的是，高级人民法院可以出台相应规定，针对有潜力推荐的指导性案例进行“提前培育”，在案件审理过程中进行细致分析，并形成详细阐释法理的裁判文书。这样可以有效提升备选指导性案例的遴选成功率。上海、天津、广东等地的高级人民法院已经开始了此方面的探索〔1〕，取得了不错成果，值得其他地市高级人民法院所借鉴。

除了制定适用于本辖区内的相关规定之外，高级人民法院还可以在审判实践中强调指导性案例及其法理的作用。案例指导制度的现有规定中

〔1〕 详细情况参见相关法院发表的案例指导工作总结，载颜茂昆主编：《中国案例指导》（总第4辑），法律出版社2016年版，第290页以下。

并没有明确应当援引而未援引指导性案例能否成为上诉或者申诉的法定理由。即使如此，高级人民法院在处理二审或者再审案件时，完全可以基于指导性案例及其法理作出改判或者发回重审的裁定。“上级法院要切实履行监督指导职能，督导下级法院在审判工作中参照指导性案例，不断统一裁判尺度，公正高效地审理相关案件，实现审理案件法律效果和社会效果的有机统一。”[1]如果高级人民法院能够做到这一点，中级人民法院和基层人民法院就更有动力去推动法官研习指导性案例及其法理。再结合其他方式（如专题培训、定期研讨等），指导性案例及其法理就能够在司法实践中更加突出和张扬，也能够发挥更好的积极效果。

三、法官个人层面

个体法官将指导性案例中的法理运用到相应的具体案件，是能够真正体现指导性案例及其法理实际效果的“润物无声”的方式。其重要的前提条件之一就是法官个人积极地研习指导性案例，尤其是对其中包含的法理有着充分而全面的认知。结合指导性案例的体例结构，法官不仅要关注裁判要点，更要全面掌握裁判理由部分对相关法理的丰富论证，否则容易陷入“只见树木不见森林”的片面认识，也不利于形成对指导性案例中法理的全面分析。结合各级人民法院组织的专题讲座或者培训，有助于帮助法官具备上述前提条件。

此外，由于任何一个指导性案例都只能揭示出特定法理的某个方面，法官就不能仅仅满足于对这一方面的了解，而应当对该法理的其他方面也有所涉猎。例如，作为民事法律中的帝王条款，诚信原则包含着非常丰富

---

〔1〕 张军：《充分发挥案例指导作用　促进公正高效权威的社会主义司法制度建设——在全国法院案例工作会议上的讲话》，载胡云腾主编：《中国案例指导》（总第1辑），法律出版社2015年版，第294页。

的内容，在不同的民法分支学科中也有着不同的具体表现。要真正在审判实践活动中有效运用诚信原则，法官就应当以指导性案例中涉及的内容为契机和起点，加强对其他扩展领域和内容的学习。再如，正当程序原则在行政诉讼中发挥着重要作用，在没有完整的行政程序法典的背景下，通过指导性案例来掌握该原则的主要内容，对于处理行政诉讼疑难案件的法官来说就显得尤为迫切和必要。在员额制已经普遍推行的背景下，人数上的减少意味着法官有着更大的司法责任，充分利用各种法律渊源来形成高质量的判决已经成为法官的内在需求，而蕴含丰富法理的指导性案例就是最重要的非正式法源之一。即使在法律规则存在问题时，也能够依据法理作出准确判决，这是员额制对法官提出的能力上的要求。对指导性案例及其法理保持高度的关注并长期进行扩展学习和探讨，应当成为法官个人在提升审判业务能力方面的常态。

在全面掌握了指导性案例中法理的基础上，法官更应当主动将这些法理运用到类似案件的审理之中。案例指导制度对如何准确判断案件之间的相似性并没有给出特别精细的规定，这给很多法官适用指导性案例及其法理带来了一定困难。一些法官采取了“隐形适用”的方式对当事人提出的参照请求不予回应，却在最终裁判结果中与指导性案例保持一致。这种隐形适用的方式在一定程度上避免了直接论述参照指导性案例所带来的风险，但是却无法凸显指导性案例及其法理的作用，从长期来看并不利于案例指导制度的长期运行。要在类似案件中细致论证裁判理由，以显性的方式引入法理分析还是相当必要的。在指导性案例已经越来越多地被裁判文书援引的背景下，法官应当解除对引用不当的担心，突破隐形适用的樊篱。

在个人层面上的改进是基础条件，现有的一些司法改革制度创新也能够配合法官将指导性案例中的法理引入裁判过程之中，比较典型的是案件繁简分流和类案检索机制。就前者而言，分流之后处理简单案件所节省下来的时间就能够使法官在疑难复杂的案件的处理过程中展开充分论述。而指导性案例正是带有疑难色彩的案件，其中包含的法理因素也正好能够在此时发挥重要作用。此外，《最高人民法院司法责任制实施意见（试行）》创设的类案检索机制，要求法官在审理案件时通过检索各种案件数据库形成报告，尽量与其他类似或者关联案件保持裁判结果上的一致，以保证同案同判的落实。在法官检索的数据库中，指导性案例是其中效力最高的。只要类案或者关联案件的检索结果中出现了指导性案例，法官就有责任尽量参照指导性案例及其法理形成判决结论，否则也要向审委会等作出特别说明。

结语：指导性案例彰显法理实效

从整体上来说，包括原则、政策、学说等在内的法理，广泛存在于每一个案件之中，只是在出现疑难的场合才凸显其作用。“两高”的司法解释实质上也是运用法理解决疑难问题的对策之一，我们在其正文中也经常可以看到“法理”的表述。〔1〕由于司法解释的准立法性质存在不少问题，已经有不少观点强调对其进行改造，如“批复”就可以被指导性案例所取代。〔2〕而案例指导制度则是以生动活泼的案例方式直接展现法理的运用方式。

〔1〕 例如，《关于人民法院加强法律实施工作的意见》强调：“用群众认可的方式查明事实，用群众接受的语言诠释法理，用群众信服的方式化解纠纷……”修改后的《民事案件案由规定》则明确：“以民法理论对民事法律关系的分类为基础。”《最高人民法院关于侵权行为导致流浪乞讨人员死亡，无赔偿权利人或者赔偿权利人不明的，民政部门能否提起民事诉讼的复函》说明：“被侵权人是流浪乞讨人员，属于弱势群体，虽然对民政部门代为诉讼没有明确的法律依据，但有一定的法理基础。”《最高人民法院关于当前商事审判工作中的若干具体问题》也强调“案件审理中应结合法理和相关业务规则”。《最高人民法院关于当前民事审判工作中的若干具体问题》规定：“要特别注意这三个市场在经济制度、法律制度和法理等方面存在的不同安排和规则。”《最高人民法院关于对广东省高级人民法院就东莞市浩庆纸业有限公司等申请不予执行仲裁裁决一案请示的复函》突出“……有违‘一事二审’的法理”。《最高人民检察院关于加强出庭公诉工作的意见》规定：“注重出庭语言法理性、逻辑性和艺术性的结合。”最高人民检察院发布的检察机关指导性案例体例，则专门设置了“法理分析”部分。

〔2〕 参见刘风景：《司法解释权限的界定与行使》，载《中国法学》2016年第3期。

以往的公报案例具有事实上的约束力，其中包含的法理对审判类似案件有着重要指引作用；现在的指导性案例更是具有直接的正式效力，将法理在以往隐藏的作用予以明确彰显。虽然指导性案例中所蕴含的法理并非解决各种疑难案件的唯一答案，其中法理的运用水平也有待提高，但是，这毕竟是一种具有重要参考价值的制度实践。在更深的司法理念层面上，我们逐渐破除了对制定法的迷信，吸收了判例法的精华，创制了案例指导制度，并且借助于该制度引入了诸多法理作为裁判论证的理由和资料。这种制度实践不仅顺应了世界上两大法系相互借鉴融合的趋势，更可以利用本土案例资源提升中国司法的研究水平和实践质量，其中体现的包容性、本土性和实践面向，都是非常值得肯定的。随着指导性案例的数量和影响力逐渐提升，其中运用法理的情况也会越来越丰富和全面，积极挖掘适合中国司法实践的因素，不仅是法理研究中需要关注的问题，也是实务工作者做好本职工作的必要内容。

第七章 指导性案例文本说理的方法完善

第一节 社会学解释方法在指导性案例文中的引入及其改进

每一个案件中，法官都需要对法律规范的意义进行解释，社会学解释方法是其中重要的方法之一，核心要义是以预测判决产生的社会效果和影响作为解释法律的依据和参考。这种法外求法的解释方法在各个部门法指导性案例中也都有所表现。指导性案例高度重视社会学解释方法的原因有很多方面，如指导性案例的规范效力地位需要注重其扩散的社会效果，其疑难案件的属性也需要多种解释方法来说理和论证，社会学解释方法在指导性案例中的运用不仅能够贯彻最高人民法院的特定意图和公共政策功能，同时还可以长期提升法官的素质和能力。但是，现有指导性案例中社会学解释方法的运用还有不少有待提升之处，相应的改进和完善方向主要包括：地方各级人民法院（尤其是高级人民法院）应当积极推荐社会效果良好的备选指导性案例，最高人民法院也应当以此为基础遴选更多具有正面社会效果的指导性案例，并在正式文本的编辑中凸显对社会效果的论述，案例指导还应当与其他司法制度相结合，推动社会学解释方法的运用。

处于转型期的社会现实使司法机关需要面对众多复杂的矛盾纠纷，仅仅依据抽象的制定法很难应对以上问题，案例指导制度就在这种背景下应运而生。从20世纪80年代开始，对于案例制度或者判例制度的呼唤就一直存在。《最高人民法院关于案例指导工作的规定》及其实施细则正式创设并规范了案例指导制度。每一批指导性案例的遴选、公布和参照都引起了理论界和实务界的重点关注。但是，根据相关的数据统计，目前指导性案例在裁判文书中直接被引述的数量和比例都比较低。〔1〕造成这一结果的原因除了指导性案例在数量上偏少之外，还包括司法实务工作者尚未充分适用指导性案例来处理具体案件。“不会、不敢和不愿”都影响着指导性案例的实际效果。

从法律适用方法的角度来说，每一个案件中都包含着法律解释方法的实践，只是在凸显的具体解释方法及其程度上各有侧重。与普通案件不同，指导性案例具有正式效力，能够在各级人民法院审理类似案件中得到反复适用。根据《最高人民法院关于案例指导工作的规定》第7条及其实施细则第9条，只要是承办案件的法官在审理过程中确认待决案件与指导性案例在案件事实和法律适用两个方面都相似，就“应当参照”指导性案例作出裁判。从这个意义上说，指导性案例具有“应当参照”的效力，这一点超越了以往仅仅具有事实影响力的公报案例。由于以上特点，指导性案例在运用法律解释方法方面与绝大多数的普通案件并不相同。对各种解释方法在指导性案例中的运用进行细致分析，有助于推动法官更好地研习指导性案例，并依据其中所体现的抽象规则和解释方法来处理待决案件。例如，文义解释方法能够设定法律规范含义的最大范围；目的解释方法可以对特定法律概念进行扩张或者限缩；体系解释方法能够发现法律规范的精确含义或者法律漏洞的存在；历史解释方法则可以利用重新发布公报案例的方式来巩固最高人民法院的特定意图。〔2〕前述这几种解释方法都侧重于利用法律规范的内部资源，还有另外一种法律解释方法——社会学解释

〔1〕 参见彭中礼:《司法判决中的指导性案例》，载《中国法学》2017年第6期。

〔2〕 参见孙光宁:《法律解释方法在指导性案例中的运用及其完善》，载《中国法学》2018年第1期。

方法属于从法律规范之外来阐释相应的规范含义。前者属于以法论法，后者属于法外求法，同样值得细致分析和研究。

一、社会学解释方法在指导性案例中的体现

“社会学解释，指将社会学方法运用于法律解释，着重于社会效果预测和目的衡量，在法律条文可能文义范围内阐释法律规范意义内容的一种法律解释方法。”〔1〕从概念界定上说，社会学解释方法并不推崇法律规范的直接文义，而是关注在规范文义范围之内如何选择裁判方案。在采用社会学解释方法时，需要先假定第一种裁判案件的方案，并对其产生的社会效果进行预测；再假定第二种裁判方法也进行社会效果的预测；最终在比较的基础上选择正确的方案。社会学解释方法的实质就是以产生的社会效果作为判断裁判结论的标准。〔2〕在文义解释方法无法确定法律规范的含义时，以预测社会效果为依据来衡量裁判结论之间的优劣是社会学解释方法的一般运用过程。

在指导性案例中，社会学解释的运用还是与普通案件有所不同的，原因在于指导性案例都是由最高人民法院统一遴选和发布的。虽然借鉴了普通法中的遵循先例制度，但是我国最高人民法院垄断了指导性案例的遴选和发布的权力，只有经过最高人民法院认可的案例才能够成为指导性案例，具有正式效力。这一点与英美法系中的先例形成过程相当不同，后者将任何生效判决都认定为先例，只是在约束力上存在程度差异。具体到社会学解释来说，原初的生效判决中会参考特定的社会效果，而最高人民法院在遴选指导性案例的过程中也会考虑该案件被确定为指导性案例之后

〔1〕 梁慧星:《民法解释学》(修订版)，中国政法大学出版社1995年版，第232页。

〔2〕 参见梁慧星:《怎样运用法律思维》，载李林、冀祥德:《法治中国建设的理论与实践》，方志出版社2015年版，第78页。

所产生的社会效果；前一种社会效果是发生在个案层面上的，后一种社会效果具有规范效力，是基于各级地方人民法院参照而得以广泛扩散的。换言之，社会效果不仅是法官在形成原初个案裁判结论时的重要参考，也是最高人民法院遴选特定指导性案例的重要依据。后者源于前者，同时放大前者的效果，为以后处理类似案件的法官提供直接规则或者审判思路。这一点从最高人民法院专门对发布第一批指导性案例的通知说明中就可见一斑。〔1〕从这个意义上说，社会学解释方法贯穿着案例指导制度运行的全过程，包括指导性案例的遴选和参照。现有的近百个指导性案例中，也有多个指导性案例体现了社会学解释方法的直接运用，可以根据部门法的不同将其进行细致梳理和分析。

（一）行政法指导性案例中的社会学解释

由于行政法经常涉及不特定多数相对人的权益，因此，对公共利益的影响是行政法中特别重视的内容，这正是能够充分发挥社会学解释方法作用的领域。在目前行政法治仍然有待大幅改进的背景下，行政法指导性案例具有十分重要的扩散效应，其中所包含的规则及其影响能够给不特定的行政相对人以重要启示，也能够成为类似行政诉讼中的重要论证理由和依据。例如，指导案例6号将“没收较大数额的财产”也列入《行政处罚法》（1996年）第42条中“等”字所包含的范围之内，强调该项行政处罚也应当告知相对人具有举行听证的权利。在很多具体行政行为的发生过程中，由于行政程序法法典的缺位，行政机关往往忽视或者漠视相对人的程序权利，影响了相对人权益的保护。最高人民法院案例指导工作办公室在解读该指导性案例时也强调：“普通大众都是潜在的行政相对人，要求行政机关

〔1〕《最高人民法院关于发布第一批指导性案例的通知》（法〔2011〕354号）明确：“各级人民法院对于上述指导性案例……严格参照指导性案例审理好类似案件，进一步提高办案质量和效率，确保案件裁判法律效果和社会效果的有机统一，保障社会和谐稳定。”

在作出具体行政行为时遵循法定程序，也是人民群众根据宪法第二十七条的规定，支持、监督国家机关和国家工作人员工作，使其更好地为人民服务的重要方面。"〔1〕在微观层面上，"没收较大数额的财产"是常见的行政处罚事项之一，将其纳入听证程序有助于维护相对人的权益；在宏观层面上，指导案例6号有助于从正当程序出发规范具体行政行为，同时提高相对人的维权意识。对以上两种社会效果的考量非常符合前述社会学解释方法在指导性案例中的特殊属性。与之类似，在指导案例76号中，行政机关国土局单方变更合同并要求相对人交纳相应费用，法院在裁判理由中最终认定："市国土局要求亚鹏公司如若变更土地用途则应补交土地出让金，缺乏事实依据和法律依据，且有违诚实信用原则。"契约必守是受到广泛肯定的基本法理，即使行政协议有一定的特殊性也不应违背。该案是行政机关不依法履行、未按照约定履行行政协议的典型案件，〔2〕裁判理由强调行政机关也应当遵守诚信原则，对于提升相对人的维权意识，进而维护社会公共利益，也有着重要推动作用。

指导案例6号和76号的裁判要点和裁判理由中并没有专门强调社会公共利益，是以隐性的方式重视了社会效果，还有一些其他行政法指导性案例在正式文本中以显性方式直接强调了社会利益对案件审理的影响。例如，在指导案例88号中，对于被告行政机关的程序违法行为，法院本应判处撤销该行政行为，但是基于社会利益的考量，最终判决确认行政行为违法。在该指导性案例的裁判理由部分，法院认为，结合案件审理时的市政现实情况，"如果判决撤销被诉行政行为，将会给行政管理秩序和社会公共利益带来明显不利影响"。以此为理由确定了最终判决的内容。再如指导

〔1〕 最高人民法院案例指导工作办公室：《指导案例6号〈黄泽富、何伯琼、何熠诉成都市金堂工商行政管理局行政处罚案〉的理解与参照》，载《人民司法》2012年第15期。

〔2〕 参见最高人民法院案例指导工作办公室：《指导案例76号〈萍乡市亚鹏房地产开发有限公司诉萍乡市国土资源局不履行行政协议案〉的理解与参照——行政协议履行争议中行政机关合同解释行为的法律效力及司法审查》，载颜茂昆主编：《中国案例指导》（总第5辑），法律出版社2017年版，第242页。

案例89号，父母以“北雁云依”为新生儿登记姓名，被公安机关拒绝；法院最终判决原告方败诉，首要理由也是为了维护社会管理的公共利益。〔1〕这也是站在整个社会公共利益的角度对案件进行了处理，相比于父母单纯的个人喜好而言，社会公共利益受到法官更多的重视。更为明显的例证是指导案例90号，该案被称为“斑马线处罚第一案”，裁判理由专门强调了礼让行人的社会公德，“是保障作为弱势一方的行人安全通过马路、减少交通事故、保障生命安全的现代文明社会的内在要求”。

在以上行政法指导性案例中，相应的法律规定并非十分明确，法官面对着形成裁判结论上的难题，运用社会学解释方法能够对解决这些难题提供重要帮助。例如，指导案例6号中《行政处罚法》（1996年）第42条中的“等”字，就处于法律规范文义的模糊地带，法官在决定是否将案件所涉及的“没收较大数额财产”这一处罚事项纳入“等”字时，就需要考虑社会效果：肯定的判决结论有助于规范行政行为，否定的结论将继续放纵行政机关。同样，在指导案例89号中，如果任由父母仅凭个人喜好创造出各种奇异的姓氏，那么，社会管理会发生一定混乱，姓氏中所包含的继承传统、表达伦理观念等社会价值也会受到影响。这一裁判方案所产生的消极后果成为法官放弃该裁判方案的原因。

（二）民商事指导性案例中的社会学解释

民商事案件大多发生在比较特定的当事人之间，与社会公众利益较少发生联系，如合同关系多数情况下只涉及签订合同的当事人，但是，在一些特殊案件中，会有第三人甚至社会公共利益牵涉其中，审理此类案件就

〔1〕指导案例89号裁判理由第1条认为：“从社会管理和发展的角度，子女承袭父母姓氏有利于提高社会管理效率，便于管理机关和其他社会成员对姓氏使用人的主要社会关系进行初步判断。倘若允许随意选取姓氏甚至恣意创造姓氏，则会增加社会管理成本，不利于社会和他人，不利于维护社会秩序和实现社会的良性管控，而且极易使社会管理出现混乱，增加社会管理的风险性和不确定性。”

需要考虑运用社会学解释方法来形成稳妥周全的裁判结论。例如，指导案例68号主要涉及虚假诉讼的问题，法官需要对关联公司之间的恶意串通行为进行综合审判判断，预测到该诉讼的结果可能会损害到其他人（尤其是债权人）的合法权益，进而确认该诉讼为虚假诉讼并给予否定评价。该案诉讼当事人之间的反常行为"表明其提起本案诉讼并非为实现债权，而是通过司法程序进行保护性查封以阻止其他债权人对特莱维公司财产的受偿。虚构债权，恶意串通，损害他人合法权益的目的明显。"〔1〕此类虚假诉讼案件如果被放任发展，会影响很多同类债权人实现债权，使得恶意串通者受益。法官在此类案件中需要对相关社会利益进行综合考量，还是很有难度的。指导性案例中所列举的诸多社会影响因素能够为法官解决此类难题提供富有借鉴意义的审判思路和提示。社会学解释方法所重视的社会效果并非必然涉及每一个社会成员，只需要考虑不同的判决结论对相应社会关系和利益的影响即可。这一结论也体现在指导案例65号中，该案聚焦于小区内业主共有的专项维修资金问题，强调缴纳该资金是为了维护业主的共同利益的一项法定义务。这种定位有助于遏制小区内部分业主的"搭便车"行为，能够使得同一小区内业主的共同利益得到维护。此处所涉及的社会影响只是局限于特定小区之内，并不广泛地涉及每个社会成员。但是，指导案例65号的示范意义却能够得到扩散。

除了涉及特定社会成员之外，指导性案例还有一类案件专门针对社会公益——环境诉讼。指导案例75号的裁判要点对《最高人民法院关于审理环境民事公益诉讼案件适用法律若干问题的解释》第4条的相关内容进行了扩大解释，其一是对环保组织的性质认定不以自身章程为限，而是考察其实质工作内容；其二是认定环境保护公益活动的范围，"既包括直接改善

〔1〕 最高人民法院案例指导工作办公室：《指导案例68号〈上海欧宝生物科技有限公司诉辽宁特莱维置业发展有限公司企业借贷纠纷案〉的理解与参照——虚假民事诉讼的审查与制裁》，载颜茂昆主编：《中国案例指导》（第5辑），法律出版社2017年版，第74页。

生态环境的行为，也包括与环境保护相关的有利于完善环境治理体系、提高环境治理能力、促进全社会形成环境保护广泛共识的活动”。这两个方面的扩大解释都是为了降低民间组织积极参与环保诉讼的门槛，符合环保公益发展的要求和趋势。

（三）刑事指导性案例中的社会学解释

在刑事案件的处理中，犯罪人所侵害的法益主体不仅包括受害人，还包括整个社会秩序。恶劣犯罪所造成的消极影响会危及社会秩序中的普遍利益，应当受到法律的严厉惩罚。“我们已经看到，什么是衡量犯罪的真正标尺，即犯罪对社会的危害……有些犯罪直接地毁伤社会或社会的代表；有些犯罪从生命、财产或名誉上侵犯公民的个人安全；还有一些犯罪则属于同公共利益要求每个公民应做和不应做的事情相违背的行为。”〔1〕特别对那些已经产生广泛社会影响的刑事案件就更需要引入社会学解释方法，全面考虑不同判决结果所产生的不同影响，尽量选择那些能够产生更加积极社会影响的判决方案。例如，指导案例4号和12号都是由婚恋关系产生的恶劣故意杀人案件，在当地引起了广泛关注。以上两个案件的裁判要旨中都强调了“化解社会矛盾、维护社会和谐”的目标，进而以此为参考做出了死缓并限制减刑的判决结论。“这两个裁判要旨是从具体案件中引申出来的，结合案情能够更为准确地把握死刑立即执行与死刑缓期执行的界限，而这也正是案例指导制度中的裁判规则所具有的优越性。”〔2〕同样能够带来警示和参照意义的还有指导案例28号，该案着重解决恶意欠薪的问题，专门提示违法用工且拒不支付劳动报酬、数额较大、经政府有关部门责令之后仍不支付的单位或者个人，应当以拒不支付劳动报酬罪追究刑

〔1〕［意］贝卡里亚：《论犯罪与刑罚》，黄风译，北京大学出版社2008年版，第22页。

〔2〕陈兴良：《死刑适用的司法控制——以首批刑事指导案例为视角》，载《法学》2013年第2期。

事责任。该指导性案例的发布能够警示相应的用工主体，同时也能够推动劳动者依法维权，有利于防止恶性暴力讨薪案件的产生，维护社会的整体利益。

上述刑事指导性案例中引入社会学解释方法，对社会影响和效果的预测能够作为判决的参考因素，而在指导案例63号中，这种预测成为了形成判决的决定性因素。该案件关注的是如何评价被告人是否具有继续危害社会的可能，进而决定是否强制医疗。强制医疗的案件需要法官准确预测被告人是否会继续危害社会，肯定的答案将决定被告人强制医疗。此时，预测的结果就成为具有决定意义的因素。“社会危害性”及未来可能性情况的证明无法得出绝对判断，医学及相关学科的前沿实践均无法对继续危害社会的可能性作出准确预测；继续危害社会可能性需要借助医学手段来判断，但其本质是一个需要司法裁判的法律问题，最终的判断权在法官。〔1〕指导案例63号的判决也进行了全面的综合考虑，包括所患精神疾病的种类和严重程度，审理案件时病情的发展情况，家属的照看能力以及自行送医的愿望等。由此可见，基于预测的社会学解释方法在该案件中发挥着决定性的作用，也值得类案法官充分借鉴。

二、指导性案例文本高度重视社会学解释方法的原因

从前文的论述中可以看到，各个部门法的指导性案例都积极适用着社会学解释方法，只是各有侧重和偏好。实际上，在追求“案结事了”目标的背景下，多数案件的审理中，法官都要在一定程度上考虑不同裁判结论可能产生的社会影响和效果，进而基于这种预测来确定最优答案。“社会学

〔1〕 参见郭飞：《论司法实践中的融贯性论证——以指导性案例63号“徐加富强制医疗案”为例》，载陈金钊、谢晖主编：《法律方法》（第21卷），山东人民出版社2017年版，第212页。

解释通过在法律规范、法律价值和其他社会规范之间探寻一致性，强化了既有法律规范与具体社会秩序之间的沟通，有利于司法裁判可接受性的提高。”[1]从历史发展上来看，特别是在强调判例的英美法系国家中,社会学解释在进入20世纪之后受到了前所未有的重视。比较典型的就是著名的“布兰代斯辩论法”：在穆勒诉俄勒冈州一案中，代表被告方的布兰代斯只用了很少的篇幅引述了先例，反而用了绝大多数篇幅来论证超长工作时间对女性工人以及整个社会的严重危害，进而推论俄勒冈州限制女工工作时长的法案具有合法性，这些理由和结论最终被美国联邦最高法院所认可。“在路易斯·布兰代斯先生为被告提出的辩护状中，对所有这些问题搜集了大量资料……从严格法律意义上说，可能不是权威性的，其中很少谈到或根本没有谈到我们裁决的宪法问题，然而它们的重要意义在于提出了一个普遍的看法，就是妇女的生理构造以及她所履行的功能证明对她在其下劳动的条件施加限制的专门立法是正确的。”[2]这一论证方式并非如传统形式主义法学那样严格依靠先例和制定法进行逻辑推演，而是依靠丰富的社会学统计数据来分析相关问题的利弊得失，也就是社会影响和效果。由此发展起来的布兰代斯辩论法成为一种独辟蹊径、同时富有说服力的论证方式，其实质正是社会学解释方法。其后，“布兰代斯辩论法”又在多个宪法案例中出现。由此可见，社会学解释方法具有超越先例和制定法局限的重要价值，能够在特定案件中为形成最优判决提供参考。作为源于中国司法实践的典型案例，指导性案例也需要充分利用社会学解释方法的优势和价值，用以论证判决的合法性与合理性。具体而言，社会学解释方法在指导性案例中获得肯定和认可的原因至少包括以下几个方面。

---

〔1〕 张传新、贾建军：《社会学解释：法官职业思维与大众传统思维的兼容路径》，载《山西师范大学学报（社会科学版）》2018年第2期。

〔2〕［美］斯坦利·I.库特勒：《最高法院与宪法：美国宪法史上重要判例选读》，朱曾汶译，商务印书馆2006年版，第265页。

首先，指导性案例具有在全国法院系统内针对类似案件反复适用的正式效力，需要重视自身产生的普遍社会效果，也就是要重视社会学解释方法。在案例指导制度的诸多应然价值中，同案同判是其中的基础方面。“法律统一适用机制正处于司法体制的深层。从某种意义上说，正是在追求法律统一适用的背景下，案例指导制度才或者更准确地说才能获得新生。”[1]如前所述，在个案层面上的审判需要考虑到判决的社会影响，而在指导性案例的层面上还要注意在各地法院中处理众多类似案件的社会影响，后者正是指导性案例吸收社会学解释方法的特殊之处，也决定了最高人民法院在遴选指导性案例时必须慎之又慎。单个案件的处理至多影响到有限范围内的利益相关者，而一旦指导性案例中内含着特定缺陷，那么，这种缺陷会借助于各级地方人民法院的参照适用而急剧扩大，其社会影响涉及面也随之非常广泛。从目前来看，多数指导性案例对相应社会效果的考量还是比较准确的，但是其论述略显简单，在涉及可能产生何种具体的社会效果时多是付诸阙如，鲜见细致分析和论证。例如，指导案例4号和12号对“化解社会矛盾、促进社会和谐”的论述，虽然从宏观上并非错误，但是在微观上却疏忽了给法官具体的指导。造成这一情况的个中原因也许在于担心“言多必失”。从自身特点来看，社会学解释也缺乏一套明确具体的操作规程和技术，往往需要根据具体案件的情况随机应变，这给意图充分挖掘和论证社会学解释方法的法官带来了不少困难。其他法律解释方法则有着相对固定的操作方式，例如，运用目的解释方法可以从法条自身甚至法典规定中探寻法律规范的目的，历史解释的使用则可以搜索以往的立法资料来探寻立法者原意，体系解释则可以比较现行法条之间的复杂关系。社会学解释方法需要运用者自身充分发挥主观能动性，寻找一切可资利用的信息渠道，形成对不同判决结论相应社会效果的准确预测。无

[1] 董皞：《中国判例解释构建之路》，中国政法大学出版社2009年版，第65页。

论是对于个案法官来说，还是对最高人民法院来说，以上能动性的发挥都需要消耗大量的分析精力，点到即止的论述方式既能够有效规避反复适用指导性案例所产生的潜在风险，又能够吸收社会学解释方法带来的分析视角和价值。

其次，指导性案例应当定位为疑难案件，需要运用包括社会学解释方法在内的各种解释方法。从遴选过程来看，基层人民法院层报到最高人民法院，最终由后者确定指导性案例，这说明指导性案例并非简单的普通案件，而是带有很大程度的疑难色彩，应当为后案法官处理类似案件提供直接规则或者裁判思路。换言之，所有的指导性案例都应当具有一定创新性。“对于案例指导制度来说，创制规则是其根本职责之所在。没有规则的创制，也就没有指导性案例存在的必要性。案例指导制度通过创制司法规则，发挥其对司法活动的指导作用，以弥补立法与司法解释的不足。”〔1〕指导性案例的创新性所针对的，正是法律规范与案件事实难以准确对接或者涵摄的灰色地带，直接用文义解释方法难以获得准确的裁判结论。同时，这也意味着要为疑难案件的裁判结果提供正当性证明，需要结合多种解释方法才能够获得成功。社会学解释在其中就能够发挥重要作用。最高人民法院以往在众多“批复”中就已经大量运用了社会学解释方法。“社会学解释法是解决疑难案件时会用到的方法，在其他方法，特别是文义解释法不能有效发挥作用时，运用社会学解释方法，通过利益权衡作出批复，进而实现批复的法律效果和社会效果的相统一。”〔2〕通过在批复等司法实践中积累的经验，最高人民法院在指导性案例中吸收和运用社会学解释已经比较成熟了，遴选指导性案例并具体撰写其正式文本时，能够结合特定社会效果为裁判结果提供有说服力的论证。

---

〔1〕 陈兴良：《案例指导制度的规范考察》，载《法学评论》2012年第3期。

〔2〕 张建军：《法律解释方法在最高人民法院批复中的运用》，载《西北大学学报（哲学社会科学版）》2015年第1期。

再次，社会学解释方法在指导性案例中的运用，能够体现和贯彻最高人民法院的特定意图及其公共政策功能。最高人民法院确定每一个指导性案例都是经过精挑细选，背后都贯彻着最高人民法院的特定意图，这一点在关于发布每一批指导性案例的通知中就已经得到了直接明确。例如，在上文中提及的指导案例68号中，最高人民法院就明确其意义在于“不仅宣示了人民法院依法惩治虚假诉讼的坚定立场和决心，有利于维护正常司法秩序，而且有利于引导当事人依法诚信诉讼，弘扬了诚实信用的社会主义核心价值观”。[1]较之于指导性案例中的具体规则或者审判思路，背后的这种意图才是最高人民法院着力追求的目标，实现的方式则是地方各级人民法院在审理类似案件时对指导性案例进行参照适用。如果仅仅局限于就法论法的常规解释方法，很难有效贯彻最高人民法院的以上意图，而法外求法的社会学解释方法则更接近社会现实，产生更为直接的社会影响。越是在普通个案层面上，越是注重传统的论理解释方法；越是在指导性案例层面上，则越是推崇社会学解释方法。指导性案例体现最高人民法院的意图并进行扩散，实质上体现了最高人民法院的公共政策功能。由于最高司法机关的特殊地位和影响力，几乎所有国家最高法院的诸多行为都会产生广泛的社会影响，比较典型的是美国联邦最高法院作出的诸多宪法案例。我国最高人民法院也一直发挥着公共政策法院的作用，[2]以往多数是司法解释的形式出现。“最高人民法院通过对司法裁判提出‘社会效果’的要求，成功地将公共政策内化到裁判过程当中。司法解释之所以可担此重任，是由于在许多情况下运用不同的解释方法可以得出不同的结论。在强调‘社会效果’时，可以根据案件的具体情况，妥善运用适当的法律解释

〔1〕 最高人民法院案例指导工作办公室：《指导案例68号〈上海欧宝生物科技有限公司诉辽宁特莱维置业发展有限公司企业借贷纠纷案〉的理解与参照——虚假民事诉讼的审查与制裁》，载《人民司法·案例》2018年第2期。

〔2〕 参见侯猛：《最高法院公共政策的运作：权力策略与信息选择》，载《北大法律评论》编辑委员会：《北大法律评论》（第7卷第1辑），北京大学出版社2006年版，第115页。

或者漏洞弥补方法，将公共政策引入裁判过程之中，于是司法解释便超越了法律规范的表面含义。”[1]极具灵活性的同时注重社会效果的社会学解释方法自然成为司法解释中特别注重的解释方法。在案例指导制度出现之后，顺应着路径依赖，最高人民法院也同样在指导性案例中体现了公共政策。“指导性案例的选择往往遵从解释论的方法，不拘泥于机械的法律条文，又有适度的灵活性，能够比较妥善地处理法律的安定性与妥当性的冲突，相比颁布成文司法解释，较好地体现司法权固有的克制与被动。指导性案例制度实际上是最高人民法院的一种司法决策机制，案例的选择自然会体现最高人民法院对公共政策的价值判断，换言之，指导性案例是其公共政策的一种表达方式。”[2]公共政策需要增进社会的公共利益，在指导性案例中就具体表现为社会学解释方法的运用。可以预见，随着指导性案例在数量上的不断攀升，通过社会学解释方法所展现和推进的公共政策功能将会越来越显著和突出。

最后，指导性案例的长效作用是提升法官的综合审判能力和素质，也同样需要结合社会学解释方法才能够实现。通过抽象规则实现同案同判，是案例指导制度能够通过个案比照所实现的短期目标，但是，现有司法解释制度也能够发挥极其类似的作用。这种制度上的功能替代并不利于长久维持案例指导制度的独特价值。单纯的抽象规则不可能细化到为每个案件直接提供现成答案，法官的素质在面对疑难案件时发挥着主导作用。案例指导制度与司法解释的主要区别就在于能够具体展现案件事实和法律规范如何对接或者涵摄，同时结合对相应社会效果的预测来弥合二者之间的裂痕，实现法律效果和社会效果的统一。在司法责任制的推动之下，法官不能仅仅凭借抽象规则裁判案件（特别是在疑难案件中也难以做到这

---

〔1〕 宋亚辉：《公共政策如何进入裁判过程——以最高人民法院的司法解释为例》，载《法商研究》2009年第6期。

〔2〕 李超：《指导性案例：公共政策的一种表达方式》，载《法律适用》2014年第6期。

一点），还需要对案件可能产生的社会影响有所考虑。虽然这种预测并非在每个案件中都能够成为决定性因素，但是，将法律效果和社会效果进行全面考察也是形成最优裁判结论的必备条件。通过研习指导性案例中社会学解释方法的运用，后案法官能够以生动、直接和具体的方式来提升将法律规范与案件事实相结合的能力，这是案例指导制度能够发挥的长效作用。虽然目前案例指导制度仍然处于初级阶段，相比于审理的众多案件数量，法官在裁判文书中也很少直接引述指导性案例作为裁判理由，但是，法官主动援引指导性案例从2011年至2016年已经呈现逐年增多的趋势；〔1〕加之指导性案例在数量和类型上的不断增多，通过研习指导性案例能够获得法律规范如何适用于特殊案情的认知是一种相当确定的趋势。从遵循先例的历史经验来看，英国普通法院的法官能够在没有直接法条的背景下，依据以往案例作出裁判，同时又能够通过推翻或者扩展先例来推进法律规则，使其适应社会形势的变化，又成为新的先例。在这种良性循环中发挥主体作用的正是高素质的法官。通过研习先例提升能力，又借助于高超能力发展先例及其规则，这一过程能够给案例指导制度带来重要启示。“但必须指出的是社会学法律解释是建立在法官对社会影响、社会利益、社会效果等社会学因素的预测、评估和权衡的基础上的，这对法官确实是一个巨大的挑战。要求法官不仅要具有完备的法律专业知识，扎实的法学理论功底，深谙法律之精神和价值，具备良好的法律素养和法律人的理性思维，还要具有丰富的感性生活经验及各种社会综合知识，以及对社会敏锐的观察力和洞察力。”〔2〕优质的指导性案例也必然内含着积极的社会效果，对此种案例的深度探讨和分析能够反过来使法官更好地掌握社会学解释

〔1〕参见郭叶、孙妹：《最高人民法院指导性案例司法应用年度比较分析报告——以2011～2016年应用案例为研究对象》，载易延友主编：《中国案例法评论》（2017年第1辑），法律出版社2017年版，第147页。

〔2〕时显群：《论社会学法律解释方法在司法实践中的运用》，载《贵州社会科学》2017年第11期。

方法。例如，指导案例3号主要涉及新型受贿方式，在受贿方式不断翻新的背景下，如何准确认定特定行为具有受贿的性质，对于法官来说有一定的挑战。指导案例3号中涉及的行为在相关司法实践中也存在一定争议，这一案例强调法官应当抓住“权钱交易”的本质来认定行为性质。这种立场能够有效应对不断翻新的受贿形式。指导性案例只能就审判实践中出现的部分受贿行为进行列举式的说明，如果法官认真细致地研究此类指导性案例，就能够在审判过程中更加准确有效地认定受贿行为，其实质则是审判能力和素质的提升。

三、指导性案例文本引入社会学解释方法的改进方向

虽然社会学解释方法有着自身独特的价值和优势，但是，其灵活性的特点也可能造成一定的消极影响。在指导性案例中已经有了不少社会学解释方法发挥作用的例证，这也说明最高人民法院在案例指导制度中也非常重视社会学解释方法。当然，这种重视多是以“关注社会效果”的形式出现的，而且如何准确地将带有灵活性的社会学解释方法贯彻于指导性案例之中，进而推动后案法官准确适用社会学解释方法，也是一个具有挑战性的问题。每一种法律解释方法都有其独到的价值、意义、作用领域和作用方式，必须充分考虑其特殊性才能使其在案例指导制度的运行中发挥最优效果。现有的指导性案例已经出现了利用社会学解释方法形成裁判结论的有益尝试，但是这些尝试多数属于自发性质，而且运用的熟练程度也有所欠缺。随着更多指导性案例被发布，案例指导制度的社会影响也会继续提升，如何准确把握并改进其中社会学解释方法的运用，也需要展开具体分析。

首先，地方各级人民法院应当推荐更多涉及社会效果考量的备选指导性案例。虽然《最高人民法院关于案例指导工作的规定》及其实施细则规定了法院内部推荐途径和社会推荐途径，但是，就现有指导性案例的实际

遴选结果而言，社会推荐途径尚未有成功例证。所有正式发布的指导性案例都源于法官内部的层报推荐途径。在法院的各个层级中，高级人民法院发挥着承上启下的作用，应当成为推荐指导性案例的主要主体。具体而言，在推荐备选的指导性案例中，并不太可能每次都能够发掘可以在全国范围内都产生统一社会效果的案件，具备特定社会效果的案件往往局限在某一地区之内。但是，这并不妨碍其他法院吸收其中的积极因素，特别是寻求指导性案例中推进积极社会效果的因素。根据实证数据资料，尽管指导性案例大多来源于东部经济比较发达的地区，但是，指导性案例的司法应用却不受来源地的限制；同时，曾经遴选出指导性案例的地域更加重视指导性案例的应用。〔1〕这说明，只要是指导性案例的质量足够优良，各级人民法院都愿意积极援引，自然也包括其中带有社会效果因素的案件。而且那些指导性案例来源地的法院能够更好地结合当地特点，充分扩散指导性案例所能够产生的积极社会效果。“社会学解释方法所关注的社会效果自然应是司法者在个案审判中意欲运用法律论述所要追求的、对社会更具有一般价值的良好效应。”〔2〕没有数量和类型足够多的备选案例，指导性案例就成了无源之水。当地方各级人民法院能够结合本地特点推荐更多产生积极社会效果的案件时，最高人民法院才能够优中选优，其他地区的法院也能够发现其中的共性因素而加以适用。尤其是各地的高级人民法院，既能够为本辖区内的下级法院指定推荐指导性案例的具体规定，同时还把握着直接向最高人民法院推荐的权力，地位和作用十分关键，应当在这个方面发挥主导作用。

其次，最高人民法院应当注意遴选出更多具有正面社会效果的指导性案例。社会学解释方法所推崇的社会效果，其实是非常复杂和多样的，根

〔1〕 参见郭叶、孙妹：《指导性案例应用大数据分析——最高人民法院指导性案例司法应用年度报告（2016）》，载《中国应用·法学》2017年第4期。

〔2〕 杨知文：《社会学解释方法的司法运用及其限度》，载《法商研究》2017年第3期。

据特定的时空条件而有所变化。这就给最高人民法院遴选相应的指导性案例带来了不少困难和挑战。前文第一部分列出的相关指导性案例及其社会效果，大致属于比较正面的例证，值得最高人民法院继续推行。但是，这并不意味着所有指导性案例所产生的社会效果都是积极正面的，还存在一些相反的情况。例如，在指导案例20号中，面对着专利申请过程中临时保护期内申请人权利的空白规定，最高人民法院创制了新的规则，但是，在进行综合分析之后可以看到，这种创新规则很有可能弱化了对专利申请人权利的救济。〔1〕换言之，最高人民法院本来所追求的、保护专利申请人权利的效果，最终却是适得其反。与之类似，指导案例18号是第一个劳动法指导性案例，最高人民法院的原意是突出保护劳动者的法律适用倾向，但是，在个案层面上的成功论证难以保证在各地法院的参照适用中也获得积极的社会效果，甚至可能会影响劳动力市场中的其他潜在劳动者获得就业机会。〔2〕再如，指导案例8号主要关注如何界定公司经营管理发生严重困难的问题，最高人民法院对此提供了一些具体操作标准，希望为类似案件破解公司僵局提供提示，但是，据相关学者考察，该案件的判决结果虽然已经生效，却长时间没有得到真正执行。〔3〕一个已经被遴选为指导性案例的案件，最终却没有在实际上发生效果，这对于通过该案追求特定社会效果的最高人民法院来说，多少带有讽刺的意味。就社会学解释方法的运用角度而言，以上这些没有产生预期积极效果的指导性案例，并没有真正做到准确预测。这也从侧面说明，最高人民法院在细致遴选指导性案例及其社会效果方面，遇到了不少挑战。应对的重要措施之一就是重新整理公报案例发布为指导性案例。《最高人民法院关于案例指导工作的规定》第9条已

〔1〕 参见杨明：《从最高人民法院第20号指导案例看发明专利的临时保护制度》，载《北京仲裁》2013年第4期。

〔2〕 参见孙光宁：《“末位淘汰”的司法应对——以指导性案例18号为分析对象》，载《法学家》2014年第4期。

〔3〕 参见吴建斌：《公司纠纷指导性案例的效力定位》，载《法学》2015年第6期。

经为此提供了合法性基础，第八批和第九批指导性案例也都是源于当初的公报案例。而且经过了三十多年的经验积累，很多公报案例迄今对司法实践仍然有相当的指导意义，也取得了很多积极的社会影响。例如，指导案例38号为引起了巨大反响的田永诉北京科技大学拒绝颁发毕业证、学位证案，该案件所强调的行政行为应遵循的正当程序原则，对今天的行政法治仍然有借鉴意义。随着法治进程的深入，公报案例也更加发展成熟，从突出案件裁判类型的代表性、示范性到注重展示法官的裁判方法，从示范最高人民法院对法律的权威理解、严格解释法律规则的基本文义到注重对裁判规则的建构。〔1〕对产生良好社会效果的成熟公报案例进行充分地挖掘和吸收，能够有效解决对指导性案例社会效果预测不准的问题，是指导性案例运用和改进社会学解释方法时特别应当注重的措施。

再次，指导性案例的正式文本（尤其是裁判理由部分）应当注重对社会效果的分析和论述。由于社会学解释方法所依据的内容往往不是正式的法律渊源，很难直接在裁判文书中体现，其发挥作用多是隐性的。〔2〕因此，在以原初生效裁判文书为基础编辑指导性案例的正式文本时，最高人民法院应当突出社会学解释方法的运用，对相关社会效果进行专门的分析和论述。社会学解释能够使法官获得更多认同，法官需要讲究常识、常理和常情。〔3〕如前所述，指导性案例的现有文本中虽然对社会效果有所涉及，但往往是一带而过。造成这一情况的原因可能是原初的生效裁判文书对此就只有极其简略的论述。指导性案例正式文本的确定虽然源于原初裁判文书，但是，最高人民法院还是能够对其进行更加细致的加工和提炼，能够借此表达自身的意图，即使未必每次编辑的成果都获得广泛肯定。〔4〕

〔1〕参见杨建军：《〈最高人民法院公报〉选编民事案例的变化》，载《现代法学》2010年第4期。

〔2〕参见武飞：《社会学解释：一种“自由”的裁判方法》，载《学习与探索》2010年第6期。

〔3〕参见王尚明：《提倡法律的社会学解释》，载《人民法院报》2011年10月15日，第2版。

〔4〕参见吴建斌：《指导性案例裁判要点不能背离原案事实——对最高人民法院指导案例67号的评论与展望》，载《政治与法律》2017年第10期。

例如，指导案例90号主要涉及机动车驾驶员应当在人行横道上礼让行为的问题，该案的裁判理由部分专门用“首先”、“其次”和“再次”对判决结论进行了非常详细的说明，包含着对机动车与行人关系的细致分析，充分体现了礼让行人背后所追求的社会效果。这一点是非常值得肯定的。前文论述中涉及的指导案例4号和12号，虽然有“化解社会矛盾”和“促进社会和谐”的论述，但是却过于宏观和模糊，对后案法官起到的提示作用非常有限。在指导性案例的文本体例中，裁判要点和裁判理由是最重要的两个组成部分。裁判要点主要是提供了直接的抽象规则，基本不涉及案情，也不展开分析和论述；裁判理由部分则全面论述了案件事实与法律规范的结合方式，篇幅和内容上更加丰富。裁判要点是整个指导性案例的点睛之笔，也是法官可以直接在裁判文书中援引的对象。“从指导性案例的表述方式看，如果以制定法来比喻的话，‘裁判要点’大致相当于法条，是最高人民法院希望表达的规范性内容的外在表现，而这种外在表现为什么成立，则必须理解‘裁判理由’中表述出的论证内容。”[1]从以上各自的特点来看，裁判要点很难直接容纳对社会效果的论证，而裁判理由部分则可以充分对相应裁判可能产生的积极社会效果进行阐释，进而服务于论证裁判结论的合理性。因此，最高人民法院应当在编辑指导性案例的文本时，集中在裁判理由部分突出对相应社会效果的考察和分析，实质上就是更加充分地引入社会学解释方法。此外，在特定指导性案例中，最高人民法院可以借鉴“布兰代斯辩论法”的做法，吸收利用社会学统计数据或者社会科学研究成果作为论证理由的案例，将其遴选为指导性案例。“在法律适用阶段，法官在审理有潜在影响的案件时，遵循先做后果判断再找法条解释的过程。社会科学的引入，有助于提高法官对后果预测的准确程度。总体而言，法律说理和社会科学理由同时存在，会增强裁判的说服力。在司法

〔1〕 朱芒：《论指导性案例的内容构成》，载《中国社会科学》2017年第4期。

中进行社会科学判断，有助于减少法律与社会之间的隔阂，实现法律效果和社会效果的统一。"[1]对于带有疑难色彩的指导性案例而言，引入社会科学的分析结论也是适用社会学解释方法的方式之一，将使其"指导"意义更加明显和突出。在这个方面，指导案例78号（"3Q大战"案）已经进行了良好的探索，该案件参考了部分经济学和管理学的理论模型，如假定垄断者测试（HMT），用以判断被告是否形成非法的垄断地位。这一点就是吸收社会科学的研究成果辅助司法判断，借此展开的论证也比较充分，具有较强的说服力。此类指导性案例的增多能够更加充分地展示社会学解释方法的直接运用，值得最高人民法院在遴选指导性案例时专门留意。

最后，案例指导制度应当充分利用新技术手段与类案检索等制度实现深度融合，展现社会学解释方法的广泛应用。社会形势的不断发展，使得社会学解释方法带有与时俱进的特点，将法律规范的适用与相应社会效果更加密切地联系起来。特别是推动社会发展的新技术手段，能够更加明显地做到这一点。近年来，大数据和人工智能的兴起，带动了全国智慧法院的建设工作。借助这种技术手段，法官不再是以个体化的方式应对各种案件，而是能够结合其他类似案件或者关联案件进行综合判断。最高人民法院也设置了相关制度措施，比较典型的就是类案与关联案件检索机制（以下简称类案检索）。在2017年8月开始实施的《最高人民法院司法责任制实施意见（试行）》中，最高人民法院明确创设了类案检索，明确法官在审判流程中应当利用相关数据库对类案和关联案件进行检索，并制作检索报告；如果在审判结论方面与检索结果差异较大，再细分具体情况向专业法官会议或者审委会等机构报告。作为目前由最高人民法院发布的唯一具有直接正式效力的案件，指导性案例应当是检索报告中最为重视的案例，一旦在检索中发现特定指导性案例为类案或者关联案件，法官就负有很大

---

〔1〕 侯猛：《司法中的社会科学判断》，载《中国法学》2015年第6期。

的职责去参照指导性案例作出判决，否则要对差异判决结论进行非常详尽的论证和说明。类案检索破除了原来法官审理案件时的“信息孤岛”状态，充分挖掘了以往类似和关联案件的借鉴作用，也同时能够吸纳指导性案例作为裁判理由，是新技术条件下进行智慧审判的表现之一。从社会学解释方法的角度来说，当众多类似和关联案件都指向相近的裁判结果时，这本身就表明了司法处理特定类型案件的直接立场和态度，也间接地表明其所追求的社会效果。其中，指导性案例带有特别大的权重，因为它表明了最高人民法院的态度。承办案件的法官就能够从中发现如何追求积极社会效果的司法经验，能够更加确证裁判结论的合法性与合理性。当然，目前类案检索报告并非正式法律渊源，无法在裁判文书中直接出现，只是案件审理过程中的一个环节。案例指导与类案检索的结合也只能是隐含于审判流程之中，随着最高人民法院强调的审判流程信息公开不断推进，二者在审判过程中的结合将更加确定。同时，如果对类似和关联案件的搜索能够确定某个案件是能够产生广泛积极社会效果的典型案件，那么，最高人民法院也可以以此为基础将其遴选为指导性案例，这是案例指导与类案检索在遴选指导性案例阶段中结合的可能前景。

结语：“通过社会的法律控制”

法律和社会处于永恒的互动之中，社会是决定法律产生和发展的根本因素，具有独立性的法律又会对社会产生重大影响。法社会学的代表学者罗斯科·庞德在《通过法律的社会控制》一书中强调法律是控制社会的一种稳定持续的手段。“今天，社会控制首先是国家的职能，并通过法律来行使。它的最后效力依赖于专为这一目的而设立或遴选的团体、机构和官员所行使的强力。它主要地通过法律发生作用，这就是说，通过被任命的代理人系统地和有秩序地使用强力。”[1]归根结底，法律的运用并非为法律自身，而是为了产生积极的社会效果。在普通案件中，利用法律内部的资源就可以处理一般的社会纠纷，这是推动形成积极社会效果的常规进路。但是，在疑难案件中，以上进路就会出现问题，法官需要面对不少困难。此时，社会学解释方法则能够带来重要帮助，因为它已经从幕后走上前台，以显性的方式强调判决结论应当直接形成积极的社会效果。此时的社会学解释就成为一种通过强调社会效果而控制法律运行（主要是司法判决）的方法，即“通过社会的法律控制”。作为带有疑难色彩的典型案件，指导性案例也不例外，特别是由于其普遍的正式效力，更应当积极吸收社会学解释方法的因素。现有的指导性案例已经初步展现了这一点。在将来更加丰富多样的指导性案例中，社会学解释方法的运用也会更加全面和细致，能够更好地推动案例指导制度在司法实践中发挥应有的积极作用。

第二节　指导性案例文本中的“更强理由”论证方式及其改进

指导性案例大多带有疑难色彩，在法律规则的疏漏之处需要依据法律原则进行裁判。指导案例89号是第一个基于公序良俗原则的指导性案例，在裁判理由部分成功地论证了支持裁判结论的“更强理由”。通过对其他相关指导性案例的分析可以看到，“更强理由”论证方式具有广泛的适用范围，不仅能够引入法律原则进行裁判的案件，还能够有效处理法律规则

〔1〕［美］罗斯科·庞德：《通过法律的社会控制》，沈宗灵译，商务印书馆2010年版，第14页。

之间的竞争关系，具体表现为法官回应律师意见和上级法院改判这两个方面。“更强理由”论证方式源于程序正义，体现了指导性案例的独特价值，对于改进其遴选标准、文本编辑和参照适用都能够带来重要启示，有利于从整体上推进案例指导制度发挥长期功效。

《中华人民共和国关于案例指导工作的规定》第2条确立了指导性案例的几种主要类型，其中“法律规定比较原则的”和“疑难复杂或者新类型的”都带有明显的疑难色彩，经常发生于法律规范和案件事实难以准确对接的情况之中，是审判工作特别需要的。

疑难案件的成因是非常多的，如法律规则的缺失、空白、模糊和冲突，都会造成其与案件事实产生龃龉。在这种灰色地带中，有很多意见都可以参考和吸收，法官和当事人也都会为了证成自身的观点而力争提出强有力的理由。在各种都能够成立的理由中进行选择，成为“更强理由”论证方式产生的背景和原因。所谓“更强理由”论证方式（a fortiori），主要指的是对获得初步证立的各种命题及其理由之间进行权衡，通过竞争的方式获得对裁判结果的最大化证立。目前，学界的研究主要是将“更强理由”论证方式作为直接适用法律原则的条件之一进行研究。笔者通过对带有疑难色彩的指导性案例进行梳理之后发现，“更强理由”论证方式具有广泛的适用空间，对指导性案例的整个运用过程都有十分重要的启示。基于以上研究思路，本章将以适用法律原则的指导案例89号中的“更强理由”作为开端，进而探讨“更强理由”论证方式在指导性案例中的多种表现，最后总结对指导性案例运用过程的启示。

本章选取指导案例89号作为切入点，用来分析“更强理由”论证方式在法律原则适用中的运用，原因包括以下几个方面：（1）指导案例89号是第一个以“公序良俗原则”为主题的指导性案例。以往最高人民法院所发布的民商事指导性案例中，诚信原则的出现频率非常高，在前十七批共92个指导性案例中，在裁判要点或者裁判理由部分直接论及诚信原则的就有13个。但是，公序良俗原则作为民事法律的基本原则之一却并未得到充分展示，而指导案例89号主要是基于该原则作出了裁判结果，是分析公序良俗原则司法应用的良好素材。（2）任何法律原则在具体案件中的直接体现和运用，都需要法官进行大量论证，以充分证成裁判结果。指导案例89号在这个方面有比较成功的经验，有效论证了“更强理由”。同时，该案中行政机关也对相对人的诉求进行了回应，但是其反驳却没有形成“更强理由”。这正反两个方面的论证更加充分地展示了“更强理由”如何在司法实践中得到运用。（3）指导案例89号的审理过程中，经司法机关提请，全国人大常委会专门就该案作出了立法解释，这一情况不仅罕见，而且直接表明了立法者的原意，也包含着其对法律原则适用的态度。当然，这一表态也属于广义上的“更强理由”，可以为处理类似案件带来重要启示。

一、“更强理由”及其在指导案例89号中的适用方式

（一）“更强理由”在法律原则适用中的地位

与法律规则相比，法律原则更加抽象概括，涉及的范围更广却带有明显的模糊和不确定色彩。这些特点也决定了法律原则很少在一般案件中直接出现，法官也很少将法律原则作为直接的裁判依据，尤其是唯一的裁判依据。以诚信原则为例，虽然该原则在指导性案例中高频出现，但是，并没有任何一个指导性案例将其作为唯一的裁判依据，而是经常与相应的法律规则同时出现，或者作为论证特定法律规则适用的理由。这一点与指导性案例的前身——最高人民法院公报案例有着相似之处。有学者统计了1985~2007年诚信原则在最高人民法院公报案例中的适用情况，在共计53起案件中，有42起是将诚信原则与其他法律规范共同使用作为裁判理由

或者依据的，这一比例将近80%。[1]质言之，在多数普通案件中，法律原则极少作为直接裁判依据出现，更多地扮演着法律规则的“替补”角色。

但是，在特定的疑难案件中，法律原则还是能够发挥重要作用的。造成疑难案件的原因非常多，从法律规则自身的角度来说，主要表现为法律规则的空白、模糊、概括或者冲突，此时就需要直接援引更具宏观指导意义的法律原则。在此类案件中适用法律原则，应当具备更加复杂的条件。这些条件主要包括三个方面：（1）穷尽规则（穷尽法律规则，方得适用法律原则）；（2）实现个案正义（法律原则不得径行适用，除非旨在实现个案正义）；（3）“更强理由”（若无“更强理由”，不适用法律原则）[2]从总体上看，以上三个条件都非常严格，甚至苛刻，能够同时满足这些条件的案件在数量上明显偏少。

在法律原则适用的以上三个条件中，从满足司法实践的需要来说，“更强理由”是最具决定性和实质意义的。从形式上来看，以上三个条件并不处于同一层面上，如果不划分各自适用的范围，相互之间就会发生矛盾。[3]从实体意义上而言，“穷尽规则”条件只是确定了法律规则存在诸多缺陷而无法直接适用，是法律原则适用的必经阶段却不是终点，是必要条件却非充分条件，这种形式上的标准或者要求并没有为法官具体适用原则提供直接材料或者实体意义上的提示。而“实现个案正义”条件自身过于宽泛（特别是“正义”），也没有提供详细的论证依据，对于审理具体案件的法官来说非常难以操作。而“更强理由”则更加详细和具体：一方面，在法律规则出现空白或者模糊时，需要引入法律原则作为裁判依据，此时基于法

〔1〕 参见骆意：《论诚实信用原则在我国民事司法裁判中的适用——基于对〈最高人民法院公报〉中53个案例的实证分析》，载《法律适用》2009年第11期。

〔2〕 参见舒国滢：《法律原则适用中的难题何在》，载《苏州大学学报（哲学社会科学版）》2004年第6期。

〔3〕 参见雷磊：《法律原则如何适用？——〈法律原则适用中的难题何在〉的线索及其推展》，载舒国滢主编：《法学方法论论丛》（第1卷），中国法制出版社2012年版，第230页。

律原则的“更强理由”胜于无法可依；另一方面，法律规则之间出现矛盾时，需要在其背后冲突的法律原则之间进行协调或者权衡，最终的裁判结果应当是被“更强理由”所证立的法律原则得以适用。从理论资源来说，阿列克西的原则理论中的“竞争法则”与“更强理由”有着内在一致性，都强调在相互冲突的法律原则之间确定优先性，这种优先性基本上取决于个案条件，“……决定了原则之间的优先关系，并成为优先原则所创设新规则的具体构成要件，该规则最终成为具体个案的裁判依据。”〔1〕在竞争中获得更具说服力的论证，是“更强理由”在处理法律原则的适用与冲突的实质意义所在。

虽然比“穷尽规则”和“实现个案正义”更接近司法实践，但是，“更强理由”论证方式仍然具有非常抽象的特征，是适用法律原则的诸多步骤中难度最大的一项。〔2〕“更强理由”论证方式还需要进一步细化，才能够在具体案件的审判中获得更为明晰和准确的结论。在抽象意义上比较理由的强弱特征，可以大致表述如下：(1)在两个相互冲突的理由中，胜过另一个理由的那个理由就是更强的理由；(2)如果一个理由胜过另一理由所胜过的所有理由，而且也胜过这一理由，那么它就是比这一理由更强的理由。〔3〕而要具体衡量或者界定“更强理由”，可以确定以下两个标准：(Ⅰ)该理由所诉诸的法律原则具有何种优先程度；(Ⅱ)该理由能否在案件事实与所诉诸的法律原则之间建立有效联系。前者比较的是既有法律原则之间的静态位阶关系，更具优先性的原则自然应当能够证成“更强理由”；后者则强调具体案情，如果不能在案件事实与所诉诸的原则之间建立有效联系，那么，这一理由仍然不能称为“更强”。将两个方面相结合有助于具体判断“更强理由”能够成立。

〔1〕 彭诚信：《从法律原则到个案规范——阿列克西原则理论的民法应用》，载《法学研究》2014年第4期。

〔2〕 参见雷磊：《规范、逻辑与法律论证》，中国政法大学出版社2016年版，第267页。

〔3〕 参见［英］约瑟夫·拉兹：《实践理性与规范》，朱学平译，中国法制出版社2011年版，第16～17页。

（二）“更强理由”论证方式在指导案例89号中的具体运用

指导案例89号的案情比较简单：夫妻双方为新生女儿起名为“北雁云依”，其中“北雁”是姓氏，“云依”是名字，但是派出所拒绝为其办理户口登记。原告方提出的理由是“我女儿姓名‘北雁云依’四字，取自四首著名的中国古典诗词，寓意父母对女儿的美好祝愿”。这是基于个人喜好而创设姓氏的理由，背后代表着公民姓名权的自由行使（意思自治原则）。在该案发生时，相关的法律规定仅有原《民法通则》第99条第1款和原《婚姻法》第22条，且这些法条规定并没有直接涵盖本案所涉及的问题。此时就出现了“穷尽规则”的情况，如何真正“实现个案正义”，特别需要确定何种“更强理由”来形成裁判结果。简言之，面对着原告提出的要求及其理由，无论是行政机关给出的否定理由，还是法官最终作出的判决，都要通过比较来获得“更强理由”。

根据最高人民法院所发布的该案例正式文本，指导案例89号中的行政机关拒绝原告请求的理由可以分为以下几个层次：（1）最高人民法院在新闻发布会上确认，子女可以随父姓也可以随母姓，并未规定可随其他姓；（2）法律未有明确规定，行政机关和原告不能对法律进行扩大解释，子女只可以在父母姓氏中择一；（3）姓名权不可滥用，新生儿随父姓或者母姓为传统习俗；（4）全国各地公安在登记姓名方面的标准比较一致，子女仅应随父姓或者母姓。

从表面上看，以上理由也大致能够成立，成为支持行政机关拒绝为原告进行户口登记的理由。但是，如果再进行细致分析，特别是与原告方的理由相比，就会暴露出内在缺陷。针对上述理由（1），最高人民法院在新闻发布会上的说明，并非正式的规范性文件，能否成为支持行政行为的正式理由，是带有很大疑问的。即使是法官在审判案件时，对于最高人民法院的这种观点表达方式，至多是受其影响，并不能够直接出现在判决书中。

在指导案例89号中，行政机关将此种观点作为行为依据是很难成立的。更重要的是，最高人民法院的观点只是说明子女可以随父姓或者母姓，并没有对是否可以随第三方姓氏给予评论。对此，行政机关直接解读为只能选择父姓或者母姓，而否定第三方姓氏，并不符合文义解释的基本原理：文义解释强调的是按照语言文字的一般含义进行解释，是最常用、最具优先性的解释方法。对于最高人民法院的观点表述，能够确定清晰含义的就应当严格按照其观点，对于那些边缘含义，还需要运用其他解释方法进行确定，但是并不能简单否定这些未直接言及含义的存在。运用多种解释方法或者把握解释倾向，就涉及行政机关的理由（2）。对于最高人民法院的观点能否扩展到第三方姓氏上，需要进行扩张解释。在法律解释学的体系中，扩张解释并非独立的解释方法，其通说表述为“目的性扩张”解释，即基于法律规范的目的将原本文义并未直接明确的事项纳入调整范围之中。按照行政法治的要求，行政机关应当保守自己的“权力清单”，不能对其权力范围进行扩张解释，关于这一点，指导案例89号中的行政机关已经表述得非常清楚。但是，扩张解释对于行政相对人来说就不适用了，因为权利本身就有扩张的权能，在私法领域中表述为“法不禁止即自由”。一般而言，“法不禁止即自由”主要适用于两种情况，一是仅涉及行为人自身的行为，二是无涉第三人的合意行为。[1]而指导案例89号中原告的诉求同时符合以上两种情况。因此，行政机关在理由（2）中“行政机关和原告都不能扩张解释”的论证就难以成立，至少是面对原告行使姓名权的理由难以成立。在论及姓名权的行使是否违反公序良俗原则时，行政机关的理由（3）在抽象意义上是能够成立的，但是，其论述过于简略，也没有结合本案案情详加论述，也存在论证不充分的缺陷。至于理由（4），全国公安机关的通行做法并不天然意味着一定合法或者合理，更无法作为限制姓名权行使

〔1〕 参见易军：《“法不禁止皆自由”的私法精义》，载《中国社会科学》2014年第4期。

的理由。

总结以上对行政机关列出的几种理由，理由（1）和（2）都在法律适用方法方面存在一定内在缺陷。从前文中涉及的衡量“更强理由”的标准（Ⅱ）来看，这种存在内在缺陷的理由是无法成为“更强理由”的。而理由（4）背后所诉诸的是效率原则，能够与原告理由背后的意思自治原则形成竞争关系。因此需要考虑前述衡量标准（Ⅰ），即各个理由诉诸的原则之间的优先关系。从抽象的意义而言，效率原则和意思自治原则有着较高的重合之处，正是需要通过当事主体自由行使权利来提升效率，二者基本上处于同一位阶关系。但是，行政机关所提出的理由（4）却强调了“全国各地公安机关的通行做法”，使得通过效率原则而获益的主体仅仅表现为行政机关，在很大程度上忽视了相对人的自由利益，这一论证方式就违背了法律原则应当普遍适用的基本法理，也降低了理由（4）诉诸效率原则所获得的认可度。行政机关的理由（3）是集中论述了公序良俗原则，能够符合衡量“更强理由”标准（Ⅰ）和标准（Ⅱ），但是，从论述的详细和丰富的程度上有所欠缺，而且淹没在其他有着内在缺陷的理由之中，没有被明确凸显。可以说，虽然行政机关列举了诸多理由，且这些理由也有可取之处，但是并没有在整体上有效反驳原告的理由，即没有形成“更强理由”。

在对原告、被告双方的理由进行审查之后，根据指导案例89号的正式文本，法院用“首先”、“其次”和“再次”提供了三个层次的裁判理由。（1）子女承袭父母姓氏有利于社会管理。（2）公民的姓氏来源于承袭，有着重要伦理价值；而“名”则为主观创制，体现了个人喜好等个性特征。擅自创设姓氏则不利于文化传统和伦理观念，违背社会善良风俗和一般道德观念。（3）行使姓名权应尊重社会公德，第三方姓氏通常出现在一些特殊场合，且应当维护未成年人利益。

在法院所提供的三个理由中，裁判理由（1）与行政机关的理由（3）比较接近，都是强调选取父姓或者母姓的通常做法有利于提高效率，但是，前者以有利于社会的总体利益为目标，而后者则是描述了公安机关的习惯做法。很明显，以公共利益作为目标追求要优于行政机关的部门利益。同时，裁判理由（1）所诉诸的效率原则，与原告理由诉诸的意思自治原则，并无明显的位阶差异。例如，在合同法理论中，经济分析法学强调了效率原则，而道义论则推崇意思自治原则，二者都指向于重视法律原则的重要地位和作用。〔1〕根据衡量“更强理由”的标准（Ⅰ），两项被诉诸的法律原则都处于同一位阶，并没有明显的优先性差异。〔2〕因此，裁判理由（1）能够成立，且与原告理由不分伯仲。

在裁判理由（2）中，法官细致地分析了“姓”和“名”的不同，前者为家族的历史和伦理传承，后者为个人的自由选择。对于选取姓氏的分析，是整个案件的焦点，也充分体现了裁判理由与原告理由之间的交锋，是论证“更强理由”的集中体现。选取父姓或者母姓，背后体现的是公序良俗原则，该原则一直就被视为是对意思自治原则的限制。“以公序良俗原则限制私法自治的范围，是罗马法以来公认的原则……民法对意思自治的限制在不断加强，这种限制除了表现为引入强行法规则对其进行限制之外，还有必要通过在法律上确立公序良俗原则来对民事行为进行限制。民事主体依法享有意思自治，其中就包括在不违反公序良俗的前提下而实现意思自治。”〔3〕从发生的频率来说，意思自治原则明显要比公序良俗原则更为常见，但是，“一旦当事人的自治行为明显有悖宪法的基本权利价值与国家秩序塑造，则法官以当事人之行为违背社会最基本的公序良俗为由裁判

〔1〕 参见赵融：《西方契约法理论研究》，黑龙江大学出版社2015年版，第90页。

〔2〕 需要说明的是，对于意思自治原则的限制已经逐渐成为民商事法律中的一种重要倾向，理由之一就是效率原则。这在一定程度上说明，效率原则逐渐具有了更高的优先等级。参见陈国军：《论意思自治原则在动产物权法律适用中的限制》，载《政治与法律》2017年第5期；王贵枫：《劳动合同冲突法中意思自治原则适用的限制》，载《广西民族大学学报（哲学社会科学版）》2015年第3期；肖永平、张弛：《论一般侵权法律适用规则中意思自治的限制》，载《苏州大学学报（法学版）》2014年第1期等。

〔3〕 王利明：《论公序良俗》，载杨海坤主编：《东吴法学》（2003年卷），黑龙江人民出版社2004年版，第77页。

该行为无效，无疑具有正当性与合理性。”[1]换言之，在一般状态下意思自治原则具有优先性，但是在特殊的例外情况中，公序良俗原则能够对其进行有效限制。“公序良俗原则的保护重心，是以秩序底线和伦理底线为表征的非特定当事人的利益……当法律行为侵害公益时，必须认定其全部、绝对地无效，不能留有当事人意思自治的空间，否则公益侵害仍有可能发生。”[2]具体到指导案例89号的裁判理由（2），对姓氏的选取强调了公序良俗原则，鉴于其中包含的社会公共利益（这一点已经在前一裁判理由中有所涉及），应当优先于原告理由诉诸的意思自治原则，而且，裁判理由（2）专门提及允许在“名”中表现个人喜好，这一点也是充分尊重了意思自治原则，也表现了裁判理由（2）的包容性。进言之，意思自治原则也并不意味着绝对自由，而是有限行使自由权利，这与行政机关提出的理由（3）是内在一致的。可以说，裁判理由（2）不仅比行政机关笼统论述行使姓名权更加精细，更是将原告的理由（个人喜好和良好祝愿）容纳其中，表现出综合、全面和超越的特点，在论证“更强理由”方面获得了明显的优势。

相比而言，裁判理由（3）更能够说服原告接受，因为指导案例89号并非是纯粹分析一般公民姓名权的行使问题，而是具体到新生儿的姓名及其落户问题。裁判理由（3）论及选取第三种姓氏的常见情况，包括实际抚养关系发生变动、有利于未成年人身心健康、维护个人人格尊严等情形，这些情形（尤其是第一种）也都是以维护未成年人利益为目标的。对于原告来说，维护子女的利益比单纯表达个人喜好和祝福更为重要，而且后者也同样是为了实现前者。从案件实际发展进程而言，从提起诉讼到获得判决，已经经历了四年多的时间，案中未成年人的落户问题始终没有得到明确解决，这已经影响到了其正常成长。相比于解决问题的现实紧迫性，表

〔1〕 谢潇：《公序良俗与私法自治：原则冲突与位阶的妥当性安置》，载《法制与社会发展》2015年第6期。

〔2〕 于飞：《公序良俗原则与诚实信用原则的区分》，载《中国社会科学》2015年第11期。

达个人喜好和祝福已经显得并不那么重要了。从衡量“更强理由”的两个标准来看，裁判理由（3）所强调的保护未成年人利益，背后体现的效率原则与原告诉诸的意思自治原则并没有明显的位阶关系，在衡量标准（Ⅰ）中仍然是难分上下。基于衡量标准（Ⅱ），专门强调保护未成年人整体利益的裁判理由（3）更加细致和有针对性，相比于略显空洞和缥缈的个人喜好而言，更接近于案件事实。因此，裁判理由（3）在这个意义上能够在与原告理由的竞争中胜出。

从以上的分析可以看到，相比于行政机关所列举的理由，法院的裁判理由更加详细、融贯和有针对性。以衡量“更强理由”的两个标准来看，裁判理由（1）与原告理由难分伯仲，裁判理由（2）能够全面包容和超越原告理由，而裁判理由（3）也略胜一筹。相比于原告的单一（甚至单薄）理由，诸多裁判理由形成的总体优势及其宏观指向，通过有效论证而成为“更强理由”，不仅获得了当事人的接受，也被最高人民法院通过遴选为指导性案例的方式进行了充分肯定。

当然，从案件的整体发展过程来说，全国人大常委会专门通过的立法解释也属于“更强理由”。在案件审理过程中，经过提请之后，全国人大常委会通过了《关于〈中华人民共和国民法通则〉第九十九条第一款、〈中华人民共和国婚姻法〉第二十二条的解释》，专门对本案中涉及的核心争议进行了说明。这也是立法者关注“更强理由”的一种特殊形式。“为了注意到最常见以及最典型的情形，立法者通常会发布一个特殊的规范，而不是一个更一般的规范。‘更强理由解释’的任务是从一个特定的特殊规范得到一个暗含着的一般规范，接着，从较后的规范推导出与前一规范相类似的规范。”〔1〕基于立法者的以上观点，该案的裁判理由就更加明确而充

〔1〕［以］约瑟夫·霍尔维茨：《法律与逻辑：法律论证的批判性说明》，陈锐译，中国政法大学出版社2015年版，第105页。

分。从适用法律的角度而言，全国人大常委会专门为此做出的立法解释，无论是基于"上位法优于下位法"，还是基于"特别法优于一般法"的规则，都成为支持该案最终裁判结果的"更强理由"。只是这种出现立法解释的情况罕见，并非在个案裁判中论证"更强理由"的常态。在一般意义上衡量"更强理由"，还需要诉诸前述两个标准。

二、"更强理由"在指导性案例中的扩展运用

在指导案例89号中，对于法律规则不明留下的空缺，法官通过引入法律原则进行了填补，提供"更强理由"有效论证的裁判结论。"换言之，欲适用的原则所具有的强度不仅要超过支持它所排除的规则的那个原则，而且，适用该原则所获得的正当性应当超过维护该规则的确定性要求。对于是否存在'更强理由'，主张适用法律原则的法官应当负有论证义务。"〔1〕如果涉案的法律规则是明确而具体的，那么，"更强理由"是比较明显的，对其展开论证也较为容易。而"更强理由"论证方式在以指导性案例为代表的疑难案件中才能够凸显其运用。

造成疑难案件的原因除了法律规则过于模糊和概括之外，还包括法律规则及其在个案中的解释之间出现冲突。虽然"上位法优于下位法""特别法优于一般法"等规则能够处理部分此类冲突，但是，司法实践中还存在大量难以直接解决的矛盾冲突，特别是在各种法律规则的解释都有其一定道理的情况下，此类矛盾的处理就更加棘手。此时，"更强理由"的论证方式也能够发挥重要作用或者提供重要启示，因为法律规则及其解释之间的冲突也是一种竞争关系，需要进行区分和比较之后才能为裁判结果确定基础，而且在论证"更强理由"的过程中能够提升裁判文书的说理程度，体

〔1〕 秦策:《法律原则裁判功能之限定》，载《江海学刊》2011年第6期。

现和推进司法公开。因此，“更强理由”论证方式有助于帮助法官解决疑难案件，也是提升整个法律体系融贯性的传统方式之一，[1]具有重要的实践意义和价值。

作为司法实践中的疑难案件，指导性案例中也自然经常会出现法律规则及其解释之间的冲突。如果这些矛盾冲突能够用简单的规则进行处理，那么，这些普通案件就不会最终被遴选为指导性案例在全国推广，毕竟审理普通案件就是法官的日常工作，不会引起其特别关注，遑论参照和适用。通过梳理现有指导性案例的正式文本可以看到，“更强理由”论证方式在指导性案例中集中表现在以下两个方面。

一方面，法官回应律师的辩护意见。出于职业伦理的要求，律师在为本方当事人辩护时带有明显的结果指向，但是，这并不意味着其对法律规则的解释必然存在缺陷。司法改革对律师意见的重视是非常明显的，突出地表现在《刑事诉讼法》的相关修改以及《关于深化律师制度改革的意见》等规范性文件中。法官应当对律师的意见进行有效回应，不应仅仅是以“独断”的方式形成裁判结论。在《〈最高人民法院关于案例指导工作的规定〉实施细则》第11条中也明确，对于当事人及其律师提出适用特定指导性案例的要求，法官应当给予回应并说明理由。虽然统计数据表明，法官很少在裁判文书中直接回应当事人及其律师的以上要求，[2]但是，正式的制度毕竟给出了具体安排，也体现了最高人民法院要求法官回应律师意见的姿态。而法律规则适用并不是十分明确的指导性案例，是律师施展其才能的良好契机。很多指导性案例的裁判理由甚至是以对律师的回应意见为主要内容的。例如，在指导案例3号、11号、13号、27号和63号的正式本文中，裁判理由分为单独段落，分别针对律师辩护意见进行了有效的

〔1〕参见［瑞典］亚历山大·佩岑尼克：《法律科学：作为法律知识和法律渊源的法律学说》，桂晓伟译，武汉大学出版社2009年版，第203页。

〔2〕参见彭中礼：《司法判决中的指导性案例》，载《中国法学》2017年第6期。

否定性回应，同时完成了对被告人的刑事责任认定。这种论证不仅全面细致，而且针对性很强，有利于推动裁判结果被广泛接受，其实质正是“更强理由”。“是否具备‘更强理由’的角色，是要通过理性权衡来决定的……在法律论证中，权威论证相对于正确性论证具有初步优先性。但这一优先关系并不是不可反驳的，这可以通过理由分量间的权衡来实现，但需要由反驳一方来承担相应的论证负担。”〔1〕换言之，法官要否定律师的辩护意见，也需要进行阐释和说明，其实质也是通过“更强理由”论证方式来公开心证，是司法公开的重要表现之一。例如，在指导案例13号中，被告律师提出毒害性物质并未有专门详细列举的名录，氰化钠自然不属于其中，不应被认定为“毒害性物质”。从最严格的罪刑法定原则出发，这种辩护意见是有一定道理的，审判实务中对待此类问题也存在不同观点，这表明该问题确有“疑难”。而该案的裁判理由从涉及的刑法条文背后所追求的目的出发，最终将氰化钠认定为毒害性物质，进而对被告人进行定罪量刑。〔2〕相比于辩护律师仅仅局限于狭隘的法条字面文义，法院的裁判理由更加全面、透彻和深入，成为证成裁判结论的“更强理由”。“如果一个主体提出了一个主张，在其他主体提出了批驳和质疑时，就要给以理性的回应和辩护，当对方提出了‘更强理由’时，就要放弃自己的立场和主张。”〔3〕再如，指导案例27号的裁判理由中，也直接针对辩护意见进行了反驳。出于适用较轻罪名的考虑，辩护意见认为被告人应被判以诈骗罪而非盗窃罪；法官的裁判理由则详细分析了以上两个罪名之间的关键区别。其

---

〔1〕 雷磊:《法律论证中的权威与正确性——兼论我国指导性案例的效力》，载《法律科学（西北西法大学学报）》2014年第2期。

〔2〕 指导案例13号的裁判理由认为：“……氰化钠虽不属于禁用剧毒化学品，但系列入危险化学品名录中严格监督管理的限用的剧毒化学品，易致人中毒或者死亡，对人体、环境具有极大的毒害性和极度危险性，极易对环境和人的生命健康造成重大威胁和危害，属于刑法第一百二十五条第二款规定的‘毒害性’物质。”更加详细的分析参见最高人民法院案例指导工作办公室:《指导案例13号〈王召成等非法买卖、储存危险物质案〉的理解与参照》，载《人民司法》2013年第15期。

〔3〕 齐建英:《语用学视域中的法律推理研究》，中国政法大学出版社2015年版，第100页。

中的理由论述不仅符合刑法中有关财产犯罪的规定精神，也整合了我国刑法理论中的合理观点。[1]这种详细论证的“更强理由”，不仅直接厘清了案件的定罪问题，更能够将相关罪名之间的区别展示给处理类似待决案件的法官，能够凸显指导案例所具备的统一法律适用的功能。此种类似的情况也发生在指导案例63号中关于是否对刑事被告进行强制医疗的理由论证之中。[2]虽然已有指导性案例的裁判理由中否定辩护意见的情况占据主流，但是，法官在特定案件中还是部分吸收了来自其他诉讼参与者的意见。例如，同样是在指导案例13号中，对于未造成严重后果的情节，法官就酌情认可了公诉方的量刑建议，该案被告的量刑结果偏轻。在指导案例62号涉及的合同诈骗罪审理过程中，法官也基于未遂数额、如实供述、全部退赔和获得谅解等情节吸收了检察机关的意见，确定了较轻的量刑结果。

另一方面，上级法院改判下级法院的审判结果。如果说法官回应律师的辩护意见是在同一审级内部论证着“更强理由”，那么，不同审级之间对同一案件审理所获得的不同结论，也在进行着同样的工作。由于指导性案例的疑难色彩，在司法实践中经常会出现改判的结果，有的案件甚至由最高人民法院在再审程序中完全推翻前两审的结果。改判就意味着上级法院基于“更强理由”来否定下级法院的结论。面对改判案件，指导性案例的正式文本中并不专门提及同一案件中以往审级所获得的结论，只是集中于最终审判结果的分析和论述，这一行文方式并没有解释审级之间结论的差异，也没有细致比较背后的原因，无法向后案法官展现案件的全貌。这一点是非常遗憾的，也应当成为指导性案例文本改进的重要方向之一。[3]对改判结论中“更强理由”的形成及其论证，需要结合从其他渠道获得的

〔1〕 参见最高人民法院案例指导工作办公室：《〈臧进泉等盗窃、诈骗案〉的理解与参照——利用信息网络进行盗窃与诈骗的区分》，载《人民司法》2015年第12期。

〔2〕 参见曾蕾、李兵：《指导案例63号〈徐加富强制医疗案〉的理解与参照》，载颜茂昆主编：《中国案例指导》（总第4辑），法律出版社2016年版，第180～183页。

〔3〕 参见孙光宁：《法律解释方法在指导性案例中的运用及其完善》，载《中国法学》2018年第1期。

信息才能够充分展示。例如，在指导案例61号（“马乐案”）中，该案历经了深圳市中级人民法院和广东省高级人民法院的审理，仍然由最高人民检察院提出了抗诉。这一专门针对法律适用问题提出的抗诉案件，是非常罕见的。前两审法院都严格在狭义上遵循刑法条文的直接文义，认为《刑法》第180条第4款援引第1款的量刑情节中不包括“情节特别严重”的档次。但是，最高人民法院推翻了这一结论，从“立法目的”、“法条的文义”和“援引法定刑的立法技术”三个方面给出了更加全面丰富的理由。相比于前两审的简单理由，以上三个方面成为得出相反结论的“更强理由”。最高人民检察院对此也深表赞同，并不约而同地将该案遴选为检察机关指导性案例。类似的情况也发生在指导案例20号专利权纠纷之中，前两审也是主要基于对原告的保护而判决被告败诉，最高人民法院则强调了专利法中“以公开换保护”的基本原则，推翻了前两审的结论。该案所涉及的核心争议并没有直接的法条依据，最高人民法院实质上在该案中创造了新的规则，进而基于此规则作出了裁判。〔1〕其中诉诸专利法基本原则的理由就在法律规则的空白之处成为了“更强理由”。再如，在指导案例8号中，该案主要涉及的问题是在公司仍然正常运行的情况下，是否应当基于内部管理机制失灵确认“公司经营发生严重困难”，进而判决公司破产。对“公司经营管理发生严重困难”的判断需要综合多种因素，很大程度上依赖于法官的自由裁量。指导案例8号的核心问题在司法实践中也产生了否定解散和肯定解散这两种截然相反的观点〔2〕，分别在一审和二审中得到支持。在高度依赖自由裁量的类似疑难案件中，相左的意见并非有绝对的正误之分，

〔1〕 参见最高人民法院案例指导工作办公室：《指导案例 20 号〈深圳市斯瑞曼精细化工有限公司诉深圳市坑梓自来水有限公司、深圳市康泰蓝水处理设备有限公司侵害发明专利权纠纷案〉的理解与参照——专利临时保护期内实施发明所得产品的后续使用不侵害专利权》，载吕山主编：《中国法律评论》2014年第1期，法律出版社2014年版，第180～183页。

〔2〕 参见蒋大兴：《“好公司”为什么要判决解散——最高人民法院指导案例8号评析》，载《北大法律评论》2014年第1期。

更多地需要对立场、视野和要素比重进行考量：倾向于否定解散的观点主要关注后续短期内的破坏性结果，倾向于肯定解散的观点则更关注整个公司的长期稳定运行及其对市场秩序的积极影响。在否定一审结果的裁判理由中，二审法院详细阐释了肯定解散结果背后强调长期和宏观的整体视野，这成为支撑其裁判结果的"更强理由"。这一定位也符合指导性案例在全国各级人民法院审理类似案件中得以参照适用的功能定位。

从上述"更强理由"论证方式在指导性案例中的出现情况可以看到，在类似指导性案例这样的疑难案件中，法律规则及其解释之间的竞争关系往往并非正误之分，而是优劣之争，或者优中选优，应当通过对"更强理由"的论证而获得最优结论。如有学者对指导案例8号中的结论和论证的质疑。〔1〕"原则裁判的前提或依据——'规则穷尽'和'更强理由'——也意味着如此得来的判决结论，是一种有条件成立的论辩、考量结果，而非逻辑意义上的证明。判决依据和判决结论在论证模式中的关系也只是一种'佐证'，而非'保证'。"〔2〕而在多数普通案件中虽然也存在着类似的竞争关系，但是，基本上可以通过立法法及其法律适用的一般规则就可以解决，正确适用法律规则的解释自然就属于"更强理由"。质言之，"更强理由"论证方式实际上广泛存在于各种类型的案件之中，表现形式也各有差异，其核心要义在于对分析法律规范与案件事实关系的诸多理由进行"优中选优"，尤其是在疑难案件中更加明显和突出。"在一个法律论证中，这个命题存在被偏离的可能，即在个案中总有例外的存在，只有压倒例外情况的'更强理由'，这个法律命题才得以证立，才能成为支持一个法律结论的证立性理由。"〔3〕要准确论证"更强理由"，不仅需要解释者具备较强的

---

〔1〕 参见吴建斌：《公司纠纷指导性案例的效力定位》，载《法学》2015年第6期。

〔2〕 陈林林：《基于法律原则的裁判》，载《法学研究》2006年第3期。

〔3〕 王彬：《案例指导制度下的法律论证——以同案判断的证成为中心》，载《法制与社会发展》2017年第3期。

业务素质和水平，能够在案件事实和相应法律规则之间建立有效联系，更需要整个司法过程的程序设计具有包容性，允许各方充分表达其观点。普通法在引入法律原则时论证更强理由，并不如大陆法系那样壁垒森严，重要原因之一就是其司法程序制度为当事人甚至社会以恰当的方式参与司法裁判过程提供了制度通道。[1]当事人及其代理人、检察机关和审判机关，都能够在程序运行的背景下利用各种资源加强对本方观点的论证，尽量形成“更强理由”（甚至是“最强理由”）。因此，“更强理由”论证方式更多地体现了程序正义，与当代法治所强调的立场也是内在一致的。

总而言之，“更强理由”论证方式在司法实践中有着十分广阔的适用空间。在现有的法律方法论体系中，“更强理由”一般仅仅是作为法律原则适用的条件之一，这一点已经在本章中结合指导案例89号得到了分析。但是，对于法律规则及其解释之间的竞争关系，“更强理由”论证方式实际上也完全可以发挥重要作用。我们不必固守那些源于西方的法律方法论理论成果，更应当将视野转向本土司法实践的具体需要。而且，法律原则和法律规则之间也并不存在绝对的界限。“在某些情况下，法律规则与法律原则没有区别，都要凭借自身的重要性或者分量去参与较量。”[2]“更强理由”论证方式可以同时发生在法律原则适用和法律规则适用的论证之中。在庭审实质化日趋推进的背景之下，诉讼的各方参与者有了更多平等竞争的机会，去积极利用各种资源证立对本方有利的“更强理由”，以理服人是优选，以情感人甚至以势压人也可以在必要时引入。从这个意义上说，“更强理由”论证方式并非一种实质标准，而主要是一种形式标准，带有程序论辩的色彩。“而且，许多在修辞论辩中发挥重要的作用的经典法律论题，例如根据‘更强理由’的论证、反面论证、都可视为逻辑有效的论

〔1〕 参见刘克毅：《法律原则适用与程序制度保障——以民事法为中心的分析》，载《现代法学》2006年第1期。

〔2〕 刘叶深：《法律规则与法律原则：质的差别？》，载《法学家》2009年第5期。

证。"[1]"更强理由"论证方式对司法实践的重要意义在于提高法官和各方当事人论证自身观点的积极性，尤其是通过法庭论辩来充分展开各方博弈，有助于合理吸纳司法竞技主义的因素，加强庭审的实质化，进而通过全面和深度公开来推动司法公正。

三、"更强理由"论证方式对指导性案例整体运作的启示

案例指导制度已经运行了八年多的时间，对于其中指导性案例的引用情况，学者们也一直进行着跟踪统计。总体而言，法官直接在裁判文书中援引指导性案例的数量偏少、比例很低。[2]表面上看，这种情况似乎意味着案例指导制度并没有取得预期中的效果，对司法实践的影响非常有限。但是，应当看到，单一的数据分析并不能代表制度运行的全部。

当然，出于更快更好地发挥实效考虑，案例指导制度也需要从多个角度不断地进行更新和完善，积极吸收"更强理由"论证方式就是其中之一。"更强理由"论证方式已经在诸多指导性案例中得到体现，对完善案例指导制度也能带来有益启示，这一结论植根于指导性案例的疑难案件属性。按照案例指导制度运行的全过程，我们可以分别探讨"更强理由"论证方式对不同运行阶段带来的启示。

---

〔1〕［波兰］Jerzy Stelmach，Bartosz Brozek：《19世纪和20世纪中对法律方法的争议》，孙海涛译，载陈金钊、谢晖主编：《法律方法》（第9卷），山东人民出版社2009年版，第90页。

〔2〕 从首批指导性案例发布至今，每年都有相关实证研究结果对指导性案例被裁判文书援引的情况进行总结，详细数据分析参见石磊、刘松涛：《指导性案例参照情况的实证分析》，载《人民司法》2015年第23期；孙海波：《论指导性案例的使用与滥用——一种经验主义视角的考察》，载舒国滢主编：《法学方法论论丛》（第3卷），中国法制出版社2016年版，第228～230页；赵瑞罡、耿协阳：《指导性案例"适用难"的实证研究——以261份裁判文书为分析样本》，载《法学杂志》2016年第3期；周翠：《民事指导性案例：质与量的考察》，载《清华法学》2016年第4期；赵晓海、郭叶：《最高人民法院民商事指导性案例的司法应用研究》，载《法律适用》2017年第1期；郭叶、孙妹：《指导性案例应用大数据分析——最高人民法院指导性案例司法应用年度报告（2016）》，载《中国应用法学》2017年第4期；等等。

(一)“更强理由”对遴选指导性案例的启示

指导性案例的遴选为后续阶段提供来源，具有十分重要的意义。与先例制度不同，最高人民法院完全垄断了遴选指导性案例的权力，所有指导性案例都由最高人民法院统一确定和发布。这种做法虽然在一定程度上暗含着目前司法部门中的行政化色彩，但却是目前较为合理的路径。从现有指导性案例的遴选结果来看，以解释法律规范的创造性程度可以分为“宣法型”“释法型”“造法型”。[1]其中，造法型在很大程度上能够填补法律规范的空白或者疏漏，最受法官的欢迎。但是，目前此种类型的指导性案例数量偏少，集中体现在法官在裁判文书中可以直接援引的对象——裁判要点之中。例如，刑事指导性案例在裁判要点方面缺乏指导性的主要表现有:(1)重复已有的司法解释;(2)案件并非实务中的疑难案件;(3)没有提出实质性的法律适用结论;(4)裁判结论及其论证有待商榷。[2]指导案例14号就比较典型，该案例仅仅在裁判要点中强调了禁止令可以实施，在裁判理由部分也只是叙述了禁止令适用于青少年犯罪的典型情况，对于审理刑事案件的法官来说，其作用至多是提示了禁止令的存在，几乎没有任何智识上的启发。

要解决指导性案例缺乏创造性的问题，通过在竞争关系中论证“更强理由”是一种可行的方案，其实质就是选择那些在法律适用问题上争议较大的案件作为指导性案例。无论是引入法律原则作为法律规范的补充，还是面对充满竞争关系的多种法律规则适用，法官在裁判文书中成功论证“更强理由”，能够给后案法官带来解决疑难案件的思路或者现成规则。前述指导案例61号(“马乐案”)中，裁判理由就提供了如何理解法条之间关系的规则和相应结论；而指导案例78号(“3Q大战”案)则面对着《反垄断

---

〔1〕 参见资琳:《指导性案例同质化处理的困境及突破》，载《法学》2017年第1期。

〔2〕 参见林维:《刑事案例指导制度：价值、困境与完善》，载《中外法学》2013年第3期。

法》中的模糊规定，提供了相当丰富的解决思路，包括相关市场的具体界定、假定垄断者测试（HMT）和市场份额的地位评估等。在这一案件中，原告、被告双方都引入了大量专家证人，对各自观点进行了相当充分的论证，法官也正是基于这些论证获得了对案件的全面深入认识，并吸收各方意见之后最终论证了“更强理由”。这种遴选的成功很大程度上得益于“更强理由”的论证方式，只是此类指导性案例的数量偏低。更为典型的情况发生在指导案例24号之中，该案件所针对的问题是被侵权人的特殊体质对侵权责任范围的影响，即所谓的“蛋壳脑袋”规则。该问题存在很多具体类型和情况，在司法实践中如何处理一直存在巨大的争议，各种相反的观点都有支持的理由，带有明显的疑难色彩。〔1〕而且原《侵权责任法》等相关法规或者司法解释也都未对其规定，成为法律规范的空白地带。指导案例24号对此进行了十分明确的规定，解决了司法实践中经常遇到的难题，也成为最受欢迎的指导性案例。据统计，该案例是目前被裁判文书直接援引次数最高的指导性案例，甚至超过了第二、三、四名援引次数的总和。〔2〕由此可见，各种法律原则或者法律规则之间的竞争关系越是激烈，就越是需要细致谨慎全面地论证“更强理由”，由此获得的“更强理由”也越是能够体现指导性案例的实践价值，也越是会满足司法实践的需要。只是目前此类充分展现“更强理由”论证方式的案例在数量上偏少，最高人民法院应当有意识地将那些争议较大的案件遴选为指导性案例，通过更多有效论证“更强理由”的指导性案例来推动案例指导制度的实效。

---

〔1〕 对相关实体规则和案例的详细分析，请参见孙鹏：《受害人特殊体质对侵权责任之影响》，载《法学》2012年第12期；孙鹏：《“蛋壳脑袋”规则之反思与解构》，载《中国法学》2017年第1期；程啸：《受害人特殊体质与损害赔偿责任的减轻——最高人民法院第24号指导案例评析》，载《法学研究》2018年第1期等。

〔2〕 赵晓海、郭叶：《最高人民法院民商事指导性案例的司法应用研究》，载《法律适用》2017年第1期。

（二）“更强理由”对编辑指导性案例文本的启示

遴选阶段提供了指导性案例的来源，文本编辑则是对原初的裁判文书进行浓缩、凝练和提升，为后案法官提供援引的正式版本，这一过程也十分关键。在指导性案例的文本体例中，裁判要点和裁判理由是两个最为关键的组成部分。根据《〈最高人民法院关于案例指导工作的规定〉实施细则》第9条，裁判要点是裁判文书可以援引指导性案例的直接对象，也是整个指导性案例中的点睛之笔，被赋予了非常特殊的地位。多数后案法官在参照指导性案例时，甚至只是研习了裁判要点。鉴于裁判要点的重要性，最高人民法院对裁判要点的概括也提出了非常高的要求：“编写者要像仙人炼丹一样把裁判的杂质与水分挤掉，尔后形成一个精致的结论。裁判要点应当坚持越简单、越明确、越精练越好。当法律关系复杂的案例可以生发出很多裁判要点时，必须有所取舍……另外，提炼裁判要点还需要讲究角度。同样的裁判要点，换一种角度表述，指导价值可能大增。”〔1〕这种高标准要求很大程度上是“知易行难”，具体概括裁判要点还是一项非常精细的工作，尤其是在凸显“更强理由”时。

指导案例89号在这个方面就比较成功，该案的裁判要点在准确说明了法院的基本观点之后，对原告方的理由（个人喜好和愿望）也进行了直接回应，明确了“更强理由”的存在。〔2〕而且，指导案例89号的裁判要点集中论述了“姓氏”问题应尊重公序良俗原则，而不是如行政机关应诉的理由那样笼统论述姓名权。这种表述是非常精确的，由此也可以为处理相关的类似问题以启示。例如，有一些特殊姓名被成功登记上户，包括“王者荣

---

〔1〕 胡云腾：《谈指导性案例的编选与参照》，载《人民法院报》2011年7月20日，第5版。

〔2〕 指导案例89号的裁判要点为：“公民选取或创设姓氏应当符合中华传统文化和伦理观念。仅凭个人喜好和愿望在父姓、母姓之外选取其他姓氏或者创设新的姓氏，不属于《全国人民代表大会常务委员会关于〈中华人民共和国民法通则〉第九十九条第一款、〈中华人民共和国婚姻法〉第二十二条的解释》第二款第三项规定的‘有不违反公序良俗的其他正当理由’。”

耀”“黄埔军校”等。虽然这些名字也是比较罕见和个性，但是，由于其中的“姓氏”仍然随其父姓或者母姓，所以能够成功地被登记上户，与指导案例89号相似但不相同，不能形成同样的结论。

除了裁判要点之外，指导性案例的裁判理由部分才是更加全面展示“更强理由”论证方式的关键。裁判理由部分的篇幅更长，内容也更加丰富，往往是裁判要点的详细分析。了解裁判要点是“知其然”，分析裁判理由部分才是“知其所以然”。“从指导性案例的表述方式看，如果以制定法来比喻的话，‘裁判要点’大致相当于法条，是最高人民法院希望表达的规范性内容的外在表现，而这种外在表现为什么成立，则必须理解‘裁判理由’中表述出的论证内容。”[1]如前所述，“更强理由”论证方式在指导性案例中的表现集中在法官回应律师意见和上级法院改判这两个方面，而这两个方面都是由裁判理由部分进行阐释说明的，体现了案例指导制度的独特价值。因为裁判要点所提供的抽象规则在形式上和内容上都混同于司法解释，而裁判理由部分才能够详细叙述案件过程，论证“更强理由”。在裁判要点的光芒过于耀眼的背景下，最高人民法院更应当重视裁判理由部分的编辑，通过准确翔实的概括重述来体现各方诉讼参与者的推理和论证，当然也包括“更强理由”的论证。具体来说，指导性案例的裁判理由部分应当更加突出“不予采纳”或者“予以采纳”的表述，来表达法官对两造观点的评论，尤其是应当对改判的理由详加论述，具体分析下级法院在法律适用问题上存在的偏差或者误解。这一点对于希望获得上级法院肯定的下级法院而言，是很有“吸引力”的。以上两种行文方式都能够有效凸显“更强理由”，这不仅是体现案例指导制度独特价值的需要，更是长期维持该制度稳定运行的需要，毕竟具有部分替代功能的司法解释对法官的影响已然根深蒂固。

〔1〕 朱芒：《论指导性案例的内容构成》，载《中国社会科学》2017年第4期。

（三）"更强理由"对适用指导性案例的启示

在案例指导制度运行的主要阶段中，遴选指导性案例和文本编辑主要是由最高人民法院来操作的。要真正落实该制度的实效，还是主要依靠地方各级人民法院具体地去参照适用指导性案例。由于现在指导性案例在数量上偏少、没有形成规模效应，相关规定比较模糊、缺少具体奖惩措施等原因，直接参照适用指导性案例的裁判文书比较少，甚至出于规避决策风险的考虑出现了"隐性适用"的情况。但是，随着数量上的增加和认可度的提升，指导性案例发挥的影响也是越来越大，案例指导制度有着良好的发展趋势。无论是员额制还是司法责任制，都对法官的审判工作提出了更高的要求。这种背景和形势也要求法官必须尽量掌握指导性案例，并付诸审判实践。而积极研习指导性案例则成为总体前提，其中当然也包括"更强理由"的论证方式。

具体来说，法官在审视指导性案例的正式文本时，首要的关注对象就是在裁判要点中对"更强理由"进行识别。这一点不仅较为便捷，而且是直接援引指导性案例的形式要求。但是，由于裁判要点的篇幅较小，无法展现"更强理由"的全貌，后案法官应当将更多的注意力放在裁判理由部分。"但是，判决理由厘定了该案裁判可成为指导性案例的价值，因其通过说理连接了某种案件事实和某种法律问题的具体含义，借助具体个案消解了司法裁判中规范与事实的紧张和疏离关系，是支撑该案判决具有指导裁判活动之价值的缘由。"〔1〕

在阅读裁判理由时，法官应当在全面掌握案件发展整体过程的基础上，关注"更强理由"论证方式。不仅要确定两造及法官各自观点的表达及其理由，更要区分正当理由与"更强理由"，聚焦于那些"更强理由"胜

〔1〕 杨知文：《指导性案例编撰中的文本剪辑与要旨著述》，载《河南财经政法大学学报》2015年第2期。

出的分析视角。基于这种分析，后案法官就能够形成对“更强理由”的来源及其论证方式的更深印象，长此以往将十分有益于其审判业务能力的提升。同时，由于指导性案例的疑难色彩集中于法律适用问题而非案件事实的确定，即使那些没有胜出的“较弱理由”，也很有可能有其独到之处，也不能完全忽略。符合合法性要求的理由之间所形成的竞争关系，只有优劣高下之分，并非绝对意义上的是非对错。后案法官也需要分析“更强理由”和较弱理由各自背后的法律原则和规则适用冲突，细致研习这些冲突的解决方法和思路，用于将来类似案件的审理之中。以上对裁判理由的重视源于其对“更强理由”的全面论述，更源自对程序正义的推崇。这种对“更强理由”的研习方式并非如只是关注裁判要点那样短视和功利，而是将视野放在通过探究“更强理由”论证方式、提升法官能力，去推动案例指导制度的长期效果。虽然难以短期见效，但从长远角度来说更有利于改进法官群体的人力资源。

结语：案例指导制度的短效与长效

在司法改革推进的过程中，顶层设计要于法有据，具体案件中也更强调有理有据。各级人民法院在日常审判工作中，处理的绝大多数案件都是普通案件，在基本事实确定的情况下径行适用相应的法律规则即可。但是，在转型社会的背景下，法条之间的冲突和疏漏又屡见不鲜，造成了法律适用问题上的难题。定位于疑难案件的指导性案例就能够在解决这类问题中发挥重要作用。指导性案例在裁判理由提供的现成规则能够直接应用于具体案件的判决，而诸如“更强理由”等论证方式则以潜移默化的方式提升法官素质，因此，案例指导制度既能够产生短期效果，也能够产生长期效果。相比而言，后者更加深远和根本，也能切实表现案例指导制度的独特价值，保持案例指导制度的生机活力，是最高人民法院在完善该制度时特别需要关注的。由此，我们也不必过分纠结于初创阶段中裁判文书直接援引指导性案例的比例偏低，而更应当注重遴选出高质量的指导性案例，并在其中凸显“更强理由”论证方式。在法治进程的不断发展中，并非所有的制度创新都必须立见成效，各自侧重于短效和长效的制度之间应当形成良性互动和配合关系，而且司法实践中也已经有很多过于追求短期效果而导致制度异化的例子。案例指导制度固然可以有短期效果，但是更应当注意长期效果的维持和实现，这就需要分析和吸纳以“更强理由”为代表的细致论证方式，不仅要进入指导性案例的文本，更要逐步进入法官的头脑。

第三编

指导性案例参照适用的实践经验及其完善

第八章 参照指导性案例的正式规定及其反思

案例指导制度在审判实践中并未产生广泛的预期影响，重要原因之一是，关于如何在裁判文书中援引指导性案例缺少具体规定。《〈最高人民法院关于案例指导工作的规定〉实施细则》中的相关规定对此进行了细化和完善，但是仍然存在一些缺陷和不足。在启动程序方面，《〈最高人民法院关于案例指导工作的规定〉实施细则》确定了两种途径：主动参照和被动回应诉讼方引述，前一种途径缺乏有效的激励机制，而后一种方式虽然没有受到普遍重视，但却值得大力提倡。在确定待决案件与指导性案例的相似点方面，《〈最高人民法院关于案例指导工作的规定〉实施细则》确定基本案情和法律适用两个方面都需比较，但是，法律适用并不适宜作为相似性的判断标准。在直接援引对象方面，《〈最高人民法院关于案例指导工作的规定〉实施细则》确定法官只能将裁判要点作为裁判理由被援引；实际上，指导性案例的其他部分（尤其是裁判理由部分）也完全能够成为援引的对象。更重要的是，要实现案例指导制度的突破，应当修改《〈最高人民法院关于案例指导工作的规定〉实施细则》的部分规定，确定指导性案例的正式效力，即“不得单独作为裁判依据被援引”。

在不断深入的司法改革中，作为借鉴法治先进国家判例制度的重要成果，案例指导从酝酿到运作，都备受关注。案例指导制度的应然价值包括统一法律适用、提高审判效率、提升法官素质、维护司法权威等。虽然最高人民法院发布了多个类型的指导性案例，但是，这些案例在目前司法实践中并没有充分体现出以上应然价值。实证研究表明，案例指导的实践效果远低于制度初创时部分研究者的乐观预估和制度制定者的愿景。[1]其中比较突出的表现是：只有极少数审判活动明确提及参照了相关指导性案例，绝大多数指导性案例并没有直接被裁判文书援引。[2]充分研习指导性案例有助于培养法官的业务素质和能力，这种间接方式固然重要，但是，无法充分彰显案例指导制度，而且原有的公报案例也完全具备此种功能。质言之，要真正发挥案例指导对司法实践的积极推动作用，直接援引指导性案例（尤其是在裁判文书中）是最主要、最关键的方式。

在2010年年底的《最高人民法院关于案例指导工作的规定》中，最高人民法院只是在第7条确定出现类似案件时，主审法官“应当参照”相关指导性案例，并没有明确具体的援引方式。这种付诸阙如的规定被认为是影响案例指导实际效果的重要原因，毕竟，在司法权威仍然有待提高的背景下，大多数法官更希望以正式的明确规定为依据，减少个人决策所带来的职业风险。2015年2月的《关于全面深化人民法院改革的意见》(《四五改革纲要》)规定：“改革和完善指导性案例的筛选、评估和发布机制。”这一规定并没有纳入“参照适用”机制，个中缘由可能在于该机制过于复杂，即使是最高人民法院也没有在案例指导制度运行的这几年中，积累足够成熟的经验。2015年6月的《〈最高人民法院关于案例指导工作的规定〉实施细则》为地方法院提供了如何援引指导性案例的部分规定，是对案例指导制度实施之后各界研讨的总结。总体而言，在具体案件中参照适用指导性案例主要包括以下几个阶段：首先在程序上启动对待决案件（系争案件）和指导性案例进行比较，然后由主审法官确定二者之间的相似性，最后法官

---

〔1〕 参见秦宗文、严正华：《刑事案例指导运行实证研究》，载《法制与社会发展》2015年第4期。

〔2〕 根据中国裁判文书网的数据，以“指导性案例”为关键词进行搜索，从2011年第一批指导性案例发布，到2015年7月，大约有250份裁判文书中出现了“指导性案例”的字样。但是，这些案例中很多都是诉讼一方提出援引要求，只有很少一部分得到了法官回应；主动参照指导性案例的裁判文书，无论是从自身的数量上还是其所援引的指导性案例数量，都屈指可数。

在裁判文书中直接援引指导性案例。以上程序前提、实体条件以及具体对象等内容集中体现在《〈最高人民法院关于案例指导工作的规定〉实施细则》第9～11条之中。但是，从主审法官具体审判案件的角度来说，以上规定仍然存在不少疏漏或者不当之处，对其进行细致的分析和反思，有利于继续完善案例指导制度，也能够见微知著地推动司法改革的深入。

第一节 程序前提：主动参照与被动回应的优劣

在英美法系的司法过程中，出于遵循先例的原则，法官应当积极主动地寻找与待决案件类似的先例，进而作出裁判。我国的司法实践更接近于大陆法系的判例制度，法官仍然以制定法为首要法律渊源，并没有直接主动适用判例（指导性案例）的强制义务。从案例指导的实际运行来看，地方法院的法官仍然基于路径依赖而很少适用指导性案例。考虑到这一情况，《〈最高人民法院关于案例指导工作的规定〉实施细则》分别在第11条和第9条作出规定，在审理案件过程中，主审法官应当查询相应的指导性案例，并在发现与待决案件类似时应当参照适用指导性案例。[1]可以说，这种规定专门强调了指导性案例的地位，强调案件承办人员（主要是法官）应当在平时就注意了解相关指导性案例，才能在审理过程中及时查询并参照指导性案例，我们可以将这种方式称为“主动参照”。

〔1〕《〈最高人民法院关于案例指导工作的规定〉实施细则》第9条规定：“各级人民法院正在审理的案件，在基本案情和法律适用方面，与最高人民法院发布的指导性案例相类似的，应当参照相关指导性案例的裁判要点作出裁判。”第11条规定：“在办理案件过程中，案件承办人员应当查询相关指导性案例。”

虽然有了这种正式规定的强调，但是，主审法官在参照指导性案例方面未必能够达到“主动”的程度。缺少细致的操作性规定是首要的原因，长期沉浸于制定法和司法解释环境中的法官们，对于指导性案例及其适用的陌生是相当根深蒂固的。在缺少个案发轫的背景下，地方法院的法官更为保守、同时也更为稳妥的选择是“不敢越雷池一步”。更重要的是，在最高人民法院关于案例指导的正式制度规定中，只有比较笼统的奖励内容而缺少惩戒内容。〔1〕作为推荐指导性案例的最主要主体，不少地方高级人民法院也发布了一些内部司法文件，对发现、收集、整理和推荐指导性案例的工作进行了更为细致的规定，例如，强制中级人民法院和基层人民法院定期或不定期提交备选案例，为选编指导性案例设置专门人员，对入选各级指导性案例的法官及相关人员进行表彰和物质奖励等。〔2〕但是，从最高人民法院到地方高级人民法院的规定中，对于应当援引指导性案例而未援引的情况都没有确切的细致规定。在“案多人少”成为目前审判领域中突出问题的背景下〔3〕，主审法官将更多的精力放在解决案件数量而非质量上，“不求有功但求无过”成为其主导目标倾向。而且，主审案件被最高人民法院遴选成功的可能性较低。最终形成的结果是，即使有了正式规定，也无法从正反两个方面有效激励主审法官适用指导性案例，“主动参照”的方式难以推动法官在其裁判文书中援引指导性案例。

特别值得关注的是，《〈最高人民法院关于案例指导工作的规定〉实施细则》还专门在第11条增加了法官必须对是否援引指导性案例进行回应的

---

〔1〕 在《最高人民法院关于案例指导工作的规定》中，没有涉及对法官适用指导性案例的奖惩措施，《〈最高人民法院关于案例指导工作的规定〉实施细则》第14条规定：“各级人民法院对于案例指导工作中做出突出成绩的单位和个人，应当依照《中华人民共和国法官法》等规定给予奖励。”

〔2〕 以下司法文件对选编指导性案例工作进行了更加细化的规定：《辽宁省高级人民法院关于加强参考性案例工作的意见（试行）》、《陕西省高级人民法院参阅案例发布制度》、《北京市高级人民法院关于北京法院参阅案例工作的规定（试行）》、《江苏省高级人民法院关于加强案例指导工作的实施意见》和《山东省关于完善案例指导制度的规定》等。

〔3〕 参见罗东川：《案多人少的“瓶颈”能否打破》，载《人民法院报》2011年3月9日，第5版。

强制规定："公诉机关、案件当事人及其辩护人、诉讼代理人引述指导性案例作为控（诉）辩理由的，案件承办人员应当在裁判理由中回应是否参照了该指导性案例并说明理由。"这种方式是首先由诉讼一方援引指导性案例，然后由主审法官进行回应。相比于法官的主动参照，这种方式是法官的"被动回应"；在前一种方式缺少有效激励的背景下，后一种方式由于有了"应当"的强制色彩，对于援引指导性案例来说更加值得鼓励和提倡。

首先，被动回应的方式能够有效推动法官对指导性案例的了解、认知和研习，进而提升其被援引的可能性。在主动参照方式中，强制惩戒措施的缺位是其主要缺陷；而在被动回应的方式中，法官负有规定的强制义务，必须对两造援引指导性案例进行回应。无论是肯定、否定，还是修正、完善和补充，都必须以了解和分析相关指导性案例为前提。随着指导性案例在数量上的不断增加，诉讼当事人及其律师更有机会发现类似的指导性案例，进而将其作为争辩理由。如果法官怠于研习指导性案例，就无法有效做出回应。相比于普通的业务学习，这种具有强制效力的倒逼机制能够更有效地推动法官了解指导性案例，自然也增加了指导性案例被援引的机会。"裁判争议的法院经常关注其他法院在类似案件中的已经公布的判决，由此而在自己的裁判中吸收其他法院的评判经验。法院尤其要考虑在审级上高于自己的法院——当事人可以在那里提出上诉——的判决。通过公布联邦最高法院、州高级法院，甚至于州法院和初级法院的判决和判决导言，产生了内容十分广泛的法院判决（判例）汇编。这些判例虽然对于法院并不具有约束力，但是如果没有令人信服的理由，任何一个法院都不会对其上级法院的判决持反对立场。"〔1〕在法院的人事和职权配置日益呈现"精兵简政"的总体趋势下，司法实践对法官的业务素质和能力提出了更高的要求，法官应当对包括指导性案例在内的各种法律资源给予高度

〔1〕［德］迪特尔·施瓦布：《民法导论》，郑冲译，法律出版社2006年版，第79～80页。

重视和充分了解。这不仅是顺应司法改革趋势的需要，也是维护法治统一性的需要。

其次，法官对援引指导性案例进行回应，是重视律师意见的表现。《四五改革纲要》在推动裁判文书说理改革部分对重视律师意见作出了专门规定。[1]法官不仅要在裁判文书中回应律师意见，而且还要提升说理水平。结合《〈最高人民法院关于案例指导工作的规定〉实施细则》所确定的被动回应方式，可以看到，指导性案例将由此逐渐成为裁判文书说理的重要对象和素材。参与诉讼过程的各方都能够以其作为论证说理的依据。"律师们对于先前案件和法院面前的这个案件之间的某些相似之处的法律意义可以有充分的理由抱持不同的观点。在此事件中，所有事情都取决于法官是否考虑先前案件据以裁判所使用的规则是一种应该被扩展或限制的规则。"[2]虽然法官最终确定裁判结果并在裁判文书中表述理由，但是，现代司法过程日益呈现开放的趋势，各方参与者在论证说理的基础上充分表达其观点，法官吸收其中符合法律规定或者精神的部分，最终实现兼听则明的效果。这种正当程序精神和对话协商的司法民主，是符合司法规律的。法官被动回应关于指导性案例的援引问题，也是其具体表现之一。

再次，以援引指导性案例为标准，有助于推动律师行业的有效竞争。法治进程的深入必然伴随着律师行业的发展。在这个过程中，如何避免"劣币驱逐良币"的恶性竞争，实现律师行业的健康有序发展，是需要正视的重要问题。在律师的权利保证与惩戒措施都不断完善的背景下，律师行业的竞争更多应当集中在业务素质和能力上。就案例指导制度而言，在已有规定的基础上，能否以及如何在承接案件中引述指导性案例，完全可以

---

〔1〕《四五改革纲要》明确，应当"重视律师辩护代理意见，对于律师依法提出的辩护代理意见未予采纳的，应当在裁判文书中说明理由。完善裁判文书说理的刚性约束机制和激励机制，建立裁判文书说理的评价体系，将裁判文书的说理水平作为法官业绩评价和晋级、选升的重要因素"。

〔2〕［英］鲁伯特·克罗斯、J. W. 哈里斯：《英国法中的先例》（第4版），苗文龙译，北京大学出版社2011年版，第212页。

作为衡量律师业务能力和水平的标准。德国律师的相关执业实践可以作为参考：如果律师的观点不以持续性或确定性判例为根据，而是建立在不同观点之上，当事人的主张肯定不会得到支持。基于律师责任法的原因，律师是不会提出这样的诉讼的，否则，律师将面临着承担赔偿责任。[1]对于我国来说，最高人民法院所发布的指导性案例具有与时俱进的特点，最新发布的指导性案例能够体现出对法律规范在适用中的扩展、变通和细化等内容。具备较高业务素质的律师应当及时跟进这些内容，并灵活运用于执业活动之中。能力较差的律师则无法做到这一点。当事人聘请律师实质上是购买了后者的法律服务，服务水平的高低可以部分地通过援引指导性案例来判断。律师的职业定位是为当事人利益服务，应当穷尽可能的途径与措施为其当事人争辩，指导性案例当然也是其中的重要资源。“只有利益攸关的当事人才会最为关心自己的前途和命运，也就是控辩双方会努力寻求一切资源来说服法院接受本方的观点和主张，允许他们援引指导性案例不仅是为实践中零星的操作提供规范指引，也能辅助法庭有效审理案件、准确适用法律。”[2]换言之，相比于法官来说，律师更有动力去援引指导性案例作为说理依据，《〈最高人民法院关于案例指导工作的规定〉实施细则》所提供的被动回应方式具有强制的性质，法官的不同回应（尤其是其中肯定的部分）也能够体现不同律师在审判过程中的业务素质。

最后，强制法官回应援引问题，体现了指导性案例作为法律人共识的地位。在被动回应的方式中，律师、检察官和法官等法律职业群体都参与其中，并表达自身意见。这实质上是一种对话和协商的过程。意大利的判例制度特别能够印证这一结论：司法实践并不赋予最高法院的判例以某种形式上的权威和影响力，而是通过理论学说对具体判例的批评和支持来消

〔1〕 参见王洪亮：《德国的判例编撰制度》，载《法治日报》2005年3月10日，第11版。
〔2〕 牟绿叶：《论指导性案例的效力》，载《当代法学》2014年第1期。

解或者强化其权威和影响力。判例并不是一个通过制定某个关于司法组织的法律规范就可以建立并正常运作，而是一个需要法律共同体各方面的合力和共同参与才可以运作并且避免产生重大弊端的制度。〔1〕在中国，相应的核心分析对象就是指导性案例。"……法律职业共同体是一个解释共同体，它绝不仅仅是一个解决纠纷的群体，而是一个不断地、细致地废止规则、确立新规则的共同体。"〔2〕一旦既有的法律规则确定，法律职业共同体就必须基于这些规则进行分析、对话和协商。相比于制定法和司法解释等抽象规则，指导性案例中所体现的规则更加灵活多样，不仅能够查缺补漏，更能够与时俱进。同时，最高司法机关还赋予了其正式效力。每个指导性案例都经过了多级法院的层层遴选，是司法实务中的精品案例，包含着大量符合司法规律的内容。这些都意味着指导性案例应当并且已经成为法律职业共同体的共识，而且是独具价值、难以替代的共识。基于这种定位和正式规定，所有法律职业群体都应当重视指导性案例，不仅体现在推荐和遴选过程中，更要以直接援引的方式体现在个案审判之中。一旦形成了良性循环，案例指导制度必将发挥更加积极的作用。

当然，对于被动回应方式，我们还是应当保持一定的警惕，不能将援引指导性案例的所有希望都寄托其中。虽然主审法官有回应援引指导性案例的义务，但是，出现简单回应、甚至搪塞也都是有可能的，这种阳奉阴违在实质上会架空被动回应方式的效果。对此，诉讼一方还可以通过申请二审或者再审等司法程序，继续引述相关指导性案例。支持这一策略的理由仍然是案例指导所追求的统一法律适用。"如果真的存在关于先例的理性学说，那么，其基础就应当是将基于法律的裁定视为对将来案件有约束力的或者有说服力的。历经时间和案件，由于法律和正义方面的原因，一

〔1〕 参见薛军：《意大利的判例制度》，载《华东政法大学学报》2009年第1期。

〔2〕 张文显、卢学英：《法律职业共同体引论》，载《法制与社会发展》2002年第6期。

致性是非常重要的。在一个可以预期法官们能够做出清晰裁判的系统中，‘有理由预期’他们能够通过现在与以后的相关案件来检测这些裁定的可接受性。”〔1〕质言之，出于维护法治一致性或者统一性的需要，二审或者再审法官仍然应当遵守指导性案例及其所确定的规则适用方式，而且《〈最高人民法院关于案例指导工作的规定〉实施细则》所提供的被动回应方式，同样适用于二审或者再审阶段。来自最高人民法院的观点也认为：“当事人提出上诉或者申诉，上级法院依法并参照指导性案例，可能对案件作出改判或者撤销原判发回重审。因为违背指导性案例的裁判，本质上是违背了指导性案例所适用的法律规定、司法解释所反映的法理精神、裁判要点。上级法院要切实履行监督指导职能，督导下级法院在审判工作中参照指导性案例，不断统一裁判尺度，公正高效地审理相关案件，实现审理案件法律效果和社会效果的有机统一。”〔2〕即使出现了初审法官敷衍回应的情况，后续的司法程序中也可以再次通过被动回应方式对援引指导性案例问题进行审查，增加了指导性案例发挥实际影响力的机会。

第二节　实体条件：在基本案情和法律适用中确定相似性

无论是通过主动参照方式还是被动回应方式，在司法程序中启动了援

〔1〕［英］尼尔·佩策尼克：《修辞与法治：一种法律推理理论》，程朝阳、孙光宁译，北京大学出版社2014年版，第211页。

〔2〕张军：《充分发挥案例指导作用 促进公正高效权威的社会主义司法制度建设——在全国法院案例工作会议上的讲话》，载胡云腾主编：《中国案例指导》（2015年第1辑·总第1辑），法律出版社2015年版，第294页。

引指导性案例之后，法官需要对待决案件和指导性案例之间是否具有足够的相似性进行判断，只有确定相似性的存在，才能参照指导性案例作出判决。对此环节，《〈最高人民法院关于案例指导工作的规定〉实施细则》第9条规定："各级人民法院正在审理的案件，在基本案情和法律适用方面，与最高人民法院发布的指导性案例相类似的，应当参照相关指导性案例的裁判要点作出裁判。"由此可见，待决案件和指导性案例之间的相似性，需要从基本案情和法律适用这两个方面进行确定。这一规定同样存在疏漏之处。

在基本案情方面确定相似性，这一点已经基本形成了共识。参照指导性案例判案的首要环节，是在与制定法条文相关联的若干指导性案例中寻找到与待决案件最为相似的一个。这就需要对待决案件与指导性案例中的法律事实进行分析和选择，判断两者的案情相似性，这种相似性主要体现在必要事实上。案件相似性的判断过程，就是按照一定的价值标准，在若干具有关联性的指导性案例中选择、确定与待决案件事实最为接近、裁判效果最好的一个，从而参照适用。〔1〕基本案情决定着法律适用，缺少了这一基本前提，就无法在待决案件与指导性案例之间确定相似性。由此，问题的关键在于：法律适用能否作为待决案件与指导性案例之间具有相似性的判断标准。《〈最高人民法院关于案例指导工作的规定〉实施细则》第9条对此持有肯定意见，但是，这一判断存在不少值得质疑的地方。

首先，如果将法律适用界定为对实体法规则的扩展或者细化，那么，指导性案例将失去存在的意义。在进行案件之间的比较时，"法律适用"是一个比较模糊的概念，其侧重点可以聚焦于"法律"，也可以聚焦于"适用"。就前一种情况来说，指导性案例都是对现行有效的制定法或者司法解释进行具体解说的案例，其"裁判要点"部分更是直接概括了该指导性

〔1〕 参见于同志：《论指导性案例的参照适用》，载《人民司法》2013年第7期。

案例中体现的主要规则。从已经公布的正式文本来看，这些裁判要点完全可以独立于基本案情而存在，成为自洽的抽象法律规则，只不过这种规则是对现有实体法规则的重复、扩展或者细化。这个意义上的指导性案例几乎等同于提供抽象规则、具有准立法性质的司法解释，或者说是对司法解释的修补与完善。但是，这从侧面也削弱了指导性案例自身存在的意义：不断更新的司法解释在功能上完全等同于指导性案例，而且对于地方法院的法官来说更加驾轻就熟。之所以规则伴随案例存在而并非单独公布，正是为了在待决案件和指导性案例之间进行基本案件（事实）上的相似性比较。可以说，案件事实层面上的比较是决定性和压倒性的，只要案件事实部分（尤其是关键事实部分）具有相似性，就可以决定法律适用上的相似性，进而参照指导性案例形成类似的判决结果。在这个过程中，法律适用上的相似性是附随性的，并非与基本案件事实中相似性的比较位于同一层面上；《〈最高人民法院关于案例指导工作的规定〉实施细则》第9条将二者等同对待，存在理解上的偏差。

其次，如果将法律适用界定为适用法律规范的方式方法，那么，指导性案例的“指导”意义将过于宽泛。“法律适用”聚焦于“适用”时，实际上强调的是如何对现有的法律规范进行解释、论证和推理，其与法律适用方法或者法律适用的规则，没有本质区别。例如，指导案例3号、6号、11号、13号等案例中，都重点使用了目的解释方法，尤其是指导案例13号，两个焦点争议都是基于法条或者法典的目的进行解释之后形成裁判结果。〔1〕如果出现了需要适用目的解释方法的案件，那么，这样的待决案件是否能够属于“法律适用”相类似的情况？《〈最高人民法院关于案例指导工作的规定〉实施细则》第9条对此的答案是肯定的，那么，问题仍然存在：法官

---

〔1〕 参见孙光宁：《目的解释方法在指导性案例中的适用方式——从最高人民法院指导性案例13号切入》，载《政治与法律》2014年第8期。

究竟在裁判文书中选择哪一个指导性案例作为援引对象？将众多运用目的解释方法的指导性案例都罗列其中，显然并不恰当。法律适用有其自身的途径，这些途径被理论界称为法律方法论或者法学方法论，包括法律解释、法律论证、法律推理、利益衡量和漏洞补充等。如果待决案件与指导性案例的相似性，仅仅存在于方法论（法律适用方法）的意义上，那么，这种指导性案例只是对其研习者有提升业务素质的意义，而不能直接在待决案件的裁判中被援引而发挥作用。从这个意义上说，法律适用仍然不应作为待决案件与指导性案例之间相似性的判断标准。

再次，将法律适用作为案件之间比较的标准，在案例指导制度的借鉴对象——判例制度中，也没有获得理论与实践的支持。相比于案例指导制度，判例制度，尤其是英美法系的判例制度，要更加成熟、丰富和完善，其他大陆法系国家的判例制度也是以此为主要借鉴对象。这种典型的判例制度也一直是强调，案件事实上的相似性是先例与待决案件之间相似性的最主要判断标准，几乎没有提及法律适用也能够成为以上标准。“区别系争案件与先例的事实和合理使用先例确定的法律规则，是律师和法官的最核心职责。其中的核心问题其实是划线问题，即面对新情况时，先例确定的法律规则是扩展适用还是限缩适用。问题总是一样的：系争案件的事实与先例的事实是否存在关键而决定性的区别，以使得系争案件应当适用与先例不同的法律规则。”〔1〕这种适用先例的过程，并非绝对的演绎推理或者归纳推理，而更多的是一种类比推理的运用过程，其具体步骤主要包括：（1）寻找一个可资作为类比基点的先例；（2）识别先例与问题案件之间在事实方面的相同点和不同点；（3）判断是事实上的相同点还是不同点更为重要；（4）根据前述判断决定是遵循先例还是区分先例。〔2〕虽然案件事实

〔1〕［英］赞德：《英国法：议会立法、法条解释、先例原则及法律改革》，江辉译，中国法制出版社2014年版，第457页。

〔2〕参见兰磊：《英文判例阅读详解》，中国商务出版社2006年版，第686～692页。

的审视过程中不可能完全祛除既有法律规范的影响，法官的目光也总是在事实与规范之间不断往返，但是，这种往返和相互比照也是以二者的区分作为前提的；特别是对于案件之间的比较来说，基本事实之间的比较是更主要的。在判例制度的语境下，审判过程中的争议都是针对基本事实是否一致，或者具有足够相似性而进行的，几乎没有专门提出要求在法律适用问题上也必须具有足够的相似性。既然案例指导制度以判例制度为主要借鉴对象，那么，就应当尊重判例制度经过长期运作积累下来的成功经验，无须将法律适用也作为比较待决案件与指导性案例之间相似性的判断标准。

最后，在中国司法的语境中，将法律适用也作为判断案件相似性的标准，是一种求全责备的倾向，很可能会进一步降低指导性案例被援引的可能性。根据《〈最高人民法院关于案例指导工作的规定〉实施细则》第9条的规定，只有在基本案情与法律适用都类似的情况下，指导性案例才能被援引。相比于单独的案件事实标准，以上的要求明显是更加严格了。这种强调在最高人民法院研究室对《最高人民法院关于案例指导工作的规定》进行解读时就存在："类似案件不仅指案情类似，更重要的是指争议焦点即法律问题也类似的。只有基本案情类似，同时当事人诉讼争议的法律问题也类似的，才可以参照。"[1]在案例指导制度正式运作的时间并不长、各方面经验都比较欠缺的背景下，最高人民法院的这种规定是比较保守的，是对援引指导性案例设定了较高的标准。但是，这种高标准的设定也恰恰为指导性案例的援引增加了更加严格的门槛。我们可以从审判主体的角度对此展开分析。一方面，作为专职审判人员，地方法院的法官在意图援引指导性案例时，面临着更多的困难。《最高人民法院关于案例指导工作的规定》第7条中，对"应当参照"这种模糊，甚至自我矛盾的效力设定，就已经使法官在援引指导性案例时踟蹰不前；在实施细则中设定的高标准，将

〔1〕 胡云腾:《如何做好案例指导的选编与适用工作》，载《中国审判》2011年第9期。

使这种消极影响进一步加剧。而且，我国法官普遍对案例识别的技术与方法相对陌生，对案件事实分析的框架、法律推理的起点等问题缺乏具体认知。因此，对于哪些事实是法律上“相同”的事实，哪些是不同的事实，事实点的不同或关键事实的细微变化是否会对案例的适用产生影响，法官可能难以判断。[1]换言之，在缺乏系统比较训练和能力的背景下，主审法院对于基本案情层面上的比较都可能存在问题，对于由此而决定的法律适用问题，就更加难以入手进行准确判断了。最终的结果，很可能就是法官“知难而退”，拒绝援引指导性案例作为裁判理由，使案例指导制度的实效无从发挥。

另一方面，人民陪审员在参与审判活动时，对于指导性案例中的法律适用问题难以表达准确意见，也阻碍着指导性案例被援引。人民陪审员角色和作用的变化，是司法改革中的重要内容。《四五改革纲要》明确：“拓宽人民陪审员选任渠道和范围，保障人民群众参与司法……逐步实行人民陪审员不再审理法律适用问题，只参与审理事实认定问题。”经过改革和完善之后，陪而不审的情况将逐步减少，人民陪审员将更加积极地参与审判活动，他们具有丰富的社会阅历，了解社情民意，对风俗民情和市井社会有更为直观的感受，并且具有识别和判断案件证据材料、认定案件事实的能力。由人民陪审员认定案件事实能够将普通民众的朴素观念带入案件审理中，弥补法官专业知识的不足，使案件裁判更好地反映社会大众的日常情感。[2]相比于抽象的制定法和司法解释，指导性案例更容易被人民陪审员所认识和接受。最高人民法院也认为：“指导性案例以其具体、直观、生动、形象、喜闻乐见的独特优势，成为宣传、培养社会主义核心价

---

〔1〕 参见胡国均、王建平：《指导性案例的司法运用机制——以〈关于案例指导工作的规定〉的具体适用为视角》，载《上海政法学院报（法治论丛）》2012年第4期。

〔2〕 参见最高人民法院司法改革领导小组办公室：《〈最高人民法院关于全面深化人民法院改革的意见〉读本》，人民法院出版社2015年版，第178页。

值观的生动教材，宣传和彰显法治，强化规则意识，引领价值导向……引导、教育和启示社会公众自觉学法、知法、守法、用法……”〔1〕可以说，指导性案例是人民陪审员在审判活动中发挥积极作用的良好契机，特别是在指导性案例的数量和种类不断增加的情况下。在人民陪审员参与审判的案件中，如果出现了可以援引指导性案例的机会，仍然要求在法律适用方面具有相似性，那么，这种过高的要求也会成为人民陪审员要求援引指导性案例时的严重阻碍，会同时降低案例指导制度和人民陪审制的实践效果。

从以上几个方面可以看到，将法律适用也作为待决案件和指导性案例之间相似性的判断标准会直接影响裁判文书中援引指导性案例。在这种过重的论证负担背景下，法官很难准确进行相似性判断。在实体层面上，判断案件之间的相似性一直就是难题。虽然类比保证规则和类比保证理由等可以为我们判断类似案件提供一定保证，〔2〕但是，这种保证从来就不是终极的、一劳永逸的。甚至可以认为：“比较点的确定主要不是依据一个理性的认识，而是很大程度地根据决断，因而取决于权力的运用。”〔3〕质言之，相似性的判断并非在实体意义上能够完全确定，而是需要经过程序性的论辩才能够为具体个案提供裁判结果。这里，指导性案例再次展现了作为法律职业群体共识的性质，因为参与诉讼的各方主体都能够以指导性案例作为论证自身观点的理由，这一点在本章第一部分中已经提及。强化指导性案例在司法程序中的动态意义，可能比单纯从实体方面比较相似性更为关键和重要，也更符合司法过程的程序意义。

---

〔1〕 郭锋：《指导性案例的价值、效力与适用》，载胡云腾主编：《中国案例指导》（2015年第1辑·总第1辑），法律出版社2015年版，第345页。

〔2〕 参见张骐：《论类似案件的判断》，载《中外法学》2014年第2期。

〔3〕［德］考夫曼：《法律哲学》，刘幸义等译，法律出版社2005年版，第116页。

第三节　直接对象：裁判要点作为论证理由而非裁判依据

在经历了程序启动，并由法官确定了待决案件与指导性案例足够相似之后，就需要在裁判文书中具体援引指导性案例。这种援引与以往的直接将制定法或者司法解释等规范性文件作为裁判依据，存在不少差异，并且在《最高人民法院关于案例指导工作的规定》中并没有直接涉及。而《〈最高人民法院关于案例指导工作的规定〉实施细则》在第10条和第11条分别规定："各级人民法院审理类似案件参照指导性案例的，应当将指导性案例作为裁判理由引述，但不作为裁判依据引用。""在裁判文书中引述相关指导性案例的，应在裁判理由部分引述指导性案例的编号和裁判要点。"这是对如何在裁判文书中援引指导性案例进行的具体规定，也是对《最高人民法院关于案例指导工作的规定》空白之处的准确补充。简言之，在需要援引指导性案例时，法官应当在裁判文书中引述指导性案例的裁判要点作为形成最终结论的裁判理由。

裁判要点（裁判要旨）一直是判例制度或者指导性案例中的焦点问题之一，甚至是存废也有相左的意见。在英美法系的先例中，并没有明确的裁判要点，只有以判决理由（ratio）形式存在的并由后来者总结的裁判要旨。而在大陆法系的判例制度中，多数都设置了单独的裁判要旨，其内容也基本上是从案件中总结出来的抽象规则，与制定法并没有多少本质区别。在判例或者指导性案例的正式文本中设置裁判要点，具有明显的优势，如有助于裁判者迅速查找、比较相似性，同时便于在裁判文书中援引。

但是，这种设置情况也受到了质疑。“在裁判之前添加类似法条的要旨，这种做法是多么危险。这些要旨不过是判决理由中蒸馏出来的结晶，与案件事实密切相关，在很大程度上本身也需要解释。”〔1〕对专设裁判要点部分的质疑，一方面来自其内容中的抽象规定与制定法并无差异，另一方面则在于裁判者在司法过程中需要援引判例或者指导性案例时，很容易将所有的精力都聚焦于裁判要点，而忽略本应比较的案件事实等方面。这样会使指导性案例的正当性证明变成空中楼阁，并使指导性案例客观上变成另一种形式的条文化的司法解释，甚至是成文法。有三方面的内容在裁判要旨中很难被包括进来：案件事实、支持判决结论的法律论证、判决的逻辑与法律结论，而这三方面的内容是司法先例的独特价值和生命力所在。〔2〕

从《〈最高人民法院关于案例指导工作的规定〉实施细则》的具体规定来看，案例指导制度很明显遵循着后一种思路：不仅在指导性案例的官方正式文本中专门设置裁判要点部分，而且将其作为援引指导性案例的直接对象。这种定位除了存在着前述可能受到过分重视而忽略其他部分的弊端之外，还可能对指导性案例在审判中发挥积极作用产生一些消极影响，应当对其进行适当调整。具体原因至少可以包括以下几个方面。

首先，裁判要点的效力定位过低、权威性不足，难以使法官产生足够的动力去援引指导性案例。《〈最高人民法院关于案例指导工作的规定〉实施细则》专门强调，裁判要点只能作为裁判理由而非裁判依据。相比于制定法和司法解释，这种效力定位明显偏低。裁判要点所归纳的抽象规则，在内容上与制定法和司法解释并没有实质区别，而且是对后两者的细化、扩展和延伸，具有与时俱进的特点。裁判要点在实体意义上，完全可以成为裁判依据；只是限于既有的权力架构，司法机关不宜直接以案例的

〔1〕 参见［德］卡尔·拉伦茨：《法学方法论》，陈爱娥译，商务印书馆2003年版，第233页。

〔2〕 参见张骐：《再论指导性案例效力的性质与保证》，载《法制与社会发展》2013年第1期。

形式确定抽象规则。最高人民法院在最初认为："将先前的判决作为有实际拘束力的法律规范来对待，缺乏立法基础，也无相应诉讼制度支撑，因此，指导性案例应不具有正式的法律效力，不属于正式的法律渊源，不能被裁判文书直接援引。"〔1〕相比于这一观点，《〈最高人民法院关于案例指导工作的规定〉实施细则》允许裁判文书中以将裁判要点作为裁判理由的方式援引指导性案例，已经是一种进步。但是，对于审判案件的法官来说，参照指导性案例需要进行大量的对比工作（包括基本案情和法律适用），并且援引裁判要点需要付出额外的论证负担和风险。而且，在指导性案例的文本之中，还有专门设置的"相关法条"部分。根据最高人民法院的解释，明确标示法条，可以表明指导性案例是"以案释法"，可以使指导性案例明显区别于西方判例，避免不必要的误解；有利于法官正确理解和把握裁判要点的法律依据，便于裁判案件时引用相关法条；有利于检索、查询和参照适用指导性案例，也便于按照法律体系和法条顺序分类汇编和清理案例。〔2〕对于具体审判过程而言，法官完全可以在研习指导性案例的基础上，直接援引"相关法条"部分，而无须将裁判要点作为裁判文书的论证理由。这种做法既能够规避上述风险，又能够在实体意义上准确确定裁判依据。但是，最终的结果却使得指导性案例被"架空"，并没有在裁判文书中被直接援引，即使只是作为裁判理由。

其次，指导性案例的裁判理由部分更为丰富和全面，更适合作为直接的援引对象。在每个指导性案例的正式文本中都有"裁判理由"部分，对整个案件中所涉及的事实和法律进行细致说明。从篇幅上看，裁判理由部分要远远大于裁判要点部分，可以说，前者是后者的展开分析，后者是前者的凝练和概括。在裁判理由部分中，法官经常准确地归纳案件的焦点争

〔1〕胡云腾等：《〈关于案例指导工作的规定〉的理解与适用》，载《人民司法》2011年第3期。

〔2〕参见胡云腾、吴光侠：《〈关于编写报送指导性案例体例的意见〉的理解与适用》，载《人民司法》2012年第9期。

议，同时对各方意见（尤其是律师意见）进行评述，确定是否采纳相关意见并给出理由。相比于更为接近抽象规则的裁判要点，裁判理由部分以更加翔实的内容充分体现了案例的具体、生动和直接。同时，对形成裁判要点中抽象规则的原因和过程，裁判理由部分也比较详细地交代了来龙去脉，使指导性案例文本的读者能够“知其所以然”，而恰恰是这些说明和支撑裁判要点的部分，对于能细致地比较待决案件与指导性案例之间的相似性，有着更为直接的实践意义。当然，裁判要点中所概括的所有规则，在裁判理由部分也都能够得以体现。如果法官要援引指导性案例的话，将裁判理由部分作为直接对象能够更加丰富裁判文书的细致论证与说理，特别是裁判理由部分中专门论及裁判要点的形成过程与理由的内容。《四五改革纲要》针对裁判文书说理进行的改革，基本要求是要繁简分流，而需要援引指导性案例的案件，大多是属于其中需要细致全面说理的情况。仅仅依靠裁判要点，容易显得说理不够充分，特别是在回应诉讼一方援引某一指导性案例的要求时：诉讼一方并不受到《最高人民法院关于案例指导工作的规定》及其实施细则的约束，完全可以直接引述裁判理由部分的内容，而要对此进行回应，法官也需要运用裁判理由部分的内容，而且这个部分经常对最终裁判结果产生直接且重要的影响。简言之，裁判理由部分在内容上更加丰富和全面，在形式上也同样是指导性案例正式文本的必要结构，相比过于抽象的裁判要点，更适合于在裁判文书细致说理时作为直接援引的对象。

再次，在判例制度的实践中，法官援引的对象并不仅局限于裁判要点，而是更加广泛。英美法系的先例中不存在裁判要点，难以与指导性案例直接比较；当然，也正是由于裁判要点的“缺席”，使裁判文书的任何部分都能够被后案所援引，甚至部分附录的法官异议意见也能够成为特定案件中推翻先例的理由。司法判决案例被援引的时候，应该标明该判决在案例汇编中的案件名称，已经汇编该判决的案例汇编的具体名称、出版日期、卷号和页次。在伦敦大学先进法学研究所出版的《法律援引集使用指南》(*Manual of Legal Citations*)一书中,有最全面的英国及英联邦国家案例汇编简列表,其中,官方或者半官方的案例汇编的援引效力优于其他的案例汇编。〔1〕这种仅仅引用先例名称和编号的做法,在专设裁判要点的大陆法系判例中,也有类似的实践,法官在援引时同样不仅仅局限于裁判要点。比较典型的是德国的司法实践:在民事判决书中,经常引用《德国最高法院民事判例集》,刊登在《德国最高法院民事判例集》上的判例汇编均有"判例"的地位,不但德国下级法院要遵守,即使德国最高法院在审理同类案件时,也会不厌其烦地在判决书中引用本院先前作出的判例。一个著名的案件,往往不但被收录到《德国最高法院民事判例集》中,还会被收录到诸如《新法学周报》《法学家》等这些著名的德国法学刊物当中,并且以类似《德国最高法院民事判例集》的汇编方式加以汇编。相关的裁判文书通常都会把引用某案的所有刊物在论著中一一列明。〔2〕在援引这些判例时,一般德国法官并不具体重述裁判要点,而仅仅是在相关的论证理由之后,明确标明支持该理由的判例集页码。而这些页码未必都是裁判要点所在的页码,任何论述理由或者观点,也都可能被援引。〔3〕以判例法为主要特色的法国行政法领域中,判决书援引判例的对象也不限于裁判要点,例如,在一个关于行政赔偿的案件中,判决书的原文表述为:"所有错误都应该由制造者来承担责任,尽管有些命令有相反的规定(例如,1940年6月7日,Dameveuve Hoareau案,第194页;1946年6月14日,Villede Marseille案,第164页;1951年7月28日,Damele Saux案,第458页,等等)……司法机

〔1〕 参见杨桢:《英美法入门》,北京大学出版社2008年版,第121~122页。

〔2〕 参见欧宏伟:《联邦德国最高法院民事判决书评介》,载《法律适用》2007年第6期。

〔3〕 一般来说,如果法官认为自己在裁判文书中的说理得到先前某个判例的支持时,就会在行文中随即标明这个判例的具体编号,如BVerfGE 26, 141[156],这指的是《联邦宪法法院判例集》第26卷,以第141页开始的判例,其中具体引证的内容在第156页。需要特别指出的是,裁判文书中引述法学专著中的观点也采取类似的做法,仅仅标注出版物的页码。

构的有些命令正是如此表示的，特别是，1960年5月19日的一份法庭决定，Dame veuve Pitiot案，第305页，是一个可以参考的例证。”〔1〕这种援引判例的方式，与德国司法实践中的做法比较类似，也只是提及案件名称及其具体援引理由所在页码，并未直接援引裁判要点。就案例指导制度满足法官工作实际中的需求而言，甚至有观点认为，指导性案例的裁判文书原文也可以作为援引的直接对象：裁判文书所蕴含的对法律价值的理解和判断，独特的裁判方法、技巧以及裁判思路等，正是后案法官希望从指导性案例中得到的。虽然直接援引指导性案例的裁判文书在一定程度上可能破坏对指导性案例的规范化运用，但是这种随意的适用却能最大限度地挖掘指导性案例的作用，并通过后案法官的不断适用与发展不断创设新的裁判规则，从而保持指导性案例的生命力。〔2〕鉴于先例制度或者判例制度的成熟经验，《〈最高人民法院关于案例指导工作的规定〉实施细则》将援引对象仅仅限于裁判要点，虽然有一定的合理性，可能也是案例指导制度运行初始的现实选择，但是，相比于充分发挥指导性案例的实际作用而言，仍然显得过于狭窄。随着案例指导制度逐步被接受，扩大直接援引对象的范围应当成为重要的完善举措。

最后，在进行适当的限定基础上，裁判要点完全可以作为裁判依据被裁判文书援引。如前所述，裁判要点在实体内容上与制定法、至少是司法解释没有本质区别，能够承担裁判依据的任务，只是在形式上需要顾及权力架构而不宜直接作为裁判依据。有观点甚至认为，指导性案例的裁判要点应当作为一种“排他性判决理由”而被援引〔3〕，实质上肯定了其重要

〔1〕［英］布朗、贝尔：《法国行政法》（第五版），高秦伟、王锴译，中国人民大学出版社2006年版，第311页。

〔2〕参见江南：《指导性案例的适用机制——以法官的思维路径为中心》，载《人民司法》2013年第15期。

〔3〕参见黄泽敏、张继成：《指导性案例援引方式之规范研究——以将裁判要点作为排他性判决理由为核心》，载《法商研究》2014年第4期。

的效力地位。法国行政法领域中的判例制度也明确："就判例法而言，从两方面看，客观上，违者即受制裁；主观上，服从者都感到有义务去执行，这表明判例准则具有法律准则的一切特性。"〔1〕而《〈最高人民法院关于案例指导工作的规定〉实施细则》中较低的效力定位却很大程度上影响了指导性案例被接受，进而被援引的程度。为了改变这一状况，有观点建议直接修改《最高人民法院关于司法解释工作的规定》，在"解释""规定""批复""决定"四种司法解释之外，增加指导性案例为一种新的司法解释。〔2〕这一观点值得商榷：从性质、特点、形式和运作方式上，司法解释和指导性案例还存在很大的不同。而且，《四五改革纲要》等司法改革的纲领性文件都是将司法解释与案例指导并列作为完善法律统一适用的机制。更重要的是，列入司法解释的一种样态，将进一步降低指导性案例及其裁判要点的效力定位，更加不利于其在裁判文书中被援引。但是，值得肯定的是，上述制度变革建议的衍伸意义在于，如果能够成为一种司法解释，那么，指导性案例就可以在裁判文书中直接作为裁判依据，对其被援引十分有利。也有观点认为指导性案例的效力位于制定法与先例的效力之间。〔3〕从提升指导性案例的效力定位的角度来说，笔者认为，可以将《〈最高人民法院关于案例指导工作的规定〉实施细则》第10条中的"不作为裁判依据引用"，修改为"不单独作为裁判依据引用"。这种修改仅仅是增加了"单独"两字，在保持案例指导整体制度稳定的基础上，肯定了指导性案例的效力，能够作为裁判依据之一。这样，结合该实施细则第11条的规定，对于具体案件的审理而言，主审法官可以将裁判要点与其他制定法或者司法解释并列为裁判依据而直接援引。由此，指导性案例便获得了作为裁判依

---

〔1〕［法］正·里韦罗、正·瓦里纳：《法国行政法》，鲁仁译，商务印书馆2008年版，第377～378页。

〔2〕参见陆幸福：《最高人民法院指导性案例法律效力之证成》，载《法学》2014年第9期。

〔3〕参见雷磊：《法律论证中的权威与正确性——兼论我国指导性案例的效力》，载《法律科学（西北政法大学学报）》2014年第2期。

据的形式合法性，而且更接近于制定法的效力，对其被援引是大有裨益的。而且，从举轻以明重的角度来说，连饱受诟病，甚至一定程度上僭越立法权的司法解释都能够作为正式裁判依据；那么，内容上更加细致全面，形式上同样由最高人民法院发布的指导性案例更有资格作为裁判依据。[1]

除了裁判要点之外，援引指导性案例的直接对象还包括案件编号。这表面上看并不是一个重要问题，但是，我国指导性案例目前的结构设计更加侧重于强调性质与反映时间两项功能，而“n 号”的设计相对于美国案例编号使用多个层次与分类的结构来说，查询检索功能相对较弱；随着指导性案例的数量不断增加，此种排列方法对检索将会造成很大的困难。[2]2015年5月，最高人民法院发布了《关于人民法院案件案号的若干规定》《人民法院案件类型及其代字标准》《各级法院代字表》等配套标准，对案件编号问题进行了统一而细致的规定。对于案例指导制度来说，完善案例编号也是十分重要的，对于法官及时有效检索、进而援引指导性案例，都有很强的操作意义。将来对相关实施细则进行修订时，应当增加对指导性案例案件编号上的新规定，这种做法也是吸收其他国家判例制度经验的结果。

结语：案例指导的突破节点

作为吸收判例制度的成果，案例指导一直备受关注，从地方法院的前期探索，到最高人民法院多次在五年改革纲要中提及，最终通过《最高人

〔1〕 当然，笔者的这一建议还需要对其他相关规定进行附带修改，主要是《最高人民法院关于裁判文书引用法律、法规等规范性法律文件的规定》。这种附带修改也只需要增加指导性案例的内容，无须为了对应和衔接而对诉讼制度进行大规模修改，能够尽量以最小的完善措施，在维持现有制度稳定的基础上，最大化增加指导性案例被援引的可能性。

〔2〕 参见罗四维：《判例编号的结构与功能——以最高法院公布的指导性案例为主要素材》，载《法制博览》(中旬刊) 2013年第1期。

民法院关于案例指导工作的规定》正式确立，每一步都伴随理论界与实务界的热烈讨论。而《〈最高人民法院关于案例指导工作的规定〉实施细则》则通过细致规定将这些关切逐步转化为对审判活动产生直接影响的操作规程。以上整个过程体现了一种从宏观到微观、从应然价值到实然影响、从试点探索到制度建构的趋势。随着越来越多的指导性案例被裁判文书直接援引，案例指导制度对司法实务的促动也将更加显现。

但是，总体而言，最高人民法院对于指导性案例的援引问题仍然持有比较保守的态度，从《最高人民法院关于案例指导工作的规定》的付诸阙如，再到其实施细则中强调“不得作为裁判依据”，都能够说明这一点。虽然案例指导制度发挥实践作用，需要一个循序渐进的过程，但是，没有必要将其延展得过于拖沓，各种司法制度（尤其是诉讼制度）的相互配合，不会使得指导性案例成为恣意裁判的“潘多拉魔盒”。相反，最高人民法院的保守与摇摆，反而会降低地方法院的法官参照指导性案例的积极性。长此以往，案例指导制度就会失去公信力而成为被架空和虚置的“花瓶制度”。

要在循序渐进的发展中加速指导性案例的效果，关键节点并不在于援引程序如何启动，或者待决案件与指导性案例之间的相似性如何确定，而是在于确立指导性案例的正式效力，尤其是直接作为裁判依据的效力，即使不能“单独”成为裁判依据。这种“正名”会直接推动指导性案例被援引的动力与可能性。“如果将指导性案例仅仅停留在‘软约束力’上，指导性案例可能仅仅成为一个单纯的咨询性的案例分析意见，发挥的是与学理解释类似的参考作用，无法形成有效、常态的案例指导制度……在我国，法律职业共同体尚未完全形成，司法人员执法水平参差不齐，职业素养不高，司法权无法独立行使，特别是在遇到缺乏专业素质和敬业精神而不知天高地厚的执法人员或者案件的处理遇到各种外部干预的情况下，仅具有

‘软约束力’的指导性案例可能不堪一击。”〔1〕只依靠单一的案例指导制度不可能一步到位地实现司法的公正与统一，同样，也不会仅仅因为指导性案例成为直接裁判依据，就会导致法官随意裁判，进而导致司法不公。相反，援引高质量的指导性案例（及其裁判要点），会推进裁判质量的提升，推进司法公正的实现。从这个意义上说，案例指导要寻求发展上的突破，应当聚焦于提升指导性案例的正式效力，以达到“纲举而目张”的效果。

〔1〕 孙国祥：《从柔性参考到刚性参照的嬗变——以“两高”指导性案例拘束力的规定为视角》，载《南京大学学报（哲学·人文科学·社会科学版）》2012年第3期。

第九章　指导性案例的隐性参照及其规制

指导性案例在裁判文书中被直接援引，是案例指导制度发挥作用的直接体现。但是，数据统计表明，司法实践中存在隐性参照的情况：当事人提出参照特定指导性案例的要求，法官不予直接回应，最终裁判结果与相应指导性案例一致。隐性参照的产生主要是法官为了减少对指导性案例的陌生所带来的决策风险。虽然自身存在一定合理性，但是，隐性参照不利于发挥案例指导制度的作用，无法对法官运用指导性案例形成有效监督，应当进行改进。改进的具体措施包括加强培训，明确奖惩措施，提炼创新性裁判要点，以及便利当事人提出参照要求等。

第一节　隐性参照的界定及其产生原因

从《关于案例指导工作的规定》开始，最高人民法院陆续公布了十几批指导性案例，案例指导制度正式运行也已经达到7年左右的时间。根据中国裁判文书网的数据，各类裁判文书中直接援引指导性案例的案件数量大约只有1500个，相比于每年将近2000万的审判案例数量上说，这一比例还是非常低的。而且，在适用指导性案例的司法实践中，有很多案件都是由法官以外的其他诉讼参与人提出要求，法官主动适用指导性案例的情况也比较少见。在司法实践中还出现了一种指导性案例的特殊适用方式——隐性参照。

所谓指导性案例的隐性参照，指的是在特定案件的审理过程中，法官以外的其他诉讼参与人提出了参照某一指导性案例的要求，法官对此种要求并不给予直接回应，而最终的裁判结果与被要求参照的指导性案例在实体意义上是一致的。换言之，法官并没有直接在裁判文书中明示是否参照了相应的指导性案例，而实质上根据指导性案例作出了裁判结论。这种方式之所以被称为“隐性”，就是因为案件中所有的裁判文书并没有出现将指导性案例作为裁判理由的直接表述。隐性参照之所以能够有迹可循，就在于案件审理过程中存在法官之外的其他诉讼参与人提出适用请求的情况。如果这一请求不存在，而裁判结果与某一指导性案例相似，那么，我们就不能将这种一致的情形称为隐性参照，因为无法直接获知法官是基于自身的理解作出裁判，还是的确参照了指导性案例却并没有在裁判文书中表述。

隐性参照在司法实践中实际上是广泛存在的。根据北大法宝专业司法案例数据库2016年的统计报告，法官直接将指导性案例作为裁判理由或者说理依据（明示参照）的案件为190件，而隐性参照的案例数量为351件。〔1〕隐性参照的数量为明示参照数量的近两倍。从这一统计结果来看，目前对指导性案例的适用大多数是通过隐性参照的方式展开的，我们需要深入分析造成这一现象的原因，才能够对其进行准确评价和有效规制。

首先，指导性案例能够在一定程度上满足审判实践的需要，这是法官参照指导性案例的主要原因。指导性案例都是经过层层遴选出来的案件，

---

〔1〕 这里需要说明的是，该统计报告是依据北大法宝自身的案例数据库进行的统计，主要体现在《最高人民法院指导性案例司法应用年度报告（2016）》（载《中国应用法学》2017年第4期）中。如果将数据库扩大到中国裁判文书网，那么，这一数字还将进一步扩大。

如果要体现出“指导”的性质，那么，指导性案例就不能定位于普通的典型案件，而是应当带有一定的疑难色彩，能够帮助法官准确处理法律规范和案件事实的复杂关系。《最高人民法院关于案例指导工作的规定》第2条专门规定了几种指导性案例的类型，其中“法律规定比较原则的”和“疑难复杂或者新类型的”指导性案例，都能够充分体现其指导意义。很多明示参照的指导性案例已经说明了这一点，如指导案例24号是被直接参照次数最多的。指导案例24号有助于在该问题上统一法律适用，受到了司法实践的欢迎。〔1〕正是因为指导性案例有助于解决司法实践中的困难，所以法官才有参照的动力。即使是隐性参照，也是法官在其他诉讼参与人的提示之下基于指导性案例作出的裁判，也能够在一定程度上体现指导性案例的价值。

其次，法官并不十分熟悉如何准确适用指导性案例，出于规避决策风险的考虑采取了隐性参照的方式。案例指导制度借鉴于英美法系的先例制度，后者的核心技术是在先例与待决案件之间进行识别，也就是比较二者之间的相似性，其中还包括区分技术和排除技术等。在英美法系的司法过程中，“不论每个人所处的位置和角度有何不同，他们使用的‘原材料’都是那些一样的判例，他们使用的分析方法也是这个职业群体都使用的职业技能。”〔2〕但是，我国的法官长期习惯于制定法思维方式，将抽象法律规则作为裁判依据，对以上判例制度的运用技术相当陌生。换言之，意图参照指导性案例的法官，并不清楚如何确定指导性案例与待决之间存在相似点，进而准确适用指导性案例。如果贸然确定以上相似性，那么，有可能带来一定的风险。于是采取了隐性适用这一貌似折中的办法，既能够在实

〔1〕 参见最高人民法院案例指导工作办公室：《指导案例24号〈荣宝英诉王阳、永诚财产保险股份有限公司江阴支公司机动车交通事故责任纠纷案〉的理解与参照——个人体质特殊不属于减轻侵权人责任的情形》，载《人民司法》2015年第12期。

〔2〕 ［英］赞德：《英国法：议会立法、法条解释、先例原则及法律改革》，江辉译，中国法制出版社2014年版，第443页。

质意义上参照指导性案例的实体规则，又在一定程度上避免了直接认定相似性带来的风险。当然，还需要说明的是，《〈最高人民法院关于案例指导工作的规定〉实施细则》第9条已经规定，评价指导性案例和待决案件之间相似性的标准是案件事实和法律适用，这两个标准也很难减少隐性适用的情况：一方面，该实施细则出台是在2015年5月，发布的时间比较有限，难以要求每一位法官对此都十分清楚；另一方面，无论是案件事实还是法律适用，这种标准设置仍然过于模糊和概括，实质上并没有提供细化的、操作性较强的判断标准。规避由于不了解所带来的风险，是造成法官们隐性参照指导性案例的主要原因。

最后，案例指导制度中缺乏有效的惩罚措施，间接地推动了隐性参照的出现。无论是《最高人民法院关于案例指导工作的规定》还是其实施细则，都没有规定如果应当参照指导性案例而没有参照，主审法官应当承担何种责任，受到何种惩罚。同时，以上两份规范性文件也没有明确隐性参照指导性案例是否需要受到相关惩罚。《〈最高人民法院关于案例指导工作的规定〉实施细则》第11条第2款已经规定，如果其他诉讼参与人提出了参照指导性案例的要求，法官应当予以回应并说明理由。但是，这一规定同样没有明确相应的惩罚措施。这些规定上的不明确使法官隐性参照指导性案例时并无多少顾忌，相当于间接地允许甚至推动了隐性参照的存在和发展。

从以上的分析可以看到，在案例指导制度运行的初期，隐性参照指导性案例有其存在的原因，甚至带有一定的合理性。毕竟，隐性参照相比于完全无视，还是更加值得肯定的。但是，应当看到，隐性参照还存在不少消极的方面，任由其长期发展，对于案例指导制度的持久运行会产生较大危害，这一点也需要引起我们的高度重视。

第二节 隐性参照对案例指导制度的多种危害

虽然隐性参照指导性案例有一定的合理性，但是，该适用方式中存在的弊端也同样不可忽视。作为新生制度，案例指导的运行方式对于已经习惯于直接适用法条的法官们来说，是比较陌生的。在该制度处于初创时期、很多方面不完善的背景下，法官们探索出某些“土办法”是可以理解的，其中积极的因素还应当受到肯定。但是，如果这些土办法异化成为“上有政策下有对策”，那么，就会危及案例指导制度的长期运行效果了。从正面的角度来说，明示参照指导性案例有着非常重要的理由，包括有助于完善我国以法治为原则的法律制度，有助于实现法学理论工作者与法律实务工作者在迈向法治与公正之路的良性互动，有助于实现法官、法学工作者与社会公众的结合，以及有助于保持指导性案例的开放性，有助于我国案例指导制度在法律环球化的背景下健康发展等。[1]从反面的角度来说，明示参照的重要性也是减少或者规制隐性参照的原因。总体而言，隐性参照的适用方式对案例指导制度的影响是弊大于利，其内在的危害至少体现在以下几个方面。

首先，隐性参照无法明示指导性案例的存在及其意义，影响案例指导制度产生的实际效果。直接在裁判文书中援引指导性案例，是案例指导制度对司法实践产生影响的主要表现，也符合社会各界对该制度的预期。隐性参照的适用方式则无法实现以上效果。司法实务工作者本来就对指导

---

〔1〕 参见张骐：《再论类似案件的判断与指导性案例的使用——以当代中国法官对指导性案例的使用经验为契口》，载《法制与社会发展》2015年第5期。

性案例及其运行比较陌生，隐性参照会维持这一现状，遮蔽了指导性案例实际发生的积极效果。“从司法实践的层面看，将造法型指导性案例直接作为裁判依据予以引用，有利于明确指导性案例的作用，增强判决的可接受性。”[1]当司法实务界对指导性案例越是了解时，越是能够积极主动地明示参照，进而明示参照又会加强司法实务部门对指导性案例的了解和适用。这是案例指导制度进入良性循环的状态。但是，隐性参照则影响（至少是延迟）了这一理想状态的出现，反而有可能造成恶性循环。指导性案例所提供的很多实体规则，有助于解决司法实践中的难题，有助于推动法律的统一适用，甚至有助于提升法官的总体业务素质和能力。隐性适用的方式降低了指导性案例的“出镜率”，也降低了以上指导性案例的价值在更大范围内的传播，造成了对案例指导制度的危害。

其次，法官在隐性参照中不回应其他诉讼参与人的合法请求，挫伤了后者对案例指导制度的信任和积极性。指导性案例在其文本中通过裁判要点部分提供了抽象规则，这应当成为所有参与案件的主体共享的法律资源。出于赢得案件的考虑，其他诉讼参与人都会积极利用各种法律资源，当然也包括指导性案例。从实证调查的结果来看，法官主动援引指导性案例的比例较低，而被动地回应其他诉讼参与人的请求而适用指导性案例的比例较高。在370个应用指导性案例的民商事案件数据样本中，只有101例为法官主动援引。[2]经过其他诉讼参与人请求，法官被动援引指导性案例，也属于明示援引的一种情况。而隐性参照连上述效果也无法实现，因为法官对其他诉讼参与人的合法请求没有给出有效回应，这种直接架空诉讼权利的行为却难以进行准确惩罚，会在很大程度上挫伤其他诉讼参与人对案例指导制度的信任，进而也会降低其请求适用指导性案例的积极性。

---

〔1〕 资琳：《指导性案例同质化处理的困境及突破》，载《法学》2017年第1期。

〔2〕 参见赵晓海、郭叶：《最高人民法院民商事指导性案例的司法应用研究》，载《法律适用》2017年第1期。

再次，隐性参照导致法官的自由裁量缺乏有效监督，无法保证指导性案例适用的准确性。在案件审理过程中，其他诉讼参与人提出适用指导性案例的请求，如果法官没有回应，那么，请求提出者也并不了解是否法官在最终裁判结果上参考了相应的指导性案例。现代诉讼的发展具有商谈化的特征，各方参与主体都有机会充分表达自己的意见并说明理由。法官对最终判决结论也有进行阐明的权利和义务，这也是司法公开的重要内容。隐性参照无法明确法官是否参照了指导性案例，提出适用请求的其他诉讼参与人无法对适用指导性案例的情况进行监督。司法审判的权力如果缺乏有效监督，也很可能发生被滥用的情况。就目前案例指导制度运行的情况来说，参照适用指导性案例并不是一个简单的过程，很多法官也在逐渐熟悉和摸索之中，很容易出现误用或者滥用指导性案例的情况。此时，来自其他诉讼参与人的监督就显得十分必要了。例如，在比较指导性案例和待决案件相似性时，法官应当基于主要案件事实或者具有决定性的案件事实才能形成准确判断。但是，在实际操作过程中，一些法官经常以某些非决定性案件事实不相似为由，拒绝适用本来应当适用的指导性案例。这种直接拒绝的方式毕竟是一种显性存在，能够获得直接的监督。相比之下，对隐性参照进行监督就更难了，出现误用和滥用的比例也就更高。相反，如果司法过程能够形成商谈化情景，各方都表达意见，同时也能够对其他主体的意见进行评议和监督，那么，各种协调获得的结论对于适用指导性案例来说就能达到兼听则明的效果。

最后，隐性参照会影响最高人民法院在推动案例指导工作方面的权威。在案例指导制度的运行过程中，充满着行政化的色彩。例如，最高人民法院垄断了指导性案例的认定和发布的权力，各级人民法院必须经过层报的方式才能够推荐指导性案例。虽然有学者对此提出了批评，但是，应当看到，对于步履维艰的案例指导制度来说，借助于最高人民法院的权威和行政化权力还是相当必要的，特别是在初创时期。即使是在任何法院都有权作出判例的英美法系中，最高司法机关作出的判决也是具有最高权威和直接约束力的先例，大陆法系的判例制度中也同样强调最高司法机关的作用。例如，《德国最高法院民事判例集》中汇编的判决都具有直接约束力。[1]简言之，最高司法机关对于推动判例发挥积极作用扮演着极为重要的角色，这一点也是案例指导制度应当借鉴的实践经验。具体到隐性参照来说，地方法院的这种适用指导性案例的方式相当于没有明示参照指导性案例，同时直接违背了《〈最高人民法院关于案例指导工作的规定〉实施细则》。在没有受到相应惩罚的背景下，这种“上有政策下有对策”的处理方式影响了最高人民法院的权威。目前案例指导制度更多依靠此种行政化权威，而非指导性案例自身的质量，隐性参照产生的消极影响还是非常明显的。从长远来看，指导性案例对司法审判的实践意义是巨大的，案例指导制度的前景还是比较乐观的。但是，在短期内启动阶段，最高人民法院的行政化权威还是主要的推动力量。任由隐性参照长期存在，最高人民法院在推进案例指导方面的努力就无法获得应有效果。

第三节　对隐性参照的规制与引导措施

虽然隐性参照的方式优于完全忽视指导性案例，能够在一定程度上显示指导性案例的价值，但是距离明示参照的理想状态还相差甚远。隐性参照对案例指导制度的运行产生了非常消极的影响，需要进行有效地规制和引导。作为司法改革的创新之一，案例指导制度已经被呼唤多年，蕴含着

[1] 参见欧宏伟：《联邦德国最高法院民事判决书评介》，载《法律适用》2007年第6期。

非常重要的实践价值。因此，在发现隐性参照对该制度的危害时，最高人民法院应当采取多种措施，规制其消极影响，引导法官逐步转向在裁判文书中明示参照指导性案例。具体来说，对隐性参照进行规制和引导的有效措施，主要包括以下几个方面。

首先，开展专门针对案例指导的培训工作，推动法官对参照指导性案例的了解和认知。在案例指导制度初创时期，各级法官并不熟悉指导性案例的参照方式和方法，这是产生隐性参照的主要原因之一。在案例指导制度已经积累了一定经验的基础上，最高人民法院应当推进开展针对此项制度的培训工作。虽然多数法官培训活动中都有涉及案例的内容，但是，专门以指导性案例为主题的培训活动还是非常少的。该项培训工作的具体方式包括以下几个方面：(1)由国家法官学院和最高人民法院案例指导工作办公室联合牵头，以逐轮培训的方式从高级人民法院向基层人民法院展开。前者是专门进行法官培训的机构，后者则是专门组织案例指导工作的机构，二者能够发挥各自优势，为案例指导培训工作奠定坚实基础。(2)培训的内容主要是指导性案例的内容、识别、与待决案件相似点的比较以及具体参照方式。其中，后两个方面的内容尤其重要，是目前各级法官在适用指导性案例时主要面对的困难和疑惑之处。此外，还可以将指导性案例的原审裁判文书作为培训内容，推动参加培训的法官能够了解到比较成功的裁判文书是如何进行说理论证的。(3)培训的主讲人员建议由最高人民法院内部审判单位的法官和案例指导工作专家委员会委员组成，这两部分人员都非常了解特定指导性案例从推荐到遴选的全过程，对指导性案例的适用方式有着非常全面的了解。此外，必要时还可以邀请部分原审判决法官对案件进行讲解。通过以上的培训，各级法官能够更加充分地了解指导性案例的内容及其参照方式，减少对指导性案例的陌生感，也更有信心和能力在裁判文书中直接明示参照指导性案例，降低隐性参照的比例。总体来说，“针对广大基层法官不善于发现、编写和应用案例的情况，各级法院要积极开展案例培训工作，将案例培训列入法官培训的常规课程，讲授案例编选和应用技能，培养法官案例意识……”[1]此外，在逐步熟悉案例指导制度运行过程的基础上，法官们通过培训也可以了解更多指导性案例的推荐和遴选的程序与标准，从而更有针对性地向上级法院推荐指导性案例。这种备选指导性案例在数量上的增加对于遴选出更高质量的指导性案例也是非常必要的。

其次，明确参照指导性案例的奖惩措施，激励法官准确适用指导性案例。隐性参照能够存在的重要原因就是奖惩措施不明确，尤其是惩罚措施几乎没有直接规定。应当在这个方面继续细化《〈最高人民法院关于案例指导工作的规定〉实施细则》，将相关奖惩措施直接确定为对法官进行考核的重要内容。例如，将应当援引相关指导性案例而未援引的情况，作为上诉理由之一，上诉法院可以以此为由否定一审判决结论。除了应当援引而未援引的情况之外，还有不当援引、不规范援引等。具体到隐性适用，如果法官对其他诉讼参与人提出适用指导性案例的情况不予回应，提出请求者可以向法官惩戒委员会进行投诉。在查实后，该委员会应当给予主审法官相应的惩戒。更加有效的措施则是将指导性案例的适用作为法律适用的基本情况之一，凡是该引不引、不当引用等情况都属于法律适用不当的类型，上诉法院以此为由可以发回重审或者直接改判。当然，除了惩戒措施之外，案例指导制度还可以增加一些奖励性内容，如成功推荐指导性案例，或者主审的案件最终被遴选为指导性案例，都应给予相应的奖励。《〈最高人民法院关于案例指导工作的规定〉实施细则》第14条是专门规定奖励内容的条款，但是却过于笼统和概括，无法形成有效的正面激励，仍然需要进一步细化，其中基本原则应当是提升推荐和准确适用指导性案例

〔1〕 颜茂昆：《关于加强案例指导的几点思考》，载颜茂昆主编：《中国案例指导》（总第4辑），法律出版社2016年版，第218页。

在法官评价和待遇中的比重，与法官员额制、司法责任制等司法制度形成联动。

再次，指导性案例应当提供更加精致和创新性的裁判要点，便于法官直接援引。根据《〈最高人民法院关于案例指导工作的规定〉实施细则》第11条第1款，裁判要点是法官能够在裁判文书中直接援引的对象。从这个意义上说，裁判要点是整个指导性案例的核心，也是最能够体现指导性案例价值的部分。但是，目前很多指导性案例并没有给法官带来实质性的指导意义，只是对已有的法律法规或者司法解释进行了简单重复，这一点在刑事指导性案例中表现得尤为明显。〔1〕虽然案例指导制度运行初期采取保守态度是可以理解的，但是，低质量的裁判要点也影响了法官参照的积极性和准确性，这也是隐性参照出现的背景因素之一。提供创新规则本来就是指导性案例应当承担的任务之一。〔2〕如果裁判要点的概括非常精致，而且能够针对司法实践中普遍存在的法律不明或者漏洞，同时用语表述清晰准确严谨，那么，法官就更愿意直接明示参照指导性案例。由此也对最高人民法院案例指导工作办公室提出了更高的要求，笔者建议结合原审法官、案例指导工作专家委员会以及最高人民法院内部审判单位进行综合概括，有助于形成高质量的裁判要点。

最后，进一步为其他诉讼参与人提出适用指导性案例提供便利，对法官参照指导性案例进行有效监督。隐性参照导致监督的缺失，影响法官适用指导性案例的准确性。现有的规定只是赋予了其他诉讼参与人在审判过程中将指导性案例作为控（诉）理由的权利，这项诉讼权利如何具体落实，还存在规定上不明确的地方。为了更好地监督指导性案例的适用，应当细化该项权利的内容和行使方式。虽然指导性案例并没有明确为我国

〔1〕 参见林维：《刑事案例指导制度：价值、困境与完善》，载《中外法学》2013年第3期。

〔2〕 参见陈兴良：《案例指导制度的规范考察》，载《法学评论》2012年第3期。

司法审判的正式法律渊源，但是，鉴于指导性案例的重要地位，应当从起诉阶段就肯定指导性案例的作用，并将其贯穿于审判的全过程。换言之，应当保证其他诉讼参与人在诉讼全程的任何阶段都可以提出适用指导性案例的请求，主审法官对此都必须回应并详细说明理由，这样，隐性参照的存在空间就会被大大压缩。配合前述论及的惩戒措施，法官就必须以直接明示的方式正面回应指导性案例的参照问题。具体到诉讼文书中，对于适用指导性案例的问题，提出请求的其他诉讼参与人可以单独在文书中进行强调，或者专门制作关于请求参照特定指导性案例的诉讼文书。这样就可以直接凸显参照指导性案例的问题，这种强烈明示的方式也更容易获得法官的正面回应。

结语：审判实践经验的引导与改造

隐性参照属于案例指导制度运行过程中法官的经验性做法，其实际存在的范围还是非常广泛的，从广义上属于司法过程中的“潜规则”。这种来源于审判实践的经验经常同时包含着积极和消极两种因素：前者表现为减少法官个人决策的风险，或者有助于提高审判效率；后者则经常架空相关法律规定，影响当事人诉讼权利的全面实现。对于这种情况，最佳方案是通过制度完善来降低消极影响。具体到案例指导制度来说，隐性参照是基于制度漏洞存在的实践经验，一方面能够间接地发挥指导性案例的作用，另一方面也对案例指导制度的长期运行产生了不少危害。最高人民法院应当充分分析和了解其中的利弊方面，及时通过弥补制度漏洞的方式减少隐性参照的消极影响，引导和推动法官在裁判文书中更加积极地明示参照指导性案例。这对于处理疑难案件、提升司法审判的质量和效率，都是大有裨益的。

第十章　参照指导性案例中的区别技术及其改进

区别技术在遵循先例的普通法运行中居于核心地位，基本含义是法官比较先例与待决案件是否具有相似性，对案例指导制度也具有重要的借鉴意义。通过梳理引述指导案例24号的裁判文书可以看到，法官在运用区别技术否定参照指导性案例时，可以以案件事实或者法律适用不相似为论证理由，但是这种运用比较粗糙和混乱，甚至存在矛盾之处。即使在运用区别技术肯定参照指导性案例的裁判文书中，也存在将特定指导性案例扩展到其他类型案件的“跨界”适用，其中包含着不少隐患。从对以上两种结果的分析中可以看到，目前区别技术的运用仍然处于自发探索的初级阶段，需要从多个方面进行改进和完善，包括提供更多类型丰富的指导性案例，细化制度设计中操作性较强的技术性规定，借助程序性手段形成有效规制，以及结合其他司法制度创新等。区别技术的改进和提升能够有效推动法官参照指导性案例从自发走向自觉，进而充分发挥案例指导制度的应然价值。

在转型社会的背景下，司法领域面临着更多挑战和考验，立法上的修订和完善无法及时更新，法官需要更多的资源和依据进行准确裁判，案例指导制度在此种背景下应运而生。《最高人民法院关于案例指导工作的规定》于2010年年底公布施行以来，案例指导制度从无到有，影响力不断扩大和提升，每一批指导性案例的公布都能够引起学术界和实务界的广泛关注，已经成为具有相当权威性的新类型法律渊源。〔1〕但是，这种广泛关注

---

〔1〕 参见雷磊：《指导性案例法源地位再反思》，载《中国法学》2015年第1期。

和影响并没有以同等程度体现在司法裁判的具体实践之中，最为典型的表现是法官很少在裁判文书中直接援引指导性案例作为裁判理由，甚至在很多案件中对当事人提出参照指导性案例的要求视而不见。备受热议的指导性案例在审判活动中遭受冷遇，其间的迥异态度颇有些“叶公好龙”的意味。案例指导制度借鉴于普通法中的先例制度，对于长期习惯于适用抽象规则的我国法官来说，仍然相当陌生。案例指导制度具有多种应然价值，如统一法律适用、推动司法公正、提高审判效率等。以上诸多应然价值如何转换为具体的制度实效，仍然需要细致探讨和分析。制度的直接变革固然重要，但是技术性因素的提升和改进也不可忽视。

在关于案例指导的研究中，不少成果主要是围绕指导性案例的裁判要点展开的，多数以其中的实体规则为研究对象，但是，对司法实践中如何援引指导性案例，尤其是细致的区别技术等微观问题，还缺少全面精致的分析。为此，本章将选取指导案例24号为分析对象，聚焦于区别技术在案例指导制度中的运行实践，主要是基于如下考虑：(1)区别技术是遵循先例的核心技术，是整个先例制度运行的关键因素。无论是先例、判例，还是指导性案例，都需要将其与待决案件进行比较，在确定相似性的基础上进行援引，这是区别技术的主要含义。普通法法官对此已经相当熟悉，而我国法官尚未完全掌握区别技术，只有一些自发的摸索，学界中结合我国司法实践的探讨也偏少。从我国裁判文书中总结区别技术的已有经验，有助于提升法官援引指导性案例的能力和水平，进而推动案例指导制度的实效。(2)根据实证数据分析，指导案例24号是目前为止被裁判文书直接援引次数最多的指导性案例。其中既包括肯定该指导性案例与待决案件相似的情况，也包括相反的情况，甚至还有扩展适用的情况。这种丰富的素材能够充分地展示区别技术在现有司法实践中的运用状态，有助于保证探讨分析的全面。

从概念表述上来说，区别技术直译于英语中的“distinguishing technique”，字面上是将先例与待决案件在案件事实和法律适用上进行区别，即否认二者的相似性。在普通法的司法实践中，区别技术还包括相反的情形，即认定二者的相似性并遵循先例。从内容上而言，普通法中的区别技术还包括对先例中的判决理由（或译为判决理据，即“ratio decidendi”）和附带意见（或译为附带理由，即“obiter dicta”）的区分，但是这一点在大陆法系的判例和指导性案例中并无必要，因为后两者都有专门的裁判要点（裁判要旨）对具有决定意义的判决理由进行了专门的总结，后案法官无须专门比较判例理由与附带意见。因此，本章主要侧重于从比较相似性的结果以及论证理由的角度，来分析区别技术在司法实践中的运用。一般而言，区别技术的运用最终将形成三种结果：(1)遵循先例，这是普通法运行的常态；(2)不适用先例，因为法官确定特定先例与待决案件之间存在巨大差异；(3)推翻先例，这一情况比较少见，大多仅限于某些高级人民法院和最高法院。〔1〕显然，在案例指导制度的背景下，第三种情况的出现微乎其微。本章将首先分析区别技术运用后的否定结果及其理由，再探讨相反的肯定结果及其扩展产生的效果，最后在总结前述两个方面的基础上提出相应的改进措施。

第一节 区别技术在参照指导案例24号中的否定结果及其理由

随着指导性案例的影响力提升，对其在司法实践中进行量化分析成为一种衡量案例指导制度效果的重要手段，相关研究对此保持着长久的关注

---

〔1〕 参见董皞：《司法解释论》(修订版)，中国政法大学出版社2007年版，第251页。

度。其中指导案例24号的受欢迎程度一直名列前茅，该案例主要针对的是受害人特殊体质对侵权损害赔偿责任范围的影响问题。从2015年至今，指导案例24号始终是在裁判文书中被援引次数最多的指导性案例，这一点已经在诸多研究数据中成为共识。[1]虽然这些研究成果所采用的数据库不尽相同，但是在自身限定的数据范围内却形成了一致的结论，这些充分说明了指导案例24号的突出地位，这一点在指导性案例被司法实践普遍忽视的背景下，显得相当难能可贵。

鉴于指导案例24号的独特地位，本章对区别技术的探讨也需要对其进行细致而全面的数据收集。本次搜索分析的数据库为“中国裁判文书网”，搜索限定时间为2014年1月26日（指导案例24号发布日期）到2017年12月31日。对于关键词的选择需要略作说明：由于案例指导制度仍然处于初创时期，全国各地法院裁判文书援引指导性案例的方式仍然不够规范，如将以往的公报案例也认为是指导性案例，对具体指导性案例及其编号的表述也不尽相同。本次数据分别以“指导性案例24号”、“指导案例24号”、“24号指导性案例”和“24号指导案例”为关键词进行搜索。同时，某些裁判文书只是笼统提及“最高人民法院指导性案例”，并未直接提及具体编号，对此，本次统计也以“指导（性）案例+特殊体质”为关键词进行再次检索。在两次搜索的合集中，删除不规范的表述、不相关案件之后，获得了本章进行分析的数据结果。

---

〔1〕 详细数据分析参见石磊、刘松涛：《指导性案例参照情况的实证分析》，载《人民司法》2015年第23期；孙海波：《论指导性案例的使用与滥用——一种经验主义视角的考察》，载舒国滢主编：《法学方法论论丛》（第3卷），中国法制出版社2016年版，第166页；赵瑞罡、耿协阳：《指导性案例“适用难”的实证研究——以261份裁判文书为分析样本》，载《法学杂志》2016年第3期；周翠：《民事指导性案例：质与量的考察》，载《清华法学》2016年第4期；赵晓海、郭叶：《最高人民法院民商事指导性案例的司法应用研究》，载《法律适用》2017年第1期；郭叶、孙妹：《指导性案例应用大数据分析——最高人民法院指导性案例司法应用年度报告（2016）》，载《中国应用法学》2017年第4期；彭中礼：《司法判决中的指导性案例》，载《中国法学》2017年第6期；等等。在这些数据统计结果中，在被援引次数的绝对数量上，指导案例24号往往都超过了排名2～4名指导性案例的总和。

在以上数据结果中，既包含着当事人一方提出参照指导案例24号要求的情况，也包括法官主动援引指导性案例的情况；较之于单纯收集将指导案例24号作为裁判理由的数据而言，以上数据能够更加全面地展示该案例在司法实践中的存在状态。从运用区别技术的结果来看，肯定性结果意味着法官认定待决案件与指导案例24号具有相似性，否定性结果则相反。此外，还存在第三种情况——不予回应：法官对于当事人提出的适用指导案例24号的请求，并没有给予任何回复。这一情况又可以分为两种次级情况：最终裁判结果与指导案例24号不一致，以及最终裁判结果与指导案例24号一致。其中，后一种次级情况被称为"隐性参照"，即法官已经通过当事人的请求了解到指导案例24号的存在，在没有直接援引该指导性案例的情况下却依据该案例做出了相似性裁判。"隐性参照"在案例指导制度的实际运行中已经成为一种常态，在涉及到援引指导性案例的裁判文书中比例相当高，指导案例24号也不例外。由于隐性参照并没有说明确认指导案例24号与待决案件之间具有相似性的原因，因此并不能将此种类型归于肯定结果之中。基于以上标准，本次搜索最终获得有效裁判文书403份，其中肯定结果为41份，否定结果为64份，未予回应的结果为298份。这些裁判文书虽然并未全部论及给出参照结果的相应原因，但是，也足以为分析区别技术在我国司法实践中的运用情况提供素材。

传统英美法系中普通法的广泛运行，使法官和律师都长期浸淫于先例与待决案件之间比较相似性的问题之中，区别技术的运用也是相当纯熟。当先例提供了一种相当明确而又合理的准则时，法官就将适用该准则，这是严格意义上的"遵循先例"。如果先例并不完全适用于该法官所审理的案件，法官就缩小先例中"决定的理由"适用的范围，从而排除参照该先例。〔1〕"区别技术往往分为两种形式。第一种形式是先通过宣告技术来确

〔1〕 参见孙国华主编：《中华法学大辞典·法理学卷》，中国检察出版社1997年版，第339页。

立一项先例规则，然后再表明已宣告的规则与手头的案件毫无关系。第二种形式是先适用一项已宣告的规则，这条规则看上去与决定法院作出的判决互相矛盾，然后再用最低限度方法和结果中心方法来重新表达或从根本上重新诠释该规则，直到该规则与那个判决不相矛盾为止。”〔1〕大陆法系虽然并不以遵循先例为传统，但是对于判例也是相当重视，其中也包括区别技术的运用。例如，在德国法中，先例的区分技术实践通常分为两种：一是简单地阐述先例与待决案件之间存在重大差别，此种情况下，先例与待决案件通常是直接相关的；二是附带性区分，即待决案件的裁判文书中对先例仅仅是非常简略地涉及。〔2〕虽然从最终结果的角度可以将区别技术的运用分为肯定结果和否定结果两种，但是对于区别技术的核心问题——相似性比较，却从未形成基本共识。绝对意义上的相同案件并不存在，任何两个案件之间比较时都存在相似性和差异性，只是程度有所不同。究竟相似到何种程度才能够成为参照先例的理由，并不能给出一个实体意义上的终极标准。在判断两个案件是否足够相似时，普通法法官只是选择其中最重要的某些方面（关节点）来进行比较，这就意味着法官在这一判定过程中具有非常大的裁量幅度。〔3〕换言之，区别技术很难进行准确地归纳概括，法官往往凭借其学识、经验、智慧和推理作出判断。〔4〕“比较点的确定主要不是依据一个理性的认识，而是很大程度地根据决断，因而取决于权力的运用……”〔5〕从内在特征上来说，普通法一直强调经验主义而非建构主义，推崇在个案中解决具体纠纷或者法律问题，并不重视抽象概念或者规则的

〔1〕［美］迈尔文·艾隆·艾森伯格：《普通法的本质》，张曙光等译，法律出版社2004年版，第85页。

〔2〕参见陈林林：《法律方法比较研究：以法律解释为基点的考察》，浙江大学出版社2014年版，第176～177页。

〔3〕参见周赟：《普通法先例制度基本问题研究——一种通识性的论说》，陈金钊、谢晖主编：《法律方法》（第12卷），山东人民出版社2012年版，第296页。

〔4〕参见董皞等：《判例解释之变迁与重构：中国判例解释发展与构建之路》，中国政法大学出版社2015年版，第269～270页。

〔5〕［德］考夫曼：《法律哲学》，刘幸义等译，法律出版社2004年版，第116页。

运用。这种特质自然也难以演化出区别技术运用的终极标准。当然，终极标准的缺失并不意味着不能在具体个案中形成确认相似性的准确判断，只是在不同类型的案件中运用区别技术需要进行不同的说理和论证。

在指导案例24号涉及的交通事故中，无过错的受害人年事已高，因其具有的骨质疏松症而在住院期间产生了更多的医疗费用。该案件实质上针对了受害人特殊体质能否减少损害赔偿范围的问题，该问题并没有在原《侵权责任法》及相关司法解释中有具体的规定，但是在现实中的确广泛存在，属于“自始的法律漏洞”，即在法律被制定时就已经存在的漏洞。〔1〕法律对于此类问题应当规定而没有规定，这是法律漏洞存在的原因。指导性案例应当涉及审判实践中的疑难问题，解决法律漏洞也是其中之一。对于某些法律漏洞的存在，立法者是非常明确地知晓的，但是由于该漏洞过于复杂或者争议较大，立法者尚未对此形成统一的意见，于是便留下了自始的漏洞。指导案例24号所涉及的核心问题，就属于这一类型，该问题在侵权法理论中经常被冠以“蛋壳脑袋”规则，大陆法系的制定法中对此也多数少有细致规定，英美法系在不同地区和不同时期，也存在迥异的判例。〔2〕这就说明，关于受害人特殊体质对损害赔偿范围的影响问题是相当复杂的，这也可以理解该法律漏洞在我国现行法律体系中存在的原因。从实体规则的角度来说，受害人特殊体质对侵权责任的影响存在相当复杂的具体类型划分，需要考虑诸多因素，包括主观状态和因果关系等。〔3〕但是，指导案例24号在裁判要点部分却对此问题提供了明确的唯一规则：“交通事故的受害人没有过错，其体质状况对损害后果的影响不属于可以减轻侵

〔1〕 参见黄茂荣：《法学方法与现代民法》，中国政法大学出版社2001年版，第337页。

〔2〕 参见孙鹏：《受害人特殊体质对侵权责任之影响》，载《法学》2012年第12期。

〔3〕 例如，基于受害人特殊体质与损害后果之间的因果关系及其对损害赔偿责任的影响，就能够划分为共同因果关系、假设因果关系等；对于加害人和受害人的过错以及能否使用过失相抵等，也可以划分为若干具体情况细致分析。具体参见程啸：《受害人特殊体质与损害赔偿责任的减轻——最高人民法院第24号指导案例评析》，载《法学研究》2018年第1期。

权人责任的法定情形。”以上明确的否定性规则忽视了受害人特殊体质与损害赔偿责任之间的复杂关系及其类型，从实体规则的角度来说并不十分妥当。可以说，最高人民法院在指导案例24号中只是选择了一种类型或者方案，裁判要点中提供的规则非常明确具体，针对广泛存在的法律漏洞进行了形式上的有效填补，自然受到审理类似案件法官的高度欢迎，一方面表现在指导案例24号的高频次援引，另一方面也表现在原来处理该类纠纷的“外伤参与度理论”逐渐被抛弃。质言之，指导案例24号中的规则虽然略显粗糙，但是具有良好的统一效果，因此受到了法官们的认可和接受。

但是，通过梳理裁判文书的具体表述可以看到，还有相当数量涉及受害人特殊体质对损害赔偿责任范围影响问题的案件中，法官对指导案例24号持有否定态度。裁判结果的形成一般需要考虑案件事实和法律适用两个方面，这也是目前裁判文书写作中的最常见格式，前者经常以“本院查明”为开头，后者主要以“本院认为”为开头。《〈最高人民法院关于案例指导工作的规定〉实施细则》第9条也确认，在基本案情和法律适用方面相似时，法官应当参照指导性案例作出裁判。因此，法官运用区别技术否定参照指导案例24号的理由也可以从以上两个方面展开分析。

一、基于案件事实的区别而否定参照

在案例指导制度运行初期，对于指导性案例的效力定位及其在法庭中的作用，无论是当事人还是主审法官都存在一些含混和模糊之处。例如，当事人经常将指导性案例作为证据提交给法庭，这一点并不符合《最高人民法院关于案例指导工作的规定》及其实施细则的规定（当然，各类诉讼法中也尚未对指导性案例的性质作出明确规定）。而主审法官也并未完全明确如何适用指导性案例，直接以指导性案例与待决案件之间在事实上存在差异为理由，可以非常便捷地否定参照指导性案例。在英美法系中，基于案件事实上的差异而否定相应先例在待决案件中的适用，也是区别技术发挥作用的基本方式之一。通过考察涉及指导案例24号的裁判文书中，可以将法官基于案件事实的区别而否定参照该案例的理由分为如下几类。

（1）待决案件与指导案例24号之间的案由不同。例如，（2017）鄂01民终2606号文书认为："最高人民法院的第24号指导案例是一起交通事故赔偿案件，对同类案件具有指导意义，但是，本案系一起身体权侵权案件，不符合适用条件。"再如，（2015）沪海法海初字第31号文书认为："本案并非道路交通事故责任纠纷，而是海上人身损害责任纠纷，案件的性质不同。"

（2）指导案例24号强调了特殊体质，而待决案件强调了受害人的自身的疾病。强调这一事实区别的裁判文书数量较多，主要原因是当事人一方（尤其是保险公司）经常提出，个人体质与疾病存在着区别，仍然应当坚持外伤参与度理论。例如，（2014）东民一终字第147号文书认为："上诉人援引最高法院的指导性案例并不适用于本案，因为指导性案例指的是个人体质而本案是本身疾病。"（2014）黄民初字第2034号文书认为："本案审判中应将既往病（强直性脊柱炎）和老年病予以区别对待，对此参与度应予以鉴定，不能机械运用最高院指导案例。"（2015）普民初字第3037号文书认为："本次交通事故导致原告两根肋骨骨折结合原告自身陈旧性骨折共同构成十级伤残，原告陈旧性骨折不同于自身体质状况较差的自然、客观情况。"

（3）对于当事人将指导案例24号作为证据提交，给予否定评价。例如，（2017）鲁16民终350号文书认为：上诉人颜某某提交的证据与本案无关联性，不予认定。（2015）商民终字第908号文书认为："最高人民法院发布的指导性案例以及商丘市睢阳区人民法院民事判决书反映的是具体案件的法律适用问题，与本案不具有直接关联性，本院不予评述。"（2014）广民二初字第00658号文书认为：李某某为证明自己的主张向本院提交的证据有：指导性案例……被告李某某提供的证据与本案无关联性，依法不予认定。

（4）个人体质在整体损害赔偿中所发挥的作用不同，因此待决案件区别于指导案例24号。例如，（2016）豫07民终2122号文书认为：在上述指导性案例中，当事人个人体质（年老骨质疏松）因素造成其容易骨折，且个人体质因素在损害后果中仅起次要作用，而本案周某某不仅存在颈椎退行性变等个人体质问题，而且其椎管狭窄、××等疾病也是造成颈髓损伤及伤残的主要原因。故此，本案与上述指导性案例的案情不相一致。

（5）单纯强调待决案件与指导案例24号之间在事实上并不相同，但没有给出任何理由或者说明。例如，（2013）汤民一初字第285号文书、（2015）滨中民一终字第461号文书、（2016）豫13民终691号文书等。

从区别技术的运用角度而言，否定了案件事实上的相似性，自然也就否认了法律适用上的相似性。因此，基于案件事实而进行的区别对于审理案件的法官来说是非常便捷的否定参照指导性案例的理由。但是，从以上几种现实中存在的类型来看，能够真正构成区别待决案件与指导性案例的理由多数并不规范或者存在争议。例如，针对上述类型（5），《〈最高人民法院关于案例指导工作的规定〉实施细则》第11条已经专门规定，对于是否援引指导性案例，法官应当做出回应并说明理由，而该类型中法官对做出区别的决定并未给出任何理由，是明显违反上述规定的。再如，上述类型（3），虽然当事人将指导性案例作为证据提交的行为并不规范，法官也不应仅仅否定了事，而应当告知当事人指导性案例的准确效力和运用方式。至于上述类型（2）则是充满了争议：自身疾病是否属于个人特殊体质，这一问题并没有直接的法律规范，法官应依据特殊体质的一般含义，倾向于将自身固有的疾病（尤其是慢性病）纳入其中，这也符合对行人进行倾向性保护的立法目的和精神。可以说，以上几种基于案件事实而区别待决案件与指导性案例的类型可以表明，区别技术在司法实践中已经有所运用，但是大多还停留在比较初级的自发探索阶段，无论是实体判断还是运用流程，甚至是裁判文书中的具体表述，都有待规范和改进。

值得注意的是，在否定参照指导案例24号的裁判文书中，类型（2）所占的数量是最多的，但是，也存在持有相反意见的例证。例如，前述（2015）普民初字第3037号文书认定陈旧伤并非个人特殊体质，而（2014）泰中民终字第00827号文书则持有相反观点：虽然其原有旧伤对损害后果的发生具有影响，但该原有旧伤亦属于其个人体质状况，该个人体质状况并非侵权责任法等法律规定的过错，因此被上诉人钱某某不应因其个人体质状况对交通事故导致的伤残存在影响而自负相应责任，原审法院参照最高人民法院相关指导案例判决上诉人应对全部的残疾赔偿金承担赔偿责任正确。对于受害人原有的陈旧伤是否属于指导案例24号中所涉及的个人特殊体质，法官之间也并没有形成一致意见，反对者和赞成者都有其各自理由。这种情况进一步说明了，法官决定是否运用区别技术来肯定或者否定参照指导性案例中，具有巨大的自由裁量权。

在以上法官形成的相反结论中，强调个人体质不同于疾病的观点占据着数量上的明显优势，背后重要的原因之一是律师的参与。在英美法系的传统中，区别技术并非为法官所单独掌握，律师也是积极运用该技术的主体之一。"由于没有两个案件的事实完全相同，律师在诉讼程序中尽量把自己案件中的事实，和对自己不利的以前案件中所判决的事实相区别，避免适用不利的先例。相反地，尽量把自己案件中的事实和对自己有利的以前案件中所判决的事实相等同，以求适用有利的先例。法官认为以前的先例不合理时，尽量区别其和当前案件的事实不同，因而不能适用。通过这个方法，先例没有取消，实际等于废除。"〔1〕由于交通事故在近年呈现日益高发的态势，相关纠纷的数量急剧增加，保险公司在相应案件中出现的频率也大幅度上升。对于特殊体质对损害赔偿范围的影响问题，基本上都是由受害方提出参照指导案例24号的请求，保险公司则以疾病并非个人体质

〔1〕 王名扬：《美国行政法》（第二版）（上册），中国法制出版社2005年版，第18页。

进行反驳。作为共同被告之一，保险公司有职业律师处理案件，相对于受害方来说有着明显的优势。有数据调查表明，律师是否参与案件审理，对于法官参照指导性案例来说有着十分重要的影响。[1]在涉及是否参照指导案例24号的案件中，数量和能力都处于优势地位的保险公司及其代理律师，对法官具有更强的说服力，这也促成了认定疾病不同于个人体质的裁判文书在数量上明显超过相反观点，其实质就是区别技术的倾向性适用。

二、基于法律适用的区别而否定参照

在英美法系的区别技术实践中，案件事实是否相似是最主要的标准，一旦在此问题上确定了否定答案，相应的先例就会被排除适用。“区别系争案件与先例的事实和合理使用先例确定的法律规则，是律师和法官的最核心职责。其中的核心问题其实是划线问题，即面对新情况时，先例确定的法律规则是扩展适用还是限缩适用。问题总是一样的：系争案件的事实与先例的事实是否存在关键而决定性的区别，以使得系争案件应当适用与先例不同的法律规则。”[2]换言之，在区别技术的传统实践中，并不特别强调法律适用问题上也要在待决案件和先例之间比较相似性。但是，《〈最高人民法院关于案例指导工作的规定〉实施细则》第9条也同时要求在法律适用方面也相似，才能参照指导性案例。这一点对于案例指导制度发挥实际作用来说存在着不少不利影响。[3]这种规定与长期适用制定法的实践有着内在联系，可以通过对法律适用方面相似性的确认来进一步巩固参照判例或者指导性案例的正当理由。反言之，如果法官发现在法律适用问题上

〔1〕　参见彭中礼：《司法判决中的指导性案例》，载《中国法学》2017年第6期。

〔2〕　[英]迈克尔·赞德：《英国法：议会立法、法条解释、先例原则及法律改革》，江辉译，中国法制出版社2014年版，第457页。

〔3〕　参见孙光宁：《反思指导性案例的援引方式——以〈《关于案例指导工作的规定》实施细则〉为分析对象》，载《法制与社会发展》2016年第4期。

能够“区别”指导性案例和待决案件，那么，相应的先例即使在事实上类似也不会被法官所参照。案件事实的查明主要是通过证据法来调整和规制的，而法律适用方面的内容就十分丰富。

通过梳理参照指导案例24号的裁判文书可以看到，办案法官基本上都是以因果关系不同为理由，在法律适用方面否定其与待决案件之间的相似性。有观点认为，在参照指导性案例的过程中，对因果关系的判断应当属于案件基本事实方面。〔1〕这一观点有一定道理，但是，笔者更倾向于将其归于法律适用的范围，原因包括以下几个方面：(1)案件事实和法律规范的二分并非绝对，所谓“目光在事实与规范之间的往返流转”正是描述了法官的思考过程。“事实上，当我们将该当案件事实理解为法律构成要件所指涉的事实时，已经带有价值判断的性质，或者，其本身已然是一种有评价性质的归类行为。”〔2〕从参照指导性案例的操作角度来说，因果关系的判断虽然带有一定案件事实的属性，但是毕竟与通过证据证明的客观事实有着很大差异，归于法律适用方面的属性更明显，需要细致地展开分析和论证。(2)法律适用的过程需要更多法官主观能动性的参与，这一点也是判断因果关系的基本特征。“法律适用(法律发现)是一个类比的过程，在这一过程中，法律(应然)和案件(实然)彼此相互关联地被加工：通过对案件的解释，一个具体化了的‘行为构成’从法律中产生，通过对法律的‘建构’，一个类型化了的‘事实行为’从单个(无定形)的案件中形成；比较的对象是‘意义’(法之意义)，在此意义中，行为构成与事实行为相互‘适应’如果它们不适应，法律规范就不能被适用。”〔3〕在对因果关系的判断中，广泛渗透着法官的价值判断或者主观因素，虽然这种主观因素以法

〔1〕 参见刘作翔等：《法治的路径：项目研究报告(2001—2006)》，山东人民出版社2008年版，第112页。

〔2〕 [德]卡尔·拉伦茨：《法学方法论》，陈爱娥译，商务印书馆2003年版，第2页。

〔3〕 [德]阿图尔·考夫曼：《法哲学的问题史》，载[德]阿图尔·考夫曼、温弗里德·哈斯默尔主编：《当代法哲学和法律理论导论》，郑永流译，法律出版社2002年版，第186页。

律规范为基础，但是也结合个案以及法官个人的特点而有所差异。在比较待决案件与指导性案例或者先例时，这种法官的主观能动性就显得尤其重要和直接。基于以上原因，本章将对因果关系相似性的判断归于法律适用的范围。引述指导案例24号的裁判文书中，否定因果关系的相似性，进而拒绝参照该案例的具体表述类型，可以分为如下几种。

（1）待决案件中受害人的体质状态为导致最终结果的诱因，区别于指导案例24号中的直接原因。例如，（2017）浙06民终1852号文书认为："加害人的殴打行为系造成死亡结果的诱因，而最高人民法院指导案例24号所述内容为交通事故直接导致受害人损害后果，两者并非完全一致。"（2013）绍诸民初字第1905号文书认为：本次交通事故仅造成原告左胫骨平台骨折、颈椎损伤和左小腿挫裂伤，与导致原告四级伤残的脑梗死之间并没有直接的因果关系，即交通事故外伤只是伤残的一个诱因，与指导案例24号中侵权人对事故发生具有过错并直接导致被侵权人伤残的情形不同，该案中被告何某某虽对事故发生负全部过错责任，但原告的伤残却不是被告何某某的过错行为直接导致的，故两者不具有参照性。

（2）待决案件中受害人体质并非导致损害结果的原因。例如，（2016）皖01民终1457号文书认为：蔡某某在交通事故发生时并无颅脑损伤，其在事故发生后一年多因脑干出血死亡，并非交通事故发生当时因车辆碰撞而导致其脑干出血而死亡，且并无证据证明蔡某某的脑干出血与交通事故车辆的碰撞存在法律上的因果关系，不存在与指导案例24号相类似的情形。（2016）鄂01民终7032号文书认为："事故发生后，其所患房颤与交通事故直接导致的外伤有无相互影响亦无证据证实，且又无证据证实房颤系交通事故直接导致。综上，法院认为，本案与最高人民法院指导案例不可同日而语，需具体问题具体分析。"此外，（2015）寒朱民初字第36号、（2014）沪二中民一（民）终字第1575号、（2017）辽06民申42号等文书，都以要求参照指导性案例的当事人没有证明待决案件与该指导性案例在因果关系上相类似为由，否定了这些参照主张。

（3）待决案件中受害人的特殊体质与加害行为在主次关系上与指导案例24号不同。例如，（2016）川16民终1174号文书认为：王某某受伤部位为肋骨，因交通事故原因与其在住院期间所出现的急性下壁心肌梗塞及慢性阻塞性肺疾病继发症仅具有间接因果关系，与个人体质原因不属同一情况，因此，指导案例24号中受害人所受损害，交通事故是直接的主要原因，与该案致王某某死亡交通事故仅系次要原因案情不同，在该案中不能机械适用。（2016）黑02民终1442号文书认为：原告李某受伤部位为腿部，因交通事故原因与其在住院期间所出现的脑梗现象仅具有间接因果关系，与个人体质原因不属同一情况，因此，指导案例24号的案情与该案不同。（2015）厦民终字第4153号文书认为："动脉炎也不是像指导案例的骨质疏松一样，不是正常人都患有的常见疾病且经鉴定王某万自身患有的动脉炎才是导致其第二次手术并截肢的主要的决定性原因，参与率高达70%～75%。也就是说，对最后损害后果的扩大起到决定作用，而不像该指导案例一样、个人骨质疏松是老年人的常见疾病且个人体质参与度只有25%。"

（4）在肯定指导案例24号确立的因果关系基础上，待决案件处理结果却并不相同。在此类型中，法官肯定了受害人的体质并非过错，但是只要对损害结果有影响，就应当按照鉴定结论确定的比例进行分担，这一结果与指导案例24号中由加害方完全承担赔偿责任并不相同。例如（2015）沪二中民一（民）终字第2767号文书认为："根据上述指导性案例，并结合上诉人王某既往有颈部手术史等病情综合分析，王某更符合指导性案例中，原有残疾或者原有旧伤，侵权行为加重了残疾等级或者导致了功能受限情况加重，属于多因一果的情形。故原审认定王某本次交通事故伤残等级与其自身原有病理基础有关，并以此确定王某的伤残赔偿责任比例并无不妥，本院予以采纳。"（2014）长中民一终字第01863号文书认为："虽然张某某的疾病对其死亡损害后果的发生有一定影响，但其本人对交通事故的发生和损害后果并无过错，故原审法院结合本案事实和各方过错并考虑张某某的疾病因素等，酌情认定车祸参与度为70%并据此计算相关损失和费用，并无不当，本院予以认可。”

（5）受害人的特殊体质为加害人无法预见的因素，超出正常的因果关系。例如，（2015）浙民申字第726号文书认为：虽然自身疾病并不属于沈某某的过错，但由于沈某某自身体质导致损害后果的扩大，损害后果超出正常情况下的预期范围，原判在此情况下酌情减轻侵权人的责任，在沈某某的残疾赔偿金中做相应酌减，应属合理。（2016）浙06民终2573号文书认为：受害人自身疾病对交通事故造成的损害结果起到扩大效应，相应参与度比例的损害后果应予扣除。

从以上列举的几种类型中可以看到，指导案例24号所涉及的核心问题，在实体意义上是非常复杂的，该指导性案例用单一的规则来应对复杂的实际问题，并未被法官完全接受，以多样因果关系为由来否定待决案件与指导案例24号之间的相似性，对于法官来说也并非难事。这一点在类型（4）中表现得尤其明显。

同时，在涉及指导案例24号的裁判文书中，虽然外伤参与度理论的应用大幅下降，但是，无论是出于对指导性案例的不熟悉，还是以往工作惯例和经验使然，很多法官否定参照指导案例24号的背后，都有直接或者间接地沿用着司法鉴定意见中所确定的外伤参与度。从更深的层面上而言，基于外伤参与度来解决特殊体质对损害赔偿的影响问题，表现为在受害人、加害方（还包括保险公司等第三方）之间分担责任范围，带有“中庸之道”的意味。而指导案例24号所强调的加害方单方承担所有赔偿，带有更加激进的色彩。在强调案结事了、调解的背景下，各方妥协往往更能有效处理纠纷，而单方承担全部责任则容易激化矛盾或者引发上诉和申诉。为了避免后者所带来的消极影响，法官更倾向于继续适用原有的工作方法。

当然，这种惯性或者倾向会与指导案例24号带来的简洁和便利之间形成竞争关系，在短期之内暂时难以立分高下。

此外，类型（2）所列举的几份裁判文书都确认，待决案件与指导案例24号在因果关系上的相似性，应当由当事人来证明。从“谁主张，谁举证”的一般原理而言，以上证明责任应当由提出参照请求的当事人（通常是受害方）来提供。但是，这一基本原理并不符合参照指导性案例的特殊情况。从一般民事诉讼举证责任而言，《最高人民法院关于民事诉讼证据的若干规定》第7条规定：“在法律没有具体规定，依本规定及其他司法解释无法确定举证责任承担时，人民法院可以根据公平原则和诚实信用原则，综合当事人举证能力等因素确定举证责任的承担。”在案例指导制度运行初期，各方参与人都不太熟悉指导性案例中的区别技术，相比于当事人，法官更应当熟悉这一技术，或者说更有义务和职责去完成比较相似性的任务。具体到案例指导制度的运行过程中，法官的这一职责仍然没有改变，支持这一结论的理由集中在《〈最高人民法院关于案例指导工作的规定〉实施细则》第9条和第11条。[1]一方面，该实施细则第9条和第11条第1款规定了法官应当在审理案件时对相关指导性案例进行检索。这就意味着法官负有积极义务在待决案件与检索到的指导性案例之间进行相似性比较。2017年《最高人民法院司法责任制实施意见（试行）》第39～40条规定了类案及关联案件的检索，当法官发现待决案件的结果与本院以往判决存在差异的，应当提交审委会等机构讨论并说明理由。这一规定确定了法官负有检索类案和关联案件的法定职责，一旦在搜索结果中包含有指导性案例，

〔1〕《〈最高人民法院关于案例指导工作的规定〉实施细则》第9条规定：“各级人民法院正在审理的案件，在基本案情和法律适用方面，与最高人民法院发布的指导性案例相类似的，应当参照相关指导性案例的裁判要点作出裁判。”第11条第1款规定：“在办理案件过程中，案件承办人员应当查询相关指导性案例。在裁判文书中引述相关指导性案例的，应在裁判理由部分引述指导性案例的编号和裁判要点。”第11条规定：“公诉机关、案件当事人及其辩护人、诉讼代理人引述指导性案例作为控（诉）辩理由的，案件承办人员应当在裁判理由中回应是否参照了该指导性案例并说明理由。”

法官应当就不适用该指导性案例的理由作出说明。这一检索机制也印证了法官应当成为证明待决案件与指导性案例之间是否具有相似性的主体。另一方面，根据以上实施细则第11条第2款，对于当事人提出参照特定指导性案例的请求，法官应当回应并说明理由。对于当事人来说，案例指导制度对其的直接规定仅仅有这一条，并未专门提出其他举证要求。对当事人的参照要求进行回应并说明理由，也属于法官的职责范围，其中当然也应当包括涉及因果关系上是否相似的问题。简言之，在案例指导制度的背景之下，法官负有职责去证明待决案件和相应指导性案例之间在因果关系上是否具有相似性，这一举证责任不应轻易转嫁给当事人，否则就是一种敷衍塞责的行为。之所以会出现上述类型（2），很大程度上在于，案例指导制度尚未被司法实践所普遍接受，其规定也不够细致全面，更没有照顾到与其他相关诉讼制度（尤其是证据制度）的衔接和配套。

第二节　区别技术在参照指导案例24号中的肯定结果及其扩展

一、肯定及扩展参照指导案例24号的表现及其原因

与运用区别技术形成的否定结果相比，肯定结果的表述方式则是非常简单。例如，（2015）泰民初字第84号文书的原文是："……根据最高人民法院公布的指导性案例，个人体质特殊不属于减轻侵权人责任的情形，不应按照死亡参与度核减原告的损失。"（2014）芜中民一终字第00652号文书表述为："××的个人体质状况对其残疾结果虽有影响，但并非法律意义上过错，不应以此减轻李某的责任，李某对损害后果应承担全部赔偿责

任。最高法院对此也公布了指导性案例。”（2016）内09民终18号文书表述为：“是否应按参与度应为10%的评定理由对原告的残疾赔偿金作相应扣减，应依据《最高人民法院发布第六批指导性案例24号》为指导。”（2014）二中民终字第11536号文书表述为：“最高院指导性案例中已经取消外伤参与度问题，对于卢沟桥环卫所要求按照70%比例承担责任的抗辩意见，法院亦不予采纳。”（2017）赣01民终279号文书表述为：“根据最高人民法院发表的指导性案例（2014年1月26日发布），指出……”（2014）沪铁民初字第278号文书表述为：“本案与第24号指导性案例在案由、事故责任认定和其他案情上具有相似性，本院理应予以参照。”在肯定参照指导案例24号的裁判文书中，类似的表述在数量上非常多，而且多数并未进行详细论述。“幸福的家庭都相似，不幸的家庭各自有其不幸。”在任何案件之间都存在相似性和差异性的背景下，差异之处更容易发现，也往往成为当事人（包括其律师）驳斥对方观点的主要理由，而确认相似性一般并不需要特别细致的分析。由此也可以理解，既然同时能够包括否定结果和肯定结果，在英美法系中，区别技术在概念表述上使用侧重于否定的“区别”，而非中立性质的“识别”或者“比较”。

如前所述，就区别技术在参照指导案例24号的适用结果而言，否定结果强调该指导性案例的规则无法应对多样复杂的具体案情，肯定结果则推崇该指导性案例具有简洁、明确和同一的优点。在案多人少的现实压力与司法责任制推进的背景之下，法官很可能无暇顾及学理研究中细致划分的诸多类型，确认待决案件与指导案例24号相似性的肯定结果具有更加明显的优势。

但是，这并不意味着明确参照指导案例24号的裁判结论都正确，毕竟，相似性的判断带有非常强烈的主观色彩，运用区别技术形成肯定结果的一些案件也可能会引起质疑，首当其冲的就是那些表面上不具有相似性的待决案件也援引了指导案例24号。通过搜索涉及该指导性案例的裁判文书可以发现，指导案例24号所确立的规则，在一些其他类型的案件中得到了扩展适用，集中体现在涉及医疗纠纷的一些案件中也在裁判理由部分参照了指导案例24号。对于在中国司法语境下探讨区别技术，这也是一种值得关注的现象。

例如，在（2016）津0103民初6079号文书中，法院认为：原告因伤就医，在医方给出多种治疗方案的情况下原告采取何种治疗方式有自主选择权，且根据最高人民法院指导案例24号的裁判要点，原告本身的体质状况对损害后果的影响并不属于可以减轻侵权人责任的法定情形。（2017）吉01民终1235号文书在引述了指导案例24号的裁判要点之后，认为：（1）该案中，虽然韩某的个人体质状况对损害后果的发生可能具有一定的影响，但这并不是侵权责任法规定的过错，受害人韩某不应因其个人体质状况对伤残后果存在可能的影响而自负相应责任。（2）该案发生的直接原因，是吉大一院的医疗过错，韩某本人对其颈间盘疝致残后果的发生并无过错。（2017）鄂01民终2625号文书论及：确认梨园医院的诊疗过失行为，对刘某的死亡后果存在过错，应负侵权责任。参照鉴定意见，考虑该过错与刘某自身特异体质因素，一审法院酌情确定由梨园医院对刘某死亡造成的损失后果承担60%的赔偿责任。“应当说明，依照《侵权责任法》的原理及参照最高人民法院第24号指导案例精神……”（2016）鄂01民终3011号文书认为：从黄某在武汉市汉南区人民医院的出院小结来看，黄某的左下肢深静脉血栓系在治疗过程中形成，且治疗过程中医院亦有防止血栓的对症治疗，术后出现左下肢深静脉血栓与其个人体质差异有关。“参照最高人民法院发布的指导案例24号……”需要说明的是，并非所有涉及指导案例24号的医疗纠纷都获得了肯定的参照结果，还有不少类似案件是以案情不相似、无关，或者没有证据证明相似性等理由否定参照该指导性案例，这一点与本章第一部分所列举的诸多否定理由是基本相同的。

从严格运用区别技术的角度而言，以上医疗纠纷案件与指导案例24号所涉及的交通事故案件，在案件类型上并不相同。这种“跨界”的扩展适用在基本案件事实上就存在相当差异，本应当被“区别”而获得否定参照的结果。但是，处理以上医疗纠纷的法官仍然在裁判文书中直接参照了指导案例24号，个中原因可以从案例指导制度的总体设计和个案的特殊性两个方面得以说明。一方面，案例指导制度的规定比较疏漏，特别是奖惩机制的缺位为法官参照指导性案例留下了巨大的自由裁量空间。《最高人民法院关于案例指导工作的规定》及其实施细则，并没有为参照指导性案例提供详细的说明，这种情况为法官运用区别技术带来了不少困难。同时，在以上两个文件中，对是否正确参照指导性案例也没有规定具体的奖惩措施。前者的缺位导致法官不会、不愿参照，而后者的缺位则又推动法官无须过分担心参照后果而积极参照。虽然指导性案例援引率偏低说明前一种情况为主流，但是，这并不必然否定在某些具体案件的处理中，法官还是愿意援引指导性案例的，即使这种援引可能存在错误的风险。

另一方面，医疗纠纷案件的处理与指导案例24号在实体意义上存在不少相似之处。例如，二者都涉及受害方的健康权被侵害，其主观状态一般是无过错，而加害者的主观状态一般是过失，在因果关系中都包含着受害方的特殊体质评价问题；在两类案件的处理过程中，司法鉴定意见经常发挥着巨大作用等。更重要的是，医疗纠纷案件的处理过程中，也缺少对受害方特殊体质进行规制的细致条文，这一点与指导案例24号一样都属于自始的法律漏洞，处理此类案件的法官也迫切需要明确的规则作为裁判依据。在本章第二部分所列举的裁判文书原文中，法官们在援引指导案例24号的裁判要点时，都有意或者无意地忽略或者回避了裁判要点中“交通事故”的表述，而突出强调其后“其体质状况对损害后果的影响不属于可以减轻侵权人责任的法定情形”。这种选择性表述的潜台词，是将受害人特殊体质的评价问题，扩展到整个人身损害赔偿的一般规则层面上。这一点也是最高人民法院选择指导案例24号的原因，虽然这种扩展带有不少风险。“在‘蛋壳脑袋’规则遭遇广泛质疑之背景下，最高人民法院24号指导案例期图将其作为我国人身损害赔偿领域的一般性规则，多少有些草率和机械。”[1]此外，笔者也与参加编辑和报送指导案例24号的相关人员取得联系，他们在讨论该案件时也侧重于强调阻断外伤参与度在侵权案件因果关系判断中的影响，既没有特别强调交通事故，也没有强调疾病和体质之间的区别，反而认为体质包括固有疾病和其他身体的特殊情况。这一观点从原意解释的角度印证了指导案例24号裁判要点后半部分具有扩张成为一般规则的潜质。

二、扩展运用指导案例 24 号的隐患

虽然扩展参照指导案例24号的案件，在区别技术运用的肯定结果中只占少数，但是，这毕竟是一种与简单适用或者否定适用不同的新型倾向，需要对其利弊得失进行深入分析。从一般意义上而言，区别技术形成的肯定后果为遵循先例，其实质是按照先例中确定的规则对待决案件形成类似裁判结果，是一种类比推理的实践运用。“很多法律传统中法律人思维，有很大一部分都把类推比较和区别技术摆上核心地位，坚持习惯与先例的基础性质，并拒绝一味追求更高层次的抽象性、普遍性和系统性。”[2]在确认了先例中存在的规则（大前提）之后，待决案件的法官会运用演绎推理来形成最终的判决结果。“一旦选择了前提，普通法法官也可以在同样程度上使用演绎——这并非说在一个很高的程度上——就像成文法法官解释一旦产生了一个供适用的概念后，成文法法官所能做的那样。”[3]无论是先例还是制定法，都在遵循着同等情况同等对待的一般法治原理，只是在面

〔1〕 孙鹏：《“蛋壳脑袋”规则之反思与解构》，载《中国法学》2017年第1期。
〔2〕［美］昂格尔：《法律分析应当为何？》，李诚予译，中国政法大学出版社2007年版，第88页。
〔3〕［美］波斯纳：《法理学问题》，苏力译，中国政法大学出版社1994年版，第323页。

对社会发展出现新趋势或者动向时，有着不同的应对措施。对于大陆法系来说，一般是通过制定法的修正和补充，司法者在此之前仅能在少数情况下选择进行漏洞补充或者类推解释；对于英美法系来说，通过对先例进行扩张和补充，也能够实现类似效果。例如，美国联邦最高法院对隐私权的确立过程就能够对此进行细致说明：1965年，最高法院在格里斯沃德诉康涅狄格州（Griswold v. Connecticut）案中判定，康涅狄格州禁止使用避孕用具法律，由于适用于已婚夫妇，是对家庭隐私不能容忍的侵犯。1969年，最高法院在艾森斯塔德诉贝尔德（Eisenstadt v. Baird）案中，将格里斯沃德案关于避孕的判决扩展到了未婚情侣之间。1973年，最高法院在罗伊诉韦德（Roe v. Wade）案中，将这些先例扩展到对于妇女堕胎权的保护之中。〔1〕

如果说上述关于隐私权的先例存在于宪法案件层面，还显得比较宏观的话，那么，微观层面上产品责任相关先例在英国的发展，与指导案例24号就更为接近。其中非常典型的是1932年的Donoghue v. Sterenson案。在该案件发生之前，英国产品责任的确认和承担主要依据契约法，这种方式对保护消费者权益而言日益显示出其缺陷。在该案中，原告在酒馆中接受朋友所购买的姜汁啤酒并饮用，但是在续杯时发现不透明的啤酒瓶中有一只腐烂的蜗牛，这导致了原告身体上的极大不适。该案的重大突破在于确立了产品制造者的合理注意义务，并不以契约关系为限。在Donoghue v. Sterenson案之后，英国又出现了不少后续扩展的类似案件，逐步确立了商品制造者的过失责任。〔2〕该案所确立的原则被延伸到以下范围：(1)适用范围除生产者和销售者外，还包括修理者，产品总装配者，房屋的建筑

---

〔1〕 参见［美］劳伦斯·H.却伯、迈克尔·C.多尔夫：《解读宪法》，陈林林、储智勇译，上海三联书店2007年版，第68～69页。

〔2〕 这些责任大致包括：(1)须产品之缺陷对消费者之生命或财物造成损害；(2)产品之缺陷，于产品离开制造人之占有时，即已存在；(3)制造人不能合理期待消费者于损害发生前，得发现并改正产品的缺陷；(4)产品缺陷只存在系由于制作者欠缺合理注意。参见王泽鉴：《民法学说与判例研究》(第三册)(修订版)，中国政法大学出版社2005年版，第195～196页。

者和卖主，转手经售者；(2)连同不动产在内的各种产品，包括产品各种缺陷，如设计或建造、生产和说明中的疏忽；(3)被保护的人中除最终的使用者和消费者外，还包括零售商。[1]其中比较典型的是格兰特诉澳大利亚编织厂(Grant v. The Australian Knitting Mills Ltd.)案：因被告的过错，其生产的衬裤中所含亚硫酸盐过量，致使原告因此感染皮炎。衬裤购自某零售商，所以原告与制造商之间并无直接合同关系。质疑观点认为，此案与Donoghue v.Sterenson一案尽管具有形式上的相似性，但在判决理由上，判例确立的原则仅适用于进入流通的、非消费者本人不可能接触的食品或饮料。审理此案的枢密院司法委员会认为，问题的实质要点在于，该商品在到达消费者或使用者手中时具有出品时就存在的同样缺陷。这才是判决理由的核心。因此，Donoghue v. Sterenson案得以作为先例而被援引适用于处理该案。[2]从表面上看，食品或者饮料与服装并不属于同类商品，但是，法官适用区别技术更加注重的是其中实体问题的相似性：在没有契约关系的背景下，消费者因产品缺陷所受到的损失，能否要求生产者赔偿。正在确认此种实体问题相似、忽略细节事实差异的基础上，格兰特诉澳大利亚编织厂案才能够援引Donoghue v. Sterenson案作为先例而获得最终裁判效果。

与Donoghue v. Sterenson案的发展历程相比，部分法官将指导案例24号扩展适用到一些医疗纠纷案件的处理之中，二者有着内在一致之处。如前所述，在指导案例24号的裁判要点之中，交通事故并非重点，后半部分确定特殊体质与损害赔偿之间的关系才是法官(包括最高人民法院)关注的焦点，而且具有上升为普遍规则的潜质。由此，Donoghue v. Sterenson案中的姜汁啤酒对应着指导案例24号中的交通事故，而制造者的合理注意义

〔1〕 参见曹建明等主编：《国际经济法专论》(第二卷)，法律出版社2000年版，第556～557页。

〔2〕 参见王志强：《中英先例制度推理方式的初步比较——以清代成案与英国判例为中心》，李昌道、韩小鹰主编：《中国法与欧洲法》，上海大学出版社2005年版，第79页。

务对应着特殊体质对损害赔偿责任的影响。Donoghue v. Sterenson案在各种适用范围上既然能够不断扩展，那么，已然具备潜力的指导案例24号能够获得扩展运用，也比较顺理成章。

但是，在中国的司法实践中，指导性案例的扩展适用还是存在一定风险的。例如，指导案例24号扩展适用是否存在合理的范围，能否真正上升为人身损害赔偿的一般规则？从本章第一部分的分析中可以看到，指导案例24号所确立的规则难以有效应对复杂多样的实际案件，这种缺陷在交通事故案件的处理过程中就已经出现，如果盲目扩张到整个人身侵权损害赔偿的范围之内，将使这种缺陷被急剧放大，对司法案件的处理很可能产生相当消极的影响。对此可能的质疑在于，从普通法的发展经验来看，先例总是要不断被扩展使用、进而确立新规则，才能适应社会不断发展的形势；而且，普通法并不注重抽象终极问题和范围的讨论，更注重在具体案件中针对具体适用范围进行分析。Donoghue v. Sterenson案中所确立的规则，也是经过了几十年先后多个案件的援引才逐步确立了现有规则，这种缓慢而充分的个案探索能够摸索出合适的扩展范围。现有指导案例24号的探索也带有此种色彩，其扩展适用的频率、规模幅度和绝对数量仍然明显偏低，如果一开始就强烈限制其扩展适用，很可能压制法官参照指导性案例的积极性。

以上质疑观点有其合理性，强调了先例与指导性案例的相似之处，但是，在一定程度上却忽视了二者所处的司法环境、制度设计和运用技术上的差别。在英国传统的司法实践中，保守渐进的社会环境，重视实践经验、轻视逻辑理性，以及对司法中心主义的推崇，都是遵循先例同时扩张先例的外部环境。同时，英国法律职业群体具有精英化、封闭式和内部交流频繁的特征，基于此形成的职业共同体或者利益共同体是十分强大的，法官具备丰富的社会经验以及对法律的认知。先例制度的长期运行也形成了一套卓有成效、富有实践理性的“业内行规”，即使灵活运用先例也不会偏差太远。尤其是其中区别技术的熟练运用，更是保证了先例的扩张及其积极的社会效果。与以上遵循先例的实践条件相比，我国法官扩展适用指导性案例的基础还是有所欠缺、非常薄弱的。法官尚未细致了解区别技术的准确运用，对指导性案例及其精神的把握也不够充分和全面，任由其扩展指导性案例的适用范围，很可能造成适得其反的消极效果。不可否认，部分法官的扩展适用带有司法探索的性质，能够为其他类似的案件处理甚至是立法完善积累经验，但是，这种探索并不适合大规模提倡。具体到指导案例24号的扩展适用而言，虽然有助于处理部分医疗纠纷，但是，实体规则的内在不足和区别技术的缺位并不能保障扩张适用的放大效果，更不适宜上升到人身损害赔偿的一般规则层面。

第三节　区别技术在参照指导性案例中的改进方向和措施

从援引指导案例24号的多份裁判文书中可以看到，区别技术在案例指导制度运行的过程中，虽然不可或缺，但却比较简略和粗糙。无论是运用区别技术形成的否定结果还是肯定结果，都缺乏细致充分的说理和论证，付诸阙如已然是常态。这种情况并不利于案例指导制度长期有效的运行，也难以真正对法官以及司法裁判活动形成持续的积极影响。要将案例指导制度的应然价值转化为审判实践中的积极实效，就应当特别重视在区别技术问题上进行完善和提升。具体的改进方向和措施至少应当从以下几个方面入手。

一、指导性案例的数量应当更加充分，类型更加多元，以便为区别技术提供研习对象

在普通法传统中，各个先例都是“自然生成”的，每一个既判案件都能够成为先例，只是其权威性或者说服力上有所差异。与先例的生成方式不同，指导性案例需要经过最高人民法院的统一遴选和发布才能够得到正式确认，其他地方各级法院所发布的各类型案例都不是制度意义上的指导性案例，而只是参照性案例或者参考性案例。相比于审判实践活动的广泛需求而言，指导性案例数量上的供给是远远不够的。法官经常需要面对困难程度不同的案件，对具有创新性规则的需求是非常强烈的。〔1〕数量上过少，法官就难以从指导性案例中获得处理案件的规则或者启发，进而难以形成对指导性案例的稳定预期。“如果最高人民法院过于谨慎，所发布的指导性案例的数量和种类过少，对全国审判的指导意义就微乎其微。”〔2〕指导性案例的数量过少，同时也意味着其类型也难以多元化。作为具体个案，指导性案例能够提供的规则或者审判思路也只能是比较局部的，难以涵盖特定类型案件的全部情况，基于这种比较局部的信息可能会影响裁判的整体决策。

具体到区别技术的运用而言，从遵循先例的司法实践可以看到，长期的实际练习是准确运用区别技术的重要前提。区别技术的运用在很多场合中都需要在具体个案和先例之间就一些微观问题进行细致比较，因此，该技术带有“具体问题具体分析”的色彩，通过不断练习所获得的经验积累往往比抽象概括的标准更重要，这是遵循先例中一以贯之的精神主旨，也是英国法律职业群体师徒式教育方式的当然结果。与之相比，我国法学教育大致传承着大陆法系的传统，对抽象概念和规则进行着教义学式的灌

---

〔1〕 参见杨会、何莉苹:《指导性案例供需关系的实证研究》，载《法律适用》2014年第2期。

〔2〕 宋晓:《判例生成与中国案例指导制度》，载《法学研究》2011年第4期。

输，对区别技术自然比较陌生。法科学生成为法律职业群体之后，虽然重视案例的分析和研究，却在全面性和系统性上仍然有不少欠缺。对于案例指导制度来说，改变法学教育方式的途径显得过于遥远，比较现实的选择就是大幅度提升指导性案例的数量，并在此基础上增加多种类型。数量充足、类型丰富的指导性案例，不仅能够推动法官形成对指导性案例的路径依赖，更能够为区别技术的掌握和数量提供必要的素材。在反复研习多类型指导性案例的过程中，法官能够更加细致入微地了解如何区分案件事实和法律适用，如何区别主要事实和次要事实，如何比较待决案件和指导性案例的相似性，如何对相似性展开说理和论证等。在这个方面的经验积累不仅能够保证法官正确地参照指导性案例，还能够在很大程度上提升其业务素质和能力，更好地判断指导性案例、待决案件以及相应法律规则之间的关系，甚至能够为扩展适用指导性案例提供坚实的基础。

例如，指导案例24号所涉及的案件事实，仅仅是受害方特殊体质影响损害赔偿范围问题的一种类型，其细节事实包括受害方无任何过错，加害方在交通事故中负担全责，受害方的特殊体质为老年人常见慢性疾病等。鉴于该问题的复杂和多样，最高人民法院应当出台其他类型的指导性案例，如受害方可能存在次要过失，加害方的多个主体共同侵权，受害方特殊体质并非常见疾病等。这些多类型的案例能够与指导案例24号形成比较和呼应，从而使法官对该问题有着全面的把握和认识，避免一刀切式的单一规则所带来的消极影响。在指导性案例之间，以及指导性案例与待决案件之间的比较，都需要法官亲自去细致操作才能领会其中要旨。过少的研习素材会大大阻碍区别技术的熟练掌握。简言之，区别技术的提升是一个“在参照指导性案例中，学会参照指导性案例”的体验过程，大量多样的指导性案例样本将有助于加速这一过程。

二、案例指导的制度设计中针对区别技术提供更加详细的操作性规定

虽然案例指导制度借鉴于先例制度，后者的成熟经历了缓慢的过程，但是，对于我国来说，深受大陆法系传统影响以及实际司法实践的需要，都不会留给法官如普通法传统那样充分的时间。在了解自生自发的遵循先例传统之后，案例指导制度应当加速法官掌握区别技术的进程，其中比较直接的方式就是在制度设计中提供更加详细的技术性规定。

从《最高人民法院关于案例指导工作的规定》2010年，到《〈最高人民法院关于案例指导工作的规定〉实施细则》2015年，前者初步建立了案例指导制度，后者则积累了实践中的经验对前者进行了细化和完善，降低了法官援引指导性案例的困难和顾虑，提高了参照指导性案例的操作性。在已经实施3年左右时间的背景下，《〈最高人民法院关于案例指导工作的规定〉实施细则》仍然有不少粗糙和疏漏之处，需要进一步细化，例如，指导性案例能否作为上诉或者申诉的独立理由，应当援引而未援引指导性案例应当承担何种责任等。这些技术性规定事关指导性案例的基本效力和实践运作中的重大问题，应当在将来更新实施细则时重点关注。例如，长期推动案例指导制度的胡云腾大法官就认为："如果法官在审理与指导性案例类似的案件时，其裁判违反指导性案例确立的原则或精神，就可能导致被上级法院推翻……这个裁判本质上不是因为违反指导性案例被推翻，而是由于其违背指导性案例所适用的法律而被推翻。"〔1〕虽然从实体意义上来说，这一观点符合指导性案例的应然定位，但是，在没有直接明确的规定出台之前，指导性案例的以上运行过程也只能依靠其他制度得以实现，如上诉制度和再审制度等。

就区别技术而言，案例指导制度的规定显得过于宏观和抽象，仅仅在

---

〔1〕 胡云腾：《一个大法官与案例的38年情缘》，载《民主与法制》2017年第20期。

《〈最高人民法院关于案例指导工作的规定〉实施细则》第9条中集中表述，而且在“基本案情”和“法律适用”这两个方面进行相似性比较，虽然较之于《最高人民法院关于案例指导工作的规定》第7条中的“类似案例”有所细化，但仍然无法提供具有操作性的规定或者提示。虽然普通法传统中的区别技术需要相当数量的经验积累，但是，从经验积累中确定更加细致的技术性规定，能够更有效地为法官研习和运用区别技术提供明确提示。“我们是有可能制定某种‘案例相似性比对规则’的，我们确实可以找到、形成判断类似案件的方法和规则，虽然这些规则不会像酸碱试纸那样简明灵便，也不能放之四海而皆准……一定的规则和理由，对于我们进行比较复杂的类似案件的判断就显得十分必要。这种规则可以一方面辅助我们进行类似性判断，另一方面规范我们的判断、防止进行类似性判断时的专断和失误。”〔1〕虽然对区别技术的规定不能细化到为每次相似性的比较提供直接答案的程度，但是，提升实施细则中现有规定的操作性，是完善案例指导制度的应然方向。

例如，作为在待决案件和指导性案例之间比较相似性的主要前提，“基本案情”的表述显得过于笼统，特别是在涉及比较复杂的案件时，很难确定其与指导性案例的相似性。从普通法的经验来看，使用“关键事实”这一概念能够更好地作为区别技术的操作标准。所谓“关键事实”或者重要事实（material facts），是指形成判决理由所必需的那些事实。先例之判决理由所包含的法律原则和规则就是在关键事实的基础上产生的，并极大地依赖于这些相当具体的关键事实。〔2〕那些不重要事实（immaterial facts）可以弃之不顾，并且可以在庭前交换证据时被忽略，有助于极大提高司法效

〔1〕 张骐：《论类似案件的判断》，载《中外法学》2014年第2期。

〔2〕 参见陈林林：《法律方法比较研究：以法律解释为基点的考察》，浙江大学出版社2014年版，第43页。

率。[1]在绝对相同的案件并不存在这一前提下，两个案件的相似性也仅仅是就关键事实而言的，真正的区别应该是对先例和待决案件中关键事实的区别，只有在具体的、相互关联的前后系列案件中才能体会到这种区别技术的真谛。[2]当然，关键事实的确认也并非绝无争议，也需要在具体的审判过程中经过论证之后才能确定。在指导案例24号中，最为关键的案件事实是特殊体质对损害赔偿范围的影响问题，而交通事故能否作为关键事实，诸多裁判文书也给出了不同回答，那些将指导性案例扩展到医疗纠纷案件的法官就持有否定意见，而不愿进行扩展适用的法官则认定交通事故为关键事实，这种案由上的差异就否定了指导案例24号被参照的可能。至于如何进一步确定关键事实，学者们能够设计出非常详细的理论化程式，[3]虽然不能排除其广泛应用于司法实践的可能，但是目前来看还是面临着较多困难，尚不宜成为案例指导制度的直接规定。

除了以上将关键事实列为区别技术的操作标准之外，还有来自于实务界的观点认为需要增加一些其他标准，如法律关系类似、关键性要件事实类似以及争议的法律问题类似；另外可以将裁判要点进行适度分解，明确得出规则结论的前提性要件事实，便于法官对相似性进行对比区别。[4]这种针对区别技术的操作性规定能够在一定程度上为法官提供更加明确的指示，不仅能够规范法官参照指导性案例，还能够帮助其他主体（如诉讼参与人、上级法院等）对参照过程进行有效监督，是案例指导制度完善的重要方向。

---

〔1〕 参见李红海：《判例法中的区别技术与我国的司法实践》，载许章润主编：《清华法学》（第六辑），清华大学出版社2005年版，第197页。

〔2〕 参见何家弘主编：《外国司法判例制度》，中国法制出版社2014年版，第63页。

〔3〕 参见［英］拉兹：《法律的权威》，朱峰译，法律出版社2005年版，第160页；张骐：《再论类似案件的判断与指导性案例的使用——以当代中国法官对指导性案例的使用经验为契口》，载《法制与社会发展》2015年第5期；等等。

〔4〕 参见齐珊珊、赵文艳：《指导性案例之供给机制改革——从24号和32号指导性案例对比分析切入》，载颜茂昆主编：《中国案例指导》（第5辑），法律出版社2017年版，第322页。

三、通过程序手段对区别技术的运用进行有效限制和约束

每一个指导性案例都是最高人民法院经过细致遴选才确定和发布的，其定位应当是带有疑难色彩的案件，而不应是简单、普通、常见或者典型案件。否则，法官的日常工作就是处理简单案件，是不会重视指导性案例的。从这个意义上说，指导性案例应当是疑难案件。而疑难案件的产生原因大致可以归于法律规范与案件事实难以准确对接或者涵摄，具体原因包括法律规范的缺失、模糊、笼统、概括等。法官也特别需要在此种类型中获得启示或者直接的规则供给。换言之，指导性案例应当在法律规范的创新性上有所建树。“对于案例指导制度来说，创制规则是其根本职责之所在。没有规则的创制，也就没有指导性案例存在的必要性。案例指导制度通过创制司法规则，发挥其对司法活动的指导作用，以弥补立法与司法解释的不足。”[1]有学者将现有的指导性案例分为“宣法型”、“释法型”和“造法型”，就是以对法律规范的创新程度为标准作出的划分。[2]造法型指导性案例填补了法律规范的空白和漏洞，更能够满足审判实践的需求，应当得到大力提倡。但是，现在指导性案例在创制规范方面还是有着明显的缺陷，过于求稳而刻意降低了创新程度。这一点集中体现在其点睛之笔——裁判要点之中。例如，刑事指导性案例在裁判要旨方面缺乏指导性的主要表现有：(1)重复已有的司法解释；(2)案件并非实务中的疑难案件；(3)没有提出实质性的法律适用结论；(4)裁判结论及其论证有待商榷。[3]随着案例指导制度的发展，法官对指导性案例的需求也更加强烈，这种情况也对指导性案例的创新性提出了更高的要求。

从指导案例24号的援引情况来看，针对司法实践中高频出现的法律

---

〔1〕 陈兴良：《案例指导制度的规范考察》，载《法学评论》2012年第3期。

〔2〕 参见资琳：《指导性案例同质化处理的困境及突破》，载《法学》2017年第1期。

〔3〕 参见林维：《刑事案例指导制度：价值、困境与完善》，载《中外法学》2013年第3期。

漏洞，这一造法型指导性案例获得了相当程度的欢迎，特别是当事人一方（主要是受害方）经常提出适用该案例，很多也获得了法官的认可，还是很多案件为法官主动参照。这一情况应当引起最高人民法院案例指导工作办公室的关注，并在将来继续遴选指导性案例时有所偏向。但是，通过前述梳理也可以看到，在指导案例24号的高频次援引之下，也存在不少“乱象”。无论是实体上还是形式上，不规范的援引随处可见，其中区别技术的运用也同样是疏漏和粗糙。疑难案件本身就处于法律规范和案件事实之间的灰色地带，因此，指导性案例中即使有裁判要点明确抽象规则，也无法直接为区别指导性案例和待决案件提供现成答案。加之案例指导制度的规定也过于概括和宏观，区别技术的误用、乱用甚至滥用成为常态，也就不足为奇了。

要改变区别技术运用中的混乱状态，除了出台更加细致的实体比较规则之外，通过程序性手段进行控制也是另一条重要的进路。前述将应当参照而未参照指导性案例，或者违背指导性案例作为上诉或者申诉的理由，就是属于这一进路。有统计数据表明，在最近三四年中，二审法院运用指导性案例的数量和频次都在大幅度增加，〔1〕这实质上肯定了指导性案例作为上诉理由的重要地位。在以审判为中心的各种司法制度改革中，有很多更新后的设计都能够与案例指导制度（包括其中的区别技术）建立有效联系，也能够对法官运用区别技术形成有效限制。例如，裁判文书说理改革，《最高人民法院关于进一步推进案件繁简分流优化司法资源配置的若干意见》规定：“根据法院审级、案件类型、庭审情况等对裁判文书的体例结构及说理进行繁简分流。复杂案件的裁判文书应当围绕争议焦点进行有针对性地说理。新类型、具有指导意义的简单案件，加强说理。”需要引用指

〔1〕 参见郭叶、孙妹：《最高人民法院指导性案例司法应用年度比较分析报告——以2011~2016年应用案例为研究对象》，载易延友主编：《中国案例法评论》（2017年第1辑），法律出版社2017年版，第42页。

导性案例的案件，一般来说并非简单案件，需要比较详细地说理，自然应当包括其中将指导性案例与待决案件进行相似性比较的内容，这同时也是区别技术运用的直接表现。如果这个方面的说理不够充分的话，就难以保证相似性比较的成功。在重庆等一些省市的探索中，还将裁判文书说理与类案和关联案件检索机制相结合，在检索或者搜索到相似的指导性案例时，可以比较准确地援引相应的指导性案例。[1]这一点也已经得到了《最高人民法院司法责任制实施意见（试行）》的肯定。将裁判文书说理和类案及关联案件检索机制真正贯彻到审判实践中，就能够有效推动区别技术得到更加准确的运用，指导性案例的参照也会更有说服力。

再如，重视律师辩护意见，有效回应当事人的请求。作为一种新型法律渊源，指导性案例在律师中受到了格外关注和欢迎，众多涉及指导性案例的案件审理中主要是由律师代表当事人提出适用请求，甚至部分律师在代理案件时已经制作了类案及关联案件报告，其中尤其突出指导性案例。这实质上就是运用区别技术获得肯定结果的一种表现。在英美法系中，各方当事人的律师都掌握了区别技术，既可以用来证成本方观点，也可以用于驳斥对方意见，法官在各方律师枚举的先例及其区别技术的运用中，对案件获得全面的分析，最终形成稳妥的参照效果。从指导案例24号在司法实践中的运用来看，现有律师意见在参照指导性案例时主要还是关注于是否参照某一特定指导性案例。借鉴两大法系判例制度的发展历程，将来随着指导性案例在数量和类型上的不断提升和丰富，以及庭审实质化的提升，很有可能出现不同当事人的律师之间就适用哪一个指导性案例进行充分辩论的情况，这将更有利于发挥指导性案例的作用。现有《〈最高人民法院关于案例指导工作的规定〉实施细则》第9条要求法官对当事人的参照请求予以回应。但是，由于没有相应的细化规定，法官基本上不回应此

〔1〕 参见孙海龙等:《司法责任制改革》，法律出版社2017年版，第160～161页。

种要求，即使有所回应也比较敷衍，这一点在指导案例24号的裁判文书中已经表现得非常明显。这是案例指导制度应当改进的重要方面，也完全符合各类型诉讼法要求重视律师意见的主流倾向。从广义上来说，回应律师意见也是法官履行释明职责的应有之义，也是明示心证和司法公开的内容之一。甚至在一定程度上，在回应律师意见上进行细化规定（尤其是针对法官规定明确的责任和义务）是进一步激活案例指导制度的关键点，有助于在审判过程中大规模引入指导性案例。在反复斟酌和对比过程中，各个法律职业群体在运用区别技术的能力上都有所提升，法官误用、乱用和滥用区别技术的情况就会得到有效限制。

四、与其他司法制度之间形成配合和互动，保证区别技术的准确运用

相比于其他既有的诉讼制度及其改革，案例指导制度显得更加另类，不仅与法官长期依赖的制定法裁判方式大相径庭，而且与现有以制定法为中心的诉讼制度设计格格不入。本章第一部分在结尾处，以指导案例24号的裁判文书为例，分析了参照指导性案例时，在因果关系方面比较相似性的举证主体，不应是当事人，而应是法官。从以上分析中可以看到，案例指导制度的规定与现有的诉讼制度在配合与衔接问题上存在不少龃龉之处。相比于实体规则，各种程序制度的规则之间更需要相互配合，而在一定程度上被“孤立”的状态，使案例指导制度处于相对弱势的地位，实际影响力也非常有限，急需和其他司法制度进行融合与互动。具体到区别技术而言，前述列出的一些制度，如类案与关联案件的检索机制、裁判文书说理改革、审级制度等，都有助于限制法官滥用该技术。但是，要切实提升运用区别技术的质量，除了法官自身积极研习之外，也需要借助于现有制度中的一些“外力”来加速这一过程。简言之，借助于现有司法制度，对区

别技术来说，不仅要约束和限制法官不乱用，还要保障法官会用和敢用，与后者有关的制度也有不少。

例如，专业法官会议就是法官可以借助外力分析运用区别技术的重要方式。在2015年《最高人民法院关于完善人民法院司法责任制的若干意见》、2017年《最高人民法院关于落实司法责任制完善审判监督管理机制的意见（试行）》以及同年的《最高人民法院司法责任制实施意见（试行）》中，最高人民法院都对专业法官会议进行了重点强调。该会议的组成人员都是具有审判经验的高素质资深法官，在处理疑难案件时能够形成更加全面的观点，对于法官（包括合议庭）给予重点指导。例如，《最高人民法院司法责任制实施意见（试行）》规定了专业法官会议讨论的几种类型的案件，其中就包括重大、疑难、复杂、新类型的案件，还包括与既有生效案件裁判尺度不一致的案件。这些案件类型与指导性案例的类型几乎是一致的。特别是涉及裁判尺度不一致的案件，实际上就涉及区别技术的运用。专业法官会议中诸多资深法官提供的各种意见，能够详细分析指导性案例与待决案件之间在案件事实与法律适用方面是否具有相似性的问题，全面、深入的专业意见使承办案件的法官能够更透彻地了解区别技术的准确运用，进而通过参照指导性案例为裁判待决案件奠定坚实基础。专业法官会议既可以发挥一定程度的审判监督功能，更可以在保证法官独立性的基础上将集体智慧应用于审判实践。〔1〕除了专业法官会议之外，原有的合议庭制度和审判委员会，在经过改进之后也能够发挥类似的作用，这里不再赘述。

再如，追究法官审判责任的反向清单。员额制和司法责任制的不断推进，使法官对审理案件需要承担更大的职责，错案追究制就是其中典型代表。对于提高区别技术的运用来参照指导性案例而言，还应当保障法

〔1〕 参见梁桂平：《论专业法官会议的功能定位及运行模式》，载《法律适用》2016年第8期。

官“敢用”。《最高人民法院关于完善人民法院司法责任制的若干意见》除了列举了一些应当追责的类型之外，还专门提出了排除作为错案进行追责的一些情况，即追责的反向清单。其中第一种情况就是“对法律、法规、规章、司法解释具体条文的理解和认识不一致，在专业认知范围内能够予以合理说明的”。在专业认知范围内在理解和认识上的不一致，也应当包括对指导性案例的参照。在案例指导制度仍然处于探索阶段的背景下，各级人民法院对区别技术的运用也不成熟，以上反向清单有助于解除法官参照指导性案例的后顾之忧，以自身对案件事实、法律适用以及相关指导性案例的理解和认知为基础，在充分说理的基础上准确适用指导性案例。

结语：适用指导性案例的自发与自觉

对案例制度的呼唤从20世纪80年代就开始出现，而当这一呼唤转化为现实制度时，指导性案例的低援引率却意味着从最高人民法院到地方各级人民法院再到法官个人，并没有为此做好充分准备。“指导”之名以及付诸阙如的细致规定，说明最高人民法院也处于探索阶段，遑论处于司法制度改革蓬勃更新背景下的个体法官。从先例运行的成功经验中，我们隐约能够看到案例指导制度所蕴含的应然价值，也可以预见充分适用指导性案例之后应当实现的积极效果。但是，指导性案例在现实中遭受冷遇却说明案例指导制度还存在不少有待完善之处。如果说制度规定的缺位导致了法官“不敢”适用指导性案例，那么，区别技术的隔阂与陌生导致了法官“不会”适用指导性案例。案例指导制度的完善需要最高人民法院不断积累相关经验，而制度规定的缺位也同样给法官留下了自由操作的空间。从上文对指导案例24号援引情况的分析可以看到，在相关规定非常粗糙和疏漏的背景下，还是有很多法官在比较指导性案例和待决案件之间的异同，并给出了相应的理由。这实质上就是区别技术在我国司法实践中的自发探索，是现实中法官自发适用指导性案例的一种具体表现。案例指导制度的产生是为了迎合司法实践中处理疑难案件的需要，这种需要会推动法官积极适用指导性案例，前述一些法官将指导案例24号进行扩展适用就是例证。即使这种适用只是一种自发探索，也能够为将来出台更为细致的制度设计积累经验。遵循先例传统的形成也并非一蹴而就，而经过了漫长时间的积淀。区别技术是整个案例指导制度运行中的关键技术，虽然并非万能，但却发挥着支点的作用，在这个方面的经验积累十分必要。当各地法官不断自发适用指导性案例形成了共性做法时，最高人民法院对此加以总结和固定，就能够以制度更新的方式推动后案法官们更加积极地自觉适用指导性案例，进而使案例指导制度的应然价值得到更加充分的实然体现。从这个意义上说，案例指导制度也才刚刚上路。

第十一章　否定参照指导性案例的理由及其启示

案例指导制度在司法实践中的困境表现之一是援引率偏低，而且存在不少否定参照指导性案例的情况。在指导案例23号中，最高人民法院针对广泛存在的知假买假现象表达了倾向性意见。但是，通过对涉及该案例的裁判文书进行考察后可以发现，大多数裁判结果都背离了以上倾向性意见。这些否定参照指导案例23号的理由总体上包括四种类型：知假买假者并非消费者；购买假货者并未受到误导；所购食品并未被证明不符合安全标准；指导性案例与待决案件之间并不相似。造成这些理由的原因也是多方面的：指导案例23号以单一规则面对复杂问题，略显草率；指导案例23号的正式文本存在一定缺陷，影响了法官对其裁判倾向的认知；便捷的案例检索巩固了类案中的相反结果；制度设计中责任规定的缺失降低了参照的要求。由此可以给案例指导制度的完善带来不少重要启发：指导性案例的遴选应当增加和丰富造法型案例的数量与类型；正式文本的编辑应当在案件事实和法律适用方面都突出必要的重点内容和关键信息；遴选和编辑环节都需要结合以检索为基础的数据分析；指导性案例的效力地位应当进一步提升，可以考虑作为二审或者再审的发改理由。

自从2011年年底发布第一批指导性案例以来，最高人民法院一直在推进案例指导制度的运行，尤其是《〈最高人民法院关于案例指导工作的规定〉实施细则》为指导性案例的遴选、编辑和参照适用提供了更加精细的指引。关于指导性案例的规定也被2019年修订后施行的《人民法院组织法》所吸收。在制度规定的整体驱动之下，指导性案例的影响力也不断提升，越来越多的裁判文书包含了指导性案例的司法应用。但是，相比于对案例指导制度的长期呼唤来说，指导性案例的实际效果仍然远远没有达到预期，这一情况主要体现在裁判文书之中：相比于案件总数，直接涉及指导性案例的案件仅仅是凤毛麟角；众多当事人要求参照指导性案例，法官并没有依据上述实施细则的要求进行有效回应；隐性参照指导性案例的情况成为主流等。特别值得关注的是，法官在相当数量的裁判文书中还否定了对相应指导性案例的参照。那些被肯定援引参照的指导性案例才能够成为形成最终裁判结果的理由，才能真正凸显案例指导制度的作用。细致梳理和分析那些否定参照指导性案例的诸多理由，能够更加全面地反映案例指导工作的进步与不足，为将来的制度完善和发挥实效提供有效依据。

案例指导制度借鉴于判例制度，从比较的视角而言，否定参照指导性案例的理由属于“区别技术”的具体应用。在普通法运行过程中，区别技术的运用有三种主要结果：(1)确认先例与待决案件相似，进而遵循先例；(2)确定先例与待决案件之间存在区别，不适用先例及其规则；(3)先例中的规则出现重大弊端，应当推翻先例。其中，否定遵循先例的第二种结果正是“区别”一词的基本含义。在英美法司法语境中，“对于法官而言，法律被化约为区分的艺术，而对律师而言，则是预估法官可能如何区分的艺术”。[1]由于所有的案件都存在差异，在比较先例与待决案件时，提出否定参照理由的难度要远远低于遵循先例的难度。这一点对于也需要进行相似性比较的案例指导制度而言同样适用。

由于篇幅所限无法对所有否定参照指导性案例的理由进行全部分析，本章选取指导案例23号作为分析对象，主要是基于以下考虑：一方面，在

〔1〕［美］亚狄瑟：《法律的逻辑：法官写给法律人的逻辑指引》，唐欣伟译，法律出版社2007年版，第274页。

已经得到司法应用的指导性案例中，指导案例23号被法官或者当事人引述的次数较多，截至2018年年底已经达到200余次，位于被引述次数的第三位。[1]在裁判文书中的司法应用既包括肯定参照，也包括否定参照，这种样本为有效解读否定参照理由提供了丰富而全面的素材。另一方面，指导案例23号针对长期以来争议不断的“知假买假”问题，体现了最高人民法院在该问题上的基本态度，但是，这一态度在司法实践中却没有得到有效贯彻，相当数量的裁判理由在形式上或者实质上否定了最高人民法院的倾向性意见，从中能够发现否定参照指导性案例的共性理由，为后续案例指导制度的完善提供启示。

本书对指导案例23号在裁判文书中的引述情况进行了比较全面的实证考察。以中国裁判文书网为数据库，搜索选项为全文，搜索时间截止到2019年7月1日。由于目前裁判文书中对指导性案例的直接表述并不规范，本书使用了多个相关关键词以尽可能获得全面数据，包括“指导（性）案例（第）23号”“（第）23号指导（性）案例”“指导（性）案例（第）二十三号”“（第）二十三号指导（性）案例”等共十二种组合。同时，以该指导性案例的原告“孙银山”为关键词进行补充检索，排除重复和无效样本之后，共获得有效裁判文书221份。这里所获得的裁判文书既包括当事人提出适用指导案例23号的情况，也包括法官主动参照该指导性案例的情况。由于裁判文书中存在大量对指导性案例的“隐性参照”，自然也会存在与之相对应的情况——隐性否定。全面分析其中的否定理由，需要对每一份裁判文书对待指导案例23号的态度及其理由进行实质意义上的分析和研读，这也构成了本章研究的实证基础。

---

〔1〕 参见郭叶、孙妹：《最高人民法院指导性案例 2018 年度司法应用报告》，载《中国应用法学》2019年第3期。

第一节　否定参照指导案例23号的理由类型

在指导案例23号中，原告孙银山在超市购买到了过期食品（火腿肠），在当场与超市协商赔偿未果的情况下，提起诉讼要求10倍赔偿，法院最终肯定了原告的诉求。该案的裁判要点为：“消费者购买到不符合食品安全标准的食品，要求销售者或者生产者依照食品安全法规定支付价款十倍赔偿金或者依照法律规定的其他赔偿标准赔偿的，不论其购买时是否明知食品不符合安全标准，人民法院都应予支持。”这一裁判要点与《最高人民法院关于审理食品药品纠纷案件适用法律若干问题的规定》第3条的规定内在一致，都倾向于保护消费者，即使在消费者明知购买食品不符合安全标准时，生产者和销售者也不能以此为理由进行抗辩。指导案例23号的裁判理由部分还专门确认了孙银山的消费者身份，否定了被告超市提出的“原告孙银山买假索赔不是消费者”的观点。而且，在整个裁判理由的最后部分，最高人民法院专门强调“法律并未对消费者的主观购物动机作出限制性规定”。

从上述指导案例23号的正式文本中可以看到，最高人民法院面对着知假买假的购买者，并不从主观动机上限制对其消费者身份的认定，即对于知假买假者也倾向于认定为消费者，进而适用《消费者权益保护法》和《食品安全法》关于惩罚性赔偿的规定。最高人民法院案例指导工作办公室对该指导性案例的解读也确认：“职业打假人实际上也不过是时常、主动行使监督权利的消费者。况且消费者是弱势群体，缺乏专业知识，且囿于维权成本顾虑，许多人不愿意诉讼，而职业打假人是自发的民间监督力量，客观上代表了消费者维权，具有公益诉讼的成分，有利于净化食品市场和促进食品安全，应当给予支持。”〔1〕由此可见，对于长期困扰司法实践的职业打假问题，最高人民法院已经通过指导案例23号比较清晰地表明了其倾向性意见，对于知假买假行为更倾向于认定为合法行为。

最高人民法院的以上倾向，也得到了部分法官的支持，这一点在裁判文书中的论述中也表现得比较明显。例如，(2016)京0108民初24754号文书在援引了指导案例23号之后认为：“关键在于法律没有禁止类似行为，而对于从宽把握‘消费者’范围的社会成本，远远低于不符合国家强制性标准的产品可能危及人身、财产安全所造成的社会成本。”(2017)辽01民终6540号文书也认为：“无论购买者是否是知假买假，因食品、药品的质量是涉及人的生命和安全的重大问题，因此我国法律才如此规定，目的就是要严厉惩治食品、药品生产和销售领域中的违法行为，保证人民群众的生命和安全。”(2017)鄂09民终884号文书的论述相对简洁：至于杨某某是否属于消费者、是否知假买假，并不影响其依法索赔的权利。(2017)粤01民终2365号文书则直接论及目的动机：张某明知食品存在质量问题仍然购买的行为并不影响其作为消费者维护自身的权益，购买行为的目的是否是为了生活所需并不影响其消费者身份的确认。(2017)黔27民终2543号文书则明确认为，指导案例23号“一方面能够强化对消费者权益的法律保护，激发消费者的维权意识，鼓励食品消费者积极与食品违法行为作斗争，投诉、举报生产经营假冒伪劣食品行为，从而有利于社会公众监督食品安全，净化食品市场环境；另一方面能够对食品违法经营者起到威慑作用，促使生产经营者加强管理，诚信经营，把食品安全和质量永远放在第一位，确

〔1〕 最高人民法院案例指导工作办公室：《指导案例23号〈孙银山诉欧尚超市有限公司江宁店买卖合同纠纷案〉的理解与参照——消费者明知食品不符合安全标准而购买可十倍索赔》，载《人民司法·案例》2015年第12期。

保食品安全，从而防范和减少食品纠纷的发生”。与上述裁判文书类似，（2017）川0191民初7936号、（2017）川0191民初7996号、（2018）鄂0106民初10236号、（2019）粤03民终6248号、（2016）京03民终7348号等多份裁判文书也都在引述了指导案例23号之后，面对着职业打假人也肯定了其进行惩罚性赔偿的请求权。指导案例23号最初发生在2012年，并在2014年年初入选最高人民法院公布的五起审理食品药品纠纷典型案例，也是江苏省高级人民法院所树立的典型案件，“该案例的发布，为支持社会群众参与打击造假贩假，净化食品卫生环境，依法维护消费者合法权益，起到良好的引导作用”。〔1〕

但是，以上直接明示参照指导案例23号的裁判文书仅仅是少数，即使是隐性参照的比例也非常低。根据前文搜索结果的统计分析，仅有37份裁判文书在实质意义或者在形式意义上参照了指导案例23号。占据多数的裁判文书以各种理由否定了在类似案件中参照指导案例23号，实质上否定了最高人民法院在该指导性案例中的倾向性意见。通过对这些否定参照的裁判文书进行全面实质考察之后，可以将其中的否定理由概括为以下四个基本类型。

否定理由类型一：知假买假者并非消费者

即使最高人民法院已经有了比较明确的倾向性意见，但是，众多地方法院的法官在对待知假买假者的诉求时，仍然经常以此类职业打假人并非消费者为由，拒绝参照指导案例23号。根据前述统计，这一否定理由类型的裁判文书的总数为73件，超过所有有效裁判文书数量的1/3，是诸多否定理由类型中比例最高的。由于数量较多，直接否定职业打假人消费者身份

〔1〕 王成：《江苏高院：注重发挥裁判规则示范引领作用》，载《中国审判》2015年第4期。

的理由，还有很多次级理由对其进行详细论证和说明，可以分为对知假买假行为进行评价和对知假买假者进行评价。

对于前者，裁判文书大多认定，知假买假行为本身不具有合法性，或者虽未违法，却有更好的替代性选择。例如，(2017)苏民申4874号文书认为："以牟利为目的的知假买假行为，却是受惩罚性赔偿的高额回报的驱动，多次购买价格低廉的缺陷产品，再从中谋取高额赔偿，是一种扰乱市场秩序的行为，应不受上述法律规定的保护。"(2018)皖01民终2461号文书认为：以诉讼为手段、以法院为工具的行为，不仅造成司法资源的巨大浪费，也极大影响法院司法权威。蔡某某出于打击假冒伪劣商品的需要，其完全可以采取有关行政主管部门举报等方式进行，且成效最快，这才是一个打假者应予采取的手段。(2019)陕08民终282号文书也认为：上诉人李某明显属于明知产品存在瑕疵和缺陷，而予以购买后向销售者索赔的情形。若对此行为支持，背离了法律规定由相关管理部门行使管理的宗旨，可能导致相关管理部门管理职权淡化，出现市场管理秩序的混乱。

对于后者，多数相关裁判文书认为，知假买假者并非为了生活需要，而是出于谋利的目的，这与《消费者权益保护法》的立法目的及其对消费者的界定并不相符。基于该理由否定职业打假者的数量巨大，是法院否定参照指导案例23号的最常见理由。例如，(2018)浙01民终2778号文书认为：陈某及其配偶张某多次购买无中文标签及检验检疫合格证明的进口食品，并起诉主张10倍赔偿。据此情节，应认为陈某并非为生活消费所需而购买涉案产品。(2019)湘13民终283号和(2019)湘13民终284号文书认定：从李某购买性保健用品的种类、次数、数量、时间、目的及以类似买卖行为向不同法院起诉事实上分析，购买行为不符合生活常理，不是生活消费需要；上诉人李某以获取赔偿金为目的，不属于普通消费者，故不构成普通消费行为。(2018)闽01民申44号文书认为：陈某曾多次向法院提起诉讼依据《食品安全法》第148条向销售者主张"十倍赔偿"，足见其对食品安全问题注意程度较高，可以认定其再次购买具有“双生产日期的产品”的行为并非生活所需，不属于消费行为，具有一定的谋利目的。（2018）鄂07民终256号文书认为：丁某在鄂州市、黄石市的城区法院提起过十多起购买酒类商品后进行索赔的诉讼来看，丁某购买涉案葡萄酒的目的，不符合一般消费者自用的情形。（2018）浙01民终4352号文书认为：上诉人蒋某作为购买案涉奶粉的个人，其在案涉店铺共计购买988袋奶粉，按照用量和保质期，明显不符合普通消费者的消费习惯，且上诉人多次、长期提起类似纠纷，主张退一赔十，亦明显不属于为生活消费需要购买商品的消费者范畴。

否定理由类型二：购买假货者并未受到误导

在指导案例23号中，消费者购买的商品为食品，《消费者权益保护法》和《食品安全法》规定的惩罚性赔偿成为起诉者的普遍诉求。《食品安全法》第148条第2款中有“但书”规定，以“食品的标签、说明书存在不影响食品安全且不会对消费者造成误导的瑕疵”为例外，排除了惩罚性赔偿的适用。这一规定也被很多裁判文书引用，作为在实质意义上否定参照指导案例23号的理由。例如，（2017）苏03民终4198号文书认为：韩某在购买涉案商品前，对涉案商品的情况是具有深入了解和研究的，所购商品不会对韩某产生欺诈和误导，结合韩某购买3664元商品要求赔偿36，640元的原审诉请，其购物行为明显具有谋利的意图，不是《消费者权益保护法》及相关司法解释规定的消费者。（2017）粤06民终3640号文书认为：何甲在本次购买过程中明知无中文标签仍购买并要求10倍赔偿。可见，涉案红酒没有中文标签、说明书并未对何甲造成误导。（2017）赣01民终308号文书认为：从21起案件审理情况可见，江某是一边起诉，一边购买后又起诉，在购买时对于产品标准、标识的了解也远远超出普通消费者的了解范围，难以认定涉案茶叶的包装标签、标准标识等会对其造成误导。(2017)粤07民终3215号文书认为：卢某在短期内购买数量较大的涉案食品与日常生活消费特征不符，其通过诉讼获得10倍价款赔偿从而谋利的目的明显，涉案食品外包装标签的瑕疵并未对卢某造成误导。

从以上裁判文书的说理中可以看到，以“未受到误导”为由来否定参照指导案例23号，与否定理由类型一有着密切联系：法官并未直接否定起诉者的消费者身份，也并未直接否定通过惩罚性赔偿牟利的合法性，而且将重点放在对《食品安全法》第148条中的但书条款之中。这一否定理由的实质，是借助于职业打假者身份的认定来否定其在购买食品的过程中受到误导，进而适用但书条款否定其惩罚性赔偿的诉求。从最终导向来看，这些案件的裁判结果也否定了指导案例23号的适用，最终并没有肯定知假买假者的惩罚性赔偿诉讼请求。

否定理由类型三：所购食品并未被证明不符合安全标准

在直接涉及到指导案例23号的案件中，惩罚性赔偿的必要构成要件之一就是食品不符合安全标准。这一结论的认定比较复杂，除了需要考虑细致的相关规定之外，还需要起诉者进行相应的举证。由于指导案例23号带有对知假买假者的明显倾向性保护，绝大多数裁判文书中都是由起诉方提出参照指导案例23号的请求，或者将该指导性案例作为证据提交。法官对涉案食品是否符合安全标准的分析，对于最终参照适用指导案例23号也有着间接影响。例如，(2018)湘01民终7848号文书认为：汤某对涉案产品等提出的问题，属于产品标签瑕疵，汤某未能举证证明涉案产品的标签影响食品安全或对其造成了误导。与之类似的裁判文书还包括(2018)桂06民终71号、(2014)浙04民终1745号、(2017)冀09民终6763号、(2018)粤19民终8647号、(2018)粤07民终922号、(2015)石民一初字第90号等。

在此类理由中，法官通常并没有直接认定食品购买者的身份是否是消费者，而是通过要求起诉者举证的方式来获得是否成立惩罚性赔偿的认识。这种举证责任的分配符合民事诉讼的基本原则，也适用于知假买假者意图通过惩罚性赔偿来牟利的案件审判。对此比较典型的论述是（2017）粤01民终23660号文书和（2017）粤01民终23659号文书的观点：为了防止商业经营者和生产者陷入非合理、非正常的无限诉累中，保护正常的营商环境，一审法院判令杨某对其关于涉案产品不符合食品安全标准的主张承担举证责任，符合诚实信用、公平合理的法理原则。在无法准确进行举证证明所购食品不符合安全标准的前提下，惩罚性赔偿就无法实质成立，法官也就无需就是否参照指导案例23号进行表述。因此，从实质意义上说，这种否定理由的类型就是法官回避了是否援引指导案例23号及其理由论述。

否定理由类型四：指导性案例与待决案件之间并不相似

从广义而言，任何否定参照先例的结论及其理由都属于区别技术的运用，前述三种类型的否定理由就是如此，只有很少裁判文书对“区别”的理由详加论述。可以说，前三种类型的否定理由都属于“隐性否定”，并不直接解释在实质意义上不参照的原因。与之相对，那些专门明确指导案例23号与待决案件之间不相似原因的裁判文书，则可以归于否定理由的类型四。根据区别点的具体内容不同，还可以细分为主体和客体不相似这两个方面。就主体不相似来说，例如，（2017）内08民终380号文书认为：祁某购买该商品的真正目的不是单纯为了生活消费需要而为，指导案例23号保护的是为生活消费需要购买商品的消费者，祁某在本案中并非《消费者权益保护法》所规定的消费者，故本案不适用该指导案例。（2019）沪03民终20号文书也认为：指导案例23号中所涉商品系购自欧尚超市，系超市通过正规途径进货的商品，超市当然应对所进商品的食品安全问题承担责任。而本案中，姜某通过“钓鱼式”打假故意购买非正常渠道入境的商品，其以营利为目的的恶意购买行为当然无法得到法律保护。指导案例23号的裁判规则在该案中没有适用余地。需要说明的是，这里知假买假者并非消费者的理由，与前述否定理由类型一并不相同：后者是阻却惩罚性赔偿成立要件，前者则是强调指导性案例与待决案件的区别，二者的共同之处就是在结果上否定了参照指导案例23号。

就客体不相似而言，(2016)渝05民终1359号和(2016)渝05民终1376号文书都认为：本案所涉非食品，刘某主张退货款及3倍赔偿的法律依据是《消费者权益保护法》第55条，适用的情形是“经营者提供商品或服务有欺诈行为的”，与上述指导案例明显不同，故本案中不能参照。再如，(2017)川06民终750号文书认为：“……23号指导案例虽为民事案例，但直接针对的是‘过保质期’的产品，不具有参照适用的前提和基础。”(2018)黑01民申175号文书认为：“最高人民法院23号指导案例中，销售者销售的是超过保质期的商品，该种商品属于食品安全法明令禁止生产经营的商品，与本案的商品并不相同。”

以上四种否定参照指导案例23号的理由，并非绝对分离，在特定裁判文书中有时会联合使用。与以上四种否定理由相对，对于参照指导案例23号也存在一些肯定理由。例如，经营者经常以购买者为职业打假人为由否定后者的消费者身份，(2017)京0113民初14960号文书在援引了指导案例23号之后，认为：“……只要在市场交易中购买、使用商品是为了个人、家庭生活需要，而不是为了生产经营需要的，就应当认定为消费者……被告富尔德分公司据此主张原告为职业打假人，不是《食品安全法》第一百四十八条规定的受偿主体的意见，于法无据，本院不予采纳。”但是，相比于肯定参照的裁判文书而言，基于以上四种类型的理由而对知假买假行为否定参照指导案例23号的裁判文书，仍然占据着绝大多数。

特别关注的是，在是否参照指导案例23号问题上还存在一种特殊情况——改判，即一审与二审或者再审持有不同观点。本次检索共获得27份有效的改判裁判文书，其中仅有两份裁判文书为一审肯定参照而二审改判否定参照，其他25份裁判文书的改判情况，都是在一审不参照的情况下，二审或者再审肯定参照。后一种情况占改判比例的93%，显示了更高一级的法院在面对知假买假行为时，更多地倾向于参照指导案例23号，即肯定知假买假者的消费者身份。这与初审法院在绝大多数情况下持有否定意见形成了鲜明对比。此外，在改判中还存在一种特殊情况，比较典型的是（2018）豫03民终5871号文书的观点：何某系短期内反复购买案涉劲酒多瓶，故一审法院认定其动机并非为消费、对何某以消费者身份要求10倍赔偿的诉求未予支持。对此本院认为，何某的反复购买行为并不能足以认定其首次购买行为亦非为消费，故对何某10倍赔偿的诉讼请求应予部分支持，一审法院处理不当，本院予以纠正。再如，（2017）浙08民终1108号文书也认为："不排除上诉人第一次少量购买案涉产品时具有消费者的主体地位。"以上两份判决文书都对一审完全否定知假买假者的消费者身份进行了部分修正，认为一审原告在初次购物时的身份是消费者，应该能够获得《消费者权益保护法》或者《食品安全法》规定的惩罚性赔偿，后续的多次知假买假行为则不能同样对待。这种改判的分析更为细致和精确，但是仍然从总体上否定了参照指导案例23号。

第二节　否定参照指导案例23号的理由成因

从前文的梳理可以看到，最高人民法院已经对知假买假者的消费者身份表达了肯定的倾向性意见，但是，即使在2014年年初就发布了指导案例23号，这种倾向性意见仍然没有被各级法官所普遍认可。由于本次检索的裁判文书中都包含有该案例，因此，主审法官不可能对该指导性案例一无所知，反而是使用各种理由来否定参照指导案例23号，尤其推崇否定知假买假者的消费者身份。在多数案件的审判过程中，法官都是尽可能地寻找明确直接、操作性强的法律依据，相比于法律规定更加细致的司法解释也由此受到极大欢迎。但是，对于同样已经提供具体明确意见的指导性案例，法官们的集体选择却是总体否定。形成这些否定参照指导案例23号理由的诸多原因，也需要细致分析和探讨。

首先，指导案例23号涉及的知假买假问题比较复杂，司法实务并未形成普遍共识，直接肯定知假买假者的消费者身份略显草率。自从“王海打假”获得强烈关注以来，对职业打假者的评价就一直是褒贬不一，由此引发的此类案件也一直没有统一标准，不仅审判实务中出现了多种裁判结果，而且这些结果背后总有有效理由来支持。例如，对知假买假的效果评价，前文引述的裁判文书就已经明显各执一词，虽然持有否定观点的裁判文书在数量上占据多数。部分省市的法院在关于消费纠纷处理的内部指引上也是莫衷一是。现实中甚至还出现了更加复杂的情况，如分散购买过期食品，利用《食品安全法》第148条的最低赔偿额进行累计诉讼获得赔偿，这种索赔方式被称为“以小博大”，对此也存在多种裁判结果。〔1〕从学理上来说，在单独概念自身无法回应现实争议问题时，引入价值判断可以辅助问题的解决，具体到知假买假问题上，可以考虑的内容就包括是否与诚信原则相悖、可否发挥制度设计的作用与价值等。〔2〕即使吸收了价值判断的因素，法官也难以就此问题形成比较一致的答案，法律适用上的不统

〔1〕 参见曹明哲:《“以小博大型”消费索赔模式之辨——兼论消费诉讼领域的司法裁判方法》，载《法律适用》2017年第4期。

〔2〕 参见姚辉:《民法适用中的价值判断》，载《中国法律评论》2019年第3期。

一表现得比较直接和明显。比较典型的表现除了本章第一部分提及的改判之外，还有同一职业打假人在同一省份内不同地市法院中获得了相反的判决。例如，（2018）粤16民终597号文书和（2018）粤52民终365号文书，在面对同一一审原告的知假买假行为，给出了截然相反的裁判结果。当然，这种情况在职业打假人提出的诉讼中也颇为常见。在这种同案不同判的现实困境下，最高人民法院通过发布指导性案例的方式意图对此有所改观。然而，在都有有效理由支持的两种或者多种裁判结果中，只是选择其中的一种而忽视其他裁判结果，这就显得比较草率和过于简单化了。对于指导案例23号涉及的知假买假问题而言，完全肯定知假买假者的消费者身份，并不能有效应对这一复杂问题给审判实务工作带来的困难，自然也就难以获得普遍认可和接受。法官们基于价值判断或者其他现实因素的考量，都要胜于指导案例23号带来的倾向性意见，采用多种理由否定参照该指导性案例，自然也顺理成章。需要专门强调的是，指导案例23号中关于知假买假行为的裁判倾向应当仅仅局限于所购商品为食品和药品，不能进行扩张解释，否则也违背了《最高人民法院关于审理食品药品纠纷案件适用法律若干问题的规定》第3条的规定。[1]但是，通过对涉及指导案例23号的裁判文书进行梳理可以发现，部分案件已经出现了扩展适用的苗头，例如，（2017）苏04民终933号文书和（2018）皖10民终448号文书所针对的商品为房屋。由于法官在比较指导性案例和待决案件的相似性时有着较大自由裁量权，对指导性案例进行扩展适用也是存在相当操作空间的。这种将个别规则上升到一般规则的倾向，在指导案例24号中也有所体现，[2]也会造成相当的消极影响。

其次，指导案例23号的正式文本中存在一定缺陷，影响了类案法官对

〔1〕 参见郭明瑞：《“知假买假”受消费者权益保护法保护吗？——兼论消费者权益保护法的适用范围》，载《当代法学》2015年第6期。

〔2〕 参见孙鹏：《“蛋壳脑袋”规则之反思与解构》，载《中国法学》2017年第1期。

裁判倾向的充分认知。即使在审判实践中存在一些争议问题，只要最高人民法院充分明确地表达了特定的裁判规则及其结果指向，各级法院的法官仍然会尽可能地以此为裁判依据，诸多新制定的司法解释大多属于这种情况。在审判实践中积累的经验或者共性做法，被最高人民法院所认可和接受，并将其中比较成熟的部分形成司法解释，进而可以推动类似案件的解决，这是一种比较良性循环的状态。但是，对于仍然处于初级阶段的案例指导制度来说，法官们的普遍接受和适用，还需要一个不断积累的过程。这一点对于最高人民法院来说，也是如此。具体到指导案例23号中，最高人民法院在发布的正式文本中，存在一些缺陷，影响了类案法官参照该案例：（1）对主观购物动机的评价只是出现在裁判理由之中，而没有出现在裁判要点之中。裁判要点和裁判理由是整个指导性案例正式文本的核心部分，而裁判要点更是被称为整个指导性案例的“点睛之笔”。根据《〈最高人民法院关于案例指导工作的规定〉实施细则》第11条，裁判要点是法官在裁判文书中唯一可以直接援引的对象。这种定位决定了裁判要点必然会获得后案法官的高度关注。在指导案例23号涉及的知假买假问题上，法官们的关注焦点也一直是购物者的主观动机，大多数否定参照的理由都是认为主观目的为牟利的职业打假者不具备消费者的身份。从前文引述的最高人民法院案例指导工作办公室的意见中就可以看到，最高人民法院对该争议问题的态度是倾向于肯定消费者身份。如果要将这一倾向贯穿彻底，那么，最高人民法院就应当尽可能在裁判要点中予以明确。而现有的文本仅仅是在裁判理由中提及，很容易被后案法官所忽视，进而影响其参照指导案例23号。而且，指导案例23号的裁判要点与《最高人民法院关于审理食品药品纠纷案件适用法律若干问题的规定》第3条的内容高度一致，甚至有重复之嫌，也影响了后案法官参照的积极性。（2）评价主观状态的具体语句存在逻辑混乱。在指导案例23号的裁判理由部分，对于购物者主观状态的评价具体表述为“法律并未对消费者的主观购物动机作出限制性规定”。消费者的主观购物动机如何认定和评价，是以消费者身份的认定为前提的，而以指导案例23号为代表的知假买假案件的核心争议，正是消费者身份的认定问题。占据多数的否定参照理由正是认为只有满足生活需要而非谋利，才能够成为认定消费者身份的主要标准。因此，指导案例23号的以上文本表述存在着前提与结论之间混淆倒置的逻辑错误。这种出现在关键定性问题上的混乱，并没有充分明确最高人民法院的裁判倾向，也使类案法官无法把握此种倾向。(3)原初案件的关键事实并没有被全面概括。从指导案例23号的文本来看，仅仅能够看到一审原告孙银山就单次购买过期食品提出诉讼的情况，一审原告是否因多次提出类似诉讼而成为职业打假人，无法获知。通过对中国裁判文书网和北大法宝司法案例数据库进行检索之后可以发现，指导案例23号的一审原告孙银山在多地法院中有数十起消费者要求惩罚性赔偿的诉讼，基本能够确定其身份为职业打假人。这一关键事实在正式文本中未予明确，容易造成认识上的偏差。例如，前述(2017)内08民终380号文书否定一审原告的消费者身份，正是基于其职业打假人的身份，这一文书在引述指导案例23号时却认为该案例中的一审原告为普通消费者。如果这一关键事实在正式文本中得到明确，那么，最高人民法院就会更加有效地表达其对知假买假者的评价，后案法官也可以更全面地比较指导性案例与待决案件之间是否具有相似性，进而在相应的案件中参照指导案例23号。

再次，便捷的案例信息检索在提供更多类案信息的基础上，巩固了其中否定指导案例23号的既有裁判倾向。在信息化潮流的背景下，利用大数据和人工智能的智慧法院有了长足的发展，特别是其中的案例信息检索。以中国裁判文书网为代表的案例数据库，也成为智慧法院建设中的关键环节之一。最高人民法院也适时地规定了“类案检索机制”：2015年，《最高人民法院关于完善人民法院司法责任制的若干意见》就提及“类案参考”；2017年，《最高人民法院司法责任制实施意见（试行）》专门确立了“类案与关联案件检索机制”；2018年，《最高人民法院关于进一步全面落实司法责任制的实施意见》具体要求“承办法官应当制作关联案件和类案检索报告”；《2019年人民法院工作要点》强调“积极应用审判信息大数据，通过类案与关联案件检索、裁判规则指引、典型案例发布等方式，统一裁判理念、司法尺度。”《人民法院第五个五年改革纲要（2019—2023）》在类案检索报告的基础上，重点增加了“类案推送”的内容。虽然类案检索和类案推送在实践中的运行还有待完善，但是，利用现有数据库对类案和关联案件进行检索，已经越来越被法官所接受。具体到指导案例23号的参照情况来说，本章检索的多份裁判文书都专门提及了起诉者曾经在多个法院提出了多次类似索赔诉讼，进而认定了其职业打假人的身份。例如，（2018）浙01民终2779号文书认为：“上诉人陈某已收到经营者退还的货款，鉴于其及配偶张甲就其购买的进口食品无中文标签及检验检疫证明问题先后向一审法院提起几十起诉讼，要求经营者退一赔十……”等。而且，作为一审被告，超市和商场等经营者也会对起诉者进行案件检索，强调其为谋利的职业打假人而并非真正消费者，如（2017）粤01民终2365号、（2018）京03民终4416号、（2018）鲁0811民初10399号等文书。而更有少数起诉者经过案件信息检索之后，提供了一些肯定知假买假者具备消费者身份的裁判文书，意图对法官裁判产生影响；这些案件除了指导案例23号之外，还包括同省市内其他法院的类似判决。例如，（2017）粤01民终1585号文书就提及，一审原告在二审期间提交了20余份广东省内类似案件的判决书或者裁定书，“……拟证明消费者多次重复购买同一商品主张惩罚性赔偿有事实依据和法律依据”。可以说，无论是法官还是当事人，都已经有条件利用案件信息检索来为自己的观点服务，都属于“判例自发性运用现象”。[1]但是，从本章检索的裁判文书总体倾向来看，知假买假的类似案件大多数都

〔1〕 参见顾培东：《判例自发性运用现象的生成与效应》，载《法学研究》2018年第2期。

否定了知假买假者的身份，这种基本倾向会对经过类案检索的法官产生重要影响。《最高人民法院司法责任制实施意见（试行）》专门确定，在背离类案形成裁判结果时，办案法官需要单独作出详细说明。这无疑是为法官加重了论证负担，相应地也推动其更愿意顺从既有类案的裁判倾向。而基于此倾向形成的裁判结果，又会成后来在类似案件中法官进行检索和形成判决所要遵循的倾向。由此，对知假买假者否定其消费者身份，就成为一种不断累积的巩固过程。通过各种理由来否定参照指导案例23号，正是这一过程的具体表现。

最后，案例指导制度缺少对背离指导性案例的细致规定，降低了强制法官参照指导性案例的要求。《最高人民法院关于案例指导工作的规定》第7条强调法官在类似案件中应当参照指导性案例，《〈最高人民法院关于案例指导工作的规定〉实施细则》第9～11条对以上规定进行了细化。但是，现有的这些规定仍然缺少对背离指导性案例的情况进行细致规定。法官在类似案件中，应当参照指导性案例而未参照的，并不需要承担特定的司法责任。这种背离规定的付诸阙如不仅降低了法官关注指导性案例的积极性，也会使其在案件审理的过程中对参照相应的指导性案例表现出非常随意的态度，在很大程度上架空了案例指导制度的有效运行。例如，根据《〈最高人民法院关于案例指导工作的规定〉实施细则》第11条的规定，法官应当在裁判文书中对当事人要求参照指导性案例在裁判理由中进行回应并说明理由。在本章检索的裁判文书中，由起诉方提出参照指导案例23号的情况超过九成，但是，对此请求直接回应的裁判理由不足三成。这已经显现出责任条款的缺失造成的消极影响。虽然一些裁判理由和结论在实质上参照了指导案例23号，只是并未明确表述，即所谓的“隐性参照”，但是，这种方式同样没有满足《〈最高人民法院关于案例指导工作的规定〉实施细则》第11条的规定。在初级意义上回应当事人的参照请求尚且普遍回避，遑论背离指导性案例的关键责任承担，加之前述不断巩固的裁判倾向，导致普遍否定参照指导案例23号，也就不足为奇了。现有《〈最高人民法院关于案例指导工作的规定〉实施细则》第10条专门明确，指导性案例只能作为裁判理由而不能作为裁判依据。做出这种规定的原因是“考虑到指导性案例不是我国法律渊源，因此，指导性案例不应当作为裁判文书判决部分的法律依据来援引”。〔1〕但是，从应然视角来说，“既然指导性案例是最高人民法院审判委员会讨论确定的，裁判要点是最高人民法院审判委员会总结出来的审判经验，因此，可以视为与司法解释具有相似的效力。在司法实践中，指导性案例的裁判要点既可以作为裁判说理依据引用，也可以作为裁判依据引用。”〔2〕应当依据特定司法解释而未依据，这种裁判结果很可能出现偏差，法官应当承担相应的责任；对于具有相似效力的指导性案例而言，这一点同样适用。这一应然结论还没有被相关规定予以明确，只有部分来自最高人民法院的观点认为，应当援引指导性案而未援引的，上级法院会参照指导性案例进行改判或者发回重审。〔3〕从诸多否定参照指导案例23号的理由来看，无论是在形式上还是在实质上，这些否定理由都显得过于随意，占据多数的隐性参照自不必说，即使是明确提及否定参照指导案例23号的裁判文书，也几乎没有细致比较其与待决案件之间存在何种差异。反而是一些肯定参照指导案例23号的裁判文书论证说理较为充分，例如，前述（2016）京0108民初24754号文书就使用了较大篇幅说明了指导案例23号的立意及其与待决案件之间的相似之处。虽然知假买假问题比较复杂，但是，在裁判文书中出现的各种结论也都应当有特定理由予以支持。简单随意地否定参照有密切联系的指导性案例，不仅无

---

〔1〕 郭锋等：《〈《关于案例指导工作的规定》实施细则〉的理解与适用》，载《人民司法·应用》2015年第17期。

〔2〕 胡云腾：《打造指导性案例的参照系》，载《法律适用》2018年第14期。

〔3〕 参见张军：《充分发挥案例指导作用　促进公正高效权威的社会主义司法制度建设——在全国法院案例工作会议上的讲话》，载胡云腾主编：《中国案例指导》（总第1辑），法律出版社2015年版，第294页。

法回应当事人的相应申请，更难以形成有说服力的裁判结论。从比较的视角而言，“虽然德国没有‘先例约束’原则，但背离判例，通常会产生向上提交案件的义务；这样，联邦法院或者大审判庭、联合审判庭，就会对案件仔细研究，从而作出裁判；如果没有特别信服的理由，判例是不会被变更的。这些制度是判例在司法裁判中发挥实际影响力的重要保障。”〔1〕针对偏离甚至背离既有判例的裁判结果，下级法院都要向上级法院提交专门报告，我国的法院体系也应当借鉴这种实现法律统一适用的方式。〔2〕简言之，案例指导制度现有规定的缺失，影响了法官认真研习和参照指导性案例的积极性，办案法官并不为否定参照指导性案例而承担过多责任，指导案例23号的援引情况就是具体表现。

第三节　否定参照指导案例23号的理由对案例指导制度的启示

涉及指导案例23号的裁判文书展现了数量和种类都比较丰富的否定参照理由，背后也包含着多种深层原因。指导性案例在司法领域中发挥作用的集中表现，就是在裁判文书中被直接援引。虽然指导案例23号出现在200多份裁判文书之中，这一数字远远高于多数其他指导性案例，但是，这一司法应用的检索结果，主要归因于数量众多的起诉方要求参照适用，而并不是法官主动援引。从这个意义上说，指导案例23号已经成为消费者

〔1〕 范剑虹、李翀：《德国法研究导论》，中国法制出版社2013年版，第293页。

〔2〕 参见董皞等：《判决解释之变迁与重构：中国判例解释发展与构建之路》，中国政法大学出版社2015年版，第294页。

索赔案件中起诉方经常使用的法律依据，其积极性明显超过了法官。质言之，虽然被寄予厚望并有着诸多理论探讨，但是，指导性案例仍然没有深入法官的内心，仍然没有成为司法裁判的现实"路径依赖"。从两大法系的历史经验和转型时期审判的现实需要，都能够看到案例指导制度的应然价值。案例指导制度要实现这些价值，真正被普遍接受和有效运行，不仅需要特定时间的沉淀和积累，还需要结合自身的完善与改进。从对否定参照指导案例23号的理由进行分析，同时对照其背后的成因，能够对完善和改进案例指导制度带来不少启示。

首先，指导性案例的遴选应当增加和丰富造法型案例的数量与类型，尽量避免用单一规则应对复杂问题。指导案例23号所处理的知假买假问题，在现实中存在多种样态，复杂程度较大，需要通过创新性规则来统一法律适用。对现有规则的创新也是指导性案例的定位和使命。如果不能提供创新规则，那么，指导性案例就会沦为普通案件，无法引起办案法官的重视，更难以被普遍适用。基于创新程度的不同，可以将指导性案例分为宣法型、释法型和造法型。〔1〕当然，这三种类型之间并不存在绝对区分，只是表明对既有规则的创新程度不同。在案例指导制度运行初期，出于谨慎和稳妥的考虑，最高人民法院所发布的指导性案例多是重复既有的法律、司法解释或者实务中已经达成的共识，创造性较低。现有那些没有被应用或者极少应用的指导性案例，多数都属于这种宣法型。办案法官迫切需要的是释法型，尤其是造法型指导性案例来应对复杂问题。而造法型指导性案例还可以继续细分为多种类型。指导案例23号是在多种已有处理方案中选择了其中一种规则，可以称为"择一型"。从本章第二部分的分析中可以看到，这种简单择一的规则明确方式容易将复杂问题过度简单化，难以顾及更多样态的具体案情，因而被法官们所普遍否定。而且，责

〔1〕 参见资琳:《指导性案例同质化处理的困境及突破》，载《法学》2017年第1期。

任规定的缺失还容易导致这种单一规则被不当地扩展解释和适用到其他类型的案件之中。与之类似，指导案例24号也是择一型，难以有效涵盖相关的复杂情况。〔1〕由此可见，司法实务中的复杂问题存在多种裁判结论时，指导性案例提供择一型规则，将出现较大风险。除了择一型之外，造法型指导性案例还可以包括其他类型，如补充型和细化型。补充型指导性案例的典型代表是指导案例6号和20号，前者将“没收较大数额的财产”纳入《行政处罚法》1996年第42条的“等”字之中，增加了该条规范涵盖的行政处罚类型；〔2〕后者则是面对《专利法》（2000年修改）及相关司法解释为明确规定的空白之处，提供了较为明确的规则。〔3〕细化型指导性案例也已经有不少表现，例如，指导案例15号在判断公司人格混同时提供了更加细致的判断标准；指导案例22号、38号、59号、69号和77号，分别将不同事由纳入行政诉讼的受案范围之内，实质上是对行政诉讼法中关于受案范围规定的细化。虽然细化型在创新性上略低于补充型，更接近于释法型，但是，前者操作性较强的优势也更容易被法官所接受。出于形成规模效应的需要，最高人民法院应当大幅度增加指导性案例的数量，在这个过程中就应当注意遴选出创造性较强的案件，尤其是补充型和细化型，便于类案法官进行参照适用。只有满足基础的数量提升，指导性案例的类型才能够更加丰富，才能为多种类案提供创新规则或者审判思路。这种不断发展的良性循环有助于在法官内心形成办案的路径依赖，使得主动研习和参照指导性案例成为形成裁判理由和结论的常态工作机制。

---

〔1〕参见程啸：《受害人特殊体质与损害赔偿责任的减轻——最高人民法院第 24 号指导案例评析》，载《法学研究》2018年第1期。

〔2〕参见孙光宁：《法律规范的意义边缘及其解释方法——以指导性案例6号为例》，载《法制与社会发展》2013年第4期。

〔3〕参见潘中毅：《论发明专利临时保护的法律效力——兼评最高人民法院（2011）民提字第259—262号判决》，载中华全国专利代理人协会编：《发展知识产权服务业，支撑创新型国家建设——2012年中华全国专利代理人协会年会第三届知识产权论坛论文选编》，知识产权出版社2012年版，第522页。

其次，指导性案例的文本编辑应当在案件事实和法律适用方面都突出必要的重点内容和关键信息。如前所述，指导案例23号的原告为职业打假人，这一关键信息对于后案法官比较指导性案例和待决案件并进而决定是否参照指导性案例，有着十分重要的影响；但是，这一内容并没有在该案例的正式文本中出现，造成了不必要的误解。因此，指导性案例正式文本的编辑，应当更加精细而全面。最高人民法院从开始发布指导性案例时，就已经注意到对原初生效裁判文书进行裁剪和重组。“案例文本的剪辑是对原有生效判决所进行的整理和加工，文本的剪辑直接针对被遴选出的生效裁判文书，在指导性案例编撰的具体过程中，对案例文本的剪辑一般而且至少要通过两种步骤及方法的运用，即案件事实的剪裁和判决结果的采编。”〔1〕但是，经过了多次剪辑之后，指导性案例的文本却存在着失真的危险。“而指导性案例的剪辑则是在剪辑文本之后再施裁剪，其修正单是在技术上失真的危险就已不小，如果再考虑到已经没有程序和诉讼参与人擦亮眼睛的监督，那么剪辑人上下其手，穿凿附会几乎是无可避免的。”〔2〕例如，与指导案例23号相似，指导案例8号的文本中并没有对涉诉当事人为夫妻的任何描述，这一关键事实的付诸阙如实质上“涉嫌法院过度干涉具有合伙性质的特定公司（夫妻公司）的内部治理，很容易不当挤压公司的自治空间”。〔3〕其他重要案件事实以及诉讼过程中的重要环节信息，在部分指导性案例中也存在缺失的情况。例如，指导案例89号就没有交代法院裁定中止审理长达5年的具体事由（该事由是由审理法院向全国人大送请解释）。除了案件的关键事实应当在指导性案例文本中有细致全面的交代之外，对于法律适用方面的内容也应当及时强调。法律适用的核心内容

---

〔1〕 杨知文：《指导性案例编撰中的文本剪辑与要旨著述》，载《河南财经政法大学学报》2015年第2期。

〔2〕 汤文平：《论指导性案例之文本剪辑——尤以指导案例1号为例》，载《法制与社会发展》2013年第2期。

〔3〕 吴建斌：《公司纠纷指导性案例的效力定位》，载《法学》2015年第6期。

主要体现在裁判要点之中，但是，过于关注裁判要点，甚至是将裁判要点视为指导性案例的唯一内容，很容易导致法官出现以偏概全的理解，更会将指导性案例视为零散的司法解释。这种倾向并没有体现指导性案例的独特性，并不利于案例指导制度的长期发展。更重要的是，现有个别指导性案例的裁判要点还背离了原案事实，更需要引起注意。[1]具体到本章分析的指导案例23号，购物者主观状态对认定其消费者身份的作用，仅仅出现在裁判理由之中。这种规定非常关键，是类似案件中认定知假买假者是否具有消费者身份的创新性规则。如果最高人民法院意图贯彻该案例中体现的政策倾向，就应当在更加明显的位置（如裁判要点部分）对该规则予以专门强调。进而言之，裁判理由部分是裁判要点的解释和说明，并且包含了一些无法在言简意赅的裁判要点中详细展开的内容，也同样值得法官重点关注。这种关注不仅是全面了解指导性案例的需要，也能够体现指导性案例的独特性，更能够降低对裁判要点的过分关注。裁判理由部分能够详细阐释法律规范与案件事实的结合，尤其是在疑难案件中实现对案件事实的法律关照。细致研判裁判理由部分有助于提升法官的审判能力和水平，是指导性案例文本中极其重要的组成部分。无论是关键事实，还是裁判要点或者裁判理由部分，都需要对指导性案例的文本进行精雕细琢，在全面表述的基础上突出重点，是发挥指导性案例积极作用的重要前提条件。

再次，指导性案例的遴选和编辑需要结合以检索为基础的数据分析，才能够有效解决审判实务中的疑难问题。大数据及其与人工智能的结合已经对司法领域产生了深刻影响，在目前弱人工智能阶段，对案件信息进行检索和处理，是比较现实的操作。在涉及指导案例23号的裁判文书中，

---

〔1〕 参见吴建斌：《指导性案例裁判要点不能背离原案事实——对最高人民法院指导案例67号的评论与展望》，载《政治与法律》2017年第10期。

无论是索赔者还是经营者，也都通过中国裁判文书网等案例数据库进行检索，来获得支持自己观点的案例信息。对于需要全面掌握案情、细致研判法律适用的法官来说，就更不能在数据分析方面落后，况且不断完善的类案检索机制也对此有硬性要求。指导案例23号涉及的知假买假问题非常复杂，现有案例中也经常出现多种裁判结果，要针对此类疑难问题遴选和编辑指导性案例，就应当详细分析现有的裁判理由和结果数据。例如，在本章的检索结果中，超过3/4的裁判文书中，起诉者都成为两次或者两次以上案件的一审原告，甚至有十几份裁判文书的一审原告都是同一人，这种数据还只是裁判文书网未收录全部裁判文书背景下进行检索获得的结果。(2017)粤民申2143号文书曾提及，一审原告有30余起以索赔为目的的诉讼。这些数据都指向的结论就是：现在就惩罚性赔偿提出诉讼的购物者，绝大多数都是知假买假的职业打假者；只有单次起诉索赔的购物者，在数量上只是凤毛麟角。如果忽视这种数据统计结果，那么，择一型指导性案例即使是有一定的创新性，也很有可能偏离有效的裁判结论，指导案例23号被普遍否定参照就是例证。通过大数据分析对类案进行分析，已经开始成为司法实务部门（尤其是最高人民法院）的常态。例如，“中国司法大数据服务网”就提供了多种专题数据，包括特定类型犯罪、知识产权侵权、环境责任纠纷、离婚纠纷等。这些数据为最高人民法院的宏观决策提供了必要的依据。“运用司法大数据，可以总结审判经验，指导审判工作；可以比较不同地方的司法工作，有利于取长补短；可以把握裁判趋势，统一法律适用标准，避免‘同案不同判’现象；可以分析纠纷发生的规律性，为社会治理提供分析和研判，服务发展大局；可以分析某类案件的一般特点，制定类案的审判策略，提高审判效果；可以了解失信被执行人的财产、行踪，制定有效的执行对策，实现债权人的利益；等等。”[1]作为影响地方法官司

〔1〕 蒋惠岭：《司法大数据能为我们带来什么》，载《人民论坛》2017年第36期。

法决定的重要方式，指导性案例也应当在遴选和编辑方面注重吸收司法大数据的分析结果。例如，前文中提及的不同审级对参照指导案例23号有着不同倾向，就应当纳入此类指导性案例的遴选参考因素之中。基于数据的统计分析，指导性案例的遴选范围将进一步扩大，十分有助于提高遴选数量。同时，更多种关键事实和更多样法律适用的指导性案例，经过细致的文本编辑强调不同侧重点，能够对特定复杂问题提供类型丰富的裁判规则，避免择一型指导性案例的弊端。质言之，指导性案例的遴选和编辑也需要借助于数据分析而获得精准定位，才能真正做到有的放矢地解决审判实务中的痛点，提升指导性案例的影响力。

最后，指导性案例的效力地位应当进一步提升，在二审或者再审程序中被视为法律适用的组成部分，尤其是发回重审或者改判的理由。虽然历史上的判例制度经历了比较长时间的积累才成熟，但是，借鉴了判例制度的案例指导制度却无须等待同样长的时间，而且信息时代提供了便利工具也迫使其加速完善。在运行初期，案例指导制度将指导性案例的效力界定为“应当参照”，这种似是而非、甚至略显矛盾的表述表现了一种保守稳妥的态度，是可以理解的。但是，在已经运行八年多之后，案例指导制度的发展需要提速，突破节点就是提升指导性案例的效力。从指导案例23号被援引的情况来看，法官们面对当事人的参照申请，多数态度是回避、否定，或者隐性参照，并没有真正普遍重视指导性案例；不仅是由于案例指导制度的规定缺乏操作性，更重要的是指导性案例的效力过低。《最高人民法院关于加强和规范裁判文书释法说理的指导意见》2018年6月第13条中明确，裁判文书的释法说理除了依据法律和司法解释之外，首要的辅助性论据就是指导性案例。对此规定，最高人民法院的解读认为：“尽管指导性案例不具备强制的约束力，但因发布机关的权威性和指导性案例本身的示范作用，在类似的案件中引用指导性案例进行说理时，由于裁判结果的相同或大体的一致，可以使人们对司法公正和正义产生合理的信赖。”〔1〕以上的正式定位虽然突出了指导性案例的作用，但是，实际上仍然将指导性案例置于司法解释的地位效力之下。如前文所述，已经有观点认为，司法解释和指导性案例都来源于最高人民法院，体现了最高人民法院的态度和意见，在程序上也是经过了最高人民法院审委会的批准，应当具有相同的地位和效力。只是这种应然的定位并没有得到最高人民法院自己的明确认可。要有效启动指导性案例的明示参照进入良性循环，比较明智的方案是在案例指导制度的规定中，将指导性案例的参照情况视为二审或者再审程序中法律适用方面的内容，上级法院可以根据参照指导性案例的情况发回重审或者直接改判。在案件事实比较清晰的情况下，二审或者再审程序将集中于法律适用问题，而指导性案例（尤其是其裁判要点）主要提供的正是法律适用难题的解决方案。《民事诉讼法》第170条和第200条、《刑事诉讼法》第236条和第253条、《行政诉讼法》第89条和第91条是这里主要涉及的具体条款。这些诉讼法条款无须改动，只需要在将来案例指导制度的规定进行修改时，明确提高指导性案例的效力即可。这种修改无须伤筋动骨，却能够纲举目张地推动法官更加重视和参照指导性案例，达到名正言顺的效果。

结语：侧重于个案正义的指导性案例

在司法裁判的过程中，法律的普遍性与个案的特殊性之间存在永恒的互动。以制定法和司法解释为代表的实在法，侧重于普遍性；而包括指导性案例和先例在内的案例制度，则更强调在个案中的特殊性。从历史上

〔1〕 最高人民法院司法改革领导小组办公室编：《最高人民法院关于加强和规范裁判文书释法说理的指导意见理解与适用》，中国法制出版社2018年版，第209页。

看，英国普通法与衡平法的分野也类似于这种情况：当法律的普遍性难以实现个案正义时，相应的判例就会对其进行修正；而在欧洲大陆，罗马法也具有决疑式的、判例法式的形成方式，其根本法律目标也不在于寻求一般化的争议，而在于寻求对个案的正确调整，即在于衡平。〔1〕两大法系的历史可以提供重要的经验和借鉴：普遍抽象的规则并非万能，落实到个案中的特殊正义也不可或缺，甚至更为重要。具体到指导案例23号来说，其立意在于阐释或者细化《消费者权益保护法》和《食品安全法》有关惩罚性赔偿的具体适用，实质也是对抽象规则的部分修正。但是，在具体行为和操作过程中，还存在不少不尽完善之处，加之正式制度设定的效力偏低，指导案例23号在审判实务中被有效参照的情况并不理想。相比于其他司法制度创新，聚焦个案正义的案例指导制度略显另类，最高人民法院也缺少成熟经验，加之对法官造法的潜在忧虑，指导性案例的认可和接受仍然是步履维艰。但是，实务中高级人民法院更重视参照指导性案例的倾向，以及各种指导性案例被援引的次数节节攀升，都能够在一定程度上代表着指导性案例的接受程度正在提高。细致分析各种否定参照指导性案例的原因能够为制度的加速完善提供重要启示，推动指导性案例更好地发挥实现个案正义的衡平功能。

---

〔1〕 参见［德］古斯塔夫·拉德布鲁赫：《法哲学入门》，雷磊译，商务印书馆2019年版，第55～56页。

第十二章　信息技术在参照指导性案例中的引入

第一节　指导性案例在类案检索机制中的地位与运用

类案检索机制是司法责任制中创新性制度设计之一，已经成为审判流程中的必备环节。案例指导制度与类案检索机制都是为了保证法律的统一适用，前者发布的指导性案例在后者中应当具有优先地位和排他效力。法官在审判工作中检索指导性案例应当遵循特定的步骤，包括利用案件数据平台进行初选，以关键词和裁判理由为标准对备选指导性案例范围进行限缩，全面比较待审案件与指导性案例的相似性，以及吸收当事人意见对检索结果进行确认等。指导性案例在类案检索机制中的运作还需要相关因素的配合，包括人工智能和大数据技术、数量大幅提升的指导性案例、更加完善的审判监督机制和更加细化的类案标准规定等。关联制度之间的良性互动能够产生最优的实践效果。

一、指导性案例在类案检索机制中的优先地位

《最高人民法院关于人民法院贯彻落实党的十九届四中全会精神推进审判体系和审判能力现代化的意见》强调："积极推进互联网、人工智能、

大数据、云计算、区块链、5G等现代科技在司法领域的深度应用，提升智慧审判、智慧执行、智慧服务、智慧管理水平，实现司法审判质量变革、效率变革、动力变革。”由此可以看到，在信息化时代中，法官必须与时俱进地提升自身的业务素质和能力，尤其是要积极使用科技手段为提高审判质量服务。在司法责任制背景下，很多创新机制都被引入司法裁判的过程之中，类案检索机制就是其中之一。

近年来，最高人民法院对类案检索机制一直保持着高度关注，并不断细化各种规定予以推进。2015年9月，《最高人民法院关于完善人民法院司法责任制的若干意见》确定：“建立审判业务法律研讨机制，通过类案参考、案例评析等方式统一裁判尺度。”2017年4月，《最高人民法院关于落实司法责任制完善审判监督管理机制的意见（试行）》第6条规定：“在完善类案参考、裁判指引等工作机制基础上，建立类案及关联案件强制检索机制。”2017年7月，《最高人民法院司法责任制实施意见（试行）》直接将“类案与关联案件检索”作为整个审判流程中的一个必要组成部分，专门进行了细化规定。该规定除了明确办案法官应当进行搜索的案件数据平台之外，还明确了不同检索结果的相应处理方式。类案检索机制也是在总结地方法院试验经验的基础上推广到全国的，例如，海南省高级人民法院就编印了《海南法院类案参考》，为本省内法院处理类似案件提供了直接而明确的标本。

最高人民法院在2020年7月通过了《最高人民法院关于统一法律适用加强类案检索的指导意见（试行）》，是全国范围内关于类案检索的第一个正式规范性文件。类案检索机制出台的深层原因在于统一法律适用，提升司法公信力。《中共中央关于全面推进依法治国若干重大问题的决定》将提升司法公信力作为引领整个司法改革的基本方向和纲领。而法律适用不统一所造成的“同案不同判”现象，会严重损害司法的公信力。随着资讯传播速度的加快，不同法院针对类似案件的不同判决，将很容易被公众所了解和认知。特别是对于与审判案件有着密切联系的当事人来说，法律适用上的不统一造成的司法公信力丧失程度就更为严重。类案检索机制就是以以往相类似的案件作为参考，辅助法官在处理类似案件时保证法律规范得以统一适用。这一点与案例指导制度的主旨追求也是完全一致的。

2010年年底《最高人民法院关于案例指导工作的规定》第1条直接明确，最高人民法院发布指导性案例的目标也是为了实现法律统一适用。截至2020年，指导性案例已经有百余个，基本涵盖了主要的部门法，并逐渐获得了审判实务部门的认可，在裁判文书中被直接援引的次数也逐渐增多。很明显，案例指导制度与类案检索机制都聚焦于既有的司法案件，有着天然的联系，其中最为关键的一点就是指导性案例。进言之，法官在进行类案检索时，应当给予指导性案例以优先的地位，具体原因主要包括以下几个方面。

首先，相比于其他案例而言，指导性案例具有正式的法律效力。根据《最高人民法院关于案例指导工作的规定》及其实施细则，一旦发现待审案件和特定指导性案例相类似，办案法官就应当参照指导性案例的裁判要点做出裁判结论，并可以直接写入裁判文书。这一规定明确肯定了指导性案例的正式效力，是其他案例所不具备的重要特征。《最高人民法院关于加强和规范裁判文书释法说理的指导意见》第13条在规定除法律法规、司法解释之外的论证论据时，将指导性案例列为首位。以往最高人民法院的公报案例也具有相当重要的事实影响力，但是，公报案例不能直接出现在裁判文书之中，地方高级人民法院所编纂的一些案例集成也具有类似的特点。从这个意义上说，指导性案例是一种非正式法律渊源，在民事审判中位于法律、习惯和司法解释之后。如果裁判结论与既有的指导性案例不一致，那么，办案法官应当就其中的差异进行说明。[1]指导性案例中包含着

---

〔1〕 参见梁慧星：《〈民法总则〉重要条文的理解与适用》，载《四川大学学报（哲学社会科学版）》2017年第4期。

特定的规则，是法律适用的重要标准。统一的标准才能促进法律的统一适用。“在不同法域中对于规则和原则的适用将会导致不同的结果，实际上这个纯粹的事实应当是探讨统一性的一个原因。更准确地说，适用相似的论据乃是法律统一性的一个标准。”〔1〕既然指导性案例在整个中国案例的体系中具有最高的正式法律效力，那么，这种优先性也应当体现在类案检索机制之中。法官在进行类案检索时，应当首先分析待审案件是否与检索出来的指导性案例具有相似性；当检索获得的结论之间发生冲突时，应当将指导性案例提供的规则作为排他性裁判理由。〔2〕简言之，作为目前唯一能够在裁判文书中被直接援引的案例类型，具有最高正式效力的指导性案例应当成为类案检索机制需要特别重视的首要对象。

其次，指导性案例中包含着最高人民法院的特定意图，对其违背会导致错误的裁判结论。每个指导性案例的产生都经过了层层遴选，最终由最高人民法院发布。这说明最高人民法院在具体指导性案例中贯彻着特定意图，并通过裁判要点进行集中展现。例如，多数劳动法指导性案例都体现了对劳动者一方的倾向性保护，其主要方式是对特定法律概念进行扩大解释，对于审理类似案件有着重要的指向作用。虽然《最高人民法院关于案例指导工作的规定》及其实施细则并没有直接规定应当援引指导性案例而未援引的情况应当承担何种责任，但是，一旦案件被二审或者再审，违反相应指导性案例的裁判结论就应当被否定。“因为违背指导性案例的裁判，本质上是违背了指导性案例所适用的法律规定、司法解释所反映的法理精神、裁判要点。”〔3〕随着类案检索机制的不断成熟，二审或者再审法院

---

〔1〕［荷］杨·斯密茨：《法学的观念与方法》，魏磊杰、吴雅婷译，法律出版社2017年版，第101～102页。

〔2〕参见黄泽敏、张继成：《指导性案例援引方式之规范研究——以将裁判要点作为排他性判决理由为核心》，载《法商研究》2014年第4期。

〔3〕张军：《充分发挥案例指导作用　促进公正高效权威的社会主义司法制度建设——在全国法院案例工作会议上的讲话》，载胡云腾主编：《中国案例指导》（总第1辑），法律出版社2015年版，第294页。

也会高度重视指导性案例的运用，对于违背相应指导性案例的裁判结论，会更有意识、也更便捷地发现其中存在的问题，进而给予否定性评价。这一审理过程的整体运作也是有利于推进法律的统一适用的。为了将来案例指导制度的继续完善，可以考虑将“违背特定的指导性案例”或者“应当引述相应指导性案例而未引述”作为上级法院发回重审或者直接改判的理由之一。这一内容将大大提升法官对指导性案例的重视程度，从而推动指导性案例发挥更加积极的效果。

最后，指导性案例对于类案审理的定性和定量都有着重要的参照意义。从满足审判实践的需要来说，大多数普通案件都可以基于法律规范的直接规定而获得相应的裁判结论；相应地，指导性案例就应当更多地侧重于针对疑难案件提供法律规则。换言之，多数指导性案例都带有强烈的疑难色彩。造成疑难案件的原因有很多，包括法律模糊、冲突、漏洞和空白等。在这种情况下，法律规范与案件事实并不存在直接对应的关系，法官处理起来比较棘手，很容易出现法律适用不一致的现象。法官认真研习指导性案例之后，即使是面对疑难案件，也能够将其纳入与指导性案例相似的类案之中，从而保证疑难案件也得到统一的结论。例如，指导案例24号针对的是受害者体质对侵权责任范围的影响问题，这一问题在原《侵权责任法》等法律法规中并没有具体规定，相关案件审理的结果也是非常多样。该指导性案例正式统一了其中的规则，已经成为被裁判文书直接援引次数最多的指导性案例，获得了审判实践的充分肯定。[1]以上情况针对的是疑难案件的审判问题，属于类案审理的定性问题。此外，指导性案例还能够帮助处理类案中的定量问题，也就是确定具体的处理数量。例如，指导案例4号和12号都针对了故意杀人案件，也都包含着多种从轻和从重情节的

〔1〕 参见北大法律信息网组织编写：《最高人民法院指导性案例司法应用研究报告》（第二版），北京大学出版社2019年版，第37页。

综合考量。这两个指导性案例在裁判要点和裁判理由中都具体分析了如何在其中权衡并最终确定量刑结果，能够给类似案件的处理带来有益启示。

从以上分析可以看到，指导性案例在类案检索中具有明显的优先地位，这种地位决定了作为类案检索结果的指导性案例具有排他效力。换言之，一旦在检索结果中出现了指导性案例，指导性案例就排除了其他类案的适用空间，法官就应当在尽可能的范围内参照指导性案例作出裁判结果。否则，法官就应当向相应的审判监督机构进行汇报，进而承担很可能出现的否定性评价。

二、指导性案例在类案检索机制中的基本运作流程

从上文的分析可以看到，在法官进行类案检索时，指导性案例应当具有优先地位。这种优先地位不仅体现在效力层级上，而且体现在对检索结果的处理上。类案检索机制整体上仍然处于探索阶段，法官还需要提高运用该机制的自觉性。在已有的各类案件数据库中，指导性案例是最为统一和权威的，而且目前数量并不多，完全可以作为法官练习运用类案检索机制的良好素材。结合一些地方法院已经开展的探索实践，指导性案例在类案检索机制中的基本运作主要包括以下步骤。

首先，利用既有的案件数据平台进行初步检索。根据《最高人民法院司法责任制实施意见（试行）》第39条的规定，类案检索机制依托的案件数据平台包括相关办案平台、档案系统、中国裁判文书网、法信、智审等；法官在检索完成之后应当制作相应的检索报告。以上案件数据平台已经收集了大量的案件信息，而且基于人工智能和大数据分析手段，能够将相类似的案件以极快的速度进行直接关联，作为主审法官审判案件的参考，具有较强的便利性。对于最高人民法院发布的指导性案例，这些数据平台自然也是作为首要的案件信息收集对象在关联案件中进行重点提示。例如，

中国裁判文书网是目前国内案件数据最全面的网站，该网站数据由最高人民法院官方指定制作，具有较高的权威性。该网站提供了很多可供检索的选项条目，能够比较便捷地搜索相关案件信息。再如，已经在部分基层人民法院试点使用的智审系统，与法院内部的审判管理流程系统相互结合，利用电子卷宗中高频出现的关键词，随时提供相关案件信息，节省了法官大量的检索时间和精力。这些案件数据平台都在检索结果中将指导性案例作为突出重点。除了数据平台之外，从人力资源的角度来说，很多地方法院还试点由法官助理进行初步类案检索，为主审法官提供检索报告。随着指导性案例在数量上的不断增加，同类型的指导性案例范围也会扩大，检索结果中可能包含多个指导性案例；此时确定的就是相关指导性案例的初步范围。另外值得注意的是，在类案检索机制正式出台之前，已经有很多律师在代理案件时，提供了一些类案检索的结果作为辩护理由，这些检索结果中包括指导性案例，也有审理法院辖区内的以往其他类似案件。这样的理由虽然并没有正式直接的效力，但是对于形成最终的裁判结果来说，也是有一定影响的。在完全依靠法官进行类案检索比较困难的情况下，法官可以授权当事人的律师进行类案检索，并回应后者的检索结果。

其次，对备选指导性案例利用关键词和裁判理由进行甄别。在初步确定了备选指导性案例的大致范围之后，法官需要对这一范围进行甄别和限缩，以便精确地选择指导性案例作为类案类型，而选择的主要标准包括关键词和裁判理由。关键词是每个指导性案例正文中必备的部分，提示在案件中高频出现的术语和关键法律问题，每个指导性案例都包含5个左右的关键词。最高人民法院在创制案例指导制度时，就确定将关键词作为检索的标准之一。“关键词标注刑事、民事、行政等案例类别和裁判要点涉及主要内容，以便于了解案例涉及主要问题、检索查询和分类汇编。”[1]法官

〔1〕 最高人民法院案例指导工作办公室：《〈关于编写报送指导性案例体例的意见〉的理解与适用》，载胡云腾主编：《中国案例指导》（总第1辑），法律出版社2015年版，第318页。

在检索到相应的指导性案例之后，可以将相应的关键词在待审案件的卷宗中进行再次筛选，或者将关键词出现的频率与待审案件进行比较，进而准确确定需要参照的指导性案例。此外，指导性案例的裁判理由部分也是进行甄选的重要标准。裁判理由部分的篇幅较长，能够详细地展开案件事实与法律规范的对应关系，并且包含着对法律规范进行扩展和延伸的丰富内容，是指导性案例区别于司法解释的独有体例结构。较之于高度凝练概括的裁判要点部分，裁判理由更适合于进行细致的比较和选择。“从指导性案例的表述方式看，如果以制定法来比喻的话，‘裁判要点’大致相当于法条，是最高人民法院希望表达的规范性内容的外在表现，而这种外在表现为什么成立，则必须理解‘裁判理由’中表述出的论证内容。”〔1〕利用以上标准，法官可以从备选的指导性案例范围中确定哪一个指导性案例最适合于待审案件的参照，也就是检索确定最终的类案。

再次，全面比较待审案件与指导性案例在案件事实和法律适用上的相似之处。将相应指导性案例确定为需要参照的类案之后，法官需要细致比较待审案件与指导性案例的相似之处，并在裁判文书中进行阐明，对参照指导性案例的正当性和合法性进行论证。根据《〈最高人民法院关于案例指导工作的规定〉实施细则》第9条，参照指导性案例的条件就是在案件事实和法律适用上都具有相似性。笔者认为，以上两个方面的相似性比较并非同步进行，而是应当先进行案件事实的比较，然后进行法律适用的比较。从英美法系先例制度的实践来看，法官在遵循先例时也是遵循着先事实后法律的顺序。具体来说，适用先例的具体步骤包括：(1)寻找一个可资作为类比基点的先例；(2)识别先例与问题案件之间在事实方面的相同点和不同点；(3)判断是事实上的相同点还是不同点更为重要；(4)根据前述判

〔1〕 朱芒：《论指导性案例的内容构成》，载《中国社会科学》2017年第4期。

断决定是遵循先例还是区分先例。[1]质言之，即使是在指导性案例中，案件的核心事实决定着法律规范如何适用，当案件事实非常类似的时候，相应的法律适用也应当是类似的。借鉴于遵循先例的案例指导制度，也应当在相似点比较问题上吸收先例制度的经验。这种相似性的比较和确认并非前一步骤的重复，因为法官需要以公开心证的方式在裁判文书中具体论证参照指导性案例的原因，这同时也是一个检验前述步骤是否准确的环节。作为比较相似性的首要对象，案件事实并非包括所有的细节内容，而应当是与指导性案例的裁判要旨相关的重要事实。这种案件事实体现了最高人民法院遴选特定指导性案例所追求的意图，是指导性案例创新性和价值所在，能够为处理疑难问题提供重要规则或者启发。从流程的角度来说，这种重要事实上的相似性确认也能够为之后在裁判文书中直接引述指导性案例的裁判要旨提供准备。

最后，吸收当事人意见对检索结果进行完善和确认。指导性案例的运用并不是一个从前提到结论的演绎推理过程，而是一个比较案件之间相似性的类比推理过程。从终极意义上说，司法实践中并不存在完全相同的案件，只存在相似程度不同的类案。如何具体地把握和确认这种相似程度，是对法官的巨大挑战。同时，司法过程并不是一个法官独断的过程，还融合了当事人及其代理人的意见。举证、质证以及反证的过程都需要当事人的积极参与。这一点对于指导性案例的检索和参照来说也同样适用。《〈最高人民法院关于案例指导工作的规定〉实施细则》第11条规定，如果当事人在案件审理过程中提出适用某一指导性案例，承办案件的法官对是否参照该指导性案例应当进行回应并说明理由。相比于法官积极主动地检索和参照指导性案例来说，以上对当事人诉求的回应是一种被动参

〔1〕 参见兰磊：《英文判例阅读详解》，中国商务出版社2006年版，第686～692页。

照的模式，凸显了当事人参与诉讼过程的积极性。[1]质言之，指导性案例对于所有案件的参与者来说都是具有正式效力的法律渊源或者裁判依据，是一种司法过程的“公共资源”。当事人也完全可以通过检索来获得有利于自身诉求的指导性案例。在以审判为中心的诉讼制度改革中，庭审对最终裁判结果的实质影响力将越来越强，加强两造对抗的结果之一就是当事人都在努力寻找所有可能的论证和说理依据，数量和质量都在不断上升的指导性案例就是其中非常优秀的资源。如果说包括指导性案例在内的类案所指向的是一种普遍性，那么，每个具体案件所体现的就是特殊性，而当事人对此特殊性的了解最为全面和深刻。承办案件的法官可以通过对当事人相关请求的考虑，对自己检索到的指导性案例进行最终确认，进而参照指导性案例形成裁判结果。案例指导制度一直强调的是“参照”，而不是“依照”，这就意味着法官可以吸收当事人的诉求，结合案件的特殊情况形成裁判结果，而不是完全依据指导性案例的裁判要点形成结论。法官与当事人的以上互动过程有利于在司法过程中实现兼听则明的效果，进一步推动审判过程的公开和透明，也有利于在实质意义上推动法律统一适用的效果。

三、检索指导性案例的配套机制及其完善

类案检索机制是司法责任制中的创新，但是，仅仅依靠该机制并不能完全实现统一法律适用的效果，还需要其他相关机制的配合。只有充分调动相关各个机制之间的内在联系，打通诸多机制中可以融合和并行的环节，才能够发挥最优的综合效果。目前，与司法责任制直接相关的规范文件中，对于类案检索机制进行详细规定的内容还是比较少的，法官在操作

---

〔1〕 参见孙光宁：《反思指导性案例的援引方式》，载《法制与社会发展》2016年第4期。

该机制时也必须注意与其他机制的配合，前文的论述中就可以窥见案例指导制度与类案检索机制的这种配合。具体来说，对指导性案例进行类案检索还需要着重关注以下一些制度及相关因素。

首先，人工智能与大数据的技术辅助作用。人工智能与审判活动的结合已经成为目前司法领域中的重要发展趋势，这也是类案检索机制得以出现和运行的技术前提之一。人工智能技术的进步已经能够部分地提供法律服务，对于司法审判活动的影响也日益深入，比较典型的一点就是，法官可以借助于人工智能大大提高审判效率。对于类案检索来说，要确定类案及其相似点，必须要有足够数量的案件信息，这种要求也需要借助于大数据的分析技术，将包括指导性案例在内的海量案件数据进行录入、分类、编辑、加工和汇总。在判例制度的历史发展中，由官方或者民间机构定期出版的案例汇编能够为以上工作提供必要经验，现有的案件数据平台也已经开展了相关工作。但是，目前可供检索的标准和选项仍然偏少，对案件信息的深度加工仍然有所不足，进行类案检索的法官仍然需要亲自进行大量的对比和衡量。即使是数量并不多的指导性案例，也是如此。如前所述，指导性案例的裁判理由部分包含着十分丰富的内容，很多论述和分析本身就能够成为独立的裁判规则。但是，现有的案例数据平台大多知识根据关键词提供检索结果，并没有细致地将裁判理由部分中的全面论述列为关联类案的标准。换言之，目前人工智能以及大数据分析所提供的技术支持，对于检索指导性案例来说仍然是比较初级的和粗糙的，对案例的深度加工及其与电子卷宗的智能关联程度，是人工智能和大数据与审判实践深度结合的重要方向。

其次，指导性案例在数量上的大幅度提升。在案例指导制度正式运行的近10年时间内，最高人民法院仅仅发布了100余个指导性案例。相比于全国每年超过2000万的案件数量来说，指导性案例的数量过少。虽然最高人民法院谨慎地遴选指导性案例，体现了一种比较稳妥的态度，但是，司法实践中出现的大量疑难问题使得法官在指导性案例方面有着强烈需求。[1]如果没有足够的数量供给，指导性案例在类案检索机制中的作用就会出现虚化，因为法官直接阅读相应指导性案例全文即可形成类案对比，根本无须借助于类案检索。同时，数量过少的指导性案例无法满足司法实践的需求，对于案例指导制度的运行也会造成消极影响。“如果最高人民法院过于谨慎，所发布的指导性案例的数量和种类过少，对全国审判的指导意义就微乎其微。”[2]因此，数量上的大幅度提升是指导性案例在类案检索机制中发挥更大作用的当务之急。改进的具体措施可以包括地方高级人民法院准确及时发现并培育备选指导性案例，将推荐指导性案例作为法官业绩衡量的重要指标，将更多的公报案例重新整理并确定为指导性案例，推动法学院校、法学专家、两会代表和律师推荐指导性案例等。鉴于最高人民法院及其巡回法庭的特殊地位，在将来合适的时机下，可以将其裁判的案件通过便捷程序迅速转化为指导性案例。这是大幅度提升指导性案例的有效方式，值得未来在案例指导制度的完善中积极采纳。

再次，审判监督机制的联动与完善。在司法责任制的改革中，审判监督机制与类案检索机制有非常密切的联系。基于类案检索形成裁判结果，法官的这些行为都要受到有效监督，才能够保证实现类案检索所追求的统一法律适用的目标。具体来说，审判监督的主要主体包括专业法官会议、审判委员会以及法院内的院庭长等，这些主体在类案检索机制中也发挥着不同作用。例如，如果法官进行类案检索有困难，可以提交给专业法官会议进行讨论，进而获得相关意见和建议；对于作为类案的指导性案例来说，如果法官经过检索后仍然可能作出与指导性案例发生冲突的裁判结果，那

〔1〕 参见杨会、何莉苹：《指导性案例供需关系的实证研究》，载《法律适用》2014年第2期。

〔2〕 宋晓：《判例生成与中国案例指导制度》，载《法学研究》2011年第4期。

么，院庭长有权要求主审法官或者合议庭汇报相关情况；对于提交审判委员会讨论的案件，承办法官或者合议庭也应当同时提交待审案件的检索报告。从以上的规定来看，司法责任制十分重视类案检索机制，类案检索已经成为法官必须承担的基本职责。各种审判监督机制中也大多包含着专门针对类案检索的内容，这一点在以往审判监督机制的正式规定中都非常罕见。鉴于指导性案例的正式效力，任何类案检索结果中所包含的指导性案例，也都会成为审判监督者进行监督时重点依据的对象，进而推动类案检索机制与审判监督机制的有效联动。

最后，类案标准的明确与细化。类案检索机制虽然非常重要，但是仍然处于初创阶段，很多细节规定仍然不够细致和完善。即使是对其规定最为详细的《最高人民法院司法责任制实施意见（试行）》，也没有明确确定类案的标准究竟为何，而只是强调了法官要利用案件数据平台进行检索并制作检索报告。如果仅仅是作出这种程序上的规定，而没有有效填充其中的实质内容，类案检索机制有可能被架空，类案标准上的付诸阙如将影响类案检索机制的长期效果，因为法官难以真正地比较并确定什么是同类案件或者类似案件。例如，法律规定中的案件类型有着不同的层级，学者们不断探讨的民事活动或者行为的类型化，都在持续增加案件类型。再如，不当得利可以细分为给付不当得利和非给付不当得利，前者又可以继续划分为自始欠缺目的、目的消减和目的不达等具体类型；后者又可以继续划分为权益损害不当得利、支付费用不当得利和求偿不当得利等具体类型。[1]同属于不当得利案件，是否以及如何继续细分类案标准，都需要案例数据平台的制作者以及法官来确定。案例指导制度对指导性案例在比较相似性问题上有直接规定：案件事实和法律适用。但是，这一标准也是非

〔1〕 参见王泽鉴：《不当得利类型论与不当得利法的发展——建构一个可操作的规范模式》（上），载《甘肃政法学院学报》2015年第5期。

常宏观和概括的，对于需要处理个案的法官来说，仍然不够具体和明确。无论是类案检索机制还是案例指导制度，都需要在类案标准问题上出台细化规定，给法官以明确而直接的指示或者提示。如果由最高人民法院直接出台细化规定仍有困难，可以由地方高级人民法院先行试点和探索，形成比较成熟的意见之后在全国推广。另外，除了在实体意义之外，类案标准还应当吸收特定的程序标准。也就是说，在案件审理过程中，当事人双方都认可的类案，就能够成为形成最终裁判结果的参照对象。虽然当事人对相应的类案（包括指导性案例）如何适用以及适用的结果可能有所异议，但是，只要当事人都认可这些案件的"类案"身份，主审法官就可以参考这些案件，并在裁判文书中作为论证理由加以利用。

结语：司法制度创新及其互动

同案同判包含着对法治的普遍化要求，也是法官在审理案件时应当承担的职责。司法责任制的诸多制度创新也都指向这一目标，案例指导制度和类案检索机制都是其中的典型代表，前者借鉴了英美法系长久运行的先例制度，后者则依托了当下的人工智能和大数据，二者的结合正是指导性案例的检索。从中也可以看到当下的司法改革具有包揽古今、兼收并蓄的特点。虽然这些创新性制度各有其特征和侧重，但是，都融汇于审判实践活动之中，服务于司法过程，而且此前也大多经历了地方法院的经验积累，符合司法活动的自身规律，十分值得肯定并在全国推广。作为司法责任制的主体，法官应当积极主动了解和熟悉以上制度创新，并将其贯穿于审判活动的实践，利用这些创新制度的有效互动来提高审判效率，提升法律统一适用的程度，真正树立司法权威，推动中国的法治进程。

第二节 指导性案例适用与人工智能的结合及其限度

人工智能的最新发展开始对司法领域产生重要影响，案例指导制度也不例外。二者的结合有助于突破目前指导性案例援引较低的困境，有着非常广阔的发展前景。具体而言，人工智能可以大幅度提高指导性案例的检索效率，指导性案例的适用则能够降低人工智能中固化倾向的消极影响，二者的结合能够继续保证法官的审判主体地位，同时也被判例法的最新发展所证实。人工智能能够参与到案例指导运行的各个流程环节，这种参与也需要一定的条件保障。案例指导与人工智能的结合也有一定的作用限度，包括对“智慧法院”整体建设的依赖，人工智能算法的“黑箱”性质，案例数据要素的标注难题，以及对庭审实质化的消极影响等。人工智能的兴起提升了案例的影响范围和相互关联程度，最高人民法院也应当提升指导性案例的数量和类型，同时细化实体操作规则，使得案例指导与人工智能的结合呈现最优效果。

一、指导性案例与人工智能技术结合的多种原因

伴随大数据、云计算等技术的飞速进步，人工智能在近年也进入了新的发展阶段，已经开始对社会中各个领域产生重大影响。直接处理法律规范和社会关系的司法领域，自然也不例外。最高人民法院早已开展的“智慧法院”建设，就是在我国司法领域中吸收和应对人工智能发展的重要方

式。除了这种技术上的应对措施之外，现有的司法制度也应当积极吸收人工智能的发展成果，以适应新时代条件下的社会形势对司法工作的新要求，案例指导制度自然也不例外。

从现有的官方数据和实证研究成果来看，案例指导制度的实际运行效果并不理想。根据最高人民法院《第二届司法大数据专题分析课题之关于指导性案例适用情况的分析报告》，自2012年1月1日至2017年7月12日，共有531件案件参照指导性案例，在一审案件中，指导性案例的适用，原告往往是主张适用指导性案例的主体；二审案件上诉人主张适用指导性案例的比例有较大幅度的增加；法官主动适用指导性案例比重不高；原被告主张适用指导性案例过半得到支持。〔1〕也有学界进行了类似统计，其中参照指导性案例的案件数量为549例。〔2〕以上官方统计和学界研究，虽然在具体数字上略有差异，但是都已经表明指导性案例在司法实践中并没有受到普遍重视，能够引述和适用指导性案例的案件也是非常稀少的。根据最高人民法院的年度工作报告，从2016年开始，全国各地法院审理的案件数量就已经超过了每年两千万件。相比于这种巨大的基数，指导性案例的应用数量还是偏少的，这就意味着案例指导制度的运行并没有到达预期的效果。虽然最高人民法院在2015年出台了《〈关于案例指导工作的规定〉实施细则》，希望通过细化规则的方式来推动指导性案例的运用，但是，这种意图并没有真正实现。案例指导制度被赋予的多种应然价值并没有转化为实际效果，亟待改进和完善。在人工智能已经呈现高速发展态势的背景之下，案例指导制度也应当积极吸收其中的有利因素，突破目前的困境。具体而言，案例指导与人工智能的结合有以下一些主要原因。

---

〔1〕 除了以上特点之外，在六年多的实践应用中，指导性案例在适用的部门法、地域和审级方面，也展现出自身的特点，详细情况请参见《指导性案例适用情况分析报告》，载中华人民共和国最高人民法院网2018年3月29日，http://www.court.gov.cn/fabu-xiangqing-88832.html。

〔2〕 参见郭叶、孙妹：《最高人民法院指导性案例司法应用年度比较分析报告——以2011～2016年应用案例为研究对象》，载易延友主编：《中国案例法评论》（总第5辑），法律出版社2017年版，第147页。

首先，与大数据深度融合的人工智能可以大大提升指导性案例的检索效率。在目前指导性案例总体数量偏少的情况下，承办案件的法官并不需要特别复杂的检索。但是，随着指导性案例在数量上的提升，相应的检索工作就开始成为降低指导性案例被发现和适用可能性的因素。在案例指导制度刚刚运行之初，就有基于检索成本而质疑制度效果的观点：建立和维护案例库所花费的时间和成本巨大，法官需要专门花费时间去查询和研读案例，并与待决案件相比较来确定相似性；还有可能出现多个相关指导性案例之间需要选择；过多的指导性案例不利于向民众传播，容易导致法律神秘主义或者司法神秘主义。〔1〕在指导性案例的文本体例中，已经设置了关键词，目的就是便于法官检索。但是，从已有的文本来看，这些关键词的设置走向了两个极端：一部分过于宏观，如民事诉讼、刑事诉讼和行政诉讼；另一部分则是过于微观，只是集中于个案中涉及的术语，如"海上货物运输保险合同""专门从事环境保护公益活动的社会组织""专项维修基金"等，这些关键词仅仅体现了个别指导性案例的具体特征和涉及的主要问题。总体而言，在关键词设置方面，能够同时突出个案核心内容和主要法律适用问题的指导性案例还是偏少的。〔2〕设置专门的关键词是大陆法系判例制度中的常见做法，能够为后案法官的检索提供指引。而这一检索问题在人工智能提供的技术中已经不再继续构成障碍。在战后人工智能发展的不同阶段，数据的缺乏使不少相应设计无法真正得到应用。而信息时代提供的大数据则大大推动了人工智能的实际应用。具体到案例检索而言，虽然各地法院审理案件的数据量不断提升，但是，相比于现有的计算和处理能力而言，越来越不构成实质性障碍。在"智慧法院"的建设过

〔1〕 参见李仕春：《案例指导制度的另一条思路——司法能动主义在中国的有限适用》，载《法学》2009年第6期。

〔2〕 参见郭叶、孙妹：《指导性案例应用大数据分析——最高人民法院指导性案例司法应用年度报告（2016）》，载《中国应用法学》2017年第4期。

程中，由各类案件生成的数据被各类数据库所吸纳和统计，法官能够借助于人工智能技术非常方便地获取类似案件或者关联案件的信息。人民法院的“类案智能推送系统”已经正式上线运行，法官甚至无需主动检索就可以获得相关案件的主要信息。[1]最高人民法院在《司法责任制实施意见（试行）》第39～41条专门要求法官在审理流程中，根据相关数据平台对类案和关联案件进行检索并形成报告，对于重大异议还需要提交专门讨论。这种类案与关联案件检索机制实质上正是借助于人工智能的技术手段极大提升了案件检索的效率。在各种案件检索的结果中，也可能会包括相应的指导性案例。而一旦出现了这种情况，基于指导性案例的正式效力，法官就应当积极参照并适用指导性案例。人工智能对检索指导性案例的助推作用目前尚未充分施展，当最高人民法院不断扩充指导性案例的数量时，这种助推作用也会随之明显增加。

其次，案例指导与人工智能的结合能够将创新因素引入司法裁判，降低后者因固化倾向所带来的消极影响。虽然人工智能在司法领域中已经展现出非常重要的积极价值，但是，相应的技术也同样会对原有的传统司法运作方式产生不少冲击，这一点也需要引起相当的注意。例如，通过对类案与关联案件的全面检索，办案法官可以吸收其他案件的判决结果，并参考相关的数额和比例，最终有利于推动法律的统一适用。但是，这种对普遍性的参考同时也很可能扼杀待决案件的特殊性，可能会造成个案中不够合理的结果。此时的判决结论很大程度上就并非由法官确定的，而是由其他类似或者相关案件确定的。人工智能的运行结果也是由相应主体提前设计的算法所决定的，而具备深度学习或者自主学习能力的人工智能，会固化原有算法及其预期结果。“当前，以大数据与深度学习为基础的人工智能存在的最大问题是：不可解释和不可理解，就事论事，缺乏推广能

〔1〕 参见周强：《加快推进新时代智慧法院建设》，载《法治日报》2018年1月6日，第1版。

力，遇到新的情况一筹莫展。当面对动态变化的环境，信息不完全，存在干扰与虚假信息时，人工智能系统的性能就会显著下降。”〔1〕人工智能的以上固化缺陷具体到审判结论上就会出现强调保守的马太效应。相比而言，指导性案例则充满着创新的因素，针对司法实践中的疑难问题提供相应的抽象规则或者审判思路。《最高人民法院关于案例指导工作的规定》第2条明确了指导性案例的几种主要类型，其中“法律规定比较原则的”和“疑难复杂或者新类型的”都带有明显的创新属性，符合案例指导制度的定位和任务。“对于案例指导制度来说，创制规则是其根本职责之所在。没有规则的创制，也就没有指导性案例存在的必要性。”〔2〕有学者依据规则创新程度的不同，将指导性案例分为宣法型、释法型和造法型，也是对指导性案例创新因素的强调。〔3〕目前并非每一个指导性案例都包含着非常丰富的创新性因素，这一点也受到了学者的指摘。〔4〕背后的原因，不仅在于最高人民法院在案例指导制度初创时期的谨慎态度，更在于缺少遴选和编辑指导性案例的经验。随着数量上的增加，越来越多的指导性案例显示了其创新性因素，尤其是不少民商事指导性案例已经对相应的法条进行了相当的扩展和延伸。〔5〕从以上两个方面的对比来看，人工智能具有明显的固化和保守的倾向，是“用过去决定现在”；而指导性案例则包含着法官在应对疑难案件时的经验和智慧，带有明显的积极创新因素。虽然司法审判以保守为主要基调，但是，在特定案件中细致分析特殊性时也需要吸收创新因素。案例指导和人工智能分别带有的倾向可以在司法实践中相互结合，特别是防止后者固化倾向所带来的消极影响。

---

〔1〕 黄海华：《人工智能最大问题：遇到新情况一筹莫展》，载《解放日报》2017年5月31日，第5版。

〔2〕 陈兴良：《案例指导制度的规范考察》，载《法学评论》2012年第3期。

〔3〕 参见资琳：《指导性案例同质化处理的困境及突破》，载《法学》2017年第1期。

〔4〕 参见林维：《刑事案例指导制度：价值、困境与完善》，载《中外法学》2013年第3期。

〔5〕 参见曹志勋：《论指导性案例的“参照”效力及其裁判技术——基于对已公布的42个民事指导性案例的实质分析》，载《比较法研究》2016年第6期。

再次，案例指导与人工智能的结合可以继续体现和保证法官的审判主体地位。在人工智能高速发展的过程中，机器（计算机）的主体性问题一直饱受争议。比较极端的观点认为机器可以获得同人类一样的主体资格，甚至在很多领域中会凭借自身优势而取代人类的主体地位。在司法领域中，2006年针对“电脑量刑”的讨论开始，倾向于人工智能取代法官成为审判主体的观点就始终存在，甚至不断得到更多赞成。通过技术上的进步，人工智能可以推动机器在司法领域中从事更多的工作，包括辅助分析更加复杂的案例，识别和总结相关证据，进而为复杂论证提供法律依据。〔1〕应当确定的是，人工智能现在所能够完成的司法工作，总体仍然应当定位为辅助性质，而非主体性质。一旦过分强调人工智能对审判工作的影响，甚至认为人工智能直接可以作出裁判，司法过程的性质就会发生根本性的变化。“但是，如果更进一步，让人工智能超出辅助性手段的范畴而全面应用于审判案件，甚至在很大程度上取代法官的判断，那就很有可能把司法权引入歧途。因为在案件事实曲折、人际关系复杂、掺杂人性和感情因素的场合，如何根据法理、常识以及对机微的洞察作出判断并拿捏分寸进行妥善处理其实是一种微妙的艺术，不得不诉诸适格法官的自由心证和睿智，即使人工智能嵌入了概率程序、具有深度学习能力也很难作出公正合理、稳当熨帖、让人心悦诚服的个案判断。”〔2〕这种审判的艺术在以指导性案例为代表的疑难案件中，显得尤为突出和关键。指导性案例自身应当定位为疑难案件，而适用指导性案例的场合也多是带有相当的疑难色彩。人工智能在统计数据方面有着自身的巨大优势，更适合处理常规案件或者典型案件，但是对于特殊疑难案件的处理就显得捉襟见肘了。更重要的是，在适用指导性案例时，比较其与待决案件的相似性是最为关键

〔1〕 参见尹丽波主编：《人工智能发展报告（2016—2017）》，社会科学文献出版社2017年版，第41页。

〔2〕 季卫东：《人工智能时代的司法权之变》，载《东方法学》2018年第1期。

的步骤，这一点仍然主要依赖于法官的主体判断。“比较点的确定主要不是依据一个理性的认识，而是很大程度地根据决断，因而取决于权力的运用……”〔1〕如何比较先例或者指导性案例与待决案件之间的相似性，已经有了众多的学术观点和模型设计，但是，尚未形成通说或者普遍共识。〔2〕即使人工智能可以提供类似案件或者关联案件，并初步分析其中论证的相似性，但是，在决定如何参照指导性案例的关键问题上，仍然应当由法官作出最终判断，因为人工智能通过算法及其参数所能够比较的相似性，已经忽略了众多法律规范和现有案件之外的众多因素。诸如历史、文化、人际关系和感情因素等，都难以量化而成为比较相似性的因素。例如，指导案例24号和90号都在裁判理由中论及了“礼让行人”的社会公德，近1/3的民商事指导性案例中也包含了诚信原则的论述。这些具体制定法规则之外的因素目前还难以被强调精确数据的人工智能所吸收。简言之，在参照指导性案例时，人工智能可以发挥重要的辅助作用，而法官可以保持审判活动中的主体地位，二者的深度融合可以更加充分地发挥案例指导的制度效果。

最后，普通法中的判例制度也积极吸收人工智能的成果，可以为案例指导制度提供借鉴。在传统的普通法运作过程中，法官和律师都需要积累大量先例作为考察和遵循的对象。相比于适用制定法规则而言，这种方式存在着效率较低、门槛较高等缺陷。而现有的人工智能技术已经大大克服了以上缺陷。在战后的发展过程中，人工智能的应用始终与特定的推理和论证模型相联系，其中比较有代表性的就是“基于案件的推理技术”，如Kevin Ashely 使用的HYPO模型，能够衡量案件的相关性，为各方确定哪一个案例对其最有用，或与其论点最接近，还能类推或者区别不同案件，

〔1〕［德］考夫曼：《法律哲学》，刘幸义等译，法律出版社2004年版，第116页。

〔2〕参见［英］拉兹：《法律的权威》，朱峰译，法律出版社2005年版，第160页以下；王彬：《案例指导制度下的法律论证——以同案判断的证成为中心》，载《法制与社会发展》2017年第3期；张骐：《论类似案件的判断》，载《中外法学》2014年第2期；张骐：《再论类似案件的判断与指导性案例的使用——以当代中国法官对指导性案例的使用经验为契口》，载《法制与社会发展》2015年第5期；等等。

进行假设推理。该模型的主要特点之一就是案例索引系统，通过寻找事实情况中的若干要素和案件中的若干要素相互重叠的情况来确定案件是否为最合适的程度。〔1〕在相关理论已经先行的背景下，海量案件的大数据以及不断迭代的计算机处理能力使得人工智能在判例法系统中获得了极大发展。一些技术性革新使自然语言处理和信息检索技术得到应用，电脑阅读和分析法律文献的软件使人工被大大降低。例如，美国"黑石发现"公司发明的自然语言处理软件，专门用于分析法律文件，使得律师的效率提高500倍，诉讼成本下降99%，由此调查结果显示多数人相信计算机最终能够取代人类律师。〔2〕案例指导制度主要就是借鉴于判例制度，虽然带有中国司法的本土特点，但是，在运行的过程和关键步骤上与遵循先例还是有着更多的相似性的。在判例法运行已经充分吸收人工智能前沿成果的背景下，案例指导制度也应当以此为借鉴，以更加积极的态度实现与人工智能技术的全面结合。特别是在案例指导制度目前实际效果不理想的背景下，以上全面结合有助于实现制度运行的突破，不仅扩大指导性案例的广泛认知，更能够推动法官在裁判文书中主动援引指导性案例作为论证理由。任何司法传统都应与时俱进才能不被历史所淘汰，才能焕发新生。遵循先例的普通法传统已经借由人工智能而获得扬弃，扬长避短的效果已经开始显现。以此作为借鉴对象的案例指导制度更需要奋起直追，发挥后发优势。

二、参照指导性案例与人工智能结合的主要方式

从前述理由分析中可以看到，案例指导与人工智能相结合，是有广阔

〔1〕 参见於兴中：《人工智能、话语理论与可辩驳推理》，载葛洪义主编：《法律方法与法律思维》(第3辑)，中国政法大学出版社2005年版，第123页。

〔2〕 参见[美]吴军：《智能时代：大数据与智能革命重新定义未来》，中信出版社2016年版，第312页。

的发展前景的。人工智能为案例指导提供技术支持，能够大大提升后者的运作效率；而案例指导则能够继续保证人工智能发挥辅助作用，尤其是在参照指导性案例的疑难案件中保证法官的主体地位。虽然二者的结合尚未直接在司法实践中充分展现，但是，随着二者各自的不断发展，其深度和全面的结合是非常值得期待的。在类案和关联案件的检索机制中，案例指导和人工智能的整合就已经初步显现了。实务工作者应当树立正确对待人工智能的理念，积极将人工智能的技术引入司法实践之中，在不断探索和试错的基础上使其与案例指导制度的联系更加密切。具体到二者的结合方式，可以从动态的运作流程和静态的技术保证这两个方面展开。

（一）人工智能参与案例指导的运作流程

由于目前指导性案例的数量和类型还不够丰富，所以，法官尚未形成搜索和援引指导性案例的工作习惯。即使将来出现了数量众多的指导性案例，也未必在每个案件中都需要援引。因此，这里所预设的流程，仅仅是针对那些人工智能参与需要援引指导性案例的案件。基于现有的技术条件，结合人工智能的案例指导制度，其运作流程至少应当包括以下几个步骤。

首先，利用类案智能推送系统确定可能援引的指导性案例范围。在类案和关联案件检索机制中，法官还需要主动到案例数据平台上进行搜索并形成报告。而在类案智能推送系统中，各种类似案件都是由智能推送系统根据庭审中的语音识别和文本识别自动推送给法官的。目前，江苏、上海、重庆等地的部分法院已经开始试运行庭审的语音识别。在此基础上实现法条和指导性案例的实时同步推送，也逐渐将成为现实。就案例指导制度的运行而言，如果推送结果中并不包含指导性案例，那么，该制度也就并不直接在待决案件中发挥影响；而一旦在类案智能推送系统中出现了特定的指导性案例，就应当以特别明显的方式来提醒法官。这一步骤主要是由人工智能技术通过庭审对抗和相关诉讼文件的处理，来确定与待决案件有关的、指导性案例的大致范围。当然，这一范围可能还会包括本院或者本地区法院已经生效的其他类似案件，只是需要特别突出指导性案例的特殊地位。由类案智能推送系统所自动生成的结果，是可资利用或者参照案例的最大范围。借用法律适用方法对法律规则的处理而言，这一步骤是一个“法律发现”的过程，意在确定所有可能涉及的法律规则，也包括这些规则的文义所能够存在的最大范围，即文义的射程。

其次，梳理指导性案例之间及其与其他类案的细致关系。在数量和类型多样的基础上，多个指导性案例或者其裁判要点都可能直接涉及特定待决案件中，甚至还可能出现指导性案例与其他类案发生矛盾的情况。这就需要对指导性案例之间及其与其他推送的类案之间进行细致梳理。由于指导性案例是由最高人民法院正式发布的唯一能够在裁判文书中援引的案例，因此，当指导性案例与其他类案在总体结论上发生冲突时，法官应当主动选择参照指导性案例做出裁判。但是，指导性案例与其他类案之间的关系类型可能非常复杂多样，未必只是冲突，还可能包括互补、补充、呼应、细化等。只要不是完全正面冲突，指导性案例与其他类案也有可能同时被法官在审理案件时参考。此外，如果指导性案例之间发生了冲突，那么，办案法官就更需要细致梳理它们之间的关系，或者将异议提交专业法官会议或者审判委员会。人工智能技术在其中能够为梳理各个类案之间的关系提供重要帮助，因为案件数据的激增往往超过法官个人的处理能力，而计算机基于特定算法能够对诸多案例进行自然语言处理，勾勒或者总结出其中共性的内容指向。随着人工智能中深度学习和人工神经网络技术的发展，计算机总结和概括众多案例的能力也在不断增强，为法官在梳理类案之间关系方面所提供的帮助也越来越大。无论采取何种方式梳理不同结论之间的关系，这一步骤的最终结果是确定需要参照的指导性案例，为后续审理待决案件提供参照对象。

再次，具体比较待决案件与指导性案例之间的相似度。在确定了可参照的备选指导性案例范围之后，法官应当具体比较其与待决案件之间的相似性。虽然从绝对意义上并不存在真正完全相同的案件，但是，只要指导性案例与待决案件在基本事实和法律适用两个方面都类似，办案法官就可以直接参照指导性案例，并将其编号和裁判要点写入裁判文书作为论证理由，这也是《〈最高人民法院关于案例指导工作的规定〉实施细则》第9～11条的明确要求。从文件的直接规定来看，基本案件事实和法律适用两个方面是比较相似性的标准，但是，以上两个方面的标准却过于模糊和宏观，而所有的案件审判都主要分为这两个方面。人工智能技术的运用则可以为法官的细致比较工作提供帮助。例如，部分司法实践已经开始引入的裁判智能辅助系统，其设计思路其实是将案件拆解成不同的要素（dimension），再以不同的运算法则，如补充、删减和改变事实中不同要素的方法来生成假设，并将此假设再与新的案件进行比较论证。当然，制约此类系统发挥作用的因素也有很多，如系统中数据的多种变量因素的无序组合方式。〔1〕换言之，人工智能技术在这一阶段的运用，是基于预设的算法分别将指导性案例和待决案件细分为若干具体要素，进而对二者进行比较。需要说明的是，传统意义上法官对判例和待决案件的比较带有明显自由裁量权的色彩，最终结果是确定二者的相似“性”；而人工智能基于算法的处理结果则更多的是二者的相似“程度”。前者侧重于“质”，后者侧重于“量”。人工智能形成的相似度比较，仍然定位于为法官参照指导性案例提供参考：法官能够通过人工智能的比对结果决定是否参照相应的指导性案例。如果获得了肯定答案，那么，法官还可以从比对结果中选取合适的论述写入裁判文书之中，作为参照指导性案例的正当理由。

最后，法官对人工智能自动生成的裁判文书进行核定、修正和完善，

---

〔1〕 参见吴习彧：《司法裁判人工智能化的可能性及问题》，载《浙江社会科学》2017年第4期。

明示指导性案例的直接适用。人工智能的发达使裁判文书基本上可以自动生成，目前已经有部分省市适用的智审系统中，就包含有自动生成和辅助制作各类文书的功能，其中裁判文书80%以上的内容已经可以自动生成。〔1〕适用指导性案例属于裁判文书中非常重要的内容，应当由法官重点介绍和分析。除了借鉴人工智能的比对结果之外，办案法官还应当结合案件内外的具体情况展开详细论述，不应仅仅复制人工智能技术得出的结论。更重要的是，这种说理和论证工作能够直接显示指导性案例的存在及其在待决案件中的适用，以显性的方式展示了案例指导制度的实际效果。在目前案例指导制度的运行过程中，法官经常采取"隐性适用"的方式来参照指导性案例，虽然在实质意义上吸收了相应指导性案例的内容，但是并没有直接在裁判文书中明确。〔2〕隐性适用指导性案例难以对法官形成有效监督，也无法突显案例指导制度的存在意义。而基于人工智能技术的检索和发现，能够推动法官了解应当参照的指导性案例并将其在裁判文书中直接明确。已经有越来越多的法官在裁判文书中明示参照了指导性案例，这种趋势也预示着案例指导制度将获得司法实践更多的肯定和接受，人工智能技术的介入和融合也有利于加速这一进程。

（二）案例指导与人工智能结合的技术保障

案例指导与人工智能结合的深度和速度，同时取决于二者各自的发展进度。前述的流程设计是展望二者比较理想的结合状态，但是，在此之前，无论是案例指导还是人工智能，都需要继续完善自身。一方面，就案例指导来说，指导性案例在数量和类型上过少，是目前阻碍其与人工智能相结合的主要缺陷。在案例指导制度创设的7年多时间内，虽然最近2年最高人

---

〔1〕 参见罗书臻：《建立"互联网+"时代下的智能庭审》，载《人民法院报》2016年11月18日，第2版。

〔2〕 参见孙海波：《指导性案例的隐性适用及其矫正》，载《环球法律评论》2018年第2期。

民法院加速了发布指导性案例的速度，但是，相比于审判实践的需要来说，还是远远不够的。现有人工智能辅助审判所提供参考的案件，多是由各地法院自主上传的普通案件，虽然数量较多，但是质量上参差不齐，甚至还存在不少不严谨、不规范甚至错误之处。相比而言，指导性案例的质量比较能够保证，但是数量太少严重影响其实际效果。“如果最高人民法院过于谨慎，所发布的指导性案例的数量和种类过少，对全国审判的指导意义就微乎其微。”〔1〕相比于其他司法制度，案例指导制度特别依赖于指导性案例数量所形成的规模效应，偏少的数量和类型容易造成恶性循环，加剧司法实践对指导性案例的忽视程度。而人工智能也需要足够数量的指导性案例才能获得充分学习和训练，以更好地完成辅助工作。“机器学习，就是从已知的知识（特征）出发，利用概率统计等数学计算方法来得到某种数学规律（模型），并利用所得数据规律来计算完成任务。概括来说，就是利用事物本身具有的数据特征用数学的表达方式来构建数学模型并完成既定任务……机器学习需要大量的数据积累，以及数据的处理、计算。”〔2〕此外，法官也应当逐渐树立重视人工智能的理念，并借助其技术来积极应用指导性案例，克服畏难情绪和心理，提升自身的数据意识和使用人工智能的技术水平。

另一方面，就人工智能而言，通过深度学习和更高级的人工神经网络来提升检索和比对案例的能力，是其与案例指导制度相融合所特别需要的。深度学习是人工智能最关键的发展能力之一，计算机通过不断数据统计和算法完善，可以提升对特定问题的了解和认知，并通过试错和经验积累来形成更强的学习能力。“机器学习的目的是构建计算机系统能够适应和学习它们的经验。具体需要做的决策是，对于给定的一个对象（事件或

〔1〕 宋晓：《判例生成与中国案例指导制度》，载《法学研究》2011年第4期。

〔2〕 姚海鹏等：《大数据与人工智能导论》，人民邮电出版社2017年版，第26页。

者状态等）的描述，计算机能够输出该对象的类型。"[1]具体到与案例指导制度的结合来说，人工智能的检索和比对结果，不仅能够直接提供给法官，还会通过法官的修订和完善获得反馈信息；在进一步总结全国各地法官适用指导性案例情况的基础上，深度学习使得人工智能所设定的系统具备了自我不断升级的高级能力，使得将来检索和对比案例的结果更加准确和全面。这一过程在广义上也是人工神经网络算法的运用和提升过程。深度学习概念源于人工神经网络算法，后者模拟人类神经的发展而为计算机提供运行和构成的基本流程与步骤，具体内容是非常丰富的。如前所述，比较相似性是遵循先例或者适用指导性案例的关键步骤，而传统意义上这一步骤主要依据法官的自由裁量，并无绝对固定的规律可循。而人工神经网络的引入则可能对此有所冲击：在模拟人类法官神经元作用机理的基础上，结合案件和人类决策大数据的分析，人工神经网络可以通过深度学习及其算法改进实现与人类法官判断相似性相同的结果。当然，这种预测还存在一定变数，特别是在人工智能的发展日新月异的背景下，如何真正确定指导性案例与待决案件的相似性，将很可能成为一个过程越来越复杂，但是结果越来越简单的问题。

三、参照指导性案例吸收人工智能的作用限度

在人工智能对法律领域的影响已经不可回避的背景下，案例指导制度引入其中的技术因素，有助于推动自身实际效果的提升和扩展，案例指导和人工智能的结合还是大有可为的。但是，由于人工智能的发展速度、方向和巨大影响还存在不少不确定的因素，这与强调保守甚至略显滞后的法

〔1〕 赵建喆、谭振华：《大数据背景下不确定性人工智能中的知识表达、知识获取及推理》，东北大学出版社2016年版，第21页。

律领域还有不少龃龉之处，需要研究者和实务工作者冷静对待。人工智能与现有的司法制度还没有完整对接，其中包含的隐患还可能影响司法制度的正当运行，在司法过程中过于积极（甚至激进）地引入人工智能，很可能产生适得其反的效果。案例指导制度也不例外，其与人工智能的结合也有着相应的作用限度。

首先，指导性案例借助于人工智能的辅助发挥作用，有赖于“智慧法院”的整体建设。在人工智能的辅助作用下，数量上不断上升的指导性案例也能够获得更多机会被裁判文书所直接参照。但是，指导性案例毕竟只是具有权威性的非正式法律渊源〔1〕，需要和其他正式法源，尤其是制定法相互配合才能被参照适用。指导性案例作用的发挥很大程度上并非由单一的人工智能技术所决定的，而是受制于“智慧法院”的整体建设情况。推进“智慧法院”的建设体现了最高人民法院积极吸纳人工智能的态度，全国各地法院在这一整体目标之下也进行着多种尝试，庭审语音识别和实时转录、电子卷宗同步生成、法律文书自动生成和智能纠错等，都是中国法院信息化3.0版本的直接表现。“智慧法院导航系统”和“类案智能推送系统”则是“智慧法院”的最新发展成果。“智慧法院”的建设总体比较积极和乐观，但是侧重于硬件的引进而在一定程度上缺少与司法改革的准确呼应，也缺少对提升法官主体素质和能力的强调。在人工智能顺利完成外围辅助功能、减轻法官事务性负担的基础上，“智慧法院”的建设也需要突出司法过程的核心问题——法官的独立判断。在案例指导制度的运行过程中，这种独立判断集中表现为对指导性案例和待决案件相似性的比较，即使人工智能提供了完整的备选指导性案例和全面的相似程度对比，最终仍然应当由法官来决定是否以及如何参照指导性案例。在司法过程中过于强调机器、计算机、网络、数据、技术、算法等“物”的因素，往往意味着

〔1〕 参见雷磊：《指导性案例法源地位再反思》，载《中国法学》2015年第1期。

容易忽视“人”的因素，比较极端的观点就是在这种倾向下出现的，如机器审判。这也反映出司法大数据应用伦理研究的不足。[1]“智慧法院”的建设中也需要注意克服以上偏颇倾向。

其次，人工智能的算法具有“黑箱”性质，可能会加剧隐性适用指导性案例产生的消极影响。人工智能的运行及其深度学习，都遵循着事先设定的算法。通俗地讲，“算法指的是进行计算、解决问题、作出决定的一套有条理的步骤。所以，算法并不是单指某次计算，而是计算时采用的方法。”[2]对于人工智能而言，算法仍然是由人类制定的，而且司法领域中的算法也一直隐含着价值判断，甚至不排除算法歧视的存在。[3]但是从技术角度而言，制定主体主要是技术人员，而且一般不会公开算法的具体内容。这就使得算法带有“黑箱”的性质，除了制定者之外的其他主体并不了解人工智能真正的运行方式，只是能够看到其运用的最终结果或者效果。具体到案例指导制度的运行流程而言，法官能够在人工智能的辅助下看到被检索的指导性案例及其与待决案件的对比，但是，他们难以了解这种检索和对比所遵循的基本算法，由此可能对参照指导性案例的实际效果产生消极影响，毕竟这种暗箱操作与司法公开的要求是相违背的。“如果人工智能应用于案例规则调整的领域，由‘黑箱’算法而导致的算法决策的高度隐蔽性、极难被设计者控制的特性，会屏蔽对既有案例规则、案例规则调整轨迹及内容的知悉可能，造成司法官无法掌握规则调整的状况，甚至可能使司法机关失去对规则整理、规则发展、规则细化的控制。”[4]前文曾经论及，隐性参照已经成为目前司法实践中适用指导性案例的常见方式，已

---

〔1〕 参见王禄生：《大数据时代智慧司法建设功能价值与挑战》，载《检察日报》2018年4月2日，第3版。

〔2〕 [以]尤瓦尔·赫拉利：《未来简史》，林俊宏译，中信出版社2017年版，第75页。

〔3〕 参见丁晓东：《算法与歧视　从美国教育平权案看算法伦理与法律解释》，载《中外法学》2017年第6期。

〔4〕 黄京平：《刑事司法人工智能的负面清单》，载《探索与争鸣》2017年第10期。

经违背了司法公开的要求；而人工智能中算法的“黑箱”性质会加剧这种司法不公开所产生的消极影响。“科技驱动未来就是驱动人类的命运，我们不得不思考算法独裁出现的可能性与公平正义之间的关系。算法与代码的设计都要依靠编程人员的判断与选择，由于这些编程人员缺乏对社会科学的深刻认识，所以我们很难保证编程人员把已有的规则准确地写入程序中。因此，规则的数字化以及代码化就有可能带来一系列不透明、不准确与不公平的问题。”〔1〕无论是当事人还是社会公众，都无法真正了解其中是否涉及到被规避或者扭曲的指导性案例，无法有效监督法官选择、适用指导性案例的全过程。对此，司法专业人士应当更加积极地参与到算法的制定和监督之中，保证人工智能的算法可以体现司法公正的要求；同时，可以部分地公开算法的内容，满足公众的知情权利，也能够使指导性案例的适用更具有可预测性。

再次，对指导性案例等案件的数据要素进行标注和处理带有一定隐患，可能会影响人工智能的运用结果。要具体比较指导性案例和待决案件之间的相似程度，对各个案件中的数据要素进行标注，是引入人工智能的基础性工作。标注结果再经由计算机以算法为根据进行处理后形成比对结果。如何准确地对各个案件及其要素进行准确分类和标注，就成为人工智能处理数据来源时的重要问题。但是，为案件要素进行标注，是一个比较困难的工作，因为一个案件可以包含极其丰富的要素，而且这些要素还是存在不同层级或者方面的；〔2〕一旦标注错误就会影响后续的数据处理。“在数据→学习类算法→行为这条脉络下，数据本身会对最终的行为产生最关键的影响。由于数据量极其庞大，很多时候我们并不知道究竟什

---

〔1〕 高奇琦、张鹏：《论人工智能对未来法律的多方位挑战》，载《华中科技大学学报（社会科学版）》2018年第1期。

〔2〕 例如，对于法律责任的认定中，主观恶意是非常重要的方面，但是，从轻度过失到严重故意有着多种层级和表现，由何种主体以何种标准在个案中对主观恶意程度和状态进行标注，现在还缺乏基本共识。特别是对于我国司法实践来说，还存在相当的地域差异，更增加了以上问题的困难程度。

么数据会被输入给学习类算法，所以也就不知道人工智能的准确行为。而当数据本身受到了污染，那么行为也就一定会产生相应的变化。”〔1〕标注要素所产生的复杂组合经常超越法官的处理能力，同时还会暴露出计算机的认知“短板”，因为机器难以理解各种要素的意义及其复杂关系。〔2〕“深度学习虽然通过特征的自动提取将人从手工特征设计中解放了出来，但目前在神经网络架构中，网络层数、每层神经元的种类和个数、训练算法参数等超参数可能对学习结果有着决定性的影响。这些超参数的设置和调节，仍然高度依赖人的经验。”〔3〕案件要素的标注实质上也属于“超参数”的范围，尚未被案例指导制度以及类案检索机制等正式制度所充分关注。做出标注的往往是人工智能的技术人员，缺少经验丰富的司法实务人员的直接参与。将来指导性案例的数量不断攀升，对其要素进行标注的问题就会显得尤为关键；同样，对待决案件也需要完成要素标注的工作，二者的结合才能够形成有效比对，确定是否参照指导性案例。“法治管理需要嵌入生产环节，比如对算法处理的数据或生产性资源进行管理，防止造成消极后果。”〔4〕因此，司法实务工作者不仅要参与案例指导中人工智能的算法设定，还需要参与对各个案件进行标注的工作，从全过程保证指导性案例的有效检索和参照。

最后，在法庭之外运行的人工智能，可能会压制庭审过程中关于参照指导性案例的程序运行。司法过程强调对抗性，各方都能够在庭审过程中表达自己的观点并说明理由。以审判为中心的诉讼制度改革，基本内涵之一就是要突出庭审的实质作用。《〈最高人民法院关于案例指导工作的规

〔1〕 李智勇：《终极复制：人工智能将如何推动社会巨变》，机械工业出版社2016年版，第90页。

〔2〕 参见冯洁：《人工智能对司法裁判理论的挑战：回应及其限度》，载《华东政法大学学报》2018年第2期。

〔3〕 王天一：《人工智能革命：历史、当下与未来》，北京时代华文书局2017年版，第90页。

〔4〕 李彦宏等：《智能革命：迎接人工智能时代的社会、经济与文化变革》，中信出版社2017年版，第312页。

定〉》第11条第2款也规定，在案件审理过程中当事人引述了特定指导性案例，办案法官应当就是否参照指导性案例予以回应并说明理由。但是，通过人工智能对各种案例（包括指导性案例）进行检索和参照，主要属于庭外的因素。在战后关于人工智能的法律推理论证模型中，无论是“基于规则系统中演绎推理模式，还是基于案例系统中类比推理模式的重点都关注事实在系统的匹配问题，其推理机制单调且系统设计往往侧重于知识在其中的表示。此类零主体系统并没有诠释法律论证的论辩特征，同时也无法凸显论证主体在法律推理中的积极作用和主体间的互动，显然这种较为静态的推理模式并不适应法律现实。”〔1〕也有学者对此进行扩展，新增了基于对话和论辩的论证系统以及图解论证系统。〔2〕这些人工智能参与司法的模型都属于庭审之外的因素，加之前述可能存在的“暗箱操作”问题，以上因素都可能会对庭审的实质化作用产生消极影响。质言之，如果法官仅仅依据人工智能提供的检索和比对结果，决定是否以及如何参照指导性案例，那么，这一过程就无法为当事人及其律师所直接了解，进而难以进行有效监督。法官对案件作出判断，在形式上是独断的，但是在内容上不应是专断的，应当充分听取各方意见。过分强调人工智能在庭审之外发挥的作用，会产生相反的效果。要限制人工智能与案例指导相结合产生的这种潜在消极影响，需要案件的各方参与者都作出努力。例如，法官通过人工智能获得的检索和比对结果，应当在庭审过程中全部或者部分地向当事人公开，通过公开这种心证而为当事人提供更多关于指导性案例的信息。这是一种比较理想的状态。退言之，当事人及其律师也应当对人工智能在指导性案例方面的检索和比对结果有所了解，这一工作主要是由律师完成的。在现有案例指导制度的运行过程中，在指导性案例尚未引起法官普遍重视

〔1〕 周兀、熊明辉：《如何进行法律论证逻辑建模》，载《哲学动态》2015年第4期。

〔2〕 参见梁庆寅、魏斌：《法律论证适用的人工智能模型》，载《中山大学学报（社会科学版）》2013年第5期。

的背景下，很多对指导性案例、类似案例和关联案例的检索，都是由律师完成并提交给法官的。从实际效果来看，律师的参与能够大大提升相应指导性案例被直接援引的概率。[1]基于利用新科技提升工作效率的追求，律师行业也是高度重视将人工智能引入执业活动的，尤其是在英美法系强调推行判例法的国家中，只是这些对人工智能的应用更多的是律所的商业活动，并没有引起学术界的集中关注。而我国国内律师行业也出现了类似苗头，只是还没有在司法实践中普遍推广，这种情况与“智慧法院”的建设也并未保持一致。简言之，在案例指导与人工智能相结合的过程中，关于指导性案例的信息应当在庭审过程中为各方共享，以推进庭审在适用指导性案例中的实质作用。同时，法官和律师也应当具备相应的意识和能力，充分利用人工智能提供的便利，对如何适用指导性案例展开充分分析和辩论。

结语：人工智能对案例作用和影响的提升与扩展

科技发展的浪潮总是会对司法领域产生冲击，但是，就人工智能已经显现出来的对司法活动的影响来看，历史上还没有任何一次科技进步能够与之匹敌，因为人工智能开始威胁到了传统司法审判的主体及其存在意义。在这一影响无法避免的前提下，各种司法制度也需要应时而变、趋利避害。就案例指导制度来说，在目前总体效果并不理想的情况下，充分利用人工智能提供的机遇则可以有力推进指导性案例被检索、参照和适用。英美法系国家中已经出现了利用人工智能对众多判决书进行自然语言处理的探索实践，可以用于对案件结果进行预测，其实质是通过大数据来保证司法公正，不仅节约了诉讼成本，还能够在一定程度上促进同案同

〔1〕 参见彭中礼：《司法判决中的指导性案例》，载《中国法学》2017年第6期。

判。[1]而实现同案同判也同样是案例指导制度追求的主要目标，二者有着高度内在契合性。在人工智能与大数据的深度融合之前，单一个案基本上是以“信息孤岛”的方式存在，即使在判例法国家中也只有很少一部分案例能够成为先例而被后案遵循。而在大数据为人工智能提供了足够丰富的样本和素材之后，任何被统计的个案都成为信息源。在多数情况下，普通个案的要素是通过人工智能技术以间接方式影响其他案件的；而指导性案例则能够成为审判个案时被直接参照的论证理由。无论普通案件还是指导性案例，人工智能在司法领域中的引入都在建立着以往案件与待决案件之间的有效关联，其实质是提升和扩展着所有案例的作用和影响。这种方式与人工智能和大数据对人际关系的影响有着相当一致之处。对于人工智能的重视，最高人民法院已经通过“智慧法院”的建设予以充分表现。就案例指导制度而言，其与人工智能的深度结合，还需要最高人民法院充分借鉴判例法最新发展的经验，大幅度增加指导性案例（尤其是造法型案例）的数量和类型，为人工智能积极影响司法活动提供充分数据样本，同时细化案例指导的运作流程规定。借助于案例指导与人工智能的深度融合，法官不仅能够游刃有余地处理普通案件，还能够在审理疑难案件时获得有效支持，这对于司法效率和司法公正都有着重要实践意义。

〔1〕 参见腾讯研究院等:《人工智能》，中国人民大学出版社2017年版，第275～276页。

后　记

本书是2018年国家社科基金项目“案例指导制度的实践经验与发展完善研究”和山东省高等学校青创科技支持计划“习近平法治思想研究创新团队”的最终研究成果，在正式出版时进行了部分修订和完善。该成果与2015年的国家社科基金项目“指导性案例在统一法律适用中的运用方法研究”形成了前后相继的研究脉络：后者主要从个案视角分析了各种法律适用方法（法律方法）在指导性案例中的适用情况，本书则主要从制度实践运行的视角分析案例指导制度的完善方向。在前两者的基础上，2019年国家社科基金“把社会主义核心价值观融入法治建设”重大研究专项项目“社会主义核心价值观背景下的案例指导研究”侧重于研究案例指导制度运行过程中的价值指向，体现了更为整体和宏观的视角。

虽然案例指导制度被寄予厚望，但是，实践效果仍然不够理想，很多应然价值并没有转化为实然效果，查询、检索和适用指导性案例并没有成为司法实践中的普遍做法。作为一种新出现的制度实践，案例指导制度还有很多需要完善的地方，还需要持续挖掘和研究。对司法案例的重视已经从观念变为正式制度，特别是在《民法典》已经开始实施的背景之下，国内学界也更加重视对各类司法案例的研究。就个人研究而言，非常凑巧的是，我正式入职的时间与案例指导制度正式创设的时间都在2010年，案例指导制度与我的学术生涯有着同步的提升与发展。而且，随着案例指导制度影响的不断扩展，在学界师长深厚积淀的基础上，国内也出现了不少对该制度保持学术热情的研究者，遍及法理学和部门法学，使得案例研究更加欣欣向荣，也增强了我继续在这个领域深耕细作的信心与热情。

最后还要插播一则广告。为了有效推动案例指导制度的发展，为司法领域的更多研究成果提供发表机会，由我担任主编的《案例指导研究》持续向理论界与实务界征稿。该连续出版物立足于案例指导制度，同时吸收各种司法案例的分析成果，推动案例研究的展开并向实践产生积极影响，为法治建设略尽绵薄之力，投稿信箱为guidingcase2010@163.com，热忱欢迎赐稿。

孙光宁

2021年年底于威海

图书在版编目（CIP）数据

案例指导制度的实践经验与发展完善 / 孙光宁著
. -- 北京：法律出版社，2023
（山东大学法学院（威海）二十五周年纪念文丛）
ISBN 978-7-5197-6730-3

Ⅰ. ①案… Ⅱ. ①孙… Ⅲ. ①司法制度—研究—中国
Ⅳ. ①D926

中国版本图书馆CIP数据核字（2022）第197804号

案例指导制度的实践经验与发展完善
ANLI ZHIDAO ZHIDU DE SHIJIAN JINGYAN YU FAZHAN WANSHAN

孙光宁 著

责任编辑 李天一
装帧设计 贾丹丹

出版发行 法律出版社
编辑统筹 辞书·融出版编辑部
责任校对 杨锦华
责任印制 吕亚莉
经　　销 新华书店

开本 710毫米×1000毫米 1/16
印张 23.5 **字数** 325千
版本 2023年2月第1版
印次 2023年2月第1次印刷
印刷 北京建宏印刷有限公司

地址：北京市丰台区莲花池西里7号（100073）
网址：www.lawpress.com.cn
投稿邮箱：info@lawpress.com.cn
举报盗版邮箱：jbwq@lawpress.com.cn
销售电话：010-83938349
客服电话：010-83938350
咨询电话：010-63939796

书号：ISBN 978-7-5197-6730-3
定价：98.00元